**Studien zum
deutschen und europäischen Arbeitsrecht**

Herausgegeben von

Prof. Dr. Martin Henssler, Universität zu Köln
Prof. Dr. Martin Franzen, Universität München
Prof. Dr. Abbo Junker, Universität München
Prof. Dr. Peter Schüren, Universität Münster

Band 56

Artur-Konrad Wypych

Grenzüberschreitende Arbeitnehmerüberlassung aus Polen nach Deutschland

Nomos

Die Deutsche Nationalbibliothek verzeichnet diese Publikation in
der Deutschen Nationalbibliografie; detaillierte bibliografische
Daten sind im Internet über http://dnb.d-nb.de abrufbar.

Zugl.: Münster, Univ., Diss., 2016

ISBN 978-3-8487-3281-4 (Print)
ISBN 978-3-8452-7635-9 (ePDF)

D 6

1. Auflage 2016
© Nomos Verlagsgesellschaft, Baden-Baden 2016. Gedruckt in Deutschland. Alle Rechte, auch die des Nachdrucks von Auszügen, der fotomechanischen Wiedergabe und der Übersetzung, vorbehalten. Gedruckt auf alterungsbeständigem Papier.

Meinen Eltern

Vorwort

Die vorliegende Arbeit wurde im Wintersemester 2014/2015 von der Rechtswissenschaftlichen Fakultät der Westfälischen Wilhelms-Universität Münster als Dissertation angenommen.

Literatur, Rechtsprechung und Gesetzgebung sind auf dem Stand von Dezember 2014; spätere Publikationen konnten nur vereinzelt berücksichtigt werden.

An dieser Stelle möchte ich mich bei all denen bedanken, die zum Gelingen der Arbeit beigetragen haben.

Mein besonderer Dank für die Förderung und wissenschaftliche Betreuung meines Promotionsvorhabens gilt meinem Doktorvater, Herrn Prof. Dr. *Peter Schüren*. Er hat die Arbeit nicht nur thematisch angeregt, sondern den Entstehungsprozess mit seinen wertvollen Anregungen unermüdlich unterstützt.

Danken möchte ich des Weiteren Herrn Prof. Dr. *Heinz-Dietrich Steinmeyer* für die zügige Erstellung des Zweitgutachtens.

Ein Dank geht zudem an Herrn Prof. dr. hab. *Ludwik Florek*, der die wissenschaftliche Betreuung während meiner Forschungsaufenthalte an der Universität Warschau übernahm.

Für die finanzielle Förderung im Rahmen eines Drittmittelprojektes der Carl von Ossietzky Universität Oldenburg danke ich Frau Prof. Dr. *Christiane Brors*. Das Projekt wurde unter anderem durch die *Adecco Stiftung für die Erforschung neuer Wege für Arbeit und soziales Leben* sowie den *Interessenverband Deutscher Zeitarbeitsunternehmen e.V. (iGZ)* finanziell unterstützt.

Den Herausgebern, Herrn Prof. Dr. *Martin Henssler*, Herrn Prof. Dr. *Martin Franzen*, Herrn Prof. Dr. *Abbo Junker* und Herrn Prof. Dr. *Peter Schüren* danke ich für die Aufnahme in die Schriftenreihe „Studien zum deutschen und europäischen Arbeitsrecht".

Für die herzliche Unterstützung und Geduld, die sie mir in der gesamten Zeit entgegen gebracht hat, danke ich *Una*. Durch ihr Verständnis und ihren liebevollen Zuspruch hat sie zur Fertigstellung und zum Gelingen der Arbeit beigetragen.

Vorwort

Mein ganz besonderer Dank gebührt meinen Eltern, *Małgorzata* und *Sylwester*; sie haben mich stets in jeder erdenklichen Weise vorbehaltlos, unermüdlich und liebevoll unterstützt, meine Ausbildung uneingeschränkt gefördert und mir so erst die Möglichkeit zur Promotion verschafft. Ihnen ist dieses Buch gewidmet.

Düsseldorf, im August 2016 *Artur-Konrad Wypych*

Inhaltsverzeichnis

Abkürzungsverzeichnis 17

Anhangsverzeichnis 23

Erstes Kapitel: Einleitung 25

A. Einführung in die Thematik und den Gegenstand der Untersuchung 25
   I. Rechtliche Situation bis zum Stichtag am 01.05.2011 25
   II. Rechtliche Situation nach dem Stichtag am 01.05.2011 30
   III. Wissenschaftlicher Hintergrund der Untersuchung 34
   IV. Inhalt der Untersuchung 36
B. Gang der Untersuchung 38

Zweites Kapitel: Grenzüberschreitende Arbeitnehmerüberlassung
              aus Polen nach Deutschland 41

A. Einführung 41
B. Gewerberechtliche Voraussetzungen 42
   I. Gewerberechtliche Voraussetzungen in Polen 44
      1. Begriff der Arbeitnehmerüberlassung nach dem
         LeiharbeitG 45
         a) Einschränkungen der Einsatzmöglichkeiten von
            Leiharbeitnehmern 48
            aa) Besonders gefährliche Arbeiten 49
            bb) Ersatz eines streikenden Arbeitnehmers 50
      2. Eintragung in das Gewerberegister 51
      3. Eintragung in das Register der Beschäftigungsagenturen 52
      4. Kontrolle über die Einhaltung der gewerberechtlichen
         Vorschriften 54
   II. Gewerberechtliche Voraussetzungen in Deutschland 55
      1. Zuständigkeit der Erlaubnisbehörde 56
      2. Versagung einer Erlaubnis nach § 3 Abs. 1 AÜG 56
      3. Sich widersprechende gewerberechtliche
         Zulässigkeitsvoraussetzungen 63

Inhaltsverzeichnis

a) Synchronisation von Leiharbeitsverhältnis und Überlassungsdauer	63
aa) Synchronisationsgebot im polnischen Recht	63
bb) Vereinbarkeit mit dem deutschen Recht	65
b) Vertragliche Grundlage zwischen Verleiher und Leiharbeitnehmer	67
aa) Überlassung auf der Grundlage zivilrechtlicher Verträge	67
bb) Vereinbarkeit mit dem deutschen Recht	70
4. Unregelmäßigkeiten nach Erteilung der Erlaubnis	72
5. Rechtsfolgen bei Überlassung ohne Erlaubnis	73
6. Besondere Meldepflichten des Entleihers bei grenzüberschreitender Überlassung	73
III. Zwischenergebnis	76
C. Aufenthaltsrechtliche Stellung polnischer Leiharbeitnehmer	77
D. Internationales Privatrecht	78
I. Anwendbares Kollisionsrecht	79
II. Statut des Leiharbeitsvertrages	81
1. Rechtswahl, Art. 8 Abs. 1 Rom I-VO	82
2. Objektive Anknüpfung	83
a) Recht des gewöhnlichen Arbeitsortes, Art. 8 Abs. 2 Rom I-VO	84
b) Recht der einstellenden Niederlassung, Art. 8 Abs. 3 Rom I-VO	85
c) Recht der engeren Verbindung, Art. 8 Abs. 4 Rom I-VO	86
3. Einschränkungen der Rechtswahlfreiheit	89
a) (Schutz-)Vorschriften des objektiven Vertragsstatuts, Art. 8 Abs. 1 S. 2 Rom I-VO	90
aa) Zwingende Vorschriften i.S.v. Art. 8 Abs. 1 S. 2 Rom I-VO	90
bb) Günstigkeitsvergleich	92
b) Eingriffsnormen, Art. 9 Rom I-VO	95
aa) Eingriffsnormen der *lex fori*	97
bb) Drittstaatliche Eingriffsnormen	99
cc) Verhältnis des Art. 9 Rom I-VO zu Art. 8 Rom I-VO	100
dd) Eingriffsnormen des deutschen Arbeitsrechts	102
(1) Allgemeines	102
(2) Arbeitnehmer-Entsendegesetz	103
(a) Mindestentgelt, § 2 Nr.1 AEntG	107

(b) Bedingungen für die Überlassung von
    Arbeitskräften, § 2 Nr. 4 AEntG 110
    (aa) Wortlautauslegung des § 2 Nr. 4 AEntG 111
    (bb) Systematische Betrachtung des
         § 2 Nr. 4 AEntG 112
    (cc) Erkenntnisse aus der EntsendeRL 112
    (dd) Entstehungsgeschichte des § 2 Nr. 4 AEntG 115
    (ee) Das Erste Gesetz für moderne
         Dienstleistungen am Arbeitsmarkt 116
    (ff) Inkrafttreten des § 3a AÜG 117
    (gg) Das Gleichbehandlungsgebot als
         Eingriffsnorm i.S.d. Art. 9 Rom I-VO? 118
    (hh) Leiharbeitsrichtlinie 2008/104/EG 119
    (ii) Fazit 122
  c) *Ordre public*, Art. 21 Rom I-VO 123
4. Leiharbeitsvertrag zwischen polnischem Leiharbeitnehmer
   und polnischem Verleiher 123
   a) Vertragsstatut bei objektiver Anknüpfung 124
   b) Rechtswahl 126
      aa) Wahl des polnischen Rechts 126
      bb) Wahl des deutschen Rechts 127
         (1) Ausgestaltung des Gleichbehandlungs-
             grundsatzes im polnischen Recht 128
             (a) Adressaten des Gleichbehandlungs-
                 grundsatzes 128
             (b) Keine (arbeits-)vertragliche Abweichung
                 vom Gleichbehandlungsgrundsatz 129
             (c) Vergleichbare Arbeitnehmer des Entleihers 130
             (d) Umfang des Gleichbehandlungsgrundsatzes 131
             (e) Vergütung der Leiharbeitnehmer 133
             (f) Auswirkungen von Veränderungen der
                 Bedingungen beim Entleiherbetrieb 133
             (g) Geltungszeitraum 135
             (h) Gleichbehandlungsgrundsatz in weiteren
                 Vorschriften des LeiharbeitG 135
             (i) Haftung bei Verstoß gegen den
                 Gleichbehandlungsgrundsatz 136
         (2) Günstigkeitsvergleich mit dem deutschen Recht 137
      cc) Zwischenergebnis 141
   c) Eingriffsnormen des deutschen Rechts 141
      aa) Zwingende Arbeitsbedingungen, § 2 AEntG 142

11

Inhaltsverzeichnis

bb) Zwingende Mindestarbeitsbedingungen nach Branchen, § 8 Abs. 3 AEntG	147
d) Sonderfall: Geltung deutschen Rechts	148
e) Exkurs: Tarifvertragliche Abweichung vom Gleichbehandlungsgrundsatz bei grenzüberschreitender Arbeitnehmerüberlassung	149
aa) Abweichung bei deutschem Vertragsstaut	150
bb) Abweichung bei ausländischem Vertragsstatut	152
cc) Abweichungen durch tarifvertragliche Vereinbarungen nach polnischem Recht	154
(1) Koalitionsrecht der Leiharbeitnehmer	155
(2) Kollektivrechtliche Vereinbarungen	157
(3) Kritische Würdigung	158
dd) Zwischenergebnis	160
III. Statut des Überlassungsvertrages	161
1. Rechtswahl	162
2. Objektive Anknüpfung	162
a) Recht des gewöhnlichen Aufenthaltsortes des Dienstleisters, Art. 4 Abs. 1 lit. b Rom I-VO	162
b) Recht der vertragscharakteristischen Leistung, Art. 4 Abs. 2 Rom I-VO	164
c) Zwischenergebnis	164
d) Recht der engeren Verbindung, Art. 4 Abs. 3 Rom I-VO	165
e) Eingriffsnormen	165
3. Überlassungsvertrag zwischen polnischem Verleiher und deutschem Entleiher	165
IV. Statut des Rechtsverhältnisses zwischen Entleiher und Leiharbeitnehmer	166
1. Grundlagen zur Bestimmung des Rechtsstatuts	166
2. Rechtsverhältnis zwischen deutschem Entleiher und polnischem Leiharbeitnehmer	169
V. Deliktsstatut	169
1. Grundlagen zur Bestimmung des Deliktsstatuts	170
2. Deliktsstatut bei grenzüberschreitender Arbeitnehmerüberlassung	173
3. Haftungsrechtliche Besonderheiten im polnischen Arbeitsrecht	175
E. Internationales Steuerrecht	177
I. Besteuerung nach polnischem Recht	178
II. Besteuerung nach deutschem Recht	179

Inhaltsverzeichnis

III. Doppelbesteuerungsabkommen zwischen Deutschland und Polen	181
IV. Vermeidung einer Doppelbesteuerung	186
V. Haftung für die Lohnsteuern in Deutschland	188
1. Haftung des Verleihers nach § 42d Abs. 1 EStG	188
2. Haftung des Entleihers nach § 42d Abs. 6 EStG	189
a) Voraussetzungen der Haftung des Entleihers	189
b) Haftungsausschluss	190
c) Umfang der Haftung des Entleihers	191
d) Durchsetzung des Haftungsanspruchs	192
3. Haftung des Verleihers nach § 42d Abs. 7 EStG	193
4. Sicherungsanordnung nach § 42d Abs. 8 EStG	193
VI. Zwischenergebnis	195
F. Internationales Sozialversicherungsrecht	195
I. Anwendbare Vorschriften des internationalen Sozialversicherungsrechts	196
II. Grundsatz des Beschäftigungsortes	197
III. Entsendungstatbestand	198
1. Bestehendes Beschäftigungsverhältnis	200
2. Fortbestand des Beschäftigungsverhältnisses	201
3. Gewöhnliches Tätigsein des entsendenden Arbeitgebers im Entsendestaat	202
4. Entsendungsdauer	205
5. Keine „Kettenentsendung"	206
6. Wiederholte Entsendung	206
7. Verfahren bei Entsendungen	207
8. Bindungswirkung der A1-Bescheinigung	209
9. Korrektur der A1-Bescheinigung	211
IV. Ausnahmevereinbarung nach Art. 16 VO (EG) 883/2004	213
V. Sozialversicherungsrecht bei Überlassung aus Polen nach Deutschland	214
1. Anwendung des Beschäftigungsortsprinzips	214
a) Beitragspflicht und -haftung	214
b) Leistungen aus der Sozialversicherung	216
2. Vorliegen einer Entsendung	218
a) Grundlagen des polnischen Sozialversicherungssystems	219
aa) Aufbau des polnischen Sozialversicherungssystems	219
bb) Beitragspflicht in Bezug auf einen Leiharbeitnehmer	220
b) Verfahren bei Entsendung	223
c) Beitragshaftung	224

Inhaltsverzeichnis

```
             d) Konsequenzen auf der Leistungsebene              225
                aa) Unfallversicherungsschutz in Polen           226
                bb) Haftung des deutschen Entleihers und seiner
                    Arbeitnehmer                                 230
          3. Sozialversicherungsstatut bei illegaler Arbeitnehmer-
             überlassung                                         230
       VI. Zwischenergebnis                                      230
G. Rechtsfolgen illegaler grenzüberschreitender Arbeitnehmerüber-
   lassung                                                       232
    I. Illegale grenzüberschreitende Arbeitnehmerüberlassung     233
       1. Merkmale illegaler Arbeitnehmerüberlassung             233
       2. Merkmale illegaler grenzüberschreitender Arbeitnehmer-
          überlassung                                            234
   II. Rechtsfolgen der illegalen grenzüberschreitenden
       Arbeitnehmerüberlassung                                   235
       1. Rechtsfolgen der illegalen Arbeitnehmerüberlassung im
          deutschen Recht                                        235
          a) Illegale Arbeitnehmerüberlassung – ohne
             Entsendebescheinigung                               235
             aa) Gewerberechtliche Folgen                        236
             bb) Vertragsrechtliche Folgen                       237
                (1) Unwirksamkeit des Leiharbeitsvertrages       238
                (2) Unwirksamkeit des Überlassungsvertrages      240
                (3) Fiktion eines Arbeitsvertrages mit dem
                    inländischen Entleiher                       241
                (4) Schadensersatzanspruch des Leiharbeitnehmers,
                    § 10 Abs. 2 AÜG                              244
                (5) Gesamtschuldnerische Haftung des Verleihers,
                    § 10 Abs. 3 AÜG                              244
             cc) Einkommensteuerrechtliche Folgen                244
             dd) Sozialversicherungsrechtliche Folgen            245
             ee) Ordnungswidrigkeitenrechtliche Folgen           248
                (1) Höhe der Geldbuße                            251
                (2) Verfolgung der OWiG                          252
                (3) Vollstreckung der Ordnungswidrigkeiten       253
             ff) Strafrechtliche Folgen                          255
          b) Illegale Arbeitnehmerüberlassung – Vorliegen einer
             Entsendebescheinigung                               256
             aa) Reichweite der Bindungswirkung der
                 Entsendebescheinigung                           256
             bb) Rechtsfolgen in Anbetracht der Bindungswirkung
                 der Entsendebescheinigung                       260
```

cc) Zwischenergebnis	262
dd) Abgrenzung der Arbeitnehmerüberlassung von anderen Formen des Fremdpersonaleinsatzes im polnischen Recht	263
(1) Erscheinungsformen des Fremdpersonaleinsatzes	263
(2) Rechtliche Grundlagen des Personal-Outsourcing	265
(3) Verhältnis zur Arbeitnehmerüberlassung	267
(a) Umgehung des LeiharbeitG	269
(b) Mögliche Konsequenzen der Umgehung des LeiharbeitG	271
2. Rechtsfolgen der illegalen Arbeitnehmerüberlassung im polnischen Recht	272
3. Zwischenergebnis	273
H. Internationales Strafrecht	274
I. Strafbarkeit in Deutschland	274
II. Strafbarkeit in Polen	275
III. Zwischenergebnis	279
I. Internationale Gerichtszuständigkeit	279
I. Anwendbare Vorschriften zur Bestimmung der (internationalen) Gerichtszuständigkeit	279
II. Allgemeiner Gerichtsstand	280
III. Besondere Gerichtsstände	281
IV. Gerichtsstandsvereinbarungen und rügelose Einlassung	283
V. Besonderheiten bei individuellen Arbeitsverträgen	283
VI. Besonderer Gerichtsstand nach § 15 AEntG	286
VII. Gerichtszuständigkeit bei grenzüberschreitender Arbeitnehmerüberlassung	287
J. Staatliche Aufsicht und Kontrolle	289
I. Prüfungsmöglichkeiten deutscher Behörden	290
II. Prüfungsmöglichkeiten polnischer Behörden	291
III. Zusammenwirken der deutschen und polnischen Behörden	293
K. Besondere Ausgestaltungsformen	295
I. Grenzüberschreitender Kettenverleih	296
1. Kettenverleih innerhalb von Polen	297
2. Kettenverleih innerhalb von Deutschland	299
3. Zusammenfassung	301
II. „Huckepackverfahren"	301

Inhaltsverzeichnis

Drittes Kapitel: Zusammenfassung der Ergebnisse und Ausblick   303

A. Grenzüberschreitende Arbeitnehmerüberlassung aus Polen
    nach Deutschland   303
B. Ausblick   306

Literaturverzeichnis   309

Anhang   323

Abkürzungsverzeichnis

a.a.O.	am angegebenen Ort
ABl.	Amtsblatt
AEntG	Arbeitnehmer-Entsendegesetz
AEUV	Vertrag über die Arbeitsweise der Europäischen Union
Anh.	Anhang
AO	Abgabenordnung
AR-Blattei	Arbeitsrecht-Blattei, Handbuch für die Praxis, begründet von Sitzler, herausgegeben von Oehmann und Dieterich
ArbGB	Arbeitsgesetzbuch (Kodeks Pracy)
ArbRAktuell	Arbeitsrecht Aktuell (Zeitschrift)
AStG	Außensteuergesetz
AufenthG	Aufenthaltsgesetz
Aufl.	Auflage
AuR	Arbeit und Recht (Zeitschrift)
ausf.	ausführlich
AÜG	Arbeitnehmerüberlassungsgesetz
BA	Bundesagentur für Arbeit
BAG	Bundesarbeitsgericht
BAGE	Entscheidungen des Bundesarbeitsgerichts (Amtliche Sammlung)
BAnz	Bundesanzeiger
BayObLG	Bayerisches Oberstes Landesgericht
BB	Betriebs-Berater (Zeitschrift)
BBiG	Berufsbildungsgesetz
BeckOK	Beck'scher Onlinekommentar
BeckRS	Beck-Rechtsprechung
BeInstG	Gesetz über die Beschäftigungsförderung und Institutionen des Arbeitsmarktes (Ustawa o promocji zatrudnienia i instytucjach rynku pracy)
BetrVG	Betriebsverfassungsgesetz
BFH	Bundesfinanzhof
BGB	Bürgerliches Gesetzbuch
BGBl.	Bundesgesetzblatt
BGH	Bundesgerichtshof
BGHSt	Entscheidungen des Bundesgerichtshofs in Strafsachen

Abkürzungsverzeichnis

BPUVZ	Zeitschrift für betriebliche Prävention und Unfallversicherung
BSG	Bundessozialgericht
bspw.	beispielsweise
BStBl.	Bundessteuerblatt
BT-Drs.	Drucksache des Deutschen Bundestages
BVerfGE	Entscheidungen des Bundesverfassungsgerichts, Amtliche Sammlung
d. Verf.	der Verfasser
DB	Der Betrieb (Zeitschrift)
DBA	Doppelbesteuerungsabkommen
DGP	Dziennik Gazeta Prawna (Zeitung)
d.h.	das heißt
DienstleistungsRL	Dienstleistungsrichtlinie
Drs.	Drucksache
DRV	Deutsche Rentenversicherung (Zeitschrift)
DStR	Deutsches Steuerrecht (Zeitschrift)
Dz. U.	Dziennik Ustaw RP (Gesetzesblatt der Republik Polen)
et al.	und andere
EAS	Europäisches Arbeits- und Sozialrecht (Loseblattsammlung)
EFZG	Entgeltfortzahlungsgesetz
EGBGB	Einführungsgesetz zum Bürgerlichen Gesetzbuch
Einf.	Einführung
Einl.	Einleitung
EntsendeRL	Entsenderichtlinie
EStG	Einkommenssteuergesetz
EuGH	Gerichtshof der Europäischen Union
EuGVVO	Verordnung über die gerichtliche Zuständigkeit und die Anerkennung und Vollstreckung von Entscheidungen in Zivil- und Handelssachen (auch „Brüssel I-VO" genannt)
EuLF	The European Legal Forum (Zeitschrift)
EuZA	Europäische Zeitschrift für Arbeitsrecht
EuZW	Europäische Zeitschrift für Wirtschaftsrecht
FS	Festschrift
FreizügG/EU	Gesetz über die allgemeine Freizügigkeit von Unionsbürgern (Freizügigkeitsgesetz/EU)
gem.	gemäß
GewerbeG	Gesetz über die Gewerbefreiheit (Ustawa o swobodzie działalności gospodarczej)
GewerkschaftG	Gesetz über die Gewerkschaften (Ustawa o związkach zawodowych)

Abkürzungsverzeichnis

GewO	Gewerbeordnung
GKV	Gesetzliche Krankenversicherung
GMH	Gewerkschaftliche Monatshefte (Zeitschrift)
GP	Gazeta Prawna (Zeitung)
GWB	Gesetz gegen Wettbewerbsbeschränkungen
Hk-BGB	Handkommentar zum BGB
Hrsg.	Herausgeber
i.d.F.	in der Fassung
i.S.d.	im Sinne der/des
i.S.v.	im Sinne von
i.V.m.	in Verbindung mit
IPR	Internationales Privatrecht
IPRax	Praxis des Internationalen Privat- und Verfahrensrechts (Zeitschrift)
JR	Juristische Rundschau (Zeitschrift)
KK	Kodeks karny (Strafgesetzbuch)
KP	Kodeks pracy (Arbeitsgesetzbuch)
KW	Kodeks wykroczeń (Ordnungswidrigkeitengesetzbuch)
KSchG	Kündigungsschutzgesetz
LAG	Landesarbeitsgericht
lat.	lateinisch
LeiharbeitG	Gesetz über die Beschäftigung von Leiharbeitnehmern (Ustawa o zatrudnianiu pracowników tymczasowych)
LeiharbeitRL	Leiharbeitsrichtlinie
Lit.	Literatur
lit.	litera (Buchstabe)
LSG	Landessozialgericht
MDR	Monatsschrift für Deutsches Recht (Zeitschrift)
MiArbG	Mindestarbeitsbedingungengesetz
MoP	Monitor Prawniczy (Zeitschrift)
M.P.Pr.	Monitor Prawa Pracy (Zeitschrift)
MüKo-BGB	Münchener Kommentar zum Bürgerlichen Gesetzbuch
MüKo-ZPO	Münchener Kommentar zur Zivilprozessordnung
MuSchG	Mutterschutzgesetz
m. spät. Änd.	mit späteren Änderungen
m.w.N.	mit weiteren Nachweisen
NJW	Neue Juristische Wochenschrift (Zeitschrift)
NJW-RR	Neue Juristische Wochenschrift, Rechtsprechungs-Report (Zeitschrift)
Nr.	Nummer

Abkürzungsverzeichnis

NStZ	Neue Zeitschrift für Strafrecht
NStZ-RR	Neue Zeitschrift für Strafrecht, Rechtsprechungs-Report
NZA	Neue Zeitschrift für Arbeitsrecht
NZS	Neue Zeitschrift für Sozialrecht
NZV	Neue Zeitschrift für Verkehrsrecht
OECD	Organisation für wirtschaftliche Zusammenarbeit und Entwicklung (Organisation for Economic Co-operation and Development)
OG	Oberstes Gericht (Sąd Najwyższy)
OGH	Oberster Gerichtshof (Österreich)
OLG	Oberlandesgericht
OSNAPiUS	Orzecznictwo Sądu Najwyższego. Izba Administracyjna, Pracy i Ubezpieczeń Społecznych (Rechtsprechung des Obersten Gerichts, Kammer für Verwaltungs- und Arbeitsrecht sowie Sozialversicherungswesen)
OSNC	Orzecznictwo Izby Cywilnej Sądu Najwyższego (Rechtsprechung des Obersten Gerichts in Zivilsachen)
OSNP	Orzecznictwo Izby Pracy, Ubezpieczeń Społecznych i Spraw Publicznych Sądu Najwyższego (Rechtsprechung des Obersten Gerichts, Kammer für Arbeit, Sozialversicherungswesen und öffentliche Angelegenheiten)
OWiG	Ordnungswidrigkeitengesetz
OWiVerfG	Ordnungswidrigkeitenverfahrensgesetz (Kodeks postępowania w sprawach o wykroczenia)
PiP	Państwo i Prawo (Zeitschrift)
PiZS	Praca i Zabezpieczenie Społeczne (Zeitschrift)
polnOWiG	(Polnisches) Ordnungswidrigkeitengesetzbuch (Kodeks wykroczeń)
polnStGB	(Polnisches) Strafgesetzbuch (Kodeks karny)
RdA	Recht der Arbeit (Zeitschrift)
RdW	Österreichisches Recht der Wirtschaft (Zeitschrift)
RIW	Recht der internationalen Wirtschaft (Zeitschrift)
Rom I-VO	Verordnung über das auf vertragliche Schuldverhältnisse anwendbare Recht
Rom II-VO	Verordnung über das auf außervertragliche Schuldverhältnisse anwendbare Recht
Rspr.	Rechtsprechung
SchwArbG	Schwarzarbeitsbekämpfungsgesetz
SGB III	Sozialgesetzbuch, Drittes Buch: Arbeitsförderung
SGB IV	Sozialgesetzbuch, Viertes Buch: Gemeinsame Vorschriften für die Sozialversicherung

SGB VII	Sozialgesetzbuch, Siebtes Buch: Gesetzliche Unfallversicherung
SGB IX	Sozialgesetzbuch, Neuntes Buch: Rehabilitation und Teilhabe behinderter Menschen
SGb	Die Sozialgerichtsbarkeit (Zeitschrift)
Sign.	Signatur
Sł. Prac.	Służba Pracownicza (Zeitschrift)
SozVersichG	Gesetz über das System der Sozialversicherung (Ustawa o systemie ubezpieczeń społecznych)
StArbInspG	Gesetz über die Staatliche Arbeitsinspektion (Ustawa o Państwowej Inspekcji Pracy)
StGB	Strafgesetzbuch
StVfG	Strafverfahrensgesetzbuch (Kodeks postępowania karnego)
TzBfG	Gesetz über Teilzeitarbeit und befristete Arbeitsverträge
UrhG	Urhebergesetz
VerfPolen	Verfassung der Republik Polen (Konstytucja Rzeczypospolitej Polskiej)
vgl.	vergleiche
Vorb.	Vorbemerkung
Wistra	Wirtschaft, Steuer, Strafrecht (Zeitschrift)
WiRO	Wirtschaft und Recht in Osteuropa (Zeitschrift)
ZESAR	Zeitschrift für europäisches Sozial- und Arbeitsrecht
ZfA	Zeitschrift für Arbeitsrecht
ZGB	Zivilgesetzbuch (Kodeks cywilny)
ZIS	Zeitschrift für Internationales Strafrechtsdogmatik
ZRP	Zeitschrift für Rechtspolitik
ZSR	Zeitschrift für Sozialreform
ZUS	Sozialversicherungsanstalt (Zakład Ubezpieczeń Społecznych)
ZVfGB	Zivilverfahrensgesetzbuch (Kodeks postępowania cywilnego)

Im Übrigen wird verwiesen auf Kirchner, Hildebert, Abkürzungsverzeichnis der Rechtssprache, 7. Auflage, Berlin 2013.

Anhangsverzeichnis

Gesetzesübersetzungen (Auszüge)

1. Gesetz über die Gewerbefreiheit vom 02.07.2004 (GewerbeG)   323
2. Gesetz über die Beschäftigungsförderung und Institutionen des Arbeitsmarktes vom 20.04.2004 (BeInstG)   328
3. Polnisches Strafgesetzbuch vom 06.06.1997 (polnStGB)   345
4. Gesetz über die Staatliche Arbeitsinspektion vom 13.04.2007 (StArbInspG)   347
5. Rechtsverordnung zu den allgemeinen Vorschriften über Arbeitssicherheit und -hygiene vom 26.09.1997 (ArbSiVO)   349

Im Übrigen wurden der Arbeit nachfolgende Übersetzungen der polnischen Gesetzestexte zugrunde gelegt:

ArbGB (Kodeks pracy), deutsche Übersetzung: T. Major, Polnisches Arbeitsgesetzbuch, 3. Auflage, Warschau 2010.

GewerkschaftG (Ustawa o związkach zawodowych), deutsche Übersetzung: S. Ociepa, Arbeitsrecht – Gesetzes- und Verordnungssammlung, Warschau 2011.

LeiharbeitG (Ustawa o zatrudnianiu pracowników tymczasowych), deutsche Übersetzung: S. Ociepa, Arbeitsrecht – Gesetzes- und Verordnungssammlung, Warschau 2011.

Verfassung der Republik Polen (Konstytucja Rzeczypospolitej Polskiej), abrufbar auf der Internetseite des Parlaments (Sejm) unter: http://www.sejm.gov.pl/prawo/konst/niemiecki/niem.htm, zuletzt abgerufen am: 01.03.2014.

ZGB (Kodeks cywilny), deutsche Übersetzung: C. Schnell, T. Paintner, E. Gralla, J. Brockhuis, D. Adamiak, Polnische Wirtschaftsgesetze, 8. Auflage, Warschau 2010.

ZVfGB (Kodeks postępowania cywilnego), deutsche Übersetzung: K. Miszczuk, Polnisches Zivilverfahrensgesetzbuch, Warschau 2005.

Erstes Kapitel: Einleitung

A. Einführung in die Thematik und den Gegenstand der Untersuchung

I. Rechtliche Situation bis zum Stichtag am 01.05.2011

Der 01.05.2004 stellt aus dem europäischen Blickwinkel ein bedeutendes Datum dar. Nach jahrelangen Verhandlungen traten an diesem Tag Estland, Lettland, Litauen, Polen, die Slowakei, Slowenien, die Tschechische Republik und Ungarn (gemeinsam benannt als Staaten Mittel- und Osteuropas, kurz: MOE-Staaten) als auch Malta und Zypern der Europäischen Union bei.[1] Von einem Tag auf den anderen wuchs die EU von 15 auf 25 Mitgliedstaaten an. Fast 75 Millionen Menschen wurden gleichzeitig zu neuen EU-Bürgern. Es war die bislang größte Erweiterung der EU. Erstmalig wurden nach den politischen Umwälzungen der Jahre 1989/90 Staaten des europäischen Kontinents aufgenommen, die vormals als „Ostblockstaaten" galten und über Jahrzehnte der Nachkriegszeit im Vergleich zu Westeuropa sowohl politisch als auch wirtschaftlich grundlegende Systemunterschiede aufwiesen.[2] Die EU-Osterweiterung fand ihre Fortset-

---

[1] Vertrag zwischen dem Königreich Belgien, dem Königreich Dänemark, der Bundesrepublik Deutschland, der Hellenischen Republik, dem Königreich Spanien, der Französischen Republik, Irland, der Italienischen Republik, dem Großherzogtum Luxemburg, dem Königreich der Niederlande, der Republik Österreich, der Portugiesischen Republik, der Republik Finnland, dem Königreich Schweden, dem Vereinigten Königreich Großbritannien und Nordirland (Mitgliedstaaten der Europäischen Union) und der Tschechischen Republik, der Republik Estland, der Republik Zypern, der Republik Lettland, der Republik Litauen, der Republik Ungarn, der Republik Malta, der Republik Polen, der Republik Slowenien, der Slowakischen Republik über den Beitritt der Tschechischen Republik, der Republik Estland, der Republik Zypern, der Republik Lettland, der Republik Litauen, der Republik Ungarn, der Republik Malta, der Republik Polen, der Republik Slowenien und der Slowakischen Republik zur Europäischen Union, ABl. EU 2003 Nr. L 236, S. 17.

[2] Die „Aufnahme" der „neuen" Bundesländer, die vormals die DDR bildeten, erfolgte unter besonderen Bedingungen im Rahmen der deutschen Einigung vom 03.10.1990 und ist daher gesondert zu werten; siehe hierzu *Bergmann*, ZRP 2001, S. 18, 20.

zung am 01.01.2007 mit dem Beitritt von Rumänien und Bulgarien und wurde jüngst durch den Beitritt Kroatiens am 01.07.2013 weiter vorangetrieben.

Seit Begründung der Idee einer europäischen (Staaten-)Gemeinschaft bildete die wirtschaftliche Zusammenarbeit stets eine tragende Säule der sich im Wandel befindlichen Organisation. Eines der vorrangigen Ziele der EU stellt die Errichtung eines Binnenmarktes dar, der gem. Art. 26 Abs. 2 AEUV als Raum ohne Binnengrenzen zu verstehen ist, in dem der freie Verkehr von Waren, Personen, Dienstleistungen und Kapital gewährleistet ist. Diesem Ziel dienen vorrangig die primärrechtlich verankerten Grundfreiheiten, die – ursprünglich als objektives Recht konzipiert – bereits früh als subjektiv-öffentliche Rechte des einzelnen Unionsbürgers auf Abwehr und Schutz gegenüber hoheitlichem Handeln bzw. Unterlassen, das zu einer Beschränkung des freien, grenzüberschreitenden Verkehrs führen kann, anerkannt wurden.[3] Von dem Zeitpunkt des Beitritts zur Europäischen Union an findet das Gemeinschaftsrecht grundsätzlich vollständig auf einen neuen Mitgliedstaat Anwendung.[4] Dies gilt sowohl für die Rechte und Pflichten des Mitgliedstaats selbst[5] als auch für die Unternehmen aus diesem Staat und selbstverständlich für dessen Bürger.[6]

Soweit der Beitritt der MOE-Staaten politisch überaus erwünscht war[7], wurde damit auf Seiten der bisherigen Mitgliedstaaten – mit Blick auf die zu dem Zeitpunkt herrschenden wirtschaftlichen und sozialen Unterschiede zwischen den Beitrittskandidaten und dem Niveau innerhalb der Gemeinschaft – eine Vielzahl von Befürchtungen verbunden. Vor allem die Migration billiger Arbeitskräfte von Ost nach West könnte unter Ausnutzung des Einkommensgefälles zu einer Erhöhung des Lohndrucks[8] auf den ohnehin angespannten westeuropäischen Arbeitsmärkten führen und in einem Anstieg der Arbeitslosigkeit münden.[9] Insbesondere für unqualifizierte bzw. gering qualifizierte einheimische Arbeitnehmer würden Beschäfti-

---

3   Siehe zu den Funktionen der Grundfreiheiten Calliess/Rufferg/*Kingreen*, Art. 36 AEUV, Rn. 9 ff. m.w.N.
4   EuGH, Urteil vom 09.12.1982, Rs. 258/51 (*Metallurgiki Halyps*), Slg. 1982, 4261, Leitsatz 1, S. 4278; vgl. *Maiß*, S. 52; *derselbe*, WiRO 2005, S. 353.
5   Vgl. *Maiß*, S. 52.
6   EuGH, Urteil vom 09.12.1982, Rs. 258/51 (*Metallurgiki Halyps*), Slg. 1982, 4261, Leitsatz 3.
7   Vgl. hierzu *Bergmann*, ZRP 2001, S. 18 ff.
8   *Maiß*, S. 54; *Werding*, NZA 2003, S. 194, 196.
9   *Hänlein*, EuZW 2001, S. 165; *Maiß*, S. 53 f.; *Werding*, NZA 2003, S. 194, 196 ff.

gungsrisiken drohen.[10] Über die Belastung der Arbeitsmärkte hinaus seien negative Auswirkungen auf die heimischen Sozialsysteme zu befürchten. Die Möglichkeit der (vorübergehenden) Inanspruchnahme von Sozialleistungen durch ausländische Arbeitnehmer und ihre Familien stelle einen weiteren Wanderungsanreiz dar.[11]

Angesichts dieser Ausgangslage wurden im Rahmen der Beitrittsverhandlungen mit den MOE-Staaten Übergangsregelungen vereinbart, die eine vorübergehende Beschränkung der Arbeitnehmerfreizügigkeit aus Art. 45 AEUV (ex Art. 39 EG) und Dienstleistungsfreiheit aus Art. 56 AEUV (ex Art. 49 EG) erlaubten.[12] Die Mitgliedstaaten konnten hierbei auf die Erfahrungen und die Rechtsprechung des EuGH[13] zu ähnlichen Schutzklauseln, die bereits bei früheren Erweiterungen der Gemeinschaft angewandt wurden, zurückgreifen.[14] Für eine Übergangszeit von insgesamt sieben Jahren (nach dem „2+3+2 Modell"[15]) bestand für die Mitgliedstaaten die Möglichkeit, die Arbeitnehmerfreizügigkeit im Hinblick auf die MOE-Staaten vollständig auszuschließen und so den Zugang zu den heimischen Arbeitsmärkten zu beschränken bzw. besonders zu re-

---

10 Vgl. *Werding*, NZA 2003, S. 194, 196; *Maiß*, S. 54.
11 *Hänlein*, EuZW 2001, S. 165; *Maiß*, S. 53 f.; *Scheffer*, ZRP 2003, S. 55, 56 m.w.N.; *Werding*, NZA 2003, S. 194, 198.
12 Art. 24 der Beitrittsakte über die Bedingungen des Beitritts der Tschechischen Republik, der Republik Estland, der Republik Zypern, der Republik Lettland, der Republik Litauen, der Republik Ungarn, der Republik Malta, der Republik Polen, der Republik Slowenien und der Slowakischen Republik und die Anpassungen der die Europäische Union begründenden Verträge, ABl. EU 2003 Nr. L 236, S. 33, 40 und die jeweils einschlägigen Anhänge V-XIV, S. 803 ff.
13 EuGH, Urteil vom 23.03.1983, Rs. 77/82, Slg. 1983, 1085; EuGH, Urteil vom 27.09.1988, Rs. 9/88, Slg. 1989, 2989; EuGH, Urteil vom 27.03.1990, Rs. C-113/89 (*Rush Portugesa*), Slg. 1990, I-1417; EuGH, Urteil vom 26.05.1993, Rs. C-171/91, Slg. 1993, I-2925; EuGH, Urteil vom 25.06.1997, Rs. C-131/96, Slg. 1997, I-3659; hierzu überblicksweise *Maiß*, S. 210 ff.
14 Griechenland: Art. 44, 45 der Beitrittsakte vom 24.05.1979, ABl. EG 1975 Nr. L 291, S. 17; Spanien: Art. 55, 56 der Beitrittsakte vom 12.06.1985, ABl. EG 1985 Nr. L 302, S. 23; Portugal: Art. 215, 216 Beitrittsakte vom 12.06.1985, ABl. EG 1985 Nr. L 302, S. 23; siehe hierzu überblicksweise *Maiß* 181 f.; *Hänlein*, EuZW 2001, S. 165, 167 f.
15 Die Beschränkungen der Grundfreiheiten galten für zunächst zwei Jahre. Im Anschluss konnten die Mitgliedstaaten diese um drei bzw. nochmals zwei Jahre verlängern; siehe hierzu Calliess/Ruffert/*Brechmann*, Art. 45 AEUV, Rn. 28 m.w.N.; Huber/*Brinkmann*, § 13 AufenthG Rn. 4 f.; *Nowak*, EuZW 2003, S. 101.

1. Kap.: Einleitung

geln.[16] Für Deutschland und Österreich wurden Sonderregelungen geschaffen, die zusätzlich die Möglichkeit vorsahen, in bestimmten Wirtschaftsbereichen Beschränkungen der Dienstleistungsfreiheit vorzunehmen.[17] Von den Schutzklauseln wurde durch die Mitgliedstaaten in unterschiedlicher Weise Gebrauch gemacht. Während Irland, Schweden und das Vereinigte Königreich im Beitrittszeitpunkt ihre Arbeitsmärkte für die MOE-Staaten öffneten[18], folgten die restlichen Mitgliedstaaten in den Jahren 2006 bzw. 2009. Lediglich Deutschland und Österreich machten von der maximalen Übergangszeit von sieben Jahren Gebrauch. Daher kann davon gesprochen werden, dass die EU-Osterweiterung im Hinblick auf Deutschland und Österreich (erst) mit dem 01.05.2011 vollständig vollzogen wurde.

Bis einschließlich 31.04.2011 galten in Deutschland für Arbeitnehmer aus Polen Einschränkungen der Arbeitnehmerfreizügigkeit und für grenzüberschreitend tätige Unternehmer mit Sitz in Polen im Falle einer vorübergehenden Entsendung von Arbeitskräften[19] Einschränkungen der Dienstleistungsfreiheit. Während der Übergangszeit wurde die Inanspruchnahme der unionsrechtlichen Grundfreiheiten somit weitgehend eingeschränkt.[20]

Der Zugang zum deutschen Arbeitsmarkt war für polnische Arbeitskräfte und Unternehmen aber nicht vollständig verschlossen. Die bis zum Beitrittszeitpunkt bestehenden Möglichkeiten des Arbeitseinsatzes von polnischen Staatsangehörigen in Deutschland fanden weiterhin Anwendung.[21] Die grenzüberschreitende Erbringung von Dienstleistungen unter Einsatz des eigenen Personals war für polnische Unternehmen nur in aus-

---

16 Siehe hierzu bspw. Nr. 2.2 des Anhangs XII (Polen) der Beitrittsakte, ABl. EU 2003 Nr. L 236, S. 875, 876; näher hierzu *Temming*, RdA 2005, S. 186, 187 f.; *Timm*, S. 81 ff.
17 Siehe hierzu ausf. *Maiß*, S. 55 ff., 225 ff.; *Temming*, RdA 2005, S. 186, 188 ff.
18 Angesichts des Ausschlusses der Arbeitnehmerfreizügigkeit für die ersten zwei Jahre nach Nr. 2.2 des jeweiligen Anhangs der Beitrittsakte erfolgte dies im Wege nationaler Regelungen.
19 Vgl. Art. 1 der Entsende-Richtlinie 96/71 EG, ABl. EG 1997 Nr. L 018, S. 7.
20 Andere Grundfreiheiten, wie die Warenverkehrsfreiheit aus 34 AEUV (ex Art. 28 EG) und die Niederlassungsfreiheit aus Art. 49 AEUV (ex Art. 43 EG) wie auch das allgemeine Freizügigkeitsrecht aus Art. 21 AEUV (ex Art. 18 EG), fanden ohne Einschränkungen auf die Beitrittsstaaten Anwendung.
21 Nr. 2.2 des Anhangs XII der Beitrittsakte, ABl. EU 2003 Nr. L 236, S. 875, 876; hierzu bspw. *Timm*, S. 9 ff

gewählten Dienstleistungssektoren beschränkt.[22] Bis zum Ablauf der Übergangsfrist unterlag der Arbeitseinsatz polnischer Arbeitskräfte den bilateralen Regierungsvereinbarungen und dem deutschen Arbeitsgenehmigungsrecht.[23]

Die Übergangsregelungen hatten Auswirkungen auf die Möglichkeit der (grenzüberschreitenden) Arbeitnehmerüberlassung aus Polen nach Deutschland. Die Arbeitnehmerüberlassung stellt nach nunmehr gefestigter Rechtsprechung des EuGH eine Dienstleistung i.S.v. Art. 57 AEUV dar.[24] Sie war für polnische Verleiher in den von der Dienstleistungsfreiheit ausgenommenen Wirtschaftsbereichen (Bau, Gebäudereinigung, Innendekoration) unzulässig.[25] Die Überlassung von Arbeitnehmern wirkt sich unmittelbar sowohl auf die Verhältnisse auf dem Arbeitsmarkt als auch auf die Interessen der betroffenen Arbeitnehmer aus.[26] Die grenzüberschreitende Tätigkeit eines Verleihunternehmens besteht darin, dem Arbeitsmarkt des Aufnahmemitgliedstaats Arbeitnehmer zuzuführen.[27] Der entsandte Leiharbeitnehmer wird während des Zeitraums der Überlassung typischerweise auf einem Arbeitsplatz im verwendenden Unternehmen eingesetzt, der sonst mit einem Arbeitnehmer dieses Unternehmens besetzt worden wäre.[28] Der Einsatz polnischer Leiharbeitnehmer unterlag daher den Übergangsfristen im Hinblick auf die unionsrechtliche Arbeitnehmerfreizügigkeit.[29] Nach dem deutschen Arbeitsgenehmigungsrecht bedurfte ein polnischer Leiharbeitnehmer bis zum 30.04.2011 einer Ar-

---

22 Siehe hierzu ausf. *Maiß*, S. 55 ff., 225 ff.; *derselbe*, WiRO 2005, S. 353; *Temming*, RdA 2005, S. 186, 188 ff.
23 Vgl. *Maiß*, S. 58; *Temming*, RdA 2005, S. 186, 188.
24 EuGH, Urteil vom 17.12.1981, Rs. 279/80 (*Webb*), Slg. 1981, 3305, Rn. 10.
25 Nr. 2.13 des Anhangs XII der Beitrittsakte, ABl. EU 2003 Nr. L 236, S. 875, 877; *Maiß*, S. 275 ff.; Schüren/Hamann/*Riederer von Paar*, Einl. Rn. 653; *Temming*, RdA 2005, S. 186, 188.
26 EuGH, Urteil vom 17.12.1981, Rs. 279/80 (*Webb*), Slg. 1981, 3305, Rn. 18; EuGH, Urteil vom 10.02.2011, Rs. C-307-309/09 (*Vicoplus*), NZA 2011, S. 283; EuZW 2011, S. 347, Rn. 29.
27 EuGH, Urteil vom 10.02.2011, Rs. C-307-309/09 (*Vicoplus*), NZA 2011, S. 283; EuZW 2011, S. 347, Rn. 30.
28 EuGH, Urteil vom 10.02.2011, Rs. C-307-309/09 (*Vicoplus*), NZA 2011, S. 283; EuZW 2011, S. 347, Rn. 31.
29 EuGH, Urteil vom 10.02.2011, Rs. C-307-309/09 (*Vicoplus*), NZA 2011, S. 283; EuZW 2011, S. 347 – In dem Urteil setzte sich der EuGH mit niederländischen Vorschriften auseinander, die für die Arbeit eines polnischen Leiharbeitnehmers in den Niederlanden innerhalb der Übergangsfristen das Erfordernis einer Arbeitserlaubnis vorsahen. So auch schon *Bayreuther*, DB 2011, S. 706, 708.

1. Kap.: Einleitung

beitsgenehmigung, die ihm von der Bundesagentur für Arbeit jedoch stets versagt wurde.[30] Die grenzüberschreitende Arbeitnehmerüberlassung polnischer Leiharbeitnehmer nach Deutschland war damit (legal) nicht möglich.[31]

II. Rechtliche Situation nach dem Stichtag am 01.05.2011

Seit dem 01.05.2011 gelten die Beschränkungen der Arbeitnehmerfreizügigkeit und Dienstleistungsfreiheit im Verhältnis von Deutschland zu den acht MOE-Mitgliedstaaten nicht mehr.[32] Polnische Arbeitnehmer bedürfen, um in Deutschland zu arbeiten oder nach Deutschland zur Arbeit entsandt zu werden, keiner Arbeitserlaubnis. Für die Arbeitnehmerüberlassung ist dies in zweifacher Hinsicht von Bedeutung. Als Ausfluss ihrer Arbeitnehmerfreizügigkeit können polnische Arbeitnehmer ohne aufenthaltsrechtliche Beschränkungen nunmehr ein Beschäftigungsverhältnis mit einem in Deutschland ansässigen Verleiher eingehen. Ein polnischer Leiharbeitnehmer kann durch seinen heimischen Verleiher auch grenzüberschreitend zur Arbeit an einen Entleiher in Deutschland überlassen werden. Für polnische Verleihunternehmen ist die Arbeitnehmerüberlassung nach Deutschland – in den Grenzen, die durch das AÜG für alle im Inland tätigen Verleiher gelten – unbeschränkt möglich.

Die Herstellung der vollen Arbeitnehmerfreizügigkeit und Dienstleistungsfreiheit zugunsten der acht MOE-Mitgliedstaaten wurde durch eine öffentliche Diskussion begleitet, die die uneinheitliche Erwartungshaltung in Deutschland widerspiegelte. Die Ansichten reichten von der Sorge um ein zu erwartendes Lohndumping bis zur Hoffnung, durch qualifizierte Beschäftigte dem hiesigen Fachkräftemangel entgegentreten zu können.[33]

---

30 Bis zum 30.04.2011 bedurften polnische Staatsangehörige gem. § 284 Abs. 1 SGB III a.F. einer Arbeitsgenehmigung, die aufgrund des Verweises in § 284 Abs. 3 SGB III a.F. auf § 39 Abs. 2-4, 6 AufenthG und der daraus folgenden Anwendung des § 40 Abs. 1 Nr. 2 AufenthG bei Leiharbeitnehmern zu versagen war; siehe hierzu ausf. *Boemke*, BB 2005, S. 265, 268; *Schüren/Hamann/ Riederer von Paar*, Einl. Rn. 654; *Ulber*, AÜG, Einl. F Rn. 23; *Zimmermann*, S. 36 f.
31 Vgl. Schüren/Hamann/*Riederer von Paar*, Einl. Rn. 654.
32 In Bezug auf Rumänien und Bulgarien sind die Übergangsfristen zum 01.01.2014 abgelaufen.
33 Siehe hierzu bspw. WiWo vom 23.04.2011, Nr. 17, S. 28 ff., „Hurra, die Polen kommen"; WiWo vom 24.12.2010, Nr. 52, S. 76 ff., „Kleine Völkerwanderung

Polen nahm hierbei stets eine herausgehobene Stellung ein. Dies erklärt sich unter anderem aus der geographischen Lage, die einer Migration in den deutschen Grenzgebieten förderlich ist, einer langen Migrationstradition[34] und der Tatsache, dass Polen mit ca. 38 Millionen Einwohnern der bevölkerungsreichste MOE-Mitgliedstaat ist und mehr als die Hälfte der neuen, freizügigkeitsberechtigten EU-Bürger aus Polen kam.[35]

In der Diskussion wurde der Arbeitnehmerüberlassung besondere Aufmerksamkeit zuteil. Bis zu diesem Zeitpunkt spielte die grenzüberschreitende Arbeitnehmerüberlassung mit den MOE-Staaten praktisch keine Rolle.[36] Die Arbeitnehmerüberlassung aus den alten Mitgliedstaaten der EU war bis dahin überwiegend durch „Expertenwissen oder Verfügbarkeit" veranlasst worden.[37] Der Faktor „Personalkosten" war nach *Böhm* hingegen nur von geringer Bedeutung, „denn die Tarifniveaus in den [wichtigen] (...) Nachbarländern (…) Frankreich, Niederlande und Österreich [lagen] für die [Zeitarbeit] zum Teil (...) höher als in Deutschland".[38] Nun können ausländische Zeitarbeitsunternehmen mit Sitz in den MOE-Staaten Leiharbeitnehmer aus ihren Heimatländern zur Arbeit nach Deutschland entsenden. Die Leitgedanken, wonach Leiharbeit ursprünglich zur Herabsenkung der Arbeitslosigkeit, Flexibilisierung der Arbeitsverhältnisse und Abdeckung von kurzfristigem Fachkräftemangel eingeführt worden ist, sind um die Möglichkeit, kostengünstig Leiharbeitnehmer aus den MOE-Staaten einzustellen, erweitert worden.

Die Befürchtung war, dass die ausländischen Unternehmen das im Ausland bestehende, niedrigere Lohnniveau nach Deutschland importieren könnten. Das deutsche Arbeitnehmerüberlassungsrecht sieht für die Bestimmung der Arbeitsbedingungen eines Leiharbeitnehmers im Grundsatz

---

aus Osteuropa"; Süddeutsche Zeitung vom 30.04.2011, „Endlich Gastgeber", http://sz.de/1.1091447, zuletzt abgerufen am 19.02.2014; Focus Online vom 20.04.2011, „Die Angst vor den Nachbarn im Osten", http://www.focus.de/finanzen/news/arbeitsmarkt/tid-22001/arbeitnehmerfreizuegigkeit-die-angst-vor-den-nachbarn-im-osten_aid_618755.html, zuletzt abgerufen am 27.10.2013.

34 Siehe hierzu ausf. *Pallaske*, S. 9 ff.; *Sznyter* S. 36 ff.
35 Siehe zu den statistischen Daten bspw. http://europa.eu/about-eu/countries/member-countries/index_de.htm, zuletzt abgerufen am 25.08.2014.
36 Ein ausländisches Zeitarbeitsunternehmen mit Sitz in der EU hat einen Rechtsanspruch auf die zur Überlassung nach Deutschland erforderliche Erlaubnis. Allerdings konnten mangels Arbeitsgenehmigung keine Leiharbeitnehmer aus den MOE-Staaten entsandt werden; hierzu auch *Böhm*, NZA 2010, S. 1218, 1219.
37 *Böhm*, NZA 2010, S. 1218, 1219.
38 Ebenda.

1. Kap.: Einleitung

das Gleichbehandlungsgebot (*equal pay* bzw. *equal treatment*) vor. Danach müssen einem Leiharbeitnehmer die Arbeitsbedingungen eines vergleichbaren Stammarbeitnehmers des Entleihers gewährt werden. Hiervon kann aber durch tarifvertragliche Vereinbarungen in weitem Maße abgewichen werden.[39] Ausländische Anbieter aus den acht MOE-Staaten könnten mit Gewerkschaften in ihren Ländern Tarifverträge, mit denen von dem Gleichbehandlungsgebot abgewichen würde, abschließen und darin für die nach Deutschland entsandten Leiharbeitnehmer Arbeitsbedingungen nach ihrem nationalen Standard vereinbaren, die weit unter dem deutschen Niveau liegen würden.[40]

Vor diesem Hintergrund wurde intensiv über die Einführung und Ausgestaltung eines gesetzlichen Mindestlohns für die Zeitarbeitsbranche in Deutschland diskutiert.[41] Mit dem Erlass der Ersten Verordnung über eine Lohnuntergrenze in der Arbeitnehmerüberlassung wurde ab dem 01.01.2012 ein allgemeinverbindlicher Mindestlohn für die Zeitarbeitsbranche in Deutschland festgeschrieben, der weder durch deutsche noch ausländische Tarifverträge unterschritten werden kann.[42] Die notwendige Verordnungsermächtigung war zuvor durch das Erste Gesetz zur Änderung des Arbeitnehmerüberlassungsgesetzes[43] eingeführt worden, das der

---

39   §§ 3 Abs. 1 Nr. 3, 9 Nr. 2 AÜG.
40   Frankfurter Rundschau vom 02.11.2010, „Offener Arbeitsmarkt 2011: Dumping-Verträge sind längst entworfen"; *Bayreuther*, DB 2011, S. 706, 709 f.; *Böhm*, NZA 2010, S. 1218 f. spricht sogar davon, dass polnische und tschechische Zeitarbeitsunternehmen „in den Startlöchern stünden"; *Franzen*, EuZA, 2011, S. 451, 453, 467 ff.
41   Bspw. Frankfurter Allgemeine Zeitung vom 22.02.2011, „Mindestlöhne für 1,2 Millionen Arbeiter"; Frankfurter Allgemeine Zeitung vom 09.09.2011, „Mindestlohn für die Zeitarbeit kommt nicht voran"; Spiegel-Online vom 25.11.2010, „FDP weiß nicht, ob sie den Mindestlohn will"; Focus Money Online vom 24.06.2010, „Zeitarbeit: Von der Leyen will Mindestlohn"; Spiegel-Online vom 05.10.2011, „Druck auf Regierung: Unternehmen fordern Mindestlohn für Leiharbeiter".
42   BAnz vom 28.12.2011, Nr. 195, S. 4608.
43   Erstes Gesetz zur Änderung des Arbeitnehmerüberlassungsgesetzes - Verhinderung von Missbrauch der Arbeitnehmerüberlassung vom 28.04.2011, BGBl. 2011 I, S. 642.

Umsetzung der LeiharbeitRL[44], die es bis zum 05.12.2011 in nationales Recht zu implementieren galt, dienen sollte.[45]

Die Konkurrenzfähigkeit ausländischer Zeitarbeitsfirmen gegenüber den nationalen Marktteilnehmern kann sich unter anderem daraus ergeben, dass sie in ihrem Heimatstaat mit geringeren Lohnnebenkosten[46] als in Deutschland konfrontiert werden und diese im Falle einer Entsendung dort abführen können. Eine entsprechende Entsendebescheinigung (A1) kann über das Sozialversicherungsrecht hinaus Wirkung entfalten.[47]

Im Zusammenhang mit der grenzüberschreitenden Arbeitnehmerüberlassung sind weitere Möglichkeiten des transnationalen Fremdpersonaleinsatzes zu beachten. Ein verwandtes Gestaltungsmittel bildet der Abschluss von Werk- oder Dienstverträgen mit ausländischen Unternehmern, die zur Ausführung ihrer Aufträge auf die Entsendung ihrer Belegschaft zurückgreifen. Beim Outsourcing von Arbeitsabläufen muss unterschieden werden, ob eine reine Personalgestellung (dann Leiharbeit) stattfindet oder die Arbeitnehmer als Erfüllungsgehilfen ihres Dienstherren zur Erfüllung eines Werk- oder Dienstvertrages eingesetzt werden. Die Abgrenzung zwischen den verschiedenen Formen des Drittpersonaleinsatzes bereitet in der Praxis häufig Schwierigkeiten[48], ist aber zwingend notwendig, da von ihr die gegenseitigen Ansprüche des Beteiligten abhängen. Immer wieder werden medienwirksam Beschäftigungsverhältnisse aufgedeckt, die sich im Grenzbereich von legalem Einsatz von Werk- bzw. Dienstverträgen und illegaler (weil verdeckter) Arbeitnehmerüberlassung bewegen. Durch häufig prekäre Arbeitsbedingungen für ausländische Arbeitskräfte werfen

---

44 Richtlinie 2008/104/EG des europäischen Parlaments und des Rates vom 19.11.2008 über Leiharbeit, ABl. EU 2008 Nr. L 327, S. 9, weiter: LeiharbeitRL.
45 Siehe hierzu überblicksweise *Böhm*, DB 2011, S. 473 ff.; *Lembke*, DB 2011, S. 414 ff.
46 Siehe hierzu die Pressemitteilung Nr. 116 des Statistischen Bundesamtes, Destatis, vom 26.03.2013 „Arbeitskosten in Deutschland 2012 um 32 % höher als im EU-Durchschnitt", https://www.destatis.de/DE/PresseService/Presse/ Pressemitteilungen/2013/03/PD13_116_624.html, zuletzt abgerufen am 27.10.2013.
47 Siehe hierzu *Schüren* in: FS Düwell, „Funktionsmängel ...", S. 84 ff.
48 Zur Abgrenzung im deutschen Recht bspw. BAG, Urteil vom 18.01.2012, NZA-RR 2012, S. 455; siehe auch Schüren/Hamann/*Hamann*, § 1, Rn. 113 ff.; *Reiserer*, DB 2013, S. 2026, 2027 ff., jeweils m.w.N.

1. Kap.: Einleitung

sie ein negatives Licht auf die gesamte Branche der Anbieter von flexiblen Arbeitsformen.[49]

III. Wissenschaftlicher Hintergrund der Untersuchung

Im Vorfeld der Herstellung der vollständigen Arbeitnehmerfreizügigkeit in Bezug auf die MOE-Staaten erfolgte in der deutschen rechtswissenschaftlichen Fachliteratur vereinzelt eine Auseinandersetzung mit den Auswirkungen des nun möglichen grenzüberschreitenden Einsatzes von Leiharbeitnehmern aus dem Osten auf das Arbeits- und Sozialversicherungsrecht.[50] Aus diesem Anlass wurden mit der grenzüberschreitenden Arbeitnehmerüberlassung einhergehende Fragestellungen und Probleme neu aufgeworfen. Vor dem Hintergrund zahlreicher europarechtlicher Regelungen wurde versucht, die einzuhaltenden Beschäftigungsbedingungen näher zu beleuchten. Einen Schwerpunkt der Untersuchungen bildete die Geltung und Einhaltung des durch die LeiharbeitRL verbindlich vorgegebenen Gleichbehandlungsgrundsatzes im Falle des grenzüberschreitenden Leiharbeitnehmereinsatzes. Immer wieder wurde die Einführung eines branchenweiten Mindestlohns für die Arbeitnehmerüberlassung, der auch auf entsandte Arbeitnehmer Anwendung finden sollte, diskutiert.[51] Zur

---

49   Bspw.: ZDF-Frontal 21 vom 14.08.2012, „Moderne Lohnsklaven – Ausbeutung mit Werkverträgen", Filmbeitrag abrufbar unter: http://hoelderlin.blog.de/2012/08/14/zdf-frontal-21-14-08-2012-moderne-lohnsklaven-ausbeutung-werkvertrae gen-14510053/, zuletzt abgerufen am 16.02.2014; ARD vom 24.06.2013, „Lohnsklaven in Deutschland – Miese Jobs für billiges Fleisch", http://www.das erste.de/information/reportage-dokumentation/dokus/sendung/swr/24062013-die-story-im-ersten-lohnsklaven-in-deutschland-100.html, zuletzt abgerufen am 16.02.2013; Spiegel vom 26.02.2013, „Schlechter bezahlt als Leiharbeit – Mieses Geschäft mit Werkverträgen", abrufbar unter: http://www.spiegel.de/karriere /berufsleben/werkvertraege-unterlaufen-mindestlohn-bei-leiharbeit-a-884615.ht ml, zuletzt abgerufen am 16.02.2013; Tageszeitung vom 05.12.2011, „Lohndrückerei in der Metallindustrie, Werkverträge im Kommen"; so schon Frankfurter Allgemeine Zeitung vom 17.05.2005, „Lohndumping: Für Hungerlohn filetieren Polen das ‚Russenfleisch'"; hierzu auch *Reiserer*, DB 2013, S. 2026 ff.
50   Hierzu bspw. *Bayreuther*, DB 2011, S. 706 ff.; *Franzen*, EuZA 2011, S. 451 ff.; *Heuchemer/Schielke*, BB 2011, S. 758 ff; *Lembke*, DB 2011, S. 414 ff.; *Mallmann/Borchard*, AuR 2011, S. 413 ff.; *Schlegel*, AuR 2011, S. 384 ff.; *Schüren* in: FS Düwell, „Funktionsmängel ...", S. 84 ff.
51   Statt vieler *Schneider-Sievers*, RdA 2012, S. 277, 279 ff.

A. Einführung in die Thematik und den Gegenstand der Untersuchung

Verdeutlichung der Problematik der grenzüberschreitenden Arbeitnehmerüberlassung wurde überwiegend das Beispiel von polnischen Leiharbeitnehmern und Verleihern gewählt.[52] Dies geschah vornehmlich unter Ausklammerung der aus dem polnischen Recht fließenden Vorgaben. An dieser Stelle ist festzuhalten, dass sämtliche in diesem Zusammenhang erschienenen Publikationen die Schwachstelle aufweisen, dass es (weitestgehend) an einem konkreten Bezug zu den ausländischen Rechtsordnungen fehlt. Die Analyse und Diskussion wurde in der Hauptsache auf der Grundlage der deutschen Vorschriften unter Berücksichtigung der europarechtlichen Vorgaben und der einschlägigen deutschen und europarechtlichen Kollisionsvorschriften geführt. Mit dieser Vorgehensweise können die sich aus einem grenzüberschreitenden Sachverhalt ergebenden Fragen nur unvollkommen und vage beantwortet werden. Zu einer umfassenden Betrachtung ist es notwendig, sowohl das deutsche, das europäische als auch das jeweilige ausländische Recht in die Überlegungen mit einzubeziehen. Letztlich kann nur so eine eindeutige Bestimmung der anwendbaren Vorschriften und damit der geltenden Arbeits- und Beschäftigungsbedingungen vorgenommen werden. Voraussetzung für eine solche Auseinandersetzung mit Rechtsfragen, die sich aus dem Zusammenspiel von deutschem, polnischem und europäischem Recht ergeben, ist die Kenntnis der maßgeblichen Vorschriften in den beteiligten Rechtsordnungen.

Anlässlich der Öffnung des deutschen und österreichischen Arbeitsmarktes fand auch in Polen eine öffentliche Diskussion statt, deren Schwerpunkt auf den zusätzlichen Möglichkeiten der Beschäftigung im Ausland und der damit verbundenen Gefahr der übermäßigen Auswanderung von qualifizierten Fachkräften lag.[53] Zu der Erwartungshaltung und emotionalen Auseinandersetzung in Deutschland bestand in Polen jedoch kein äquivalentes Pendant. Dies hing maßgeblich damit zusammen, dass aus Polen seit dem EU-Beitritt bereits eine hohe Migration in andere Mit-

---

52 So bspw. *Boemke/Lembke*, BB 2005, S. 266, 269; *Böhm*, NZA 2010, S. 1218 f.; *Franzen*, EuZA 2011, S. 451, 466.
53 Bspw. *Maciejewicz*, „Niemcy wyczyszczą nam rynek pracy. Wkrótce masowe wyjazdy" in: Gazeta Wyborcza vom 27.09.2010; Gazeta Podatnika vom 25.11.2010, „Pracodawcy RP: Polska nieprzygotowana na otwarcie niemieckiego rynku pracy", abrufbar unter: http://www.gazetapodatnika.pl/artykuly/praco dawcy_rp_polska_nieprzygotowana_na_otwarcie_niemieckiego_rynku_pracy-a _13048.htm, zuletzt abgerufen am 10.09.2014; gazetapraca.pl vom 07.12.2010, „Nie będzie fali emigracji zarobkowej po 1 maja", abrufbar unter: http://gazeta praca.pl/gazetapraca/1,67527,8778845,_Nie_bedzie_fali_emigracji_zarobkowej _po_1_maja_.html, zuletzt abgerufen am 10.09.2014.

1. Kap.: Einleitung

gliedstaaten, die von den Übergangsregelungen in einem geringeren Ausmaß Gebrauch gemacht hatten, stattgefunden hatte. Hierzu zählen vor allem England, Irland und die Niederlande.[54] Auch in der polnischen Rechtswissenschaft fand eine vergleichbare Debatte über die Auswirkungen der Herstellung der vollständigen Arbeitnehmerfreizügigkeit im Hinblick auf die Arbeitnehmerüberlassung nicht statt. Die Leiharbeit fand allenfalls beiläufig Erwähnung als eine Form des zukünftig möglichen Einsatzes polnischer Arbeitskräfte in Deutschland.

Eine ausführliche Gesetzesregelung des Arbeitnehmerüberlassungsrechts existiert in Polen mit den Vorschriften des LeiharbeitG[55] erst seit 2003. Folglich stellt die Leiharbeit eine relativ junge Institution dar. Dies spiegelt sich in der zur Verfügung stehenden rechtswissenschaftlichen polnischen Fachliteratur wider. Bisher sind nur wenige Bearbeitungen vorhanden, die über eine allgemeine Analyse der gesetzlichen Regelungen oder die Auseinandersetzung mit bestimmten Einzelfragen hinaus eine umfassende Darstellung des Rechts der Arbeitnehmerüberlassung vornehmen. Eine substanzhaltige Untersuchung der Arbeitnehmerüberlassung im grenzüberschreitenden Kontext steht bislang aus. Selbst die höchstrichterliche Rechtsprechung hat sich bisher nur mit einigen wenigen Fragen auf dem Gebiet des (internationalen) Sozialversicherungsrechts beschäftigt. Im Hinblick auf den grenzüberschreitenden Einsatz von Leiharbeitnehmern herrscht in der Praxis daher große Unsicherheit.

IV. Inhalt der Untersuchung

Mit der vorliegenden Arbeit soll eine Ausarbeitung der Modalitäten bei grenzüberschreitender Arbeitnehmerüberlassung aus Polen nach Deutschland vorgenommen werden. Die Untersuchung der Verhältnisse bei einem grenzüberschreitenden Einsatz polnischer Leiharbeitnehmer erfolgt aus dem Blickwinkel eines deutschen Rechtsanwenders.

---

54 Überblicksweise zur Migrationsbewegung aus Polen nach dem EU-Beitritt *Iglicka*, Polen-Analysen Nr. 78 vom 02.11.2010, S. 2 ff. mit weiterem Anschauungsmaterial; Handelsblatt vom 10.10.2011, „Starke Auswanderung aus Polen ungebrochen".

55 Gesetz über die Beschäftigung von Leiharbeitnehmern vom 9. Juli 2003 (Ustawa o zatrudnianiu pracowników tymczasowych), Dz. U. 2003, Nr. 166, Pos. 1608, m. spät. Änd., weiter: LeiharbeitG.

Im Rahmen einer länderübergreifenden Betrachtung ist das Zusammenspiel der mittlerweile durch diverse europäische Rechtsakte determinierten Regelungen in den beiden Ländern zu skizzieren. Ausgehend von einer kollisionsrechtlichen Ermittlung der jeweils anwendbaren Vorschriften und der damit einhergehenden Bestimmung der einzuhaltenden Arbeits- und Beschäftigungsbedingungen soll auf mögliche Beschäftigungsmodelle eingegangen und deren Risiken als auch Rechtsfolgen für die Beteiligten hingewiesen werden. Es ist unerlässlich, das polnische Arbeitnehmerüberlassungsrecht in die Analyse miteinzubeziehen. Dies erfordert – um ein Verständnis für die polnische Rechtslage entwickeln zu können – teilweise eine Ausarbeitung der rechtlichen Grundlagen in den für die Arbeitnehmerüberlassung einschlägigen Rechtsgebieten, die über eine Auseinandersetzung mit den maßgeblichen Vorschriften des individuellen Arbeitsrechts hinaus geht und weitere Bereiche, wie bspw. das Gewerberecht, Sozialversicherungsrecht oder kollektive Arbeitsrecht mit erfasst. Im Rahmen der Arbeit erfolgt eine Aufbereitung des hauptsächlich in polnischer Sprache vorliegenden Materials, das sich maßgeblich aus den gesetzlichen Quellentexten, einschlägiger Rechtsprechung als auch der zeitgenössischen rechtswissenschaftlichen Fachliteratur zusammensetzt. Um einen besseren Einblick zu gewähren, wurden, sofern nicht eine deutsche Sprachfassung vorhanden war, die wesentlichen Gesetze in ihren für die Arbeitnehmerüberlassung relevanten Teilen übersetzt und im Anhang an diese Arbeit angefügt. Die bisher ausschließlich in polnischer Fassung vorhandenen Literaturquellen wurden von dem Autor auf der Grundlage eigener Übersetzungen dargestellt und anschließend kritisch analysiert. Hierdurch kann sowohl für die Wissenschaft als auch die Praxis der Zugang zu dem Recht der Arbeitnehmerüberlassung in Polen erleichtert werden.

Mit Blick auf die grenzüberschreitende Problematik war aufgrund der mangelnden Aufarbeitung in der rechtswissenschaftlichen Literatur in Polen ein Rückgriff auf die in Deutschland verfügbaren Quellen unerlässlich und bildete die Grundlage für die weitergehenden Ausführungen. Der grenzüberschreitende Kontext der Arbeit kann auch den Lesern in Polen einen Mehrwert für die Wissenschaft und Praxis bieten. Angesichts der vielerorts bestehenden oder angestrebten, grenzüberschreitenden, wirtschaftlichen Zusammenarbeit kann ein Beitrag zur effektiveren Kontrolle und Durchsetzung der Rechte und Pflichten der Beteiligten geleistet werden.

Diese Arbeit ist geeignet, zu einer ausführlichen wissenschaftlichen Analyse der Situation der grenzüberschreitenden Arbeitnehmerüberlas-

1. Kap.: Einleitung

sung zwischen den beiden Ländern beizutragen. Die aus der Untersuchung der rechtlichen Rahmenbedingungen gewonnenen grundlegenden Erkenntnisse können im Hinblick auf andere Konstellationen der grenzüberschreitenden Entsendung von Leiharbeitnehmern fruchtbar gemacht werden. Wünschenswert ist, dass durch diesen Beitrag der in der Praxis in vielfacher Hinsicht bestehenden Rechtsunsicherheit entgegen gewirkt werden kann.

B. Gang der Untersuchung

Als Einstieg in die Materie ist auf die gewerberechtlichen Voraussetzungen einzugehen, die ein polnischer Verleiher bei der Überlassung von Arbeitnehmern nach Deutschland erfüllen muss (B). Nach allgemeinen Ausführungen zur Zeitarbeit als besonderer Beschäftigungsform in Polen wird ein Überblick über die gewerberechtlichen Voraussetzungen vorgenommen. Die für einen polnischen Verleiher in Deutschland maßgeblichen Regelungen sind zu erläutern. Anschließend erfolgt eine Erläuterung der aufenthaltsrechtlichen Stellung von polnischen Arbeitskräften in Deutschland (C). Im darauf folgenden Abschnitt (D) ist auf die geltenden Beschäftigungsbedingungen in den einzelnen zwischen den drei teilnehmenden Rechtsträgern bestehenden Rechtsverhältnissen einzugehen. Besondere Bedeutung kommt zunächst der Bestimmung des jeweils anwendbaren Rechts unter Heranziehung der unionsrechtlichen Kollisionsvorschriften zu. Ein Schwerpunkt liegt auf der Bestimmung des Leiharbeitsvertragsstatuts und der Analyse der für das Leiharbeitsverhältnis eines polnischen Leiharbeitnehmers geltenden Arbeitsbedingungen. Im Rahmen der Auseinandersetzung mit der Frage nach der international zwingenden Wirkung deutscher Vorschriften wird insbesondere darauf einzugehen sein, inwieweit der im deutschen Recht normierte Gleichbehandlungsgrundsatz auf das Leiharbeitsverhältnis Anwendung findet und welche Möglichkeiten der Abweichung für die polnischen Arbeitsvertragsparteien bestehen. In dem Zusammenhang werden die Grundlagen der kollektiven Beeinflussung der Beschäftigungsbedingungen eines Leiharbeitnehmers in Polen dargestellt. Mit Blick auf die Arbeits- und Beschäftigungsbedingungen eines polnischen Leiharbeitnehmers hat eine Auseinandersetzung mit dem Gleichbehandlungsgrundsatz im polnischen Recht und seinen Auswirkungen auf das grenzüberschreitende Arbeitsverhältnis zu erfolgen. Darüber hinaus wird untersucht, wo und wie die Einkünfte des Leiharbeitnehmers zu versteuern sind (E). Im Anschluss ist auf die sozialrechtliche Zuordnung des Leiharbeitsverhältnisses der aus Polen nach Deutschland entsandten Arbeitskräfte einzugehen (F). Die Rechtsfolgen für die Beteiligten, die sich aus der Anwendung der unterschiedlichen Sozialversicherungssysteme ergeben können, sind darzustellen. Im weiteren Verlauf sind die Voraussetzungen und Rechtsfolgen der illegalen Arbeitnehmerüberlassung bei einem grenzüberschreitenden Sachverhalt (G) zu erörtern, wobei zwischen den beiden Rechtsordnungen unterschieden werden muss. Die sich aus der der Bindungswirkung der Entsendebescheinigung (A1) ergebenden Rechtsfolgen werden analysiert. In dem Zusammenhang soll auf die Abgrenzung der Arbeitnehmerüberlassung und weiterer Formen des Fremdpersonaleinsatzes in Polen eingegangen werden. Es wird ferner untersucht, mit welchen strafrechtlichen Konsequenzen die Beteiligten für rechtswidriges Verhalten jeweils zu rechnen haben (H). Es schließt sich eine Analyse der internationalen Gerichtszuständigkeit (I) für die einzelnen Ansprüche der Beteiligten an. Neben den Prüfungsmöglichkeiten zur Einhaltung der Beschäftigungsbedingungen für die Behörden des jeweiligen Staates stellt sich die Frage nach der grenzüberschreitenden Zusammenarbeit der Kontrollorgane (J). Abschließend ist auf die Zulässigkeit und Modalitäten bestimmter Sonderformen der Arbeitnehmerüberlassung einzugehen (K).

Die aus der gesamten Untersuchung gewonnenen wesentlichen Erkenntnisse werden schließlich zusammengefasst und es wird ein kurzer Ausblick auf aktuelle Entwicklungen gegeben.

Zweites Kapitel: Grenzüberschreitende Arbeitnehmerüberlassung aus Polen nach Deutschland

A. Einführung

Die Arbeitnehmerüberlassung stellt eine besonders flexible Beschäftigungsform dar, die in Polen und Deutschland eine sich in vielen grundlegenden Annahmen unterscheidende Ausgestaltung erfahren hat. In Deutschland finden sich die maßgeblichen, einfachgesetzlichen Regelungen der Leiharbeit im Arbeitnehmerüberlassungsgesetz (AÜG). In Polen sind die wesentlichen Regelungen zur Zeitarbeit[56] gegenwärtig in drei Rechtsakten enthalten: dem Gesetz über die Beschäftigung von Leiharbeitnehmern vom 09.07.2003 (LeiharbeitG), dem Gesetz über die Beschäftigungsförderung und Institutionen des Arbeitsmarktes vom 20.04.2004[57] und dem Arbeitsgesetzbuch[58]. Diese beschäftigen sich jeweils mit verschiedenen Bereichen der Leiharbeit. Das LeiharbeitG regelt die grundlegenden Prinzipien der Beschäftigung von Leiharbeitnehmern, die durch einen Arbeitgeber, der eine Zeitarbeitsagentur ist, zur Verrichtung von Arbeit zugunsten eines Dritten, des Entleihers, verliehen werden. Der VI. Abschnitt des BeInstG ist den rechtlichen Voraussetzungen bei der Gründung einer Zeitarbeitsfirma gewidmet. Ferner werden Anforderungen an die organisatorischen Strukturen und Pflichten beim Betreiben einer solchen statuiert. Die Vorschriften des ArbGB finden auf die Beschäftigung von Leiharbeitnehmern subsidiär Anwendung, Art. 5 Leih-

---

56 „Praca tymczasowa" heißt in wörtlicher Übersetzung „vorübergehende Arbeit", womit der im Deutschen übliche Begriff „Zeitarbeit" der polnischen Bezeichnung am nächsten kommt. Im Rahmen dieser Untersuchung werden die Begriffe „Zeitarbeit", „Leiharbeit" und „Arbeitnehmerüberlassung" synonym verwandt.
57 Ustawa o promocji zatrudnienia i instytucjach rynku pracy, Dz. U. 2004, Nr. 99, Pos. 1001, vereinheitlicher Text, m. spät. Änd., weiter: BeInstG.
58 Kodeks pracy vom 26.06.1974, (Erstbekanntmachung: Dz. U. 1974, Nr. 24, Pos. 141) Dz. U. 1998, Nr. 21, Pos. 94, vereinheitlichter Text, m. spät. Änd., weiter: ArbGB.

2. Kap.: Grenzüberschreitende Arbeitnehmerüberlassung aus Polen nach Deutschland

arbeitG.[59] Unter Beachtung der unionrechtlichen Vorgaben soll im Folgenden das Zusammentreffen der nationalen Vorschriften im transnationalen Kontext beleuchtet werden. Die Grundlage der weiteren Untersuchung bildet die Überlassung eines polnischen Leiharbeitnehmers durch eine polnische Verleihfirma zur Leiharbeit bei einem deutschen Entleiher.

B. Gewerberechtliche Voraussetzungen

Die Tätigkeit eines Verleihunternehmens unterliegt grundsätzlich sowohl in Polen als auch in Deutschland einer besonderen gewerberechtlichen Zulassung: in Polen muss ein Verleiher in das einschlägige Register für Beschäftigungsagenturen eingetragen werden, in Deutschland muss ihm eine Erlaubnis nach dem AÜG erteilt werden.[60] Das Gewerberecht ist als besonderes Verwaltungsrecht dem Öffentlichen Recht zuzuordnen.[61] Bei einem Sachverhalt mit Auslandsberührung ist zur Bestimmung der internationalen Anwendbarkeit der jeweiligen nationalen, öffentlich-rechtlichen Vorschriften auf das Territorialitätsprinzip abzustellen.[62] Demnach sind öffentliche-rechtliche Vorschriften auf einen Sachverhalt immer dann anwendbar, wenn dieser in einer bestimmten räumlichen Beziehung zu dem Staat steht, in dem die Vorschriften gelten.[63] Bei der grenzüberschreitenden Arbeitnehmerüberlassung aus Polen nach Deutschland bestehen Anknüpfungspunkte sowohl in Polen (Anstellungsort des Leiharbeitnehmers, Sitz des Verleihers) als auch in Deutschland (Sitz des Entleihers, Arbeitsort). Folglich müssen die gewerberechtlichen Zulässigkeitsvoraussetzun-

---

59 In den Art. 67$^{1-3}$ ArbGB sind Sonderregelungen bezüglich nach Polen entsandter Arbeitnehmer enthalten.
60 Die nach polnischem Recht erforderliche Eintragung stellt eine „Anzeigepflicht bzw. Anmeldepflicht" dar; siehe hierzu Fn. 115 und ausf. 2. Kap. B. I.
61 Statt vieler *Tettinger*/Wank/*Ennuschat*, Einl. GewO Rn. 1.
62 BSG vom 29.06.1984, BeckRS 1984, 05283, Rn. 28; Boemke/Lembke/*Boemke*, Einl. Rn. 13; *derselbe*, BB 2005, S. 265, 266; *Prop*, S. 158; Schüren/Hamann/ *Riederer von Paar*, Einl. Rn. 643; Sandmann/Marschall/*Schneider*, AÜG, Art. 1 § 3 Rn. 57; *Schnorr*, ZfA 1975, S. 143, 150 f.; Thüsing/*Thüsing*, AÜG, Einf. Rn. 45; *Ulber*, AÜG, Einl. F Rn. 1; UGBH/*Urban-Crell/Bissels*, AÜG, Einl. Rn. 52; ErfK/*Wank*, § 1 AÜG Rn. 4; a.A. *Zimmermann*, S. 22 ff. m.w.N.; kritisch auch *Brors*, DB 2013, S. 2087 m.w.N.
63 Schüren/Hamann/*Riederer von Paar*, Einl. Rn. 644; MüKo-BGB/*Sonnenberger*, Einl. IPR Rn. 409; *Zimmermann*, S. 22.

gen beider Staaten kumulativ erfüllt sein.[64] Ein polnischer Verleiher unterliegt, ungeachtet der polnischen Vorschriften, bei einem Verleih von Leiharbeitnehmern nach Deutschland der Erlaubnispflicht aus § 1 Abs. 1 S. 1 AÜG.[65] Im Hinblick auf das polnische Recht soll zunächst lediglich festgestellt werden, dass das LeiharbeitG die Arbeitnehmerüberlassung aus Polen ins Ausland zulässt.[66]

Die Anforderung, dass bei der grenzüberschreitenden Arbeitnehmerüberlassung innerhalb der EU die gewerberechtlichen Zulässigkeitsvoraussetzungen zweier Staaten erfüllt sein müssen, verstößt nicht gegen die Dienstleistungsfreiheit des Verleihers aus Art. 56 ff. AEUV. Ein Verstoß wäre hingegen gegeben, wenn der ausländische Antragsteller aufgrund seiner Staatsangehörigkeit oder seines Niederlassungsortes im Rahmen des Genehmigungsverfahrens einer unterschiedlichen Behandlung unterworfen würde.[67] In diesem Zusammenhang ordnet § 3 Abs. 4 AÜG ausdrücklich an, dass zur Erlaubniserteilung für Verleiher aus den Mitgliedstaaten der Europäischen Wirtschafsgemeinschaft die gleichen Bedingungen gelten wie für einen deutschen Verleiher.[68]

---

64 So allgemein für die grenzüberschreitende Arbeitnehmerüberlassung: EuGH, Urteil vom 17.12.1981, Rs. 279/80, Slg. 1981, S.3305; BayOLG vom 26.02.1999, DB 1999, S. 1019; Boemke/Lembke/*Boemke*, Einl. Rn. 13; *derselbe*, BB 2005, S. 265, 266; *Prop*, S. 159; Schüren/Hamann/*Riederer von Paar*, Einl. Rn. 644; *Sandmann/Marschall/Schneider*, AÜG, Art. 1 § 3 Rn. 57, 59; Thüsing/*Thüsing*, AÜG, Einf. Rn. 45; *Ulber*, AÜG, Einl. F Rn. 1; UGBH/*Urban-Crell/Bissels*, AÜG, Einl. Rn. 53; ErfK/*Wank*, Einl. AÜG Rn. 48; *Zimmermann*, S. 26.
65 Die Erlaubnispflicht besteht dabei unabhängig davon, ob der ausländische Verleiher eine nach ausländischem Recht erforderliche Erlaubnis besitzt oder nach ausländischem Recht eine Verleiherlaubnis nicht erforderlich ist; siehe hierzu BayOLG vom 26.02.1999, DB 1999, S. 1019; *Sandmann/Marschall/Schneider*, AÜG, Art. 1 § 3 Rn. 57; UGBH/*Urban-Crell/Bissels*, AÜG, Einl. Rn. 56; kritisch hinsichtlich der Erlaubnispflicht *Kienle/Koch*, DB 2001, S. 922, 924 f.
66 *Major*, S. 157; *Makowski*, Polska regulacja, S. 69 f.; *Sandmann/Marschall/Schneider*, AÜG, Art. 1 § 3 Rn. 66b; zu den gewerberechtlichen Anforderungen in Polen siehe 2. Kap. B. I.; erwähnenswert ist in dem Zusammenhang, dass das polnische Recht (Art. 18c Abs. 1 Nr. 4 BeInstG) bei der grenzüberschreitenden Überlassung nach Polen für einen ausländischen Verleiher, der über eine ausländische Erlaubnis verfügt, keine Eintragungspflicht in das Register der Beschäftigungsagenturen vorsieht.
67 EuGH, Urteil vom 17.12.1981, Rs. 279/80, Slg. 1981, 3305.
68 Siehe zu den Beschränkungen und der rechtlichen Lage bis zum 30.04.2011 *Boemke*, BB 2005, S. 265, 267 ff.; *Maiß*, S. 67 ff., 271 ff.; Schüren/Hamann/

Für die Erlaubniserteilung nach dem AÜG ist nur die Erfüllung der inländischen Voraussetzungen entscheidend. Die deutsche Erlaubnisbehörde hat nicht zu prüfen, ob die ausländischen (in dem Fall polnischen) Zulässigkeitsvoraussetzungen für einen Verleih nach Deutschland erfüllt sind.[69] Ein polnischer Verleiher muss jedoch im Antragsverfahren nachweisen, dass er die nach polnischem Recht erforderliche gewerberechtliche Zulassung besitzt.[70] Die deutsche Erlaubnisbehörde führt eine Überprüfung unter anderem anhand der Vorschriften in §§ 11, 12 AÜG und § 2 NachweisG durch. Zum Zwecke der Prüfung sind der Behörde die Muster der zukünftig abzuschließenden Leiharbeits- und Überlassungsverträge vorzulegen.

Im Folgenden sind die gewerberechtlichen Anforderungen an die Verleihfirma in Polen und in Deutschland näher darzustellen. Nach einer Erläuterung des polnischen Verständnisses von Leiharbeit ist auf die Bedingungen einer zulässigen Überlassungstätigkeit nach polnischem Recht einzugehen. Im Anschluss sind die Voraussetzungen der Arbeitnehmerüberlassung nach deutschem Recht zu erörtern. Zu untersuchen ist hierbei, welche Besonderheiten sich bei einem polnischen Verleiher für den Anspruch auf Erteilung einer Überlassungserlaubnis nach § 1 Abs. 1 AÜG ergeben.

I. Gewerberechtliche Voraussetzungen in Polen

Die grundlegenden Bestimmungen zur Arbeitnehmerüberlassung sind in Polen in dem LeiharbeitG enthalten. Das Gesetz regelt allerdings nicht näher, welche Anforderungen durch einen Rechtsträger zu erfüllen sind, um als Verleiher am Markt auftreten und Arbeitnehmerüberlassung betreiben zu können. Die gewerberechtlichen Anforderungen an den Betrieb einer

---

Riederer von Paar, Einl. Rn. 553, 653 f.; *Ulber,* AÜG-Basis, Einl. Rn. 58, 61; siehe hierzu auch bereits in 1. Kap. A. I.

69 Boemke/Lembke/*Boemke,* Einl. Rn. 14; *derselbe,* BB 2005, S. 265, 266; Schüren/Hamann/*Riederer von Paar,* Einl. Rn. 646; Thüsing/*Thüsing,* AÜG, Einf. Rn. 46; a.A. *Ulber,* AÜG, Einl. F Rn. 1; wohl auch *Sandmann/Marschall/Schneider,* AÜG, Art. 1 § 3 Rn. 58.

70 Schüren/Hamann/*Riederer von Paar,* Einl. Rn. 646; *Ulber,* AÜG-Basis, § 3 Rn. 73.

Zeitarbeitsagentur sind im Gesetz über die Gewerbefreiheit[71] und im BeInstG normiert.

1. Begriff der Arbeitnehmerüberlassung nach dem LeiharbeitG

Dem Art. 1 LeiharbeitG ist zu entnehmen, dass die (gewerbliche[72]) Arbeitnehmerüberlassung ausschließlich durch einen besonderen Rechtsträger, die Zeitarbeitsagentur[73], betrieben werden darf.[74] In Art. 2 Nr. 3 LeiharbeitG wird der Begriff der „Leiharbeit"[75] legaldefiniert. Als Leiharbeit ist die Verrichtung von bestimmten Aufgaben für einen bestimmten Entleiher in einem nicht längeren als im Gesetz geregelten Zeitraum zu verstehen. Das Gesetz schränkt die von einem Leiharbeitnehmer zu verrichtenden Aufgaben ein, indem nur solche Aufgaben erfasst sind, die a) saisonalen, periodischen oder vorläufigen Charakter[76] haben, oder b) de-

---

71 Ustawa o swobodzie działalności gospodarczej vom 02.07.2004, Dz. U. 2004, Nr. 173, Pos. 1807, weiter: GewerbeG.
72 Der Betrieb einer Zeitarbeitsagentur stellt die Ausübung von Gewerbetätigkeiten i.S.v. Art. 2 GewerbeG dar.
73 In den polnischen Gesetzen bezeichnet der Begriff Zeitarbeitsagentur („Agencja pracy tymczasowej") den Verleiher. Im Rahmen dieser Untersuchung werden die Begriffe „Verleiher", „Zeitarbeitsagentur" und „Zeitarbeitsfirma" synonym verwandt.
74 Das Gesetz enthält zwar kein ausdrückliches Verbot für den „Verleih" von Arbeitnehmern unter anderen Bedingungen, doch kann daraus, wie *Sobczyk* zutreffend feststellt, nicht der Umkehrschluss gezogen werden, dass ein „Verleih", der nicht dem LeiharbeitG unterfällt, unbeschränkt erlaubt ist. Aus der Entstehungsgeschichte – mit dem LeiharbeitG wurde erstmalig eine umfassende Regelung der Arbeitnehmerüberlassung geschaffen – wird die Intention des Gesetzgebers deutlich, dass das LeiharbeitG die zulässige Arbeitnehmerüberlassung abschließend regeln soll; vgl. *Sobczyk*, Zatrudnienie tymczasowe, S. 14 f.; *derselbe*, PiZS 2004, Nr. 4, S. 35, 36.
75 Siehe hierzu Fn. 56.
76 Das LeiharbeitG definiert nicht, was unter den Begriffen „saisonal, periodisch oder vorläufig" i.S.d. Art. 2 Nr. 3 lit. a LeiharbeitG zu verstehen ist. Der Auslegung ist daher die Bedeutung der Begriffe, die ihnen im allgemeinen Sprachgebrauch zukommt, zugrunde zu legen. Als Beispiele für saisonale Aufgaben sind Tätigkeiten in der Land-, Bauwirtschaft oder dem Tourismus zu nennen. Aufgaben von vorläufigem Charakter stehen somit im Zusammenhang mit untypischen und unvorhergesehenen Umständen und sind von kurzer Dauer (z.B. die Beseitigung einer Störung). Als periodische Aufgaben sind sich in regelmäßigen Abständen wiederholende Tätigkeiten zu verstehen, wozu bspw. die Erstellung von Bilanzen zählen kann; *Rotkiewicz*, S. 1; *Sobczyk*, Zatrudnienie tymczasowe,

ren pünktliche Ausführung von den beim Entleiher beschäftigten Arbeitnehmern unmöglich wäre[77], oder c) deren Ausführung zu den Verpflichtungen eines abwesenden, von dem Entleiher beschäftigten Arbeitnehmers gehört[78]. Der Legaldefinition des Art. 2 LeiharbeitG ist zu entnehmen, dass Leiharbeit nur für Aufgaben von „*vorübergehendem Charakter*" vorgesehen ist.[79] Auffällig ist, dass stets auf die Situation des Entleihers abzustellen ist, sodass dessen tatsächliche Gegebenheiten sowohl über die Zulässigkeit der Leiharbeit als auch deren Dauer[80] entscheiden.

Die Definition in Art. 2 Nr. 3 LeiharbeitG nimmt die in Art. 20 LeiharbeitG geregelte Überlassungshöchstdauer in Bezug. Grundsätzlich gilt gem. Art. 20 Abs. 1 LeiharbeitG, dass in einem Zeitraum von 36 aufeinanderfolgenden Monaten die Überlassungsdauer eines Leiharbeitnehmers an einen Entleiher 18 Monate nicht übersteigen darf.[81] Der Leiharbeit-

---

S. 22; *Spytek-Bandurska*/Szylko-Skoczny, S. 127 f.; *Wiśniewski*, Różnorodne formy, S. 136.

77 Der Begriff der „Pünktlichkeit", durch welchen ein Erfolg in zeitlicher Hinsicht vorgeschrieben wird, ist zum Schutz regulärer Arbeitsplätze restriktiv auszulegen; vgl. *Sobczyk*, Zatrudnienie tymczasowe, S. 23; *Spytek-Bandurska*/Szylko-Skoczny, S. 128; a.A. *Rotkiewicz*, S. 2, wonach „Pünktlichkeit" nicht nur anhand objektiver Kriterien (wie z.B. bei einem vertraglichen Fixgeschäft) zu beurteilen sei, sondern auch die ausgeübte Tätigkeit berücksichtigt werden müsse, sodass z.B. eine erhöhte Nachfrage im Einzelhandel auch erfasst sein sollte. Der Kundenservice leide darunter, wenn Mehrarbeit eine längere Bedienungszeit nach sich ziehe und mithin unter Berücksichtigung der Charakteristika des Einzelhandels nicht mehr „pünktlich" sei.

78 Der Grund für die Abwesenheit eines beim Entleiher beschäftigten Arbeitnehmers spielt für die Zulässigkeit der Leiharbeit i.S.d. Art. 2 Nr. 3 lit. c LeiharbeitG keine Rolle; *Reda*, S. 42; *Rotkiewicz*, S. 2; *Sobczyk*, Zatrudnienie tymczasowe, S. 23.

79 *Reda*, S. 39 f., 46 – „*charakter przejściowy*"; *Sobczyk*, Zatrudnienie tymczasowe, S. 22 – „*charakter tymczasowy*"; *derselbe*, PiZS 2004, Nr. 4, S. 35, 36; *Wiśniewski*, Prawne aspekty, S. 44 – „*charakter tymczasowy*"; *derselbe*, Różnorodne formy, S. 139.

80 Die Befristung des Leiharbeitsvertrages, die sich nach der Überlassungsdauer richten sollte, wird ebenfalls durch die Beschäftigungsumstände beim Entleiher bestimmt; siehe hierzu auch 2. Kap. B. II. 3. a) aa).

81 Ausnahmsweise kann gem. Art. 20 Abs. 2 LeiharbeitG für den Fall, dass die Leiharbeit aufgrund der Abwesenheit eines Arbeitnehmers des Entleihers i.S.v. Art. 2 Nr. 3 lit. c LeiharbeitG dauerhaft bei einem Entleiher ausgeführt wird, der Leiharbeitnehmer bis zu 36 Monaten an diesen Entleiher überlassen werden. Konsequenz der verlängerten Überlassungsdauer ist jedoch, dass der Leiharbeitnehmer im Anschluss an die Überlassung an denselben Entleiher erst nach Ab-

nehmer kann von seinem Verleiher nach Erreichen der Überlassungshöchstdauer gem. Art. 20 Abs. 1, 2 LeiharbeitG[82] nicht mehr an denselben Entleiher verliehen werden. Dies gilt nach überwiegender Auffassung auch für den Fall, in dem der Leiharbeitnehmer an denselben Entleiher von einem anderen Verleiher überlassen werden soll.[83] Die Überlassung des Leiharbeitnehmers an einen anderen Entleiher durch denselben Verleiher wird demgegenüber von den Vorschriften nicht geregelt und ist möglich.

Sind die Voraussetzungen der gesetzlichen Definition aus Art. 2 Abs. 3 LeiharbeitG nicht gegeben, liegt keine Leiharbeit i.S.d. LeiharbeitG vor.[84] Die Arbeitnehmerüberlassung ist dann unzulässig und illegal.[85] Der Gesetzgeber bestimmt zwar ausführlich die Voraussetzungen der legalen Arbeitnehmerüberlassung, hat aber für die illegale keine Sanktionen vorgesehen.[86] Insofern kann von einer *lex imperfecta* gesprochen werden.[87]

---

lauf von weiteren 36 Monaten erneut überlassen werden kann, Art. 20 Abs. 3 LeiharbeitG.

82 Für die Berechnung der Überlassungshöchstdauer sind die Art der beim Entleiher ausgeführten Tätigkeiten, die Länge der Unterbrechungen zwischen einzelnen Überlassungszeiträumen und die Anzahl der Leiharbeitsverträge ohne Bedeutung; *Spytek-Bandurska*/Szylko-Skoczny, S. 120; durch eine mehrmalige Überlassung desselben Leiharbeitnehmers mit wiederkehrenden Unterbrechungen kann die Höchstdauer faktisch verlängert werden; *Reda*, S. 44.

83 *Makowski*, Polska regulacja, S. 54; *derselbe*, Praca tymczasowa, S. 104; *Rotkiewicz*, S. 29; *Sobczyk*, Zatrudnienie tymczasowe, S. 102; *derselbe*, M.P.Pr. 2006, Nr. 1, S. 6, 11; *Wiśniewski*, Prawne aspekty, S. 45 f.; *derselbe*, Różnorodne formy, S. 138 f.; a.A. *Frączek*/Łajeczko, Sł. Prac. 2005, S. 19, 20 f.

84 *Reda*, S. 40; *Sobczyk*, Zatrudnienie tymczasowe, S. 23; *Wiśniewski*, Różnorodne formy, S. 139.

85 *Sobczyk*, Zatrudnienie tymczasowe, S. 14 f.; *Reda*, S. 40; mit dem Begriff der „illegalen Leiharbeit" wird in der einschlägigen, polnischen Fachliteratur eine Situation umschrieben, in der faktisch Arbeitnehmerüberlassung vorliegt, aber die gesetzlichen Bedingungen der Leiharbeit, wie sie in dem LeiharbeitG oder dem BeInstG geregelt sind, nicht erfüllt werden.

86 *Sobczyk*, Zatrudnienie tymczasowe, S. 22; siehe zu der Möglichkeit, ein arbeitsrechtwidriges Verhalten gewerberechtlich zu sanktionieren, 2. Kap. B. I. 4.

87 Kritisch auch *Reda*, S. 45; *Sobczyk*, Zatrudnienie tymczasowe, S. 24; die Unzulänglichkeit der Vorschriften wird von den Autoren wahrgenommen, allerdings beschränken sich diese auf die Feststellung eben jener oder äußern sich nur vage bezüglich möglicher Rechtsfolgen; siehe hierzu auch *Zalewski*, „PIP chce bardziej chronić pracowników tymczasowych" in: DGP vom 20.07.2012.

a) Einschränkungen der Einsatzmöglichkeiten von Leiharbeitnehmern

Die Einsatzmöglichkeiten von Leiharbeitnehmern werden über die Vorgaben, die sich bereits aus der gesetzlichen Definition ergeben, durch weitere Vorschriften eingeschränkt. Der Einsatz wird gem. Art. 8 LeiharbeitG bei der Verrichtung von bestimmten Tätigkeiten zugunsten des Entleihers verboten. Dem Leiharbeitnehmer darf keine Arbeit übertragen werden, die besonders gefährlich i.S.d. nach Art. 237^{15} ArbGB erlassenen Vorschriften[88] ist (Nr.1), auf einer Arbeitsstelle, auf der ein Arbeitnehmer des Entleihers eingestellt ist, in der Zeit der Teilnahme dieses Arbeitnehmers an einem Streik (Nr.2) und auf einer Arbeitsstelle, auf der in den letzten drei Monaten vor dem voraussichtlichen Termin des Beginns der Leiharbeit[89] ein Arbeitnehmer eingestellt war, mit dem das Arbeitsverhältnis aus von den Arbeitnehmern unabhängigen Gründen aufgelöst[90] wurde (Nr.3). Nach Art. 4 LeiharbeitG darf ein Arbeitgeber im Verhältnis zu den mit ihm in einem Arbeitsverhältnis stehenden Arbeitnehmern kein Entleiher sein. Ein Arbeitnehmer kann somit nicht auf der Grundlage eines Beschäftigungsverhältnisses mit einer Zeitarbeitsagentur als Leiharbeitnehmer an seinen Arbeitgeber überlassen werden.[91]

Durch die Begrenzung der Möglichkeiten, den Arbeitsbedarf durch den Einsatz von Leiharbeitnehmern zu decken, sollen reguläre Arbeitsverhält-

---

88 Von der Ermächtigung des Art. 237^{15} § 1 ArbGB wurde mit der Rechtsverordnung zu den allgemeinen Vorschriften über Arbeitssicherheit und –hygiene (Rozporządzenie Ministra Pracy i Polityki Społecznej w sprawie ogólnych przepisów bezpieczeństwa i higieny pracy, Dz. U. 2003, Nr. 169, Pos. 1650, m. spät. Änd., weiter: ArbSiVO) Gebrauch gemacht.

89 Die dreimonatige Sperrfrist läuft ab formeller Beendigung des Arbeitsverhältnisses, ein eventueller Freistellungszeitraum hat keinen Einfluss auf den Fristbeginn); *Sobczyk*, Zatrudnienie tymczasowe, S. 48 f.; *Spytek-Bandurska*/Szylko-Skoczny, S. 130; *Wiśniewski*, Różnorodne formy, S. 142 f.

90 Die Art der Auflösung des Arbeitsverhältnisses mit dem Arbeitnehmer – im Wege der Massenentlassung, einer individuellen Beendigung durch (außer-)ordentliche Kündigung oder Aufhebungsvertrag – ist für die Anwendung der Vorschrift ohne Belang; *Makowski*, Polska regulacja, S. 46; *derselbe*, Praca tymczasowa, S. 103; *Rotkiewicz*, S. 27 f.; *Sobczyk*, Zatrudnienie tymczasowe, S. 47; *Spytek-Bandurska*/Szylko-Skoczny, S. 130; *Wiśniewski*, Różnorodne formy, S. 142.

91 Siehe hierzu *Makowski*, Praca tymczasowa, S. 101; *derselbe*, PiZS 2003, Nr. 12, S. 25, 26; *Reda*, S. 33 ff.; *Sobczyk*, Zatrudnienie tymczasowe, S. 28 f.; *Wiśniewski*, Prawne aspekty, S. 54; *derselbe*, Różnorodne formy, S. 172 f.

nisse geschützt und gefördert werden.[92] Die Beschäftigung von Leiharbeitnehmern ist nur in Ausnahmesituationen vorgesehen.[93]

aa) Besonders gefährliche Arbeiten

Das Verbot, Leiharbeitnehmern besonders gefährliche Arbeiten zu übertragen (Art. 8 Nr. 1 LeiharbeitG), dient vornehmlich dem Schutz des Lebens und der Gesundheit der Leiharbeitnehmer[94], die aufgrund fehlender (Arbeits-)Erfahrung im Entleiherbetrieb regemäßig einem erhöhten Risiko der Rechtsgutsbeeinträchtigung ausgesetzt sind.[95]

Als besonders gefährliche Arbeiten gelten gem. § 80 Abs. 1 ArbSiVO die in den §§ 82-110 ArbSiVO genannten Arbeiten[96] sowie Arbeiten, die in anderen, die Arbeitssicherheit und -hygiene betreffenden Vorschriften, oder in Nutzungsanleitungen für Geräte oder Anlagen, als besonders gefährlich ausgewiesen wurden.[97] Ferner gehören hierzu Arbeiten, die unter erschwerten Bedingungen ausgeführt werden oder Arbeiten mit erhöhtem Gefährdungspotenzial, die vom jeweiligen Arbeitgeber als besonders gefährlich anerkannt wurden.[98] Bei der Arbeitnehmerüberlassung sind die Verhältnisse im Entleiherbetrieb entscheidend. Es obliegt der Zeitarbeits-

---

92   *Reda*, S. 43; *Sobczyk*, M.P.Pr. 2005, Nr. 11, S. 303, 304.
93   *Patulski*, M.P.Pr. 2008, Nr. 3, S. 124, 126; *Reda*, S. 43.
94   *Makowski*, Polska regulacja, S. 44; *derselbe*, Praca tymczasowa, S. 101.
95   *Spytek-Bandurska*/Szylko-Skoczny, S. 129, die aber das abolute Überlassungsverbot mit Blick auf qualifizierte Fachkräfte mit langjähriger Berfuserfahrung kritisch hinterfragt; *Wiśniewski*, Prawne aspekty, S. 52; von Seiten der Arbeitgeber, der Zeitarbeitsagenturen, wird demgegenüber eine Aufhebung der Vorschrift gefordert; *Tomasz Zalewski*, „Pracodawcy chcą kierować pracowników tymczasowych do prac szczególnie niebezpiecznych", DGP vom 12.04.2012.
96   Als besonders gefährliche Arbeiten werden in der ArbSiVO ausgewiesen: Bauarbeiten, Abbrucharbeiten, Renovierungsarbeiten und Montagearbeiten, die ohne Unterbrechung des Betriebs im Unternehmen oder in Teilen von diesem ausgeführt werden (§ 82 ArbSiVO); Arbeiten in Behältern, Kanälen, Innenräumen von technischen Anlagen und anderen gefährlichen, geschlossenen Räumen (§ 85 ArbSiVO); Arbeiten unter Verwendung von gefährlichen Materialien (§ 91 ArbSiVO) und Höhenarbeiten (§ 105 ArbSiVO).
97   Ohne Anspruch auf Vollständigkeit *Rotkiewicz*, S. 25; *Sobczyk*, Zatrudnienie tymczasowe, S. 43.
98   Die Verordnung verpflichtet jeden Arbeitgeber zur Erstellung und Aktualisierung eines Verzeichnisses der am Arbeitsplatz anfallenden, besonders gefährlichen Arbeiten, § 80 Abs. 2 ArbSiVO.

agentur als Adressat des Verbots aus Art. 8 Nr. 1 LeiharbeitG[99] vor der Überlassung eines Leiharbeitnehmers, über die Verhältnisse beim betreffenden Entleiher Kenntnis zu erlangen.[100] Bei der grenzüberschreitenden Überlassung polnischer Leiharbeitnehmer stellt die Arbeit im deutschen Entleiherbetrieb den Bezugspunkt für die Zulässigkeit nach Art. 8 Nr. 1 LeiharbeitG dar.

Hervorzuheben ist, dass die Arbeitnehmerüberlassung grundsätzlich in allen (Wirtschafts-)Bereichen zulässig ist. Der Gesetzgeber hat keine Bereichsausnahmen[101] vorgesehen, die den Einsatz von Arbeitskräften in bestimmten Branchen von vornherein ausschließen.[102]

bb) Ersatz eines streikenden Arbeitnehmers

Das Verbot, Leiharbeitnehmer als Streikbrecher einzusetzen (Art. 8 Nr. 2 LeiharbeitG), bezweckt den Schutz der Arbeitnehmer des Entleihers, deren Streikrecht durch die Möglichkeit, für den Zeitraum der Teilnahme an einem Streik auf Leiharbeitnehmer zurück zu greifen, erheblich entwertet werden würde.[103]

Erfasst wird nur die Situation, in der die beim Entleiher beschäftigten Arbeitnehmer an einem legalen Streik i.S.d. Gesetzes über die Lösung von

---

99 Uneinheitlich wird beurteilt, ob der Entleiher vor dem Hintergrund seiner Verpflichtung aus Art. 14 Abs. 2 Nr. 1 LeiharbeitG, dem Leiharbeitnehmer sichere und hygienische Arbeitsbedingungen am Arbeitsplatz zu gewährleisten, ebenfalls als Adressat des Art. 8 Nr. 1 LeiharbeitG anzusehen ist; dafür *Makowski*, PiZS 2006, Nr. 4, S. 24, 29; a.A. *Sobczyk*, PiZS 2004, Nr. 4, S. 35, 39.
100 Bspw. durch Anforderung der im Entleiherbetrieb geltenden Auflistung von besonders gefährlichen Arbeiten; *Makowski*, Polska regulacja, S. 45; *derselbe*, Praca tymczasowa, S. 102; *derselbe*, PiZS 2006, Nr. 4, S. 24, 29; *Spytek-Bandurska*/Szylko-Skoczny, S. 129; *Wiśniewski*, Różnorodne formy, S. 141.
101 Bspw. in Deutschland § 1b AÜG.
102 Das polnische Arbeitnehmerüberlassungsrecht kennt zwar keine Bereichsausnahme für die Baubranche, doch ist die Arbeitnehmerüberlassung in der Baubranche angesichts der dabei auftretenden Gefahrenquellen und des in einem solchen Fall eingreifenden Verbots aus Art. 8 Nr. 1 LeiharbeitG tatsächlich selten erlaubt.
103 *Cudowski*, M.P.Pr. 2005, Nr. 4 S. 93, 96; *Makowski*, Polska regulacja, S. 45; *derselbe*, Praca tymczasowa, S. 102; *Sobczyk*, Zatrudnienie tymczasowe, S. 45; *Spytek-Bandurska*/Szylko-Skoczny, S. 129; *Wiśniewski*, Różnorodne formy, S. 141 f.

Kollektivstreitigkeiten[104] teilnehmen. Bei illegalen Streikaktionen darf der Entleiher die fehlenden Arbeitskräfte durch einen Rückgriff auf Leiharbeitnehmer ersetzen.[105] Das Beschäftigungsverbot bezieht sich auf den konkreten Arbeitsplatz des streikenden Arbeitnehmers.[106]

2. Eintragung in das Gewerberegister

Die Aufnahme, der Betrieb sowie die Beendigung einer gewerblichen Tätigkeit werden in Polen in erster Linie durch das GewerbeG geregelt. Vor Aufnahme einer gewerblichen Tätigkeit i.S.d. Art. 2 GewerbeG besteht für jeden Unternehmer die Pflicht, eine Gewerbeeintragung in das zuständige Gewerberegister zu beantragen. Unternehmer, die natürliche Personen oder Personengesellschaften des Zivilrechts, die keine eigene Rechtspersönlichkeit besitzen, sind, werden seit dem 01.07.2011 in die Zentrale Gewerberegister-Auskunft[107] eingetragen, Art. 14 GewerbeG. Rechtsfähige Personen- und Kapitalgesellschaften sind in das Unternehmensregister im Landesweiten Gerichtsregister[108] einzutragen. Die ausnahmslos geltende Pflicht zur Gewerbeanmeldung stellt nur die Mindestvoraussetzung für die Ausübung irgendeiner gewerblichen Tätigkeit dar. Darüber hinaus wird die Gewerbeausübung in vielen Bereichen von der Erfüllung besonderer Zulässigkeitsvoraussetzungen abhängig gemacht.[109]

---

104 Ustawa o rozwiązywaniu sporów zbiorowych, Dz. U. 1991, Nr. 55, Pos. 236, weiter: KollStrG.
105 *Baran*, „Zatrudnienie tymczasowe a zbiorowe prawo pracy" in: Sobczyk, Z problematyki ..., S. 35, 47; *Makowski*, Polska regulacja, S. 45; *Sobczyk*, Zatrudnienie tymczasowe, S. 46 f.; *derselbe*, M.P.Pr. 2006, Nr. 1, S. 6, 9; *Spytek-Bandurska*/Szylko-Skoczny, S. 129; *Wiśniewski*, Różnorodne formy, S. 142; *derselbe*, Prawne aspekty, S. 54.
106 *Baran*, „Zatrudnienie ..." in: Sobczyk, Z problematyki ..., S. 35, 47; *Sobczyk*, Zatrudnienie tymczasowe, S. 45; *derselbe*, M.P.Pr. 2006, Nr. 1, S. 6, 8 f.; ein bereits überlassener Leiharbeitnehmer darf – unabhängig davon, ob er zusammen mit dem streikenden Arbeitnehmer oder im Wechsel im Schichtbetrieb gearbeitet hat – weiterbeschäftigt werden, *Rotkiewicz*, S. 26; *Sobczyk*, Zatrudnienie tymczasowe, S. 45 f.; *Spytek-Bandurska*/Szylko-Skoczny, S. 129.
107 Centralna Ewidencja i Informacja o Działalności Gospodarczej, wörtlich: Zentrales Gewerberegister und Zentrale Gewerbeauskunft.
108 Krajowy Rejestr Sądowy, kurz: KRS.
109 Das GewerbeG unterscheidet zwischen der Pflicht zur Einholung einer Konzession (Art. 46-63 GewerbeG), zur Eintragung in das Register regulierter Tätigkeiten (Art. 64-74 GewerbeG), zur Einholung einer Genehmigung (Art. 75 Abs. 1,

3. Eintragung in das Register der Beschäftigungsagenturen

Für die Arbeitnehmerüberlassung sind die Vorschriften des BeInstG maßgeblich. Ein Zeitarbeitsunternehmen zählt zu den Beschäftigungsagenturen i.S.d. Art. 6 Abs. 4 BeInstG. Unter den Oberbegriff fallen nach der Legaldefinition alle Rechtsträger, die Dienstleistungen auf den Gebieten der Arbeitsvermittlung, der Berufs-, der Personalberatung und der Leiharbeit erbringen. Eine Beschäftigungsagentur kann grundsätzlich eine, mehrere oder alle genannten Dienstleistungen anbieten.[110] In Bezug auf die Überlassung von Arbeitskräften haben die Zeitarbeitsagenturen eine „Monopolstellung".[111]

Die Gewerbetätigkeit einer Beschäftigungsagentur stellt eine regulierte Tätigkeit i.S.d. GewerbeG (Art. 64-74 GewerbeG) dar und erfordert gem. Art. 18 Abs. 1 BeInstG eine Eintragung in das Register der Beschäftigungsagenturen. Eine regulierte Tätigkeit[112] ist eine gewerbliche Tätigkeit, die formell keiner Erlaubnis bedarf.[113] Der Unternehmer muss aber zur Ausübung der Tätigkeit bestimmte, gesetzliche Voraussetzungen erfüllen, um in das Register eingetragen zu werden, Art. 64 GewerbeG. Der Betrieb einer Zeitarbeitsagentur darf erst nach erfolgter Eintragung in das Register der Beschäftigungsagenturen aufgenommen werden, Art. 18 Abs. 1

Abs. 2 GewerbeG), einer Lizenz (Art. 75 Abs. 3 GewerbeG) oder Erlaubnis (Art. 75 Abs. 4 GewerbeG). Unabhängig von der Nomenklatur ist den genannten Zulässigkeitsschranken gemeinsam, dass der Gewerbetreibende dabei sowohl die besonderen Vorschriften des GewerbeG als auch spezieller Gesetze, die die einzelnen Tätigkeiten regeln, erfüllen muss, um das Gewerbe ausüben zu dürfen.

110 Art. 18 a BeInstG.
111 Baran/Ćwiertniak/*Dörre-Nowak*/Walczak, S. 266; *Makowski*, Polska regulacja, S. 41; *derselbe*, Praca tymczasowa, S. 91; *Spytek-Bandurska*/Szylko-Skoczny, S. 113; in Art. 18 Abs. 2 BeInstG ist vorgesehen, dass Dienstleistungen gem. Art. 18 Abs. 1 Nr. 1-3 BeInstG auch von anderen Rechtsträgern als Beschäftigungsagenturen ausgeübt werden können, dies gilt *e contrario* nicht für die Leiharbeit; *Reda*, S. 52, fordert, dass der Gesetzgeber ein ausdrückliches Verbot der Arbeitnehmerüberlassung durch andere Rechtsträger vorsehen sollte.
112 Siehe hierzu Art. 5 Nr. 5 GewerbeG.
113 Die Aufhebung einer formellen Erlaubnispflicht und Einführung der Eintragungspflicht in ein Register regulierter Tätigkeiten sollte vor allem den bürokratischen Aufwand, der für den Unternehmer mit der Beantragung einer Erlaubnis einhergeht, reduzieren. Die Eintragung in das Register erfordert weniger Angaben und Dokumente. Demgegenüber kann das zuständige Kontrollorgan im Nachhinein überprüfen, ob der eingetragene Unternehmer die Voraussetzungen erfüllt; vgl. *Szymanek*, S. 183 f.

BeInstG. Die Ausübung einer regulierten Tätigkeit ohne die erforderliche Eintragung wird gem. Art. 121 Abs. 1 BeInstG als Ordnungswidrigkeit[114] geahndet. Der legale Betrieb einer Zeitarbeitsagentur steht unter dem grundsätzlichen Vorbehalt einer Eintragung in das Register der Beschäftigungsagenturen.[115] Erfüllt der Unternehmer die gesetzlichen Bedingungen an den Gewerbebetrieb[116], ist die Ausübung zwar materiell-rechtlich zulässig. Formal ist aber noch eine Eintragung in das Register der Beschäftigungsagenturen erforderlich.[117]

Die Eintragung ist bei Vorliegen eines Versagungsgrundes nach Art. 18l BeInstG zu versagen. Es ist gesetzlich nicht vorgesehen, dass bei zukünftig zu erwartenden Unregelmäßigkeiten im Hinblick auf die Einhaltung anderer Vorschriften als der des Gewerberechts, bspw. des Arbeits-, Steuer- oder Sozialversicherungsrechts, ein Versagungsgrund vorliegen kann. Eine im Zeitpunkt der Antragsstellung negative Prognose hinsichtlich der Einhaltung der rechtlichen Rahmenbedingungen der Arbeitnehmerüberlassung hat demnach keinen Einfluss auf den Anspruch des Antragstellers auf die Registereintragung.[118]

Die Eintragung erfolgt nur auf Antrag.[119] Das Register wird von dem Marschall der Woiwodschaft[120] geführt, der für den Betriebssitz der Zeitarbeitsagentur örtlich zuständig ist.[121] Nach der Eintragung stellt der Marschall von Amts wegen eine Bescheinigung aus, die zur Ausübung des Gewerbes auf dem Gebiet der Leiharbeit berechtigt.[122] Die Eintragung und die entsprechende Bescheinigung unterliegen keiner zeitlichen Gültigkeitsbeschränkung.

---

114 Weitere Ordnungswidrigkeiten sind in den Art. 119 ff. BeInstG enthalten.
115 Diese Pflicht kann auch als „Anmelde- oder Anzeigepflicht" bezeichnet werden; *Szydło*, S. 278.
116 Die wesentlichen Bedingungen an den Betrieb einer Zeitarbeitsagentur sind in den Art. 19-19i BeInstG enthalten.
117 Siehe hierzu auch *Szydło*, S. 278 ff.
118 Zu den Möglichkeiten einer nachträglichen Löschung aufgrund des Verstoßes gegen Rechtsvorschriften siehe 2. Kap. B. I. 4.
119 Art. 18e BeInstG.
120 Der Marschall ist das oberste Exekutivorgan der Woiwodschaft.
121 Art. 18d BeInstG.
122 Art. 18i BeInstG.

4. Kontrolle über die Einhaltung der gewerberechtlichen Vorschriften

Der Marschall der Woiwodschaft übt als zuständiges Organ die Aufsicht und Kontrolle über die Einhaltung der Bedingungen an den Betrieb einer Beschäftigungsagentur in dem in Art. 18o BeInstG genannten Umfang aus.[123] Die Kontrolle über die Einhaltung der Vorschriften des BeInstG bei Betrieb einer Beschäftigungsagentur fällt auch in den Aufgabenbereich der Staatlichen Arbeitsinspektion, Art. 10 Abs. 1 Nr. 3 lit. d, e des Gesetzes über die Staatliche Arbeitsinspektion[124].[125]

In Art. 18m BeInstG sieht das Gesetz die Löschung einer eingetragenen Beschäftigungsagentur aus dem Register der Beschäftigungsagenturen vor. Liegt einer der im Gesetz genannten Fälle vor, ist der Marschall der Woiwodschaft verpflichtet, die Löschung in Form einer Entscheidung vorzunehmen, ihm steht kein Ermessen zu.[126] Besondere Beachtung verdient die Regelung in Art. 18m Nr. 3 BeInstG, wonach eine Löschung aus dem Register zu erfolgen hat, wenn zuvor eine Entscheidung i.S.d. Art. 71 GewerbeG erlassen wurde. Nach Art. 71 Nr. 3 GewerbeG ist ein Verbot zu erlassen, wenn die Behörde eine eklatante Verletzung von Bedingungen an den Betrieb einer regulierten Tätigkeit durch den Unternehmer feststellt. Die Bewertung, ob eine eklatante Verletzung vorliegt, wird durch den Marschall der Woiwodschaft getroffen. Dabei kann nicht jede Rechtsverletzung als eklatant angesehen werden, sondern nur solche Handlungsweisen, deren Rechtswidrigkeit offensichtlich und auffallend ist.[127] Bei einem Vergleich der Vorschriften des BeInstG und des

---

123 Siehe hierzu ausf. *Wiśniewski*, Różnorodne formy, S. 162 ff.
124 Ustawa o Państwowej Inspekcji Pracy vom 13.04.2007, Dz. U. 2007, Nr. 89, Pos. 589, m. spät. Änd., weiter: StArbInspG.
125 Siehe hierzu auch 2. Kap. J. II.
126 Die Mehrzahl der Löschungsgründe hat dabei einen Sanktionscharakter (Art. 18m Nr. 3-8 BeInstG); vgl. *Sobczyk*, Zatrudnienie tymczasowe, S. 155; *Wiśniewski*, Różnorodne formy, S. 171.
127 „*Nie każde naruszenie prawa może być uznane za rażące, a jedynie takie, którego sprzeczność z prawem jest oczywista, rzucająca się w oczy.*", Woiwodschaftsverwaltungsgericht in Warschau, Urteil vo18.05.2007, VI Sa/WA 503/07, nicht publiziert; abgedruckt bei *Lipski/Nowotnik/Szafrański*, S. 68 f.; *Jendrośka/Adamiak*, PiP 1986, Nr. 1, S. 66, 69 fordern, dass die Rechtswidrigkeit der Handlung derart evident ist, dass sie einem förmlich „ins Auge springt" („*rzuca się w oczy*"); *Zdyb*, S. 115, geht davon aus, dass eine Rechtsverletzung eklatant ist, wenn sie „offensichtlich, klar und unstreitig" („*oczywisty, jasny i bezsporny*") ist.

GewerbeG fällt auf, dass sich das BeInstG nur auf die Verletzung von Bedingungen bezieht, die das Gesetz selbst an anderer Stelle aufstellt.[128] Dem Art. 71 GewerbeG ist eine Beschränkung auf die Vorschriften, die die jeweilige regulierte Tätigkeit gesondert regeln, nicht zu entnehmen.[129] Es wird allgemein von Bedingungen, die an den Betrieb einer regulierten Tätigkeit zu stellen sind, gesprochen. Daher ist mit *Sobczyk* davon auszugehen, dass von Art. 71 GewerbeG, nicht nur die besonderen, im BeInstG bestimmten Bedingungen, sondern auch diejenigen, die in anderen Rechtsvorschriften enthalten sind, erfasst werden.[130] Ein Verstoß gegen die Bedingungen, die bspw. im LeiharbeitG statuiert werden, kann ebenfalls zu einem Verbot gem. Art. 71 GewerbeG und somit einer gewerberechtlichen Sanktion führen.[131] Die Relevanz dieser Schlussfolgerung liegt darin, dass bei einem Verstoß gegen die Vorschriften des LeiharbeitG weder im BeInstG noch im LeiharbeitG gewerberechtliche Sanktionen vorgesehen sind.[132]

II. Gewerberechtliche Voraussetzungen in Deutschland

Ein polnisches Zeitarbeitsunternehmen hat, sofern es die Zulassungsvoraussetzungen des AÜG erfüllt, einen Anspruch auf Erlaubniserteilung.[133] Die überlassungsrechtliche Erlaubnis wird stets personen- bzw. rechtsträgerbezogen erteilt.[134] Erlaubnisinhaber können neben natürlichen Personen auch Personengesamtheiten, -gesellschaften oder juristische Personen sein, § 7 Abs. 1 S. 2 AÜG. Von der Erlaubnisbehörde sind die entsprechenden polnischen Rechtsformen anzuerkennen. Der polnische Verleiher

---

128 Vgl. *Sobczyk*, Zatrudnienie tymczasowe, S. 156.
129 Ein solcher (beschränkender) Verweis auf die besonderen Bedingungen aus dem Gesetz, das bestimmt, dass eine Tätigkeit eine regulierte Tätigkeit darstellt, ist dem Gesetz aber nicht fremd. Er findet sich bspw. in Art. 64 GewerbeG.
130 Vgl. *Sobczyk*, Zatrudnienie tymczasowe, S. 156; wohl a.A. ohne Begründung *Paluszkiewicz*, M.P.Pr. 2015, Nr. 11, S. 572, 575.
131 Ebenda.
132 Das BeInstG enthält darüber hinaus in den Art. 119 ff. einen Ordnungswidrigkeitenkatalog, wonach gesetzeswidriges Verhalten der Zeitarbeitsagentur zusätzlich mit einer Geldbuße bedacht wird.
133 Insbesondere darf kein Versagungsgrund nach § 3 Abs. 1 AÜG vorliegen; siehe hierzu AÜG, 2. Kap. B. II. 2.
134 Boemke/Lembke/*Boemke*, § 2 Rn. 19; Schüren/Hamann/*Schüren*, § 2 Rn. 24; *Ulber*, AÜG, § 2 Rn. 21.

muss die Bereichsausnahme des § 1b S. 1 AÜG beachten, wonach die Arbeitnehmerüberlassung in Betriebe des Baugewerbes grundsätzlich unzulässig ist.[135] Außerhalb der Baubranche bestehen in Deutschland keine weiteren Einschränkungen hinsichtlich der Tätigkeiten, die der Leiharbeitnehmer bei einem Entleiher ausüben darf.[136]

1. Zuständigkeit der Erlaubnisbehörde

Die Erteilung der Überlassungserlaubnis gehört gem. § 17 S. 1 AÜG zum Aufgabenbereich der Bundesagentur für Arbeit (BA). Nach der Zuständigkeitsverteilung der BA ist für Verleihfirmen mit Sitz in Polen die Agentur für Arbeit in Düsseldorf zuständig.[137]

2. Versagung einer Erlaubnis nach § 3 Abs. 1 AÜG

Bei der Erteilung einer Überlassungserlaubnis nach § 1 Abs. 1 AÜG muss die Regelung in § 3 Abs. 1 AÜG beachtet werden. Liegt einer der darin genannten Versagungsgründe vor, ist die Erlaubnis zwingend – es besteht kein behördliches Ermessen – zu versagen.[138] Dem betroffenen Verleiher steht mithin kein subjektiv-öffentliches Recht auf Erteilung der Erlaubnis zu. Die in Betracht kommenden Versagungsgründe sind in § 3 AÜG ab-

---

135 Die Konsequenz hieraus ist, dass in den Bereichen der Einsatz von Fremdpersonal auf der Grundlage von Werk- und Dienstverträgen stattfindet; hierzu auch UGBH/*Urban-Crell/Bissels*, AÜG, Einl. Rn. 59.
136 Dem polnischen Recht ist eine solche Bereichsausnahme fremd. Das polnische Recht beschränkt demgegenüber entscheidend die Tätigkeiten, bei denen ein Leiharbeitnehmer eingesetzt werden kann, hierzu 2. Kap. B. I. 1.; das Verbot, dem Leiharbeitnehmer besonders gefährliche Arbeiten zu übertragen, entfaltet seine Wirkung maßgeblich im Bereich des Baugewerbes, sodass in der Hinsicht zumindest teilweise ein Gleichlauf zwischen den beiden Regelungen besteht.
137 http://www.arbeitsagentur.de/zentraler-Content/A08-Ordnung-Recht/A083-AUEG/Publikation/pdf/Informationen-zur-Arbeitnehmerueberlassung.pdf, zuletzt abgerufen am 07.02.2014.
138 Boemke/Lembke/*Lembke*, § 3 Rn. 6, 8; Schüren/Hamann/*Schüren*, § 3 Rn. 29 ff.; Ulber, AÜG, § 3 Rn. 17; *derselbe*, AÜG-Basis, § 3 Rn. 9; UGBH/ *Urban-Crell/Hurst*, AÜG, § 3 Rn. 7.

schließend aufgezählt.[139] Auf die Erlaubniserteilung für einen polnischen Verleiher ist die Vorschrift – in § 3 Abs. 4 AÜG ausdrücklich angeordnet – grundsätzlich unterschiedslos anzuwenden. Bei der Anwendung der Vorschrift muss aber den bestehenden Anknüpfungsmomenten zu zwei Rechtsordnungen Rechnung getragen werden.

Der Versagungsgrund in § 3 Abs. 1 Nr. 1 AÜG knüpft an die Arbeitgeberstellung des Verleihers und die daraus erwachsenden Pflichten bei der Beschäftigung von Leiharbeitnehmern an. Zentrale Bedeutung hat die Frage, ob der Verleiher die für die Arbeitnehmerüberlassung erforderliche Zuverlässigkeit mitbringt. Bei dem Begriff der Zuverlässigkeit handelt es sich um einen unbestimmten, gerichtlich voll überprüfbaren Rechtsbegriff ohne Beurteilungsspielraum.[140] Rechtfertigen tatsächliche Feststellungen der Erlaubnisbehörde die Annahme, dass der antragstellende Verleiher die erforderliche Zuverlässigkeit nicht besitzt, ist die Erlaubnis zwingend zu versagen. Die Regelung ist eine besondere Ausprägung der allgemeinen gewerberechtlichen Erlaubnisvoraussetzung aus § 35 GewO und hat gem. Art. 35 Abs. 8 GewO Vorrang.[141]

Unter Berücksichtigung der Besonderheiten der Arbeitnehmerüberlassung ist von der Unzuverlässigkeit eines Verleihers auszugehen, wenn in seiner Person Tatsachen vorliegen, denen zufolge zu befürchten ist, dass er sein Gewerbe nicht im Einklang mit den bestehenden rechtlichen Vorschriften ausüben und damit eine Gefährdung des sozialen Schutzes der Leiharbeitnehmer darstellen wird.[142] § 3 Abs. 1 Nr. 1 AÜG enthält eine Aufzählung von Regelbeispielen, die bei der Beurteilung der Zuverlässigkeit beachtet werden müssen. Ein negatives Urteil über die Zuverlässigkeit des Antragstellers kann sich insbesondere ergeben, wenn er die Vorschriften des Sozialversicherungsrechts, über die Einhaltung und Abführung der Lohnsteuer, über die Arbeitsvermittlung, die Anwerbung im Ausland oder die Ausländerbeschäftigung, die Vorschriften des Arbeitsschutzrechts oder

---

139 Boemke/Lembke/*Lembke*, § 3 Rn. 10; Thüsing/*Pelzner/Kock*, AÜG, § 3 Rn. 6; Sandmann/Marschall/*Schneider*, AÜG, Art. 1 § 3 Rn. 1; Schüren/Hamann/ *Schüren*, § 3 Rn. 34; a.A. *Ulber*; AÜG, § 3 Rn. 12 ff.

140 BSG vom 06.02.1992, 7 Rar 140/90, NZA 1992, S. 1006, 1007; Thüsing/ *Pelzner/Kock*, AÜG, § 3 Rn. 13; Schüren/Hamann/*Schüren*, § 3 Rn. 59; UGBH/*Urban-Crell/Hurst*, AÜG, § 3 Rn. 17; ErfK/*Wank*, § 3 AÜG Rn. 3.

141 Siehe auch Schüren/Hamann/*Schüren*, § 3 Rn. 58; *Ulber*, AÜG, § 3 Rn. 25.

142 BSG vom 06.02.1992, 7 Rar 140/90, NZA 1992, S. 1006, 1007; Schüren/ Hamann/*Schüren*, § 3 Rn. 61; *Ulber*, AÜG, § 3 Rn. 25; *derselbe*, AÜG-Basis, § 3 Rn. 20; UGBH/*Urban-Crell/Hurst*, AÜG, § 3 Rn. 17; ErfK/*Wank*, § 3 AÜG Rn. 3.

die arbeitsrechtlichen Pflichten nicht einhält. Wie dem Wortlaut der Vorschrift zu entnehmen ist („insbesondere"), können weitere, über die genannten Regelbeispiele hinausgehende Umstände in die Entscheidung der Erlaubnisbehörde einbezogen werden.[143] Insoweit wird die Vorschrift als Generalklausel[144] bzw. Auffangtatbestand[145] für die Versagung einer Erlaubnis bezeichnet.

Der Entscheidung sind die gegenwärtigen und in der Vergangenheit eingetretenen Tatsachen zugrunde zu legen. Die Behörde hat aufgrund der zur Beurteilung vorliegenden Tatsachen eine Zukunftsprognose darüber zu treffen, ob der antragstellende Verleiher sich bei der Gewerbeausübung gesetzeskonform verhalten wird.[146] Aus vorausgegangenen einschlägigen Rechtsverstößen kann nicht automatisch die zukünftige Unzuverlässigkeit hergeleitet werden. Diese können allerdings als ein Indiz berücksichtigt werden.[147]

Da die Erlaubnis stets rechtsträgerbezogen erteilt wird, ist bei der Prüfung der für den Betrieb erforderlichen Zuverlässigkeit stets auf die Person des Antragstellers abzustellen.[148] Bei natürlichen Personen ist dies der Antragsteller selbst. Bei juristischen Personen ist auf alle vertretungsberechtigten Organe (Geschäftsführer oder Vorstand) abzustellen. Sind mehrere Personen zur gesetzlichen Vertretung berechtigt, so reicht für die Versagung der Erlaubnis die Unzuverlässigkeit eines Vertretungsberechtigten. Bei Personengesellschaften und -gesamtheiten muss grundsätzlich für alle geschäftsführenden Gesellschafter oder Gesamthänder die Zuverlässigkeit gegeben sein.[149] Darüber hinaus kann die Unzuverlässigkeit eines Dritten,

---

143 Siehe hierzu ausf. Schüren/Hamann/*Schüren*, § 3 Rn. 136 ff.; *Ulber*, AÜG, § 3 Rn. 25, 33 ff.; UGBH/*Urban-Crell/Hurst*, AÜG, § 3 Rn. 46 ff.; ErfK/*Wank*, § 3 AÜG Rn. 2, 8.
144 Schüren/Hamann/*Schüren*, § 3 Rn. 50.
145 *Ulber*, AÜG, § 3 Rn. 37; *derselbe*, AÜG-Basis, § 3 Rn. 15.
146 Schüren/Hamann/*Schüren*, § 3 Rn. 46, 54; *Ulber*, AÜG, § 3 Rn. 20 f.; *derselbe*, AÜG-Basis, § 3 Rn. 25; UGBH/*Urban-Crell/Hurst*, AÜG, § 3 Rn. 18; ErfK/ *Wank*, § 3 AÜG Rn. 3.
147 Schüren/Hamann/*Schüren*, § 3 Rn. 51, 74; *Ulber*, AÜG, § 3 Rn. 20 f.; *derselbe*, AÜG-Basis, § 3 Rn. 25; UGBH/*Urban-Crell/Hurst*, AÜG, § 3 Rn. 18; ErfK/ *Wank*, § 3 AÜG Rn. 7.
148 Boemke/Lembke/*Lembke*, § 3 Rn. 21; Thüsing/*Pelzner/Kock*, AÜG, § 3 Rn. 18; Schüren/Hamann/*Schüren*, § 3 Rn. 66 ff.; *Ulber*, AÜG, § 3 Rn. 26 ff.; UGBH/ *Urban-Crell/Hurst*, AÜG, § 3 Rn. 19.
149 HWK/*Kalb*, § 3 AÜG Rn. 10; Boemke/Lembke/*Lembke*, § 3 Rn. 21; ff.; Thüsing/*Pelzner/Kock*, AÜG, § 3 Rn. 18 ff.; Schüren/Hamann/*Schüren*, § 3

B. Gewerberechtliche Voraussetzungen

der nicht zur Geschäftsführung berechtigt ist, zur Versagung führen. Wird einem Dritten ein maßgeblicher Einfluss auf die Geschäftstätigkeit des Antragstellers zugestanden, wird dessen Unzuverlässigkeit dem Antragsteller zugerechnet.[150]

Die Erlaubnis eines polnischen Verleihers kann ebenfalls aufgrund des § 3 Abs. 1 Nr. 1 AÜG versagt werden. Die in der Vorschrift genannten Regelbeispiele beziehen sich in erster Linie auf die deutschen Rechtsvorschriften.[151] Finden diese auf den polnischen Verleiher Anwendung, muss er sie einhalten.[152] Andernfalls kann ihm – in gleicher Weise wie einem deutschen Verleiher – die Überlassungserlaubnis versagt werden. Bei einem ausländischen Verleiher ist zu bedenken, dass er die von den Regelbeispielen in Bezug genommenen deutschen Vorschriften häufig nicht einhalten muss. Bei der grenzüberschreitenden Überlassung aus Polen nach Deutschland kann der Leiharbeitsvertrag dem polnischen Vertragsstatut unterliegen, sodass sich die wesentlichen arbeitsrechtlichen Pflichten des Verleihers grundsätzlich nach dem polnischen Recht richten.[153] Der Leiharbeitnehmer kann überdies im polnischen Sozialversicherungssystem weiterversichert bleiben, sodass den Verleiher Pflichten gegenüber dem polnischen Sozialversicherungsträger treffen.[154] Diese Besonderheiten, die sich aus dem grenzüberschreitenden Einsatz ergeben können, müssen im Rahmen der Erlaubniserteilung berücksichtigt werden. Verbleibt der polnische Leiharbeitnehmer während des Auslandseinsatzes in Polen sozialversichert, findet das deutsche Sozialversicherungsrecht keine Anwendung. Die Unzuverlässigkeit des polnischen Verleihers kann in diesem Fall nicht darauf gestützt werden, dass er die deutschen Vorschriften des Sozialversicherungsrechts nicht einhält.

Rn. 66 ff.; *Ulber*, AÜG, § 3 Rn. 26 ff.; UGBH/*Urban-Crell/Hurst*, AÜG, § 3 Rn. 19 ff.; ErfK/*Wank*, § 3 AÜG Rn. 4.

150 HWK/*Kalb*, § 3 AÜG Rn. 11; Boemke/Lembke/*Lembke*, § 3 Rn. 24 f.; Schüren/Hamann/*Schüren*, § 3 Rn. 67 ff.; *Ulber*, AÜG, § 3 Rn. 26 ff.; *derselbe*, AÜG-Basis, § 3 Rn. 21, 24; UGBH/*Urban-Crell/Hurst*, AÜG, § 3 Rn. 26.

151 Nachweise hierzu bei Schüren/Hamann/*Schüren*, § 3 Rn. 73 ff.; *Ulber*, AÜG, § 3 Rn. 39 ff.; UGBH/*Urban-Crell/Hurst*, AÜG, § 3 Rn. 29 ff.; ErfK/*Wank*, § 3 AÜG Rn. 7 ff.

152 Welche Vorschriften des deutschen Rechts durch den Verleiher eingehalten werden müssen, bestimmt sich nach den kollisionsrechtlichen Regelungen für das jeweilige Rechtsgebiet.

153 Siehe hierzu ausf. 2. Kap. D. II. 4.

154 Siehe hierzu ausf. 2. Kap. f. V.

Der Entscheidung sind im Hinblick auf den „sozialen Schutz der Leiharbeitnehmer", aber auch den „Schutz des Marktes (...) vor ‚unzuverlässigen' Verleihern"[155] nicht nur die deutschen Rechtsvorschriften zugrunde zu legen. Die Erlaubnisbehörde sollte darüber hinaus die Einhaltung der polnischen Vorschriften in die Prüfung des Verleihers einbeziehen.[156] Im Hinblick auf die „Zuverlässigkeitsprognose" des ausländischen Antragstellers kann es keinen Unterschied machen, ob seine Handlungen gegen nationale oder gegen ausländische Vorschriften, die aufgrund kollisionsrechtlicher Bestimmung anwendbar sind, verstoßen. Kommt der polnische Verleiher bspw. seiner Verpflichtung zur Zahlung von Sozialversicherungsbeiträgen für seine Leiharbeitnehmer nicht nach, kann dies die Versagung der Erlaubnis rechtfertigen. Es ist unerheblich, ob diese Pflicht aufgrund des deutschen oder des ausländischen Rechts existiert. Es besteht auch bei einem Verstoß gegen polnische Vorschriften die Befürchtung, dass der antragstellende Verleiher sein Gewerbe nicht ordnungsgemäß ausführen wird und somit nicht die nach § 1 AÜG erforderliche Zuverlässigkeit besitzt. Im Ergebnis ist unerheblich, ob die ausländischen Vorschriften von den Regelbeispielen des § 3 Abs. 1 Nr. 1 AÜG erfasst oder allgemein in die Zuverlässigkeitsprüfung einbezogen werden. Mangels entsprechender Kenntnis der ausländischen Gesetze und der fehlenden Prüfkompetenz wird die Umsetzung, die Einhaltung ausländischer Vorschriften zur Grundlage der Entscheidung über die Erteilung der Überlassungserlaubnis zu machen, in der Praxis maßgeblich von einer Zusammenarbeit zwischen den jeweiligen Erlaubnis- und Kontrollbehörden abhängen.

Trotz der grundsätzlichen Geltung ausländischen Rechts in den verschiedenen Bereichen[157] müssen die international zwingenden Vorschriften des deutschen Rechts von dem ausländischen Verleiher beachtet werden. Durch die Anordnung in § 2 Nr. 4 AEntG haben die Vorschriften des AÜG Eingriffsnormcharakter[158], deren Einhaltung auch gewerberechtlich sichergestellt wird. Verstößt der ausländische Verleiher gegen diejenigen Vorschriften, die zwingend auf ausländische Rechtsträger Anwendung finden, ist die Erlaubnis gem. § 3 Abs. 1 Nr. 1 AÜG zu versagen.

---

155 Schüren/Hamann/*Schüren*, AÜG, § 3 Rn. 136.
156 So allgemein auch *Ulber*, AÜG-Basis, § 3 Rn. 73.
157 Siehe zum Leiharbeitsvertrag 2. Kap. D. II., zum Überlassungsvertrag 2. Kap. D. III., zum Sozialversicherungsrecht 2. Kap. f.
158 Siehe hierzu ausf. 2. Kap. D. II. 3. b) dd) (2) (b).

Die Erlaubnis ist gem. § 3 Abs. 1 Nr. 2 AÜG zu versagen, wenn Tatsachen die Annahme rechtfertigen, dass der Verleiher nach der Gestaltung seiner Betriebsorganisation nicht in der Lage ist, die üblichen Arbeitgeberpflichten ordnungsgemäß zu erfüllen. Zu den „üblichen Arbeitgeberpflichten" sind alle Pflichten, die von § 3 Abs. 1 Nr. 1 AÜG erfasst werden und deren Einhaltung Voraussetzung für die Zuverlässigkeit ist, zu zählen. Hierzu gehören alle individual- und kollektivarbeitsrechtlichen Pflichten als auch Pflichten aus dem Steuer-, Sozialversicherungs- und Arbeitsschutzrecht. Ferner werden Nebenpflichten eines Arbeitgebers wie Kontroll-, Melde-, Anzeige- und Auskunftspflichten bspw. nach § 8 AÜG erfasst.[159] Der Gesetzgeber geht davon aus, dass eine ordnungsgemäße Erfüllung der genannten Pflichten nur dann möglich ist, wenn beim Verleiher eine gewisse betriebliche Organisationsstruktur besteht. Plakativ verneint der Gesetzgeber diese, wenn er andeutet, dass dies nicht „vom Sofa aus" möglich ist.[160] Der Umfang und das Ausmaß der zu fordernden Betriebsorganisation können nicht pauschal festgelegt werden, sondern sind einzelfallabhängig zu bestimmen, und hängen maßgeblich von der Größe des Verleihbetriebes ab.[161]

Die Vorschrift kann bei einem polnischen Verleiher zu einer Versagung der überlassungsrechtlichen Erlaubnis herangezogen werden. Bei der Beurteilung der betrieblichen Strukturen muss maßgeblich auf die betriebliche Organisation in Polen abgestellt werden. Von dem polnischen Verleiher kann nicht gefordert werden, dass er sämtliche für die Erfüllung der Arbeitgeberpflichten erforderlichen Betriebsstrukturen (bspw. (Personal-)Verwaltung, Buchhaltung) in Deutschland bereit hält. Dies würde eine ungerechtfertigte Benachteiligung darstellen und die Dienstleistungsfreiheit verletzen. In bestimmten Fällen kann eine gewisse Organisation in Deutschland erforderlich sein. Der polnische Verleiher muss unter anderem die Überwachung und Kontrolle des Entleihers bei der Einhaltung von Arbeitgeberpflichten gewährleisten. Bei der Überlassung mehrerer Leiharbeitnehmer an verschiedene Entleiher in Deutschland könnte für eine ordnungsgemäße Ausübung dieser Pflicht verlangt werden, dass quali-

---

159 Boemke/Lembke/*Lembke*, § 3 Rn. 49; Schüren/Hamann/*Schüren*, § 3 Rn. 154 f.; *Ulber*, AÜG, § 3 Rn. 81; *derselbe*, AÜG-Basis, § 3 Rn. 54; UGBH/*Urban-Crell/Hurst*, AÜG, § 3 Rn. 63; ErfK/*Wank*, § 3 AÜG Rn. 9.
160 BT-Drs. 6/2303, S. 11.
161 Schüren/Hamann/*Schüren*, § 3 Rn. 156 ff.; *Ulber*, AÜG, § 3 Rn. 82 ff.; *derselbe*, AÜG-Basis, § 3 Rn. 55 ff.; UGBH/*Urban-Crell/Hurst*, AÜG, § 3 Rn. 64 ff.; ErfK/*Wank*, § 3 AÜG Rn. 9.

fiziertes Personal dauerhaft nach Deutschland abgestellt wird. Für die deutsche Erlaubnisbehörde bestehen kaum Möglichkeiten, die tatsächlichen Verhältnisse des polnischen Verleihers in Polen zu kontrollieren. Der polnischen Bescheinigung über die Eintragung in das Register der Beschäftigungsagenturen könnte nur dann eine Indizwirkung für das Vorliegen dieser Voraussetzungen beigemessen werden, sofern und soweit diese zum Prüfungsumfang des polnischen Kontrollorgans gehören.[162]

Der Versagungsgrund in § 3 Abs. 1 Nr. 3 AÜG bezieht sich auf den Gleichbehandlungsgrundsatz gem. § 9 Nr. 2 AÜG. Ein Verstoß, der die Versagung einer Erlaubnis nach § 3 Abs. 1 Nr. 3 AÜG rechtfertigen könnte, setzt voraus, dass die arbeitsrechtliche Vorschrift auf das Leiharbeitsverhältnis Anwendung findet. Ob im Falle der Überlassung aus Polen nach Deutschland der Gleichbehandlungsgrundsatz in der Ausgestaltung der §§ 3 Abs. 1 Nr. 3, 9 Nr. 2 AÜG zwischen dem polnischen Verleiher und Leiharbeitnehmer gilt, bestimmt sich nach den Vorschriften des Internationalen Privatrechts.[163] Verbleibt es bei der Geltung des polnischen Gleichbehandlungsgrundsatzes gem. Art. 15 LeiharbeitG[164], wonach keinerlei Abweichungen zuungunsten der Leiharbeitnehmer möglich sind, kann eine Versagung der Erlaubnis nicht auf § 3 Abs. 1 Nr. 3 AÜG gestützt werden. Dies hat nicht zur Folge, dass Verstöße des polnischen Verleihers gegen den Gleichbehandlungsgrundsatz aus Art. 15 LeiharbeitG keine gewerberechtlichen Konsequenzen nach sich ziehen. Ein Versagungsgrund wird sich dann aus § 3 Abs. 1 Nr. 1 AÜG ergeben können.

---

162 Bis zur Gesetzesänderung durch das Gesetz vom 13.06.2013 über die Änderung von Gesetzen, die die Ausübung einiger Berufe regeln (Ustawa o zmianie ustaw regulujących wykonywanie niektórych zawodów), Dz. U. 2013, Nr. 0, Pos. 829, wurden im BeInstG besondere Anforderungen an die Geschäftsräume als auch an das Personal der Agentur aufgestellt. Eine Zeitarbeitsagentur musste Büroräume besitzen, welche die Vertraulichkeit der darin geführten Gespräche gewährleisteten und überdies mit den für den Gewerbebetrieb notwendigen technischen Geräten ausgestattet waren. Das die Leiharbeitnehmer betreuende Personal musste zumindest die allgemeine Hochschulreife besitzen (Art. 19a BeInstG a.F.).
163 Siehe hierzu ausf. 2. Kap. II. 4.
164 Siehe hierzu ausf. 2. Kap. II. 4. b) bb) und 2. Kap. II. 4. c) aa).

3. Sich widersprechende gewerberechtliche Zulässigkeitsvoraussetzungen

Durch das Erfordernis, bei der grenzüberschreitenden Arbeitnehmerüberlassung eine gewerberechtliche Zulassung sowohl nach polnischem als auch nach deutschem Recht einholen zu müssen, kann es zu besonderen Hindernissen kommen, wenn die gewerberechtlichen Voraussetzungen einander widersprechen.[165] In dem Zusammenhang soll auf das in Polen geltende Synchronisationsgebot und die Möglichkeit, eine Leiharbeitskraft ohne Begründung eines Arbeitsverhältnisses zu überlassen, eingegangen werden. Es ist zu überlegen, inwieweit die polnischen Vorgaben mit dem deutschen Recht vereinbar sind.

a) Synchronisation von Leiharbeitsverhältnis und Überlassungsdauer

aa) Synchronisationsgebot im polnischen Recht

Das polnische Arbeitnehmerüberlassungsrecht sieht vor, dass das Leiharbeitsverhältnis zwischen Verleiher und Leiharbeitnehmer für die Dauer der Überlassung des Leiharbeitnehmers an einen Entleiher geschlossen wird. Der Leiharbeitnehmer wird nach der gesetzlichen Konzeption (Art. 2 Nr. 3 LeiharbeitG) ausschließlich für die Arbeit bei einem Entleiher eingestellt, der im Leiharbeitsvertrag konkret zu benennen ist, Art. 13 Abs. 1 LeiharbeitG. Ausgehend von Art. 7 LeiharbeitG beschäftigt die Zeitarbeitsagentur den Leiharbeitnehmer aufgrund eines befristeten Arbeitsvertrages[166] oder eines auf die Verrichtung einer bestimmten Arbeit befristeten Vertrages[167]. Das Gesetz schreibt damit ausdrücklich vor, dass ein

---

165 So allgemein Schüren/Hamann/*Riederer von Paar,* Einl. Rn. 648.
166 Der Abschluss eines befristeten Arbeitsvertrages ist grundsätzlich nur aufgrund wirtschaftlicher oder organisatorischer Gründe berechtigt; *Małyszek,* Rn. 184; *Suknarowska-Drzewiecka,* S. 4; Im Falle des Leiharbeitsvertrages hat der Gesetzgeber entschieden, dass allein der Abschluss eines befristeten Vertrages die mit der gesetzlichen Konzeption der Arbeitnehmerüberlassung verbundenen wirtschaftlichen Ziele fördert.
167 Bei einem Vertrag für die Zeit der Ausführung einer bestimmten Arbeit ist die Vertragsdauer bei Vertragsschluss nicht eindeutig bestimmbar. Der Vertrag wird für die Zeit geschlossen, die für die Ausführung einer bestimmten Arbeit notwendig ist; siehe hierzu *Florek,* Rn. 86; *Małyszek,* Rn. 189; das Vertragsende hängt somit von der Geschwindigkeit ab, mit der die Arbeit ausgeführt wird. Daher ist wichtig, dass die auszuführende Tätigkeit möglichst präzise bezeichnet

2. Kap.: Grenzüberschreitende Arbeitnehmerüberlassung aus Polen nach Deutschland

Leiharbeitnehmer ausschließlich auf der Grundlage dieser beiden Arten von befristeten Arbeitsverträgen bei der Zeitarbeitsagentur angestellt werden kann.[168] Andere Vertragsarten kommen für die Leiharbeit nicht in Betracht. Insbesondere wird die Arbeitnehmerüberlassung auf der Grundlage eines unbefristeten Vertrages ausgeschlossen.[169] Der Bestimmung des Überlassungszeitraums kommt entscheidende Bedeutung für den abzuschließenden Leiharbeitsvertrag zu. Der voraussichtliche Überlassungszeitraum des Leiharbeitnehmers wird erstmalig in dem Überlassungsvertrag vereinbart.[170] Die zwischen dem Entleiher und der Zeitarbeitsagentur getroffene Vereinbarung hat zwar keine rechtlich bindende Wirkung für den Leiharbeitsvertrag. Jedoch werden die Zeitarbeitsagentur und der Leiharbeitnehmer die im Arbeitsvertrag zu bestimmende Überlassungsdauer an dem Bedarf des Entleihers orientieren und die Angaben des Überlassungsvertrages übernehmen.[171] An dem Überlassungszeitraum, wie er im Arbeitsvertrag enthalten ist, hat sich wiederum die Befristung des Leiharbeitsvertrages zu orientieren. In diesem Zusammenhang ist die Vorschrift des Art. 18 Abs. 1 LeiharbeitG zu beachten, wonach das Leiharbeitsverhältnis sich grundsätzlich mit Ablauf der zwischen den Parteien (des Leiharbeitsvertrages) vereinbarten Zeit der Leiharbeitsverrichtung auflöst. Es sollte daher nicht für einen längeren Zeitraum geschlossen werden als die Dauer der Leiharbeitsverrichtung.[172]

---

und begrenzt wird, sodass ein Arbeitsergebnis bestimmt werden kann, welches zur Vertragsbeendigung führt; vgl. *Sobczyk*, Zatrudnienie tymczasowe, S. 41.
168 *Łapiński*, Umowa o pracę na czas określony w polskim ..., S. 162; *derselbe*, Umowa o pracę na czas określony z pracownikiem ..., S. 3; *Makowski*, Praca tymczasowa, S. 107.
169 *Łapiński*, Umowa o pracę na czas określony z pracownikiem ..., S. 3 ff., weist darauf hin, dass damit die Ziele des Gesetzgebers, wonach Leiharbeit als vorübergehende Beschäftigungsform gedacht ist und dem Leiharbeitnehmer den Weg in ein „normales" Arbeitsverhältnis gemäß den Vorschriften des ArbGB ebnen soll, unterstrichen werden; *Sobczyk*, Zatrudnienie tymczasowe, S. 40; *Wiśniewski*, Różnorodne formy, S. 182.
170 Art. 9 Abs. 1 Nr. 3 LeiharbeitG.
171 In dem Leiharbeitsvertrag ist der Entleiher, an den der Leiharbeitnehmer überlassen werden soll, konkret zu benennen, Art. 13 Abs. 1 LeiharbeitG.
172 Vgl. *Sobczyk*, Zatrudnienie tymczasowe, S. 64 f., 51 f., S. 93; so auch *Łapiński*, Umowa o pracę na czas określony w polskim ..., S. 171 f.; *Wiśniewski*, Różnorodne formy, S. 222; die Dauer des Leiharbeitsverhältnisses kann durch ausdrückliche Vereinbarung von dem Überlassungszeitraum abweichen.

bb) Vereinbarkeit mit dem deutschen Recht

Ein solches Synchronisationsgebot ist dem AÜG fremd. Gleichzeitig steht das deutsche Arbeitnehmerüberlassungsrecht einer Befristung des Leiharbeitsvertrages nicht entgegen.[173] Die Möglichkeiten zur Befristung richten sich jedoch nach den allgemeinen Vorschriften des Teilzeit- und Befristungsgesetzes[174]. Eine sachgrundlose Befristung eines Arbeitsvertrages ist bei einer Neueinstellung gem. Art. 14 Abs. 2 S. 1 TzBfG bis zu einer Dauer von zwei Jahren zulässig. Nach polnischem Recht beträgt die Überlassungshöchstdauer an einen Entleiher, die für die Befristung des Leiharbeitsvertrages entscheidend ist, gem. Art. 20 Abs. 1 LeiharbeitG grundsätzlich 18 Monate. Auf den ersten Blick scheint die Ausgestaltung der Leiharbeitsverhältnisse nach polnischem Recht mit den deutschen Vorschriften vereinbar zu sein. Dies gilt zumindest für einen bei einem Verleiher neu eingestellten Leiharbeitnehmer.

Allerdings ist die sachgrundlose Befristung gem. Art. 14 Abs. 2 S. 2 TzBfG grundsätzlich nur einmalig möglich.[175] Das polnische Arbeitnehmerüberlassungsrecht erlaubt hingegen den unbegrenzten Abschluss befristeter Leiharbeitsverträge mit einem Leiharbeitnehmer, solange die gesamte Überlassungsdauer – die sich auch aus mehreren Überlassungen ergeben kann – an einen Entleiher nicht 18 Monate übersteigt.[176] Überdies

---

173   Bis zum Inkrafttreten des Ersten Gesetzes für moderne Dienstleistungen am Arbeitsmarkt (BGBl. I 2002, S. 4607) am 01.01.2003 galt in Deutschland grundsätzlich ein Synchronisationsverbot; siehe hierzu § 3 Abs. 1 Nr. 3-5, § 9 Nr. 2, 3 AÜG a.F.; seit dem 01.12.2011 darf ein Leiharbeitnehmer gem. § 1 Abs. 1 S. 2 AÜG nur vorübergehend überlassen werden. Diese Vorschrift regelt die Überlassung und hat keine unmittelbaren Auswirkungen auf die Dauer und Befristung des Leiharbeitsvertrages.
174   Gesetz über Teilzeitarbeit und befristete Arbeitsverträge, BGBl. I 2000, S. 1966, weiter: TzBfG.
175   BeckOK-ArbR/*Bayreuther*, § 14 TzBfG Rn. 84 ff.; MüKo-BGB/*Hesse*, § 14 TzBfG, Rn. 79 ff.; ErfK/*Müller-Glöge*, § 14 TzBfG Rn. 92 ff.; Schüren/Hamann/*Schüren*, § 3 Rn. 119; das BAG hat mit Urteil vom 06.04.2011 (NJW-Spezial 2011, S. 530) entschieden, dass ein früheres Beschäftigungsverhältnis einer erneuten Befristung gem. Art. 14 Abs. 2 S. 2 TzBfG nicht entgegen steht, wenn das Ende des vorangegangenen Arbeitsverhältnisses mehr als drei Jahre zurückliegt. Nach einer dreijährigen Karenzzeit ist somit eine Befristung gem. Art. 14 Abs. 2 S. 2 TzBfG erneut möglich.
176   Art. 20 LeiharbeitG; der Vorschrift ist zu entnehmen, dass die Art der ausgeführten Tätigkeiten beim Entleiher, die Länge der Unterbrechungen zwischen den einzelnen Überlassungszeiträumen und die Anzahl der Leiharbeitsverträge keine

kann die Überlassungshöchstdauer gem. 20 Abs. 2 LeiharbeitG ausnahmsweise 36 Monate betragen. Zwar können sich Befristungsmöglichkeiten aus Art. 14 Abs. 1 TzBfG ergeben, doch ist stets ein sachlicher Grund erforderlich. Mit *Schüren* muss ein Befristungsgrund „sich unmittelbar auf das Leiharbeitsverhältnis zwischen Verleiher und Leiharbeitnehmer beziehen".[177] Der vorübergehende Bedarf beim Entleiher kann – anders als im polnischen Recht – eine Befristung nicht rechtfertigen.[178] Das grundsätzliche Synchronisationsgebot im polnischen Arbeitnehmerüberlassungsrecht ist folglich mit dem deutschen Befristungsrecht nur bedingt vereinbar.

Die Erlaubnis ist auch bei einem ausländischen Verleiher zu versagen, wenn ein Versagungsgrund nach § 3 Abs. 1 AÜG vorliegt. In dem Zusammenhang mit dem Synchronisationsgebot nach polnischem Recht kann die Frage aufkommen, ob ein polnischer Verleiher die nach § 1 AÜG erforderliche Zuverlässigkeit zur Ausübung der Tätigkeit besitzt. Eine negative Zuverlässigkeitsprognose kann insbesondere darauf gestützt werden, wenn abzusehen ist, dass der Antragsteller arbeitsrechtliche Pflichten nicht einhalten wird. Zu den vom Verleiher einzuhaltenden arbeitsrechtlichen Pflichten gehören die Bestimmungen über die Befristung von Arbeitsverträgen.[179] Solange der polnische Verleiher eine Ausgestaltung der Leiharbeitsverträge vorsieht, die den Befristungsmöglichkeiten des TzBfG entsprechen, würden sich keine Zweifel an seiner Zuverlässigkeit ergeben.

Nach polnischem Arbeitnehmerüberlassungsrecht kann der Verleiher jedoch ohne Sachgrund immer wieder mit demselben Leiharbeitnehmer befristete Leiharbeitsverträge abschließen. Dieses sieht das deutsche Recht nicht vor und könnte als Verstoß gegen das Befristungsrecht der Zuverlässigkeit eines polnischen Verleihers entgegenstehen. Das polnische Arbeitnehmerüberlassungsrecht fordert nicht, dass der Verleiher Leiharbeitsverträge mit Leiharbeitnehmern abschließt, die dem deutschen Befristungs-

---

Bedeutung für die Berechnung der Überlassungshöchstdauer hat; vgl. *Spytek-Bandurska*/Szylko-Skoczny, S. 120.
177 Schüren/Hamann/*Schüren,* § 3 Rn. 90; siehe hierzu auch Boemke/Lembke/*Lembke,* § 9 Rn. 532, 561; zu den einzelnen Befristungsgründen Schüren/Hamann/*Schüren,* § 3 Rn. 94 ff.; *Schüren/Behrend,* NZA 2003, S. 521, 522; *Wank,* NZA 2003, S. 14, 20; a.A. *Frik,* 233 ff.; *derselbe,* NZA 2005, S. 386, 388 ff.
178 Ebenda.
179 Thüsing/*Pelzner/Kock,* AÜG, § 3 Rn. 36; Schüren/Hamann/*Schüren,* § 3 Rn. 88 ff.; UGBH/*Urban-Crell/Hurst,* AÜG, § 3 Rn. 44.

recht widersprechen würden, gestattet diese aber. Um einen Konflikt mit dem deutschen Befristungsrecht zu verhindern, könnte gefordert werden, dass ein polnischer Verleiher ausschließlich Leiharbeitsverträge abschließt, die dem deutschen Befristungsrecht entsprechen. Damit würde den Vorschriften des TzBfG durch die gewerberechtliche Anforderung, unabhängig vom Vertragsstatut, das deutsche Befristungsrecht einzuhalten, eine international zwingende Wirkung zukommen. Die Befristungsmöglichkeiten gem. § 14 TzBfG sind aber keine international zwingenden Normen i.S.v. Art. 9 Rom I-VO.[180] Wenn das Leiharbeitsverhältnis zwischen dem Verleiher und dem Leiharbeitnehmer dem polnischen Recht unterliegt, können die Vertragsparteien demnach grundsätzlich – vorbehaltlich des *ordre public*, Art. 21 Rom I-VO – den Leiharbeitsvertrag nach den polnischen Befristungsregeln ausgestalten.[181]

Diese Wertung des Internationalen Privatrechts muss der Entscheidung über die gewerberechtliche Zuverlässigkeit eines ausländischen Verleihers zugrunde gelegt werden. Eine nach ausländischem Recht zulässige Vertragsgestaltung haben die deutschen Erlaubnisbehörden „zu akzeptieren" und können diese nicht als Anknüpfungspunkt für die Versagung der Überlassungserlaubnis machen.[182] Dem polnischen Verleiher ist somit auch bei einer vom deutschen Recht – vorbehaltlich der Art. 8, 9 und 21 Rom I-VO – abweichenden Leiharbeitsvertragsgestaltung bei Vorliegen der übrigen gewerberechtlichen Zulässigkeitsvoraussetzungen die deutsche Überlassungserlaubnis zu erteilen.

b) Vertragliche Grundlage zwischen Verleiher und Leiharbeitnehmer

aa) Überlassung auf der Grundlage zivilrechtlicher Verträge

Nach polnischem Recht kann als Grundlage der Überlassung von Arbeitskräften durch eine Zeitarbeitsagentur nicht nur ein Leiharbeits-[183], sondern

---

180 BAG, Urteil vom 13.11.2007, NZA 2008, 761, Rn. 76 ff.; *Müller*, 316 ff.; Schüren/Hamann/*Riederer von Paar*, Einl. Rn. 650; Hk-BGB/*Staudinger*, Art. 9 Rom I Rn. 8; Palandt/*Thorn*, Art. 9 Rom I Rn. 9.
181 Siehe auch 2. Kap. D. II. 4.
182 Vgl. Schüren/Hamann/*Riederer von Paar,* Einl. Rn. 650.
183 In Polen ist der Arbeitsvertrag gesondert im ArbGB geregelt und stellt – anders als in Deutschland (§ 611 BGB) – keinen Unterfall einer im ZGB geregelten Vertragsart dar.

2. Kap.: Grenzüberschreitende Arbeitnehmerüberlassung aus Polen nach Deutschland

auch ein mit der zu verleihenden Arbeitskraft abgeschlossener zivilrechtlicher Vertrag dienen.[184] Haben die Verleihfirma und die zu überlassende Arbeitskraft einen zivilrechtlichen Vertrag geschlossen, richtet sich das Vertragsverhältnis im Wesentlichen nach zivilrechtlichen Grundsätzen.[185] Arbeitsrechtliche Vorschriften finden dabei grundsätzlich keine Anwendung. Auf Personen, die auf der Grundlage von zivilrechtlichen Verträgen zur Überlassung beschäftigt werden, sind jedoch – infolge der ausdrücklichen Anordnung in Art. 26 Abs. 2 LeiharbeitG[186] – einzelne Vorschriften des LeiharbeitG anzuwenden.[187] Besonders hervorzuheben ist, dass bei einem auf zivilvertraglicher Grundlage Beschäftigten weder der Gleichbehandlungsgrundsatz aus Art. 15 LeiharbeitG noch die arbeitsrechtlichen Diskriminierungsvorschriften noch die Überlassungshöchstdauer aus Art. 20 LeiharbeitG Anwendung finden.[188]

Die Wahl, auf welcher rechtlichen Grundlage eine Person durch den Verleiher beschäftigt wird, ist von den Vertragsparteien vorzunehmen. Sie muss sich an den arbeitsrechtlichen Vorschriften, die ein Arbeitsverhältnis definieren und die den Anwendungsbereich von zivilrechtlichen Verträgen

---

184 Art. 1, 26 LeiharbeitG, Art. 18 Abs. 1 Nr. 4 BeInstG.
185 Der Gesetzgeber bestimmt hierbei nicht, welche Vertragsart genutzt werden kann, sodass die Entscheidung aufgrund der ihnen zustehenden Privatautonomie gem. Art. 353^1 ZGB von der Interessenlage der beteiligten Parteien abhängig zu machen ist. In Betracht kommen hauptsächlich der Auftrag (Art. 734 ff. ZGB), der Werk- (Art. 627 ff. ZGB) oder der Dienstvertrag (Art. 750 ZGB).
186 Art. 26 Abs. 2 LeiharbeitG bestimmt, dass auf Personen, die einen zivilrechtlichen Vertrag mit dem Verleiher geschlossen haben, die Vorschriften der Art. 8, 9 Abs. 1 und 23 LeiharbeitG entsprechend anzuwenden sind. *E contrario* finden andere arbeitsrechtliche Vorschriften des LeiharbeitG keine Anwendung. Der Vorschrift kann aber keine umfassende Sperrwirkung beigemessen werden. Das Oberste Gericht hat sich in dem Zusammenhang in seinem grundlegenden Urteil auf den Standpunkt gestellt, dass im Hinblick auf zivilrechtliche Verträge zur Leiharbeit die Vorschriften des LeiharbeitG und des ArbGB als gleichrangig anzusehen sind, sodass die Anwendung der allgemeinen arbeitsrechtlichen Vorschriften nicht durch Art. 26 Abs. 2 LeiharbeitG ausgeschlossen wird; OG, Urteil vom 12.12.2011, I UZP 6/11, M.P.Pr. 2012, Nr. 10, S. 544, 546 ff.; siehe hierzu auch *Reda*, PiZS 2012, Nr. 9, S. 33, 35.
187 Anwendung finden: Beschränkungen der Leiharbeit nach Art. 8 LeiharbeitG (siehe hierzu 2. Kap. B. I. 1. a)), Pflicht des Verleihers und Entleihers aus Art. 9 Abs. 1 LeiharbeitG, wesentliche Beschäftigungsbedingungen vor Abschluss eines Vertrages mit dem Leiharbeitnehmer zu vereinbaren, Informationspflichten nach Art. 23 LeiharbeitG.
188 Hierauf verweist auch *Reda*, PiZS 2012, Nr. 9, S. 33, 35; ferner entfällt für den Verleiher die Beitragspflicht zur Sozialversicherung.

begrenzen – Art. 22 § 1 und § 1¹ ArbGB –, messen lassen.[189] Zu den wesentlichen Merkmalen eines Arbeitsverhältnisses i. S. d. Art. 22 ArbGB zählen die Höchstpersönlichkeit der Arbeitspflicht und die Unterordnung des Arbeitnehmers bei der Arbeit, die zugunsten und unter der Leitung des Arbeitgebers und an einem von ihm bestimmten Ort und in der von ihm bestimmten Zeit auszuführen ist. Ferner gehören hierzu die Vergütungspflicht und die Übernahme des wirtschaftlichen Risikos durch den Arbeitgeber.[190] Bei der Arbeitnehmerüberlassung ist vor allem das Verhältnis zwischen der Arbeitskraft und dem Entleiher entscheidend. In Anlehnung an die allgemeinen Kriterien ist hierbei von besonderer Bedeutung, ob der Beschäftigte dem Entleiher untergeordnet ist und inwieweit er dessen Weisungsrecht unterliegt.[191] Maßgeblich sind die tatsächlichen Beschäftigungsbedingungen, selbst wenn dies dem (geäußerten) Willen der Vertragsparteien widerspricht.[192]

Aus der spärlichen gesetzlichen Regelung[193] ist zu entnehmen, dass der Gesetzgeber die Beschäftigung auf zivilvertraglicher Grundlage lediglich als „Alternative und Ausnahme"[194] zu der Beschäftigung von Leiharbeitnehmern eingeführt hat. In der Praxis ist hingegen zu beobachten, dass die

---

189   OG, Urteil vom 12.12.2011, I UZP 6/11, M.P.Pr. 2012, Nr. 10, S. 544, 546 ff.; hierzu *Reda*, PiZS 2012, Nr. 9, S. 33, 35; zuvor bereits *Drzewiecka*, M.P.Pr. 2004, Nr. 2, S. 44, 48; *Frączek/Łajeczko*, Sł. Prac. 2004, Nr. 5, S. 1, 2; *Makowski*, Praca tymczasowa, S. 129; *Mędrala*, „Outsourcing pracowniczy" in: Sobczyk, Z problematyki ..., S. 185, 194 f.; *Rotkiewicz*, S. 125 f.; *Sobczyk*, Zatrudnienie tymczasowe, S. 113; *Spytek-Bandurska*/Szylko-Skoczny, S. 145; *Wiśniewski*, Różnorodne formy, S. 229.

190   Siehe hierzu *Barzycka-Banaszczyk*, KP, Art. 22 Rn. 3; *Florek*, Rn. 58; *derselbe*, Prawo Pracy – Orzecznictwo, S. 105 ff. m.w.N.; Muszalski/*Muszalski*, KP, Art. 22, Rn. 3 f.; *Pisarczyk*, Różne ..., S. 14 ff.; Romer/*Romer*, KP, Art. 22 Rn. 1 ff. m.w.N.; *Spytek-Bandurska*/Szylko-Skoczny, S. 144 f.

191   Hierzu *Frączek/Łajeczko*, Sł. Prac. 2004, Nr. 5, S. 1, 2; *Lisicki*, PiZS 2013, Nr. 5, S. 44, 45; Reda, S. 87 ff.; Sobczyk, Zatrudnienie tymczasowe, S. 113.

192   OG, Urteil vom 12.12.2011, I UZP 6/11, M.P.Pr. 2012, Nr. 10, S. 544, 547; *Frączek/Łajeczko*, Sł. Prac. 2004, Nr. 5, S. 1, 2; *Musiała*, M.P.Pr. 2015, Nr. 1, S. 6, 8; *Reda*, PiZS 2012, Nr. 9, S. 33, 34; Florek/*Zieliński/Goździewicz*, KP, Art. 22 Rn. 10; siehe zu den Folgen auch Fn. 199.

193   Die Beschäftigung auf der Grundlage eines zivilrechtlichen Vertrages wird im LeiharbeitG ausschließlich in den Art. 1 und 26 und ferner in Art. 18 Abs. 1 Nr. 4 BeInstG angesprochen.

194   „(...) ta forma zatrudnienia, którą projektowano jako alternatywną i wyjątkową, (...)", *Reda*, PiZS 2012, Nr. 9, S. 33, 35.

Beschäftigung auf zivilvertraglicher Grundlage seit längerer Zeit „dominiert".[195]

bb) Vereinbarkeit mit dem deutschen Recht

Das deutsche Arbeitnehmerüberlassungsrecht sieht vor, dass ausschließlich ein Leiharbeitsverhältnis die Beschäftigungsgrundlage zwischen dem Verleiher und dem Überlassenen sein kann. Einer Überlassungserlaubnis nach dem AÜG bedarf nur die Überlassung von Leiharbeitnehmern, die mit dem Verleiher ein Leiharbeitsverhältnis eingehen. Andere Formen des drittbezogenen Personaleinsatzes werden vom AÜG nicht erfasst und unterliegen nicht dessen gewerberechtlichen Zulässigkeitsvoraussetzungen.[196] Die Beurteilung, ob die Tätigkeit des antragstellenden Unternehmens eine nach dem AÜG erlaubnispflichtige Arbeitnehmerüberlassung oder eine Form des drittbezogenen Personaleinsatzes darstellt, die nicht den Vorschriften des AÜG unterfällt, ist nach *Riederer von Paar* durch die Erlaubnisbehörde nach deutschem Recht vorzunehmen.[197] Die Vorgaben

---

195 *Reda*, PIZS 2012, Nr. 9, S. 33 m.w.N.; einem Bericht des Ministeriums für Arbeit und Sozialpolitik für das Jahr 2011 (Bericht „Informacja o działalności agencji zatrudnienia w 2011r." des Departaments für Arbeitsmarkt, Ministerium für Arbeit und Sozialpolitik, S. 21 ff. , Warschau 2012, S. 25, abrufbar unter: http://www.google.de/url?sa=t&rct=j&q=&esrc=s&source=web&cd=1&cad=rja&uact=8&ved=0CCIQjAA&url=http%3A%2F%2Fwww.wup.kielce.pl%2Fimages%2Fstories%2Fagencje%2Finformacja_o_dzialalnosci_agencji_zatrudnienia_w_2011r.pdf&ei=CrGtU7nCMof80QXW4IDwCQ&usg=AFQjCNHxz1ayET1hWq0R-JyWp9Y_O1w5bQ&bvm=bv.69837884,d.d2k, zuletzt abgerufen am 27.06.2014) ist zu entnehmen, dass bei etwa 43 % der von einer Zeitarbeitsagentur beschäftigten Personen ein Leiharbeitsverhältnis die Beschäftigungsgrundlage bildete. Demgegenüber waren die restlichen Beschäftigten (ca. 57 %) auf Grundlage zivilrechtlicher Verträge beschäftigt. Im Jahr 2010 betrug der Anteil noch 45 % aller Leiharbeitnehmer; siehe hierzu den Bericht „Agencje zatrudnienia w 2010" des Departaments für Arbeitsmarkt, Ministerium für Arbeit und Sozialpolitik, Warschau 2012, S. 18 ff., abrufbar unter: http://www.psz.praca.gov.pl/main.php?do=ShowPage&nPID=867743&pT=details&sP=CONTENT,objectID,991421, zuletzt abgerufen am 22.01.2014.
196 Schüren/Hamann/*Hamann*, § 1 Rn. 97 f.; UGBH/*Urban-Crell/Bissels*, AÜG, § 1 Rn. 113; ErfK/*Wank,* § 1 AÜG Rn. 6.
197 Vgl. Schüren/Hamann/*Riederer von Paar,* Einl. Rn. 651 m.w.N.; die Problematik der Qualifikation der Beschäftigung diskutiert ohne eine eindeutige Stellungnahme bereits *Schnorr*, ZfA 1975, S. 143, 166 ff.; siehe zur Abgrenzung nach

des polnischen Rechts zur Beurteilung, ob als Beschäftigungsgrundlage ein Arbeits- oder ein zivilrechtlicher Vertag in Frage kommt, spielen für die Erlaubniserteilung nach dem AÜG keine Rolle.

Für einen polnischen Verleiher bedeutet dies, dass er bei dem grenzüberschreitenden Einsatz von Leiharbeitnehmern auf der Basis von zivilrechtlichen Verträgen nur dann eine Überlassungserlaubnis nach § 1 AÜG benötigt, wenn die Beschäftigung nach deutschem Recht als Arbeitsverhältnis zu charakterisieren ist. Ist das Verhältnis nicht als Arbeitsverhältnis anzusehen, finden die Vorschriften des AÜG keine Anwendung. Dies bezieht sich nicht nur auf die gewerberechtlichen Erlaubnisanforderungen, sondern auch auf alle anderen Vorschriften, sodass die arbeits- und überlassungsrechtlichen Vorschriften des AÜG auf diese Rechtsbeziehung nicht anwendbar sind. Die Bedeutung dieser Schlussfolgerung wird bei Betrachtung der polnischen Rechtsvorschriften, die bei der Beschäftigung aufgrund zivilrechtlicher Verträge gelten, deutlich. Wird der polnische Leiharbeitnehmer, der mit dem Verleiher ein Leiharbeitsverhältnis eingeht, nach nationalem Recht bspw. durch einen ausnahmslos geltenden Gleichbehandlungsgrundsatz gem. Art. 15 LeiharbeitG geschützt, ist die Vorschrift auf Beschäftigte, die mit der Zeitarbeitsagentur einen zivilrechtlichen Vertrag abschließen, nicht anwendbar. Auch in anderen Bereichen finden die Vorschriften des polnischen Arbeitsrechts, insbesondere des LeiharbeitG, in einem solchen Fall weitestgehend keine Anwendung.[198] Der Schutz der Beschäftigten ist in der Konstellation erheblich abgeschwächt und deren Beschäftigungsbedingungen können wesentlich von denen eines Leiharbeitnehmers abweichen. Die wirtschaftlichen Anreize für Verleiher und Entleiher sind offensichtlich. Ohne das „Korsett" der arbeitsrechtlichen Schutzvorschriften von Leiharbeitnehmern, insbesondere des Gleichbehandlungsgrundsatzes, können die Vorteile des flexiblen Drittpersonaleinsatzes besonders kostengünstig genutzt werden.

Ein solches Vorgehen birgt bei der grenzüberschreitenden Überlassung erhebliche Gefahren für alle Beteiligten, auch den deutschen Entleiher. Werden Beschäftigte aufgrund zivilrechtlicher Verträge durch einen polnischen Verleiher nach Deutschland überlassen und müsste nach deutschen Maßstäben zwischen dem Verleiher und der beschäftigten Person eigentlich ein Leiharbeitsvertrag Grundlage des Rechtverhältnisses sein, ist die

---

deutschem Recht Schüren/Hamann/*Hamann*, § 1 Rn. 97 ff.; Thüsing/*Waas*, AÜG, § 1 Rn. 59 ff. jeweils m.w.N.

198 Siehe hierzu Fn. 186.

Überlassungstätigkeit nach § 1 AÜG erlaubnispflichtig. Darüber hinaus finden die international zwingenden Vorschriften des Arbeitsrechts auf das Rechtsverhältnis Anwendung. Überlässt der polnische Verleiher die auf zivilvertraglicher Grundlage Beschäftigten, ohne eine deutsche Überlassungserlaubnis zu haben, liegt illegale Arbeitnehmerüberlassung vor. Unabhängig davon, ob nach polnischem Recht die Grundlage des Rechtsverhältnisses zwischen Verleiher und Leiharbeitnehmer rechtswidrig ausgewählt wurde und dadurch die nach nationalem Recht vorgesehenen Rechtsfolgen auslöst[199], finden die Rechtsfolgen Anwendung, die das deutsche Recht für die illegale Arbeitnehmerüberlassung vorsieht.[200]

4. Unregelmäßigkeiten nach Erteilung der Erlaubnis

Die Überlassungserlaubnis wird zunächst mit einer Befristung auf ein Jahr erteilt, § 2 Abs. 4 S. 1 AÜG. Für eine Verlängerung muss der betroffene Verleiher spätestens drei Monate vor Ablauf des Jahres einen entsprechenden Antrag stellen, § 2 Abs. 4 S. 2 AÜG. Auf den Verlängerungsantrag ist die Vorschrift des § 3 AÜG in derselben Weise anzuwenden, wie sie bei der erstmaligen Beantragung zu berücksichtigen war.[201] Hierzu zählt, ob der ausländische Verleiher weiterhin die ausländische Zulassung besitzt. Die Erteilung einer unbefristeten Überlassungserlaubnis setzt voraus, dass der Verleiher in drei aufeinanderfolgenden Jahren nach § 1 AÜG erlaubt tätig war, § 2 Abs. 5 AÜG. Durch die befristete Geltungsdauer wird gewährleistet, dass sich die Behörde nach Erteilung im Abstand eines Jahres erneut mit dem Verleiher beschäftigt und prüft, ob nicht

---

199 Wird eine Person durch den Verleiher auf der Grundlage eines zivilrechtlichen Vertrages überlassen, obwohl ihre Beschäftigung faktisch die Merkmale eines Leiharbeitsverhältnisses aufweist, kann jede der Parteien als auch der Staatliche Arbeitsinspektor ein gerichtliches Verfahren zur Feststellung des Bestehens eines Leiharbeitsverhältnisses mit dem Verleiher einleiten. Ferner kann dies zu einer Haftung wegen einer Ordnungswidrigkeit gem. Art. 281 § 1 ArbGB führen oder sogar eine strafrechtliche Haftung gem. Art. 218 polnStGB nach sich ziehen.
200 Siehe zu den Rechtsfolgen bei illegaler Arbeitnehmerüberlassung ausf. 2. Kap. G. II.
201 Hiervon bspw. ausgehend Schüren/Hamann/*Schüren*, § 3 Rn. 33; UGBH/*Urban-Crell/Hurst*, AÜG, § 3 Rn. 8.

ein Versagungsgrund nach § 3 Abs. 1 AÜG vorliegt.[202] Lag ein Versagungsgrund i.S.v. § 3 AÜG im Zeitpunkt der Entscheidung über die Erlaubniserteilung vor, kann eine trotzdem erlassene Erlaubnis unter den Voraussetzungen des § 4 AÜG zurückgenommen werden.[203] Darüber hinaus muss die Erlaubnisbehörde innerhalb der Geltungsdauer bei Kenntnisnahme (bspw. durch eine Anzeige eines Dritten oder eigene Nachforschungen) von Tatsachen, die im Nachhinein eintreten und eine Versagung rechtfertigen würden, entsprechende Verfahrensschritte einleiten. Liegen Tatsachen vor, wonach die Erlaubnis nach § 3 Abs. 1 AÜG zwingend zu versagen wäre, ist diese gem. § 5 Abs. 1 Nr. 3 AÜG zu widerrufen.[204]

5. Rechtsfolgen bei Überlassung ohne Erlaubnis

Übt der Verleiher die Überlassungstätigkeit ohne eine nach § 1 Abs. 1 AÜG erforderliche Überlassungserlaubnis aus, sind seine Handlungen illegal.[205] Die Erlaubnisbehörde hat dem Verleiher die Überlassung gem. § 6 AÜG zu untersagen und weitere Überlassungsaktivitäten nach den Vorschriften des Verwaltungsvollstreckungsgesetzes zu verhindern. Die Vorschrift findet uneingeschränkt Anwendung auf die illegale Arbeitnehmerüberlassung durch ausländische Verleiher.[206]

6. Besondere Meldepflichten des Entleihers bei grenzüberschreitender Überlassung

In § 17b AÜG bestimmt der Gesetzgeber für die Überlassung eines ausländischen Leiharbeitnehmers durch einen Verleiher mit Sitz im Ausland eine besondere Meldepflicht des Entleihers. Voraussetzung der Melde-

---

202 Dem Verleiher wird nach der gesetzgeberischen Intention „eine Art Probezeit" gewährt; BT-Drs. 6/2303, S. 11; siehe hierzu Boemke/Lembke/*Boemke*, § 2 Rn. 33; Schüren/Hamann/*Schüren*, § 2 Rn. 34; Thüsing/*Kämmerer*, AÜG, § 3 Rn. 8; UGBH/*Urban-Crell*, AÜG, § 3 Rn. 32.
203 Statt vieler Schüren/Hamann/*Schüren*, § 4 Rn. 7 ff. m.w.N.
204 Statt vieler Schüren/Hamann/*Schüren*, § 5 Rn. 22 ff. m.w.N.
205 Siehe hierzu ausf. 2. Kap. G. I. 1.
206 Siehe zu weiteren Rechtsfolgen bei illegaler Arbeitnehmerüberlassung ausf. 2. Kap. G. I. 1.

pflicht ist, dass eine Rechtsverordnung nach § 3a AÜG auf das Arbeitsverhältnis Anwendung findet.[207] Die Lohnuntergrenze aufgrund des § 3a AÜG findet auf alle inländischen Leiharbeitsverhältnisse Anwendung. Die darin festgelegten Mindestentgelte gelten gem. § 2 Nr. 4 AEntG auch für Leiharbeitsverhältnisse, die grundsätzlich ausländischem Recht unterliegen, sofern die betroffenen Leiharbeitnehmer in Deutschland tätig werden.[208] Die Verpflichtung des § 17b AÜG bezieht sich nicht nur auf inländische Entleiher, sondern erfasst ebenfalls Entleiher mit Sitz im Ausland, sofern ihnen ausländische Leiharbeitnehmer von einem ausländischen Verleiher überlassen werden, um in Deutschland Tätigkeiten auszuüben.[209]

Der Entleiher muss vor Beginn einer grenzüberschreitenden Überlassung nach Deutschland der zuständigen Behörde der Zollverwaltung die in § 17b Abs. 1 AÜG aufgezählten Angaben schriftlich zuleiten.[210] Zur rechtzeitigen Erfüllung der Meldepflicht wird gefordert, dass die Meldung spätestens einen Werktag vor Beschäftigungsbeginn zu erfolgen hat.[211] Nach § 17b Abs. 1 S. 2 AÜG sind jegliche Änderungen dieser Angaben im Verlauf der Beschäftigung unverzüglich zu melden.[212] Der Meldepflicht kommt der Entleiher nur dann vollständig nach, wenn er seiner Anmeldung gem. § 17b Abs. 2 AÜG eine Versicherung des Verleihers, dass dieser seine Verpflichtung aus § 10 Abs. 5 AÜG erfüllt und das entsprechende Mindeststundenentgelt auszahlt, beifügt.[213] Durch die Abgabe der Versicherungserklärung wird der ausländische Verleiher – unabhängig

---

207 BeckOK-ArbR/*Kock/Milenk*, § 17b AÜG Rn. 3; *Sandmann/Marschall/Schneider*, AÜG, Art. 1 § 17b Rn. 1.
208 Siehe zu dem AEntG ausf. 2. Kap. D. II. 3. b) dd) (2).
209 BeckOK-ArbR/*Kock/Milenk*, § 17b AÜG Rn. 2; *Sandmann/Marschall/Schneider*, AÜG, Art. 1 § 17b Rn. 2; siehe hierzu auch Thüsing/*Reufels*, AEntG, § 18 Rn. 20; ErfK/*Schlachter*, § 18 AEntG Rn. 2; HWK/*Tillmanns*, § 18 AEntG Rn. 2.
210 Siehe zu den einzelnen Angaben BeckOK-ArbR/*Kock/Milenk*, § 17b AÜG Rn. 5 ff.; *Sandmann/Marschall/Schneider*, AÜG, Art. 1 § 17b Rn. 5.
211 OLG Hamm, Urteil vom 08.10.1999, NStZ-RR 2000, 55; BeckOK-ArbR/*Gussen*, § 18 AEntG Rn. 3; *Sandmann/Marschall/Schneider*, AÜG, Art. 1 § 17b Rn. 3; ErfK/*Schlachter*, § 18 AEntG Rn. 2; Thüsing/*Reufels*, AEntG, § 18 Rn. 16; a.A. *Koberski/Asshoff/Eustrup/Winkler*, § 18 AEntG Rn. 18 f.
212 *Sandmann/Marschall/Schneider*, AÜG, Art. 1 § 17b Rn. 6.
213 BeckOK-ArbR/*Kock/Milenk*, § 17b AÜG Rn. 7; *Sandmann/Marschall/Schneider*, AÜG, Art. 1 § 17b Rn. 7 f.

von der formellgesetzlichen Norm – zusätzlich auf die Einhaltung der bestehenden Lohnuntergrenze hingewiesen.[214]

Ein Verstoß des Entleihers gegen die genannte Meldepflicht kann nach § 16 Nr. 14-16 AÜG mit einer Geldbuße bis zu 30.000 EUR geahndet werden.[215] Die Vorschrift kann auch für den ausländischen Verleiher Bedeutung entfalten. Der Entleiher ist bei der Realisierung seiner Meldepflicht auf die Mitwirkung des Verleihers, insbesondere die Abgabe der geforderten Versicherung, angewiesen. Unterlässt der Verleiher diese Mitwirkung oder überlässt er seine Leiharbeitnehmer an einen Entleiher trotz der Kenntnis, dass dieser nicht den gesetzlichen Meldepflichten nachkommt, können Zweifel an seiner gewerberechtlichen Zuverlässigkeit aufkommen und so die Überlassungserlaubnis gefährden.[216]

Die Meldepflicht aus § 17b AÜG besteht bei der Arbeitnehmerüberlassung nach Deutschland in jedem Fall und ist unabhängig von den Tätigkeiten, die der Leiharbeitnehmer im Entleiherbetrieb ausüben soll. Wird der Leiharbeitnehmer vom Entleiher mit Tätigkeiten beschäftigt, für die nach dem AEntG besondere, branchenabhängige Mindestvorschriften gelten, muss der ausländische Verleiher diese Vorschriften einhalten und dem Leiharbeitnehmer entsprechende (Mindest-)Arbeitsbedingungen gewähren.[217] Mit dieser Verpflichtung korrespondiert die Meldepflicht des Entleihers aus § 18 Abs. 3-6 AEntG, die nur dann aktuell ist, wenn der Leiharbeitnehmer in einer in das AEntG einbezogenen Branche (§§ 4, 10 AEntG) beschäftigt werden soll.[218] Sie gilt dann parallel zu der Pflicht aus § 17b AÜG. Die Meldepflichten aus § 17b AÜG und § 18 Abs. 3-6 AEntG entsprechen sich weitgehend. Der Gesetzgeber hat sich bei der Einfügung der Vorschrift des § 17b AÜG bewusst an den bewährten Vorschriften des AEntG orientiert.[219] Ein Verstoß gegen die Meldepflicht aus dem AEntG wird spiegelbildlich zu den Ordnungswidrigkeitentatbeständen aus dem AÜG nach § 23 Abs. 1 Nr. 5-7 AEntG mit einer Geldbuße geahndet.

---

214 Vgl. *Koberski/Asshoff/Eustrup/Winkler*, § 18 AEntG Rn. 27.
215 Siehe zur Ahndung der Ordnungswidrigkeiten ausf. 2. Kap. G. II. 1. a) ee).
216 Vgl. *Sandmann/Marschall/Schneider*, AÜG, Art. 1 § 17b Rn. 11.
217 Siehe hierzu ausf. 2. Kap. D. II. 3. b) dd) (2).
218 Siehe hierzu ausf. *Koberski/Asshoff/Eustrup/Winkler*, § 18 AEntG Rn. 15 ff.; Thüsing/*Reufels*, AEntG, § 18 Rn. 20 ff.; ErfK/*Schlachter*, § 18 AEntG Rn. 2 f.
219 BT-Drs. 17/5761, S. 1, 6 f.; HWK/*Kalb*, § 17c AÜG Rn. 1; BeckOK-ArbR/ *Kock/Milenk*, § 17b AÜG Rn. 1.

Die Meldepflichten aus § 17b AÜG und § 18 AEntG dienen dazu, den Zollbehörden die Überwachung der Einhaltung der Mindestarbeitsbedingungen zu erleichtern und eine effektive und effiziente Kontrolle zu gewährleisten.[220] In dem Zusammenhang sind die weiteren Regelungen in den §§ 17-18a AÜG sowie §§ 16-22 AEntG zu betrachten, insbesondere die Aufzeichnungs- und Aufbewahrungspflichten nach § 17c AÜG und § 19 AEntG.

III. Zwischenergebnis

Bei einer grenzüberschreitenden Arbeitnehmerüberlassung nach Deutschland unterliegt eine polnische Verleihfirma sowohl den gewerberechtlichen Zulassungsvoraussetzungen nach polnischem als auch nach deutschem Recht. Die Arbeitnehmerüberlassung ist in Polen nach den Regeln des LeiharbeitG ausschließlich durch eine Zeitarbeitsagentur zulässig. Der polnische Verleiher muss gegenüber der deutschen Erlaubnisbehörde – unabhängig von einer gültigen Gewerbeanmeldung – den Nachweis führen, dass er in das Register der Beschäftigungsagenturen in Polen eingetragen ist. Dies kann er durch Vorlage einer aktuellen Bescheinigung, die ihm von dem zuständigen Marschall der Woiwodschaft auszustellen ist. Der Verleiher hat einen Anspruch auf Erteilung einer Überlassungserlaubnis gem. §§ 1 Abs. 1, 3 Abs. 4 AÜG. Zuständige Erlaubnisbehörde ist die Agentur für Arbeit in Düsseldorf. Die Entscheidung über die Erlaubniserteilung erfolgt grundsätzlich nach Maßgabe der deutschen Vorschriften. Die Einhaltung polnischer Vorschriften kann i.R.d. § 3 Abs. 1 Nr. 1, 2 AÜG Berücksichtigung finden. Das im polnischen Recht geltende Synchronisationsgebot und die Möglichkeit, Leiharbeitskräfte auf zivilvertraglicher Grundlage zu überlassen, stehen einer Erlaubnis nicht entgegen. Für die polnische Verleihfirma bestehen bei einer Überlassung polnischer Leiharbeitnehmer Meldepflichten gem. § 17b AÜG und § 18 AEntG.

---

220 BT-Drs. 17/5761, S. 6; BeckOK-ArbR/*Gussen*, § 18 AEntG Rn. 1; BeckOK-ArbR/*Kock/Milenk*, § 17b AÜG Rn. 1; ErfK/*Schlachter*, § 18 AEntG Rn. 1; HWK/*Tillmanns*, § 18 AEntG Rn. 1.

C. Aufenthaltsrechtliche Stellung polnischer Leiharbeitnehmer

Bei der grenzüberschreitenden Arbeitnehmerüberlassung nach Deutschland stellt sich die Frage nach dem aufenthaltsrechtlichen Status der überlassenen Leiharbeitnehmer. Entscheidende Bedeutung kommt im Hinblick auf Staatsangehörige aus EU-Mitgliedstaaten der Vorschrift des Art. 45 Abs. 1 AEUV zu, wonach innerhalb der Union die Freizügigkeit der Arbeitnehmer gewährleistet wird.[221] Der Gewährleistungsbereich der Arbeitnehmerfreizügigkeit umfasst – in Art. 45 Abs. 3 AEUV ausdrücklich festgelegt – das Recht eines Arbeitnehmers, sich in einem anderen Mitgliedstaat der EU um tatsächlich angebotene Stellen zu bewerben und sich zu diesem Zweck im Hoheitsgebiet der Mitgliedstaaten frei zu bewegen. Geschützt ist, dass sich Arbeitnehmer in einem Mitgliedstaat aufhalten, um dort nach den für die Arbeitnehmer dieses Staates geltenden Rechts- und Verwaltungsvorschriften eine Beschäftigung auszuüben und sogar nach Beendigung einer Beschäftigung im Hoheitsgebiet eines Mitgliedstaats zu verbleiben. Die ausländischen Arbeitnehmer dürfen bei der Inanspruchnahme ihres Freizügigkeitsrechts nicht diskriminiert werden und sind grundsätzlich wie Inländer zu behandeln (Grundsatz der Inländergleichbehandlung).[222]

Die primärrechtliche Gewährleistung der uneingeschränkten Freizügigkeit wird durch das Gesetz über die allgemeine Freizügigkeit von Unionsbürgern[223] näher ausgestaltet. Zu den freizügigkeitsberechtigten Unionsbürgern gehören nach § 2 Abs. 2 Nr. 1 FreizügG/EU sich im Inland aufhaltende Arbeitnehmer. Diese haben nach Maßgabe des Gesetzes das Recht auf Einreise und Aufenthalt, § 2 Abs. 1 FreizügG/EU.[224] Sie bedürfen für die Einreise keines Visums und für den Aufenthalt keines Aufenthaltstitels, § 2 Abs. 4 FreizügG/EU.

---

221 Seit dem 01.05.2011 gilt für polnische Arbeitnehmer, die nach Deutschland kommen, die uneingeschränkte Arbeitnehmerfreizügigkeit; siehe hierzu 1. Kap A. II.
222 Siehe hierzu Schüren/Hamann/*Riederer von Paar*, Einl. Rn. 536 ff.; *Ulber*, AÜG, Einl. F Rn. 19 ff.
223 Gesetz über die allgemeine Freizügigkeit von Unionsbürgern vom 30.07.2004, BGBl. I S. 1950, weiter: FreizügG/EU.
224 Das EU-Recht genießt Vorrang vor dem innerstaatlichen Recht, sodass die nationalen Vorschriften in weiten Teilen lediglich deklaratorischen Charakter haben; hierzu Huber/*Brinkamnn*, § 1 FreizügG/EU Rn. 11 f.

Nach dem Aufenthaltsgesetz[225], das die Einreise, den Aufenthalt, die Erwerbstätigkeit und die Integration von Ausländern regelt, dürfen Ausländer gem. § 4 Abs. 3 AufenthG eine Erwerbstätigkeit in Deutschland nur dann ausüben, wenn sie einen Aufenthaltstitel haben, der sie dazu berechtigt. Bei Ausländern, die im Inland einer Beschäftigung nachgehen wollen, ist der dazu berechtigende Aufenthaltstitel gem. § 39 AufenthG von einer Zustimmung der BA abhängig, die bei ausländischen Leiharbeitnehmern stets zu versagen ist, § 40 Abs. 1 Nr. 2 AufenthG.[226] Das FreizügG/EU hat für Arbeitnehmer aus den EU-Mitgliedstaaten als spezielleres Gesetz Vorrang vor den Bestimmungen des AufenthG. Vorschriften des AufenthG finden auf Unionsbürger daher nur insoweit Anwendung, als dass das FreizügG/EU einzelne Vorschriften in Bezug nimmt, § 1 Abs. 2 Nr. 1 AufenthG, § 11 FreizügG/EU. Die Regelung aus § 4 Abs. 3 AufenthG gehört angesichts europarechtskonformer Umsetzung nicht dazu.

In Bezug auf polnische Staatsangehörige, die als Leiharbeitnehmer in Deutschland tätig werden, gelten keine aufenthaltsrechtlichen Besonderheiten.[227] In Wahrnehmung der ihnen europarechtlich garantierten Arbeitnehmerfreizügigkeit können sie ohne ausländerrechtliche Beschränkungen Leiharbeit ausüben.

D. Internationales Privatrecht

Der Arbeitnehmerüberlassung liegen drei Rechtsverhältnisse zugrunde: der Leiharbeitsvertrag zwischen Verleiher und Leiharbeitnehmer, der Überlassungsvertrag zwischen Verleiher und Entleiher und das Rechtsverhältnis zwischen Entleiher und Leiharbeitnehmer.[228] Bei grenzüberschreitender Arbeitnehmerüberlassung aus Polen nach Deutschland stellt sich die Frage, welcher Rechtsordnung das jeweilige, zwischen den Parteien bestehende Rechtsverhältnis unterliegt. Aufschluss über die maßgebliche Rechtsordnung kann bei Sachverhalten mit Auslandsberührung das Inter-

---

225 Gesetz über den Aufenthalt, die Erwerbstätigkeit und die Integration von Ausländern im Bundesgebiet i.d.F. der Bekanntmachung vom 25.02.2008, BGBl. I S. 162, weiter: AufenthG.
226 Siehe hierzu näher Huber/*Göbel-Zimmermann*, § 40 AufenthG Rn. 1 ff.
227 Allgemein zu EU-Bürgern *Zimmermann*, S. 35 m.w.N.; siehe zu der Rechtslage bis zum 01.05.2011 1. Kap. A. I und Fn. 30.
228 Siehe hierzu statt vieler Schüren/Hamann/*Riederer von Paar,* Einl. Rn. 659 ff.; *Zimmermann*, S. 7 f.

nationale Privatrecht geben. Durch sogenannte Kollisionsnormen wird aufgrund von ausgewählten Anknüpfungspunkten das in der Sache anzuwendende materielle Recht bestimmt.[229] Nach einer allgemeinen Darstellung der anwendbaren Kollisionsvorschriften für die einzelnen Rechtsverhältnisse erfolgt jeweils eine Analyse des anwendbaren Rechts bei grenzüberschreitender Arbeitnehmerüberlassung aus Polen. Ergänzend wird auf die Bestimmungen zur Festlegung des Deliktsstatuts eingegangen.

I. Anwendbares Kollisionsrecht

Bei Sachverhalten mit einer Verbindung zu einem ausländischen Staat erfolgt die Bestimmung des anzuwendenden Rechts gem. Art. 3 EGBGB grundsätzlich nach den Art. 3-46c EGBGB. Die Anwendung der autonomen Vorschriften des Internationalen Privatrechts steht gem. Art. 3 EGBGB unter dem Vorbehalt, dass keine unmittelbar anwendbaren Regelungen der Europäischen Union, noch Regelungen in völkerrechtlichen Vereinbarungen, soweit diese unmittelbar anwendbares innerstaatliches Recht darstellen, maßgeblich sind. Der Aussage des Art. 3 EGBGB wird lediglich deklarativer Charakter beigemessen.[230] Für vertragliche Schuldverhältnisse in Zivil- und Handelssachen, die nach dem 17.12.2009 entstehen, ersetzt die Verordnung (EG) 593/2008 vom 17.06.2008 über das auf vertragliche Schuldverhältnisse anzuwendende Recht (Rom I)[231] kraft ihrer unmittelbaren Wirkung[232] die bisherigen Regelungen des EGBGB.[233] Die Vorschriften der Art. 3 ff. EGBGB finden jedoch weiterhin auf alle bis zum 17.12.2009 abgeschlossenen Verträge Anwendung.[234] Für außer-

---

229 Palandt/*Thorn*, Einl. v. Art. 3 EGBGB Rn. 1; *von Bar/Mankowski*, § 4 Rn. 1; *von Hoffmann/Thorn*, § 4 Rn. 1.
230 MüKo-BGB/*Sonnenberger*, Art. 3 EGBGB, Rn. 2, 3; Palandt/*Thorn*, Art. 3 EGBGB Rn. 1, der in der expliziten Nennung der EG-VO eine Hinweisfunktion erkennt.
231 ABl. EU 2008 Nr. L 177, S. 6, weiter: Rom I-VO.
232 Art. 288 Abs. 2 des Vertrages über die Arbeitsweise der Europäischen Union (AEUV) vom 09.05.2008 (ABl. EU 2008 Nr. C 115, S. 47).
233 Art. 29 Abs. 2 i.V.m. Art. 28 Rom I-VO.
234 Dadurch wird ein „Nebeneinander" der beiden kollisionsrechtlichen Regelungssysteme für eine lange Übergangszeit bestehen; *Deinert*, RdA 2009, S. 144, 145; *Rauscher*, Rn. 1082; *Schneider*, NZA 2010, S. 1380; Palandt/*Thorn*, Vor. Art. 1 Rom I Rn. 1.

vertragliche Schuldverhältnisse²³⁵ erfolgt die Anknüpfung vorrangig nach der Verordnung (EG) 864/2007 vom 11.07.2007 über das auf außervertragliche Schuldverhältnisse anzuwendende Recht (Rom II)²³⁶.

Grundvoraussetzung für die Anwendung der Rom I-VO bzw. Rom II-VO ist gem. Art. 1 S. 1 der jeweiligen Verordnung, dass das Schuldverhältnis eine Verbindung zum Recht verschiedener Staaten aufweist. Diesem Merkmal wird insgesamt keine eigenständige Bedeutung beigemessen.²³⁷ Es genügt, wenn überhaupt die Frage aufkommt, welche Rechtsordnung anzuwenden sei.²³⁸ Es bedarf keiner besonderen Umstände, um eine solche Verbindung annehmen zu können.²³⁹ Die notwendige Verbindung zum Recht eines anderen Staates können die Vertragsparteien sogar durch die Wahl eines beliebigen Rechts selber herstellen.²⁴⁰ Ob die Anforderungen an den Auslandsbezug erfüllt sind, ergibt sich letztlich aus den Anknüpfungsmerkmalen der Rom I-VO bzw. Rom II-VO.²⁴¹ Ohne relevante Auslandsverbindung würden „kollisionsrechtliche Fragen gar nicht erst aufgeworfen"²⁴² und die Kollisionsnormen stets zum inländischen Recht führen.²⁴³

Bei grenzüberschreitender Arbeitnehmerüberlassung nach Deutschland ist im Hinblick auf alle Rechtsverhältnisse eine ausreichende Auslands-

---

235 Hierzu zählen gem. Art. 2 Abs. 1 Rom II-VO zumindest Ansprüche aus unerlaubter Handlung, ungerechtfertigter Bereicherung, Geschäftsführung ohne Auftrag („*Negotiorum gestio*") oder aus Verschulden bei Vertragsschluss („*Culpa in contrahendo*").
236 ABl. EU 2007 Nr. L 199, S. 40.
237 MüKo-BGB/*Junker*, Art. 1 VO (EG) 864/2007 Rn. 9; MüKo-BGB/*Martiny*, Art. 1 VO (EG) 593/2008 Rn. 15; BeckOK-BGB/*Spickhoff*, Art. 1 VO (EG) 593/2008 Rn. 24; Art. 1 VO (EG) 864/2007 Rn. 11; Palandt/*Thorn*, Art. 1 Rom I Rn. 5, Art. 1 Rom II Rn. 8.
238 Staudinger/*Magnus*, Art. 1 Rom I-VO Rn. 11; MüKo-BGB/*Martiny*, Art. 1 VO (EG) 593/2008 Rn. 15.
239 MüKo-BGB/*Martiny*, Art. 1 VO (EG) 593/2008 Rn. 15, der auf die englische und französische Fassung verweist; Reithmann/Martiny/*Martiny*, Rn. 45.
240 Reithmann/Martiny/*Martiny*, Rn. 45; MünchArbR/*Oetker*, § 11 Rn. 11; ErfK/*Schlachter*, Art. 9 Rom I-VO Rn. 3; BeckOK-BGB/*Spickhoff*, Art. 1 VO (EG) 593/2008 Rn. 24; Palandt/*Thorn*, Art. 1 Rom I Rn. 5; *Wąż*, S. 8 ff.
241 MüKo-BGB/*Junker*, Art. 1 VO (EG) 864/2007 Rn. 9; BeckOK-BGB/*Spickhoff*, Art. 1 VO (EG) 593/2008 Rn. 24; Art. 1 VO (EG) 864/2007 Rn. 11.
242 Palandt/*Thorn*, Art. 1 Rom I Rn. 5, Art. 1 Rom II Rn. 8.
243 MüKo-BGB/*Junker*, Art. 1 VO (EG) 864/2007 Rn. 9; MüKo-BGB/*Martiny*, Art. 1 VO (EG) 593/2008 Rn. 15; BeckOK-BGB/*Spickhoff*, Art. 1 VO (EG) 593/2008 Rn. 24; Art. 1 VO (EG) 864/2007 Rn. 11; Palandt/*Thorn*, Art. 1 Rom I Rn. 5, Art. 1 Rom II Rn. 8.

verbindung gegeben. Diese ergibt sich unter anderem aus der ausländischen Staatsangehörigkeit und dem Wohnsitz des Leiharbeitnehmers im Ausland, dem Sitz des Verleihers im Ausland, dem Sitz des Entleihers und dem Arbeitsort im Inland.[244] Die kollisionsrechtliche Bestimmung des anwendbaren Rechts ist für jedes Rechtsverhältnis jeweils eigenständig vorzunehmen.[245]

II. Statut des Leiharbeitsvertrages

Für die Bestimmung des Statuts des Leiharbeitsvertrages ist auf das internationale Arbeitsrecht zurückzugreifen, welches in Art. 3 ff. Rom I-VO, insbesondere Art. 8 Rom I-VO, normiert ist. Der Anwendungsbereich von Art. 8 Rom I-VO ist für Individualarbeitsverträge eröffnet. Der Begriff des Arbeitnehmers und des Arbeitsvertrages ist unter Berücksichtigung der Rechtsprechung des EuGH zu Art. 45 AEUV autonom auszulegen.[246] Wesentliches Merkmal eines Arbeitsverhältnisses ist, dass eine Vertragspartei während einer bestimmten Zeit für einen anderen nach dessen Weisungen Leistungen erbringt und als Gegenleistung eine Vergütung bezieht.[247] Leiharbeitsverhältnisse sind hiervon erfasst.

---

244 Boemke/Lembke/*Boemke*, Einl. Rn. 12; *Prop*, S. 122; *Zimmermann*, S. 39; davon ausgehend: Schüren/Hamann/*Riederer von Paar*, Einl. Rn. 659 ff.; UGBH/*Urban-Crell/Bissels*, AÜG, Einl. Rn. 61 ff.; *Winkler von Mohrenfels/Block*, EAS B 3000, Rn. 119 ff.
245 Boemke/Lembke/*Boemke*, Einl. Rn. 16; *Junker*, RIW 2001, S. 94, 102; Staudinger/*Magnus*, Art. 8 Rom I-VO Rn. 167 ff.; MünchArbR/*Oetker*, § 11 Rn. 103 f.; Schüren/Hamann/*Riederer von Paar*, Einl. Rn. 659; Thüsing/*Thüsing*, AÜG, Einf. Rn. 51 ff.; UGBH/*Urban-Crell/Bissels*, AÜG, Einl. Rn. 61 ff.; ErfK/*Wank*, Einl. AÜG Rn. 44 ff.; *Winkler von Mohrenfels/Block*, EAS B 3000, Rn. 119 ff.; *Zimmermann*, S. 39 f.; a.A. Henssler/Braun/*Braun/Gröne*, Rn. 63; MünchArbR/*Birk*, [2. Aufl., 2000] § 20 Rn. 138 f.
246 *Deinert*, RdA 2009, S. 144, 154; MünchArbR/*Oetker*, § 11 Rn. 8; ErfK/*Schlachter*, Art. 9 Rom I-VO Rn. 4; BeckOK-ArbR/*Schönbohm*, Art. 8 VO (EG) 593/2008 Rn. 1; BeckOK-BGB/*Spickhoff*, Art. 8 VO (EG) 593/2008 Rn. 8; *von Hoffmann/Thorn*, § 10 Rn. 75.
247 EuGH, Urteil vom 17.07.2008, C-94/07 (*Ranccanelli*), Rn. 33 zu Art. 39 EG m.w.N., NZA 2008, S. 995, 996; Schüren/Hamann/*Riederer von Paar*, Einl. Rn. 540.

2. Kap.: Grenzüberschreitende Arbeitnehmerüberlassung aus Polen nach Deutschland

1. Rechtswahl, Art. 8 Abs. 1 Rom I-VO

Die Parteien können aufgrund ihrer Privatautonomie grundsätzlich frei wählen, welchem materiellen Recht der zwischen ihnen abgeschlossene Vertrag unterliegen soll, Art. 3 Abs. 1, 8 Abs. 1 S. 1 Rom I-VO.[248] Einer Beziehung zu dem gewählten Recht bedarf es nicht. Bei dem Vertrag muss gar kein Auslandsbezug bestehen, sodass sogar bei reinen Inlandsfällen die Rechtswahlfreiheit der Parteien besteht.[249] In einem solchen Fall verhindert Art. 3 Abs. 3 Rom I-VO, dass die Wahl eines fremden Vertragsstatuts die Anwendung des zwingenden Rechts des Staates ausschaltet, mit dem der Sachverhalt ausschließlich verbunden ist.[250]

Die Rechtswahl muss ausdrücklich erfolgen oder sich eindeutig aus den Umständen des Einzelfalls ergeben, Art. 3 Abs. 1 S. 2 Rom I-VO. Bei einer konkludenten Rechtswahl muss das gewählte Vertragsstatut sich mit hinreichender Sicherheit aus dem Vertrag oder den Umständen ergeben.[251] Es kann nicht auf einen etwaigen hypothetischen Parteiwillen abgestellt werden.[252] Ob eine konkludente Rechtswahl vorliegt, kann nur unter Berücksichtigung aller Umstände des Einzelfalls festgestellt werden.[253]

Bei grenzüberschreitender Arbeitnehmerüberlassung besteht die Vermutung, dass der Verleiher und Leiharbeitnehmer ihr Heimatrecht als Vertragsstatut wählen werden.[254] Hierfür spricht die „Vertrautheit mit der ei-

---

248 Erwägungsgrund Nr. 11 zur Rom I-VO lautet: Die freie Rechtswahl sollte einer der Ecksteine des Systems der Kollisionsnormen im Bereich der vertraglichen Schuldverhältnisse sein.
249 *Emmert/Widhammer*, ArbRAktuell 2010, S. 214; MünchArbR/*Oetker*, § 11 Rn. 11 m.w.N.; *Rauscher*, Rn. 1083; ErfK/*Schlachter*, Art. 9 Rom I-VO Rn. 5; Palandt/*Thorn*, Art. 3 Rom I Rn. 4; *Wąż*, S. 9 ff.
250 MünchArbR/*Oetker*, § 11 Rn. 27; MüKo-BGB/*Martiny*, Art. 8 VO (EG) 593/2008 Rn. 42; hierbei kommt es nicht auf eine Günstigkeitsprüfung an.
251 MüKo-BGB/*Martiny*, Art. 3 VO (EG) 593/2008 Rn. 2; *Schneider*, NZA 2010, S. 1380, 1381.
252 MüKo-BGB/*Martiny*, Art. 3 VO (EG) 593/2008 Rn. 47 m.w.N.; *Schneider*, NZA 2010, S. 1380, 1381.
253 MüKo-BGB/*Martiny*, Art. 3 VO (EG) 593/2008 Rn. 45 m.w.N.; BeckOK-BGB/*Spickhoff*, Art. 3 VO (EG) 593/2008 Rn. 19 ff.; Hk-BGB/*Staudinger*, Art. 3 Rom I Rn. 3.
254 Vgl. auch Boemke/Lembke/*Boemke*, Einl. Rn. 17; *Prop*, S. 124; Schüren/Hamann/*Riederer von Paar*, Einl. Rn. 661; Thüsing/*Thüsing*, AÜG, Einf. Rn. 53; UGBH/*Urban-Crell/Bissels*, AÜG, Einl. Rn. 62; *Urban-Crell/Schulz*, Rn. 1176; *Zimmermann* S. 40.

genen Rechtsordnung".[255] Die Parteien müssen sich dann bei einem Arbeitseinsatz des Leiharbeitnehmers im Ausland nicht mit einer ihnen fremden Rechtsordnung auseinandersetzen, sondern unterwerfen die gegenseitigen Rechte und Pflichten dem Rechtsregime, dass ihnen beiden bekannt ist. Insbesondere bei nur vorübergehenden Auslandseinsätzen der Leiharbeitnehmer ist die Geltung des Heimatrechts die praktikabelste Lösung. Letztlich wird die Rechtswahl der Parteien des Leiharbeitsvertrages aber maßgeblich durch ihre wirtschaftlichen Interessen bestimmt werden. Ungeachtet der genannten Begründung für eine Wahl des Heimatstatuts können die rechtlichen Gestaltungsmöglichkeiten einer fremden Rechtsordnung – insbesondere im Bereich des Arbeitnehmerüberlassungsrechts – den Interessen der Parteien unter Umständen mehr entsprechen und so für eine anderweitige Rechtswahl sprechen.[256]

2. Objektive Anknüpfung

Wenn die Parteien keine Rechtswahl getroffen haben oder diese unwirksam ist, wird das Arbeitsvertragsstatut nach objektiven Kriterien bestimmt. Auch für den Fall, dass eine wirksame Rechtswahl vorgenommen wurde, ist die Bestimmung des Statuts nach objektiven Kriterien relevant, Art. 8 Abs. 1 S. 2 Rom I-VO. Vorrangig führt die objektive Anknüpfung dazu, dass der Arbeitsvertrag dem Recht des Staates unterliegt, in dem oder aus dem der Arbeitnehmer gewöhnlich seine Arbeit verrichtet (Art. 8 Abs. 2 Rom I-VO). Kann das Arbeitsvertragsstatut nach Art. 8 Abs. 2 Rom I-VO nicht bestimmt werden, so findet Art. 8 Abs. 3 Rom I-VO subsidiär Anwendung. Maßgeblich ist dann das Recht des Staates, in dem sich die den Arbeitnehmer einstellende Niederlassung befindet. In Ausnahmefällen kann die Ausweichklausel des Art. 8 Abs. 4 Rom I-VO eingreifen. Weist der Vertrag aufgrund der Gesamtheit der Umstände eine engere Verbindung zu einem anderen Staat als dem nach den Regelanknüpfungen in Art. 8 Abs. 2, 3 Rom I-VO bezeichneten Staat auf, so ist dessen Recht auf den Vertrag anzuwenden.

---

255 Schüren/Hamann/*Riederer von Paar,* Einl. Rn. 661.
256 Siehe zu den Grenzen der Rechtswahl ausf. 2. Kap. D. II. 3.

a) Recht des gewöhnlichen Arbeitsortes, Art. 8 Abs. 2 Rom I-VO

Entscheidende Bedeutung bei der Bestimmung des Vertragsstatuts nach Art. 8 Abs. 2 Rom I-VO kommt dem Begriff des „gewöhnlichen Verrichtungsortes" zu. Im Interesse der Rechtsvereinheitlichung ist diesem ein gemeinschaftsautonomes Verständnis zugrunde zu legen, sodass es nicht auf das Recht des angerufenen Gerichts ankommt.[257] Im Hinblick auf das Ziel des Schutzes der schwächeren Partei, hier des Arbeitnehmers, ist das Kriterium dem EuGH folgend weit auszulegen. Der gewöhnliche Verrichtungsort ist derjenige, an dem oder von dem aus der Arbeitnehmer unter Berücksichtigung sämtlicher Gesichtspunkte, die diese Tätigkeit kennzeichnen, seine Verpflichtungen gegenüber seinem Arbeitgeber im Wesentlichen erfüllt.[258] Es ist auf den tatsächlichen Schwerpunkt der Berufstätigkeit des Arbeitnehmers, folglich, wo er die tatsächliche Arbeitsleistung erbringt, abzustellen.[259] In Ermangelung eines Mittelpunktes der Tätigkeit ist der Ort maßgeblich, an dem der Arbeitnehmer den größten Teil seiner Arbeit ausführt.[260] Eine vorübergehende Entsendung in einen anderen Staat lässt den gewöhnlichen Arbeitsort unberührt (Art. 8 Abs. 2 S. 2 Rom I-VO). Als „vorübergehend" soll eine Entsendung gelten, wenn von dem Arbeitnehmer erwartet wird, dass er nach seinem Arbeitseinsatz im Ausland seine Arbeit im Herkunftsstaat wieder aufnimmt.[261]

Im Falle der Arbeitnehmerüberlassung erbringt der Leiharbeitnehmer seine Arbeitsleistung vertragsgemäß unmittelbar beim Entleiher. Wird der Leiharbeitnehmer ausschließlich zur grenzüberschreitenden Leiharbeit bei einem Entleiher eingestellt, befindet sich der gewöhnliche Verrichtungsort im Ausland und das Vertragsverhältnis unterliegt dem ausländischen Recht. Das Heimatrecht findet dann Anwendung, wenn der Leiharbeit-

---

257 Vgl. BeckOK-ArbR/*Schönbohm*, Art. 8 VO (EG) 593/2008 Rn. 19 m.w.N.
258 Zur vorherigen Rechtslage, jedoch mit ausdrücklichem Hinweis auf Art. 8 Rom I-VO, EuGH, Urteil vom 15.03.2011, C-29/10 (*Heiko Koelzsch/Großherzogtum Luxemburg*), NZA 2011, S. 625 ff.
259 MüKo-BGB/*Martiny*, Art. 8 VO (EG) 593/2008 Rn. 48; MünchArbR/*Oetker*, § 11 Rn. 30; ErfK/*Schlachter*, Art. 9 Rom I-VO Rn. 9; *Schneider*, NZA 2010, S. 1380, 1382; BeckOK-ArbR/*Schönbohm*, Art. 8 VO (EG) 593/2008 Rn. 19; BeckOK-BGB/*Spickhoff*, Art. 8 VO (EG) 593/2008 Rn. 21; Palandt/*Thorn*, Art. 8 Rom I Rn. 10.
260 Zur vorherigen Rechtslage, jedoch mit ausdrücklichem Hinweis auf Art. 8 Rom I-VO, EuGH, Urteil vom 15.03.2011, C-29/10 (*Heiko Koelzsch/Großherzogtum Luxemburg*), NZA 2011, S. 625 ff.
261 Erwägungsgrund Nr. 36 zur Rom I-VO.

D. Internationales Privatrecht

nehmer bei einer nicht an die Überlassungszeit synchronisierten Einstellung von seinem Verleiher überwiegend im Heimatstaat eingesetzt wird und die grenzüberschreitende Überlassung nur eine untergeordnete Rolle spielt bzw. als eine vorübergehende Entsendung i.S.d. Art. 8 Abs. 2 Rom I-VO gilt.[262]

b) Recht der einstellenden Niederlassung, Art. 8 Abs. 3 Rom I-VO

Bei Arbeitnehmern, bei denen kein gewöhnlicher Arbeitsort i.S.v. Art. 8 Abs. 2 Rom I-VO in einem Staat gegeben ist, ist die Rechtsordnung des Staates einschlägig, in dem die einstellende Niederlassung liegt (Art. 8 Abs. 3 Rom I-VO). Dies setzt in der Regel voraus, dass der Arbeitnehmer seine Tätigkeiten in zumindest zwei Staaten ausübt.[263] Die Niederlassung ist nicht gleichzusetzen mit einem Betrieb, wobei dieser unstreitig von dem Kriterium umfasst ist. Darunter kann jede auf eine gewisse Dauer angelegte organisatorische Einheit des Unternehmens zur Entfaltung geschäftlicher Tätigkeit gefasst werden. Sie braucht keine eigene Rechtspersönlichkeit zu besitzen.[264]

Bei Leiharbeitnehmern, die keinen gewöhnlichen Arbeitsort haben, findet das Recht am Betriebssitz des Verleihers Anwendung.[265] Dies ist bspw. der Fall, wenn der Leiharbeitnehmer in gleichem Maße bei Entleihern im Ausland und im Heimatstaat eingesetzt wird und kein Schwerpunkt seiner Tätigkeit festgestellt werden kann.

---

262 So auch Schüren/Hamann/*Riederer von Paar,* Einl. Rn. 665.
263 *Franzen,* AR-Blattei SD 920 Rn. 68; MünchArbR/*Oetker,* § 11 Rn. 32; *Schneider,* NZA 2010, S. 1380, 1382; BeckOK-ArbR/*Schönbohm,* Art. 8 VO (EG) 593/2008 Rn. 30; BeckOK-BGB/*Spickhoff,* Art. 8 VO (EG) 593/2008 Rn. 24; der Art. 8 Abs. 3 Rom I-VO erfasst auch Fälle, in denen der gewöhnliche Arbeitsort überhaupt keinem Staat zugeordnet werden kann, sondern z.B. auf staatsfreiem Gebiet liegt; hierzu Staudinger/*Magnus,* Art. 8 Rom I-VO Rn. 115 ff. m.w.N.
264 Henssler/Braun/*Braun/Gröne,* Rn. 47; *Emmert/Widhammer,* ArbRAktuell 2010, S. 214; *Franzen,* AR-Blattei SD 920 Rn. 70; MünchArbR/*Oetker,* § 11 Rn. 34; Staudinger/*Magnus,* Art. 8 Rom I-VO Rn. 121; *Schneider,* NZA 2010, S. 1380, 1382; BeckOK-ArbR/*Schönbohm,* Art. 8 VO (EG) 593/2008 Rn. 31; BeckOK-BGB/*Spickhoff,* Art. 8 VO (EG) 593/2008 Rn. 27.
265 Boemke/Lembke/*Boemke,* Einl. Rn. 17; *Prop,* S. 128; *Zimmermann,* S. 46.

c) Recht der engeren Verbindung, Art. 8 Abs. 4 Rom I-VO

Die objektiven Anknüpfungen an den Arbeitsort und die Niederlassung (Art. 8 Abs. 2, 3 Rom I-VO) sind nicht als starre Regeln zu verstehen.[266] Wenn sich aus der Gesamtheit der Umstände ergibt, dass der Vertrag eine engere Verbindung zu einem anderen Staat aufweist, dann ist ausnahmsweise das Recht dieses anderen Staates anzuwenden, Art. 8 Abs. 4 Rom I-VO. Dem Wortlaut der Norm lässt sich nicht entnehmen, welche Umstände bei der Bestimmung einer „engeren Verbindung" heranzuziehen sind. Anders als bei Abs. 2 und Abs. 3 wird ein einzelnes Anknüpfungsmerkmal in der Regel nicht ausreichen, denn die Norm geht von der „Gesamtheit der Umstände" aus.[267] Die Rechtssicherheit und Vorhersehbarkeit für die Parteien erfordert es, dass die Ausweichklausel eng auslegt wird.[268] Mit *Sutschet* ist „grundsätzlich von einem Primat der Regelanknüpfung auszugehen".[269]

Andere in der Rom I-VO normierte Ausweichklauseln enthalten die Vorgabe, dass eine „offensichtlich engere" Verbindung zu einer anderen Rechtsordnung bestehen muss, um von einer Regelanknüpfung abzuweichen.[270] Dieser Unterschied bei der Formulierung ist nicht zufällig. Die für Arbeitsverträge geltende Ausweichklausel in Art. 8 Abs. 3 Rom I-VO, die der allgemeinen, für Verträge geltenden Klausel aus Art. 4 Abs. 3 Rom I-VO im Wege der Spezialität vorgeht, hat gewollt eine flexiblere Ausgestaltung erfahren.[271] Die Intention des Verordnungsgebers war, den Gerichten bei der Anwendung größeren Spielraum einzuräumen, um den besonderen Interessen im Rahmen eines Arbeitsverhältnisses besser Rechnung tragen zu können.[272]

---

266 MüKo-BGB/*Martiny*, Art. 8 VO (EG) 593/2008 Rn. 67; Reithmann/Martiny/*Martiny*, Rn. 4862; BeckOK-ArbR/*Schönbohm*, Art. 8 VO (EG) 593/2008 Rn. 33; Palandt/*Thorn*, Art. 8 Rom I Rn. 13.
267 Staudinger/*Magnus*, Art. 8 Rom I-VO Rn. 132; Reithmann/Martiny/*Martiny*, Rn. 4862; MünchArbR/*Oetker*, § 11 Rn. 36; BeckOK-BGB/*Spickhoff*, Art. 8 VO (EG) 593/2008 Rn. 28; jurisPK-BGB/*Sutschet*, Art. 8 Rom I-VO Rn. 44.
268 Staudinger/*Magnus*, Art. 8 Rom I-VO Rn. 130; Palandt/*Thorn*, Art. 8 Rom I Rn. 13.
269 jurisPK-BGB/*Sutschet*, Art. 8 Rom I-VO Rn. 48 m.w.N.
270 Siehe hierzu Art. 4 Abs. 3, Art. 5 Abs. 3, Art. 7 Abs. 2 Rom I-VO.
271 Vgl. *Garcimartin Alferéz*, EuLF 2008, I-61, 76; Staudinger/*Magnus*, Art. 8 Rom I-VO Rn. 128 m.w.N.
272 Ebenda.

Bei der Bewertung, ob eine „engere Verbindung" im Einzelfall besteht, ist eine Gesamtschau aller objektiven Gesichtspunkte vorzunehmen. Die Verbindung zu einem anderen Staat muss stärker sein als die durch die Regelanknüpfung zu dem Recht des Arbeitsortes oder der einstellenden Niederlassung hergestellte Beziehung. Die Gesamtschau wichtiger und nicht nur nebensächlicher Einzelumstände muss zu einer eindeutig abweichenden Bewertung führen.[273] Als Abwägungskriterien kommen in erster Linie in Betracht: die Staatsangehörigkeit beider Parteien, Sitz des Arbeitgebers, der Wohnsitz des Arbeitnehmers, Erfüllungsort des Arbeitsverhältnisses und auch ein gemeinsamer gewöhnlicher Aufenthalt von Arbeitgeber und -nehmer. Indizwirkung haben ferner Kriterien wie die Vertragssprache, die Währung der Vergütung, die Vereinbarung eines bestimmten Gerichtsstandes, die Unterwerfung des Vertragsverhältnisses unter ein bestimmtes Sozialversicherungsrecht oder der Abschlussort des Vertrages.[274] Es erscheint überdies angebracht, eine Zeitkomponente mit in die Beurteilung einzubeziehen. Die genannten Kriterien rechtfertigen eine Abweichung von den Regelanknüpfungen umso weniger, je länger der Arbeitnehmer seinen Arbeitsort außerhalb der über Art. 8 Abs. 4 Rom I-VO berufenen Rechtsordnung hat.[275]

Das BAG hat eine engere Verbindung zu einem Staat – der sich von dem des gewöhnlichen Arbeitsortes unterschied – für den Fall angenommen, dass der Arbeitnehmer Staatsangehöriger des Staates war, seinen Wohnsitz in dem Staat hatte, der Arbeitgeber nach dem Recht desselben Staates gegründet wurde, seinen Sitz in dem Staat hatte, die Vertragssprache und Währung des Staates genutzt wurden und der Arbeitnehmer in dem Staat – auch während des Auslandseinsatzes – sozialversichert war.[276] Der Entscheidung ist zu entnehmen, dass eine gewisse Anzahl be-

---

273 Staudinger/*Magnus*, Art. 8 Rom I-VO Rn. 130; ErfK/*Schlachter*, Art. 9 Rom I-VO Rn. 17; BeckOK-ArbR/*Schönbohm*, Art. 8 VO (EG) 593/2008 Rn. 34; Ferrari/*Staudinger*, Art. 8 VO (EG) 593/2008 Rn. 27; jurisPK-BGB/*Sutschet*, Art. 8 Rom I-VO Rn. 44, 48; zur alten Rechtslage: BAG, Urteil vom 12.12.2001, NZA 2002, S. 734, 737.
274 Staudinger/*Magnus*, Art. 8 Rom I-VO Rn. 132 ff.; MünchArbR/*Oetker*, § 11 Rn. 36; ErfK/*Schlachter*, Art. 9 Rom I-VO Rn. 17; BeckOK-ArbR/*Schönbohm*, Art. 8 VO (EG) 593/2008 Rn. 35 f.; BeckOK-BGB/*Spickhoff*, Art. 8 VO (EG) 593/2008 Rn. 28; jurisPK-BGB/*Sutschet*, Art. 8 Rom I-VO Rn. 44 ff.
275 Vgl. auch jurisPK-BGB/*Sutschet*, Art. 8 Rom I-VO Rn. 49.
276 BAG, Urteil vom 09.07.2003, 10 AZR 593/02, NZA 2003, S. 1424; *Schlachter*, RdA 2004, S. 175, 180; jurisPK-BGB/*Sutschet*, Art. 8 Rom I-VO Rn. 50.

deutender Anknüpfungspunkte zu dem Recht des Staates, zu dem eine engere Verbindung bestehen soll, zu fordern ist.

Vor dem Hintergrund missverständlicher Aussagen in der Literatur[277] ist klarzustellen, dass auch bei der grenzüberschreitenden Arbeitnehmerüberlassung die Bestimmung des (objektiven) Vertragsstatuts nach den allgemeinen arbeitsrechtlichen Kollisionsvorschriften – mithin auch über Art. 8 Abs. 4 Rom I-VO – durchzuführen ist. Bei der Beurteilung, ob eine engere Verbindung zu einer Rechtsordnung besteht, ist stets eine Einzelfallentscheidung vorzunehmen. Daher kann bei der grenzüberschreitenden Arbeitnehmerüberlassung keine eindeutige und allgemeingültige Aussage getroffen werden, inwieweit die Vorschrift des Art. 8 Abs. 4 Rom I-VO einschlägig ist.

Unverständlich ist in dem Zusammenhang die Auffassung von *Bayreuther*, wonach „selbst mit einem extensiven Gebrauch der Ausweichklausel (Art. 8 Abs. 4 Rom I-VO)" eine Anknüpfung an das Heimatrecht des Verleihers und Leiharbeitnehmers „wohl kaum bewerkstelligt" werden könne.[278] Sofern bei der gewerbsmäßigen Arbeitnehmerüberlassung eine Anknüpfung an das Recht des Einsatzortes befürwortet wird, ist dies insoweit richtig, als dass eine Bestimmung des objektiven Vertragsstatuts primär nach Art. 8 Abs. 2 Rom I-VO vorzunehmen ist. Insbesondere wird in Konstellationen, in denen der Leiharbeitnehmer ausschließlich zur Arbeitnehmerüberlassung bei einem Entleiher im Ausland angestellt und das Leiharbeitsverhältnis an die Überlassungsdauer synchronisiert wird, der gewöhnliche Arbeitsort im Ausland zu sehen sein.[279] Allerdings hat – unabhängig von der Einschlägigkeit des Art. 8 Abs. 2 Rom I-VO – etwas anderes zu gelten, wenn die Voraussetzungen des Art. 8 Abs. 4 Rom I-VO erfüllt sind.[280] Es sind dieselben Maßstäbe anzuwenden wie bei einem „normalen" Arbeitsverhältnis. Es ist ferner nicht ersichtlich, dass es bei der grenzüberschreitenden Arbeitnehmerüberlassung einer wertenden Korrektur bedürfte, wonach Art. 8 Abs. 4 Rom I-VO nur in ganz besonderen

---

277 *Bayreuther*, DB 2011, S. 706, 708 f.; Staudinger/*Magnus*, Art. 8 Rom I-VO Rn. 167 ff., 170.
278 *Bayreuther*, DB 2011, S. 706, 708.
279 Siehe hierzu bereits 2. Kap. D. II. 2. a).
280 So ausdrücklich auch Boemke/Lembke/*Boemke*, Einl. Rn. 18; *derselbe*, BB 2005, S. 266, 269; Schüren/Hamann/*Riederer von Paar*, Einl. Rn. 663; Thüsing/*Thüsing*, AÜG, Einf. Rn. 55, der aber dafür plädiert, dass „nicht allzu leichtfertig von der Regelanknüpfung abgewichen werden sollte"; UGBH/*Urban-Crell/Bissels*, Einl. Rn. 66.

Fällen bzw. bei einer „offensichtlich engeren" Verbindung anzuwenden wäre.[281] *Bayreuther* zieht bei seiner Begründung für die vorrangige Anwendung des Art. 8 Abs. 2 Rom I-VO eine Parallele zum anwendbaren Sozialrecht.[282] Unabhängig von den unterschiedlichen Schutzzwecken, die mit den jeweiligen Vorschriften zur Bestimmung des anwendbaren Arbeits- und Sozialversicherungsstatuts verfolgt werden und diese deswegen nur bedingt vergleichbar sind, überzeugt die Argumentation nicht. Sie übersieht, dass im Falle des grenzüberschreitend überlassenen Leiharbeitnehmers das Sozialversicherungsstatut nicht zwangsläufig durch das Beschäftigungsortsprinzip des Art. 11 Abs. 3 VO (EG) 883/2004 bestimmt wird.[283] In Betracht kommt auch, dass die Voraussetzungen einer Entsendung i.S.v. Art. 12 Abs. 1 VO (EG) 883/2004 erfüllt sind. Danach unterliegt ein Leiharbeitnehmer für die Dauer des Auslandseinsatzes weiterhin dem Sozialversicherungsrecht des Entsendestaates.[284] Überträgt man dieses Ergebnis auf das Arbeitskollisionsrecht, würde dies vielmehr für eine Anwendung des Art. 8 Abs. 4 Rom I-VO sprechen als für die Geltung des Rechts des Einsatzortes.

3. Einschränkungen der Rechtswahlfreiheit

Die grundsätzliche Wahlfreiheit wird bei Individualarbeitsverträgen zugunsten des Arbeitnehmers eingeschränkt. Gem. Art. 8 Abs. 1 S. 2 Rom I-VO darf die Rechtswahl nicht dazu führen, dass dem Arbeitnehmer der Schutz entzogen wird, der ihm durch zwingende Bestimmungen desjenigen materiellen Rechts gewährt würde, welches bei objektiver Anknüpfung nach Art. 8 Abs. 2-4 Rom I-VO anwendbar wäre. Die Vorschrift des Art. 8 Abs. 1 S. 2 Rom I-VO ist Ausfluss des Gedankens, wonach bei Verträgen, bei denen eine Partei als schwächer angesehen wird, diese durch Kollisionsnormen geschützt werden soll, die für sie günstiger sind als die allgemeinen Regeln.[285] Weitere Einschränkungen der Wahlfreiheit

---

281 In diese Richtung aber Staudinger/*Magnus*, Art. 8 Rom I-VO Rn. 167 ff.
282 *Bayreuther*, DB 2011, S. 706, 709.
283 Siehe zum Beschäftigungsortsprinzip 2. Kap. f. II.
284 Siehe zum Entsendungstatbestand ausf. 2. Kap. f. III. und zum Sozialversicherungsstatut bei Überlassung aus Polen nach Deutschland 2. Kap. f. V.
285 Erwägungsgrund Nr. 23 zur Rom I-VO; die Verordnung entwickelt einen solchen Schutz nicht nur für Arbeitnehmer, sondern auch für Verbraucher (Art. 6 Abs. 2 Rom I-VO).

finden sich in Art. 9 Rom I-VO, wonach die sogenannten Eingriffsnormen unmittelbar anwendbar bleiben, und in Art. 21 Rom I-VO, der die Anwendung solcher ausländischer Vorschriften ausschließt, die gegen die (deutsche) öffentliche Ordnung („*ordre public*") verstoßen. Hervorzuheben ist, dass die Beschränkungen der Wahlfreiheit aber nicht zur Unwirksamkeit der Rechtswahl führen. Sie beziehen sich nur auf einzelne Vorschriften und verdrängen diese. Das gewählte Vertragsstatut bleibt somit grundsätzlich weiterhin maßgeblich.

a) (Schutz-)Vorschriften des objektiven Vertragsstatuts, Art. 8 Abs. 1 S. 2 Rom I-VO

Die Rechtswahl der Parteien kann ein anderes Vertragsstatut bestimmen als das, welches mangels Rechtswahl nach objektiver Anknüpfung maßgeblich wäre. Durch Art. 8 Abs. 1 S. 2 Rom I-VO wird für diesen Fall bestimmt, dass zwingende Normen des objektiv anwendbaren Rechts nichtsdestotrotz Anwendung auf das Arbeitsverhältnis finden können, wenn sie für den Arbeitnehmer günstiger sind. Bei einer Kollision von Vorschriften der gewählten mit den (intern)[286] zwingenden Regeln der Rechtsordnung, die ohne Rechtswahl anwendbar wäre, ist ein Günstigkeitsvergleich vorzunehmen. Zu klären ist, welche Bestimmungen als zwingend i.S.v. Art. 8 Abs. 1 S. 2 Rom I-VO anzusehen sind und wie ein Günstigkeitsvergleich konkret durchzuführen ist.

aa) Zwingende Vorschriften i.S.v. Art. 8 Abs. 1 S. 2 Rom I-VO

Dem Wortlaut des Art. 8 Abs. 1 S. 2 Rom I-VO ist zu entnehmen, dass Voraussetzungen für die zwingende Geltung der Normen ihre vertragliche Unabdingbarkeit[287] und ein durch sie bezweckter Arbeitnehmerschutz

---

[286] Im Gegensatz zu Eingriffsnormen, die international zwingend sind; siehe auch 2. Kap. D. II. 3. b).

[287] Die Möglichkeit der einseitigen vertraglichen Abweichung zugunsten des Arbeitnehmers ist unschädlich; *Brucko-Stępkowski*, M.P.PR 2010, Nr. 10, S. 514, 515; Staudinger/*Magnus*, Art. 8 Rom I-VO Rn. 77; MünchArbR/*Oetker*, § 11 Rn. 21; Ferrari/*Staudinger*, Art. 8 VO (EG) 593/2008 Rn. 12.

sind.²⁸⁸ Als Schutzvorschriften gelten diejenigen Normen, die die Rechtsstellung des schwächeren Vertragsteils, hier des Arbeitnehmers, verbessern und diesen gegenüber dem Arbeitgeber schützen wollen.²⁸⁹ Die Frage, ob die Vorschrift dem öffentlichen oder dem Privatrecht angehört, ist nicht entscheidend. Voraussetzung ist aber, dass sie nicht nur ein öffentlich-rechtliches Gebot an den Arbeitgeber richtet, sondern sich konkret auf das Arbeitsverhältnis auswirkt.²⁹⁰ Die Tatsache, dass neben der individuellen Schutzrichtung auch Allgemeininteressen verfolgt werden, schadet hierbei nicht.²⁹¹

In erster Linie finden sich zwingende Normen i.S.v. Art. 8 Abs. 1 S. 2 Rom I-VO im Individualarbeitsrecht, da diesem der Arbeitnehmerschutz in großen Teilen immanent ist.²⁹² Aber auch allgemeine vertragsrechtliche Bestimmungen²⁹³, tarifvertragliche Normen²⁹⁴ oder öffentlich-rechtliche

---

288   Junker, IPRax 1989, S. 69, 73; Staudinger/*Magnus*, Art. 8 Rom I-VO Rn. 69; BeckOK-ArbR/*Schönbohm*, Art. 8 VO (EG) 593/2008 Rn. 10 ff.; BeckOK-BGB/*Spickhoff*, Art. 8 VO (EG) 593/2008 Rn. 15.
289   Vgl. Staudinger/*Magnus*, Art. 8 Rom I-VO Rn. 75; MüKo-BGB/*Martiny*, Art. 8 VO (EG) 593/2008 Rn. 34; BeckOK-BGB/*Spickhoff*, Art. 8 VO (EG) 593/2008 Rn. 16.
290   Erman/*Hohloch*, Art. 8 Rom I-VO Rn. 10, Staudinger/*Magnus*, Art. 8 Rom I-VO Rn. 77; MüKo-BGB/*Martiny*, Art. 8 VO (EG) 593/2008 Rn. 35; MünchArbR/*Oetker*, § 11 Rn. 22.
291   Staudinger/*Magnus*, Art. 8 Rom I-VO Rn. 73; MüKo-BGB/*Martiny*, Art. 8 VO (EG) 593/2008 Rn. 34, 43 f.; MünchArbR/*Oetker*, § 11 Rn. 23; siehe ferner zum Verhältnis von Art. 9 Rom I-VO zu Art. 8 Rom I-VO 2. Kap. D. II. 3. b) cc).
292   Siehe hierzu Staudinger/*Magnus*, Art. 8 Rom I-VO Rn. 75; MüKo-BGB/*Martiny*, Art. 8 VO (EG) 593/2008 Rn. 34 f.; MünchArbR/*Oetker*, § 11 Rn. 23; ErfK/*Schlachter*, Art. 9 Rom I-VO Rn. 19; BeckOK-BGB/*Spickhoff*, Art. 8 VO (EG) 593/2008 Rn. 16.
293   Erman/*Hohloch*, Art. 8 Rom I-VO Rn. 10; Staudinger/*Magnus*, Art. 8 Rom I-VO Rn. 75 f.; MüKo-BGB/*Martiny*, Art. 8 VO (EG) 593/2008 Rn. 34; ErfK/*Schlachter*, Art. 9 Rom I-VO Rn. 19; BeckOK-BGB/*Spickhoff*, Art. 8 VO (EG) 593/2008 Rn. 16; Ferrari/*Staudinger*, Art. 8 VO (EG) 593/2008 Rn. 14; zur alten Rechtslage: Junker, IPRax 1989, S. 69, 72; a.A. MünchArbR/*Oetker*, § 11 Rn. 23; zur alten Rechtslage: von Bar, Rn. 448.
294   Erman/*Hohloch*, Art. 8 Rom I-VO Rn. 10; Staudinger/*Magnus*, Art. 8 Rom I-VO Rn. 78; MünchArbR/*Oetker*, § 11 Rn. 22; ErfK/*Schlachter*, Art. 9 Rom I-VO Rn. 19; BeckOK-BGB/*Spickhoff*, Art. 8 VO (EG) 593/2008 Rn. 16; zur alten Rechtslage: *Gamillscheg*, ZfA 1983, S. 307, 334; *Giuliano/Lagarde*, BT-Drs. 10/503, S. 57; *Schlachter*, NZA 2000, S. 57, 61.

Vorschriften können als solche angesehen werden.²⁹⁵ Im deutschen Arbeitsrecht zählen hierzu z.B. die unabdingbaren Vorschriften des Kündigungsschutz-, des Urlaubsrechts, des Entgeltanspruchs, des Rechts der Entgeltfortzahlung, des Mutter- und Jugendarbeitszeit- sowie des Arbeitszeitrechts.²⁹⁶

In ähnlicher Weise sind diese Regelungsbereiche im polnischen Recht ausgestaltet. Zu den intern zwingenden Vorschriften gehören diejenigen Vorschriften des Arbeitsrechts, die dem Arbeitnehmer Rechte gegenüber dem Arbeitgeber zugestehen (bspw. das Urlaubs-, das Arbeitszeitrecht, das Recht auf Mutterschaftsurlaub oder Elternzeit), dem Arbeitgeber Pflichten auferlegen (bspw. Pflicht des Arbeitgebers, dem Arbeitnehmer sichere und hygienische Arbeitsbedingungen zu verschaffen), oder die Rechte des Arbeitgebers gegenüber dem Arbeitnehmer regeln (bspw. Kündigungsverbot während der Schwangerschaft).²⁹⁷ Auch alle anderen Vorschriften des Arbeitsrechts, von denen nicht oder nur zugunsten des Arbeitnehmers vertraglich abgewichen werden kann, sind als zwingende Vorschriften anzusehen.²⁹⁸ Hierzu zählt im Hinblick auf Leiharbeitnehmer der Gleichbehandlungsgrundsatz aus Art. 15 LeiharbeitG, wonach diese nicht schlechter behandelt werden dürfen als die Stammbelegschaft des Entleihers.²⁹⁹

bb) Günstigkeitsvergleich

Wird der Arbeitnehmer durch die zwingenden Vorschriften des objektiven Vertragsstatuts stärker geschützt als durch die Vorschriften des gewählten Rechts, so finden diese Anwendung. Die gewählte Rechtsordnung bleibt maßgeblich, wenn sie für den Arbeitnehmer zumindest gleich günstige

---

295 *Giuliano/Lagarde*, BT-Drs. 10/503, S. 57; Erman/*Hohloch*, Art. 8 Rom I-VO Rn. 10; MüKo-BGB/*Martiny*, Art. 8 VO (EG) 593/2008 Rn. 35; BeckOK-BGB/*Spickhoff*, Art. 8 VO (EG) 593/2008 Rn. 16; Ferrari/*Staudinger*, Art. 8 VO (EG) 593/2008 Rn. 14.
296 Siehe hierzu Staudinger/*Magnus*, Art. 8 Rom I-VO Rn. 79; MünchArbR/*Oetker*, § 11 Rn. 23; Ferrari/*Staudinger*, Art. 8 VO (EG) 593/2008 Rn. 14, jeweils m.w.N.
297 Vgl. *Brucko-Stępkowski*, M.P.PR 2010, Nr. 10, S. 514, 515.
298 Ebenda.
299 Siehe zum Gleichbehandlungsgrundsatz im polnischen Recht ausf. 2. Kap. D. II. 4. b) bb) (1).

Schutznormen enthält.³⁰⁰ Wie der Vergleich der zwingenden Vorschriften des objektiven Vertragsstatuts und der des gewählten Vertragsrecht vorgenommen werden soll, wird vom Gesetz nicht bestimmt. Es kommen grundsätzlich drei Möglichkeiten in Betracht: der Gesamtvergleich, der Einzelvergleich und der Sachgruppenvergleich.³⁰¹

Ein Gesamtvergleich der beiden Rechtsordnungen wird allgemein abgelehnt. Gegen eine solche Vorgehensweise spricht, dass es praktisch nicht möglich ist, zu bestimmen, welche Rechtsordnung insgesamt besser oder schlechter ist.³⁰² Im Gegensatz hierzu kann beim Vergleich einzelner Vorschriften, welche für den Arbeitnehmer im konkreten Fall besser ist, in den meisten Fällen ein eindeutiges Ergebnis gefunden werden.³⁰³ Gegen eine solche Lösung, die als „Rosinentheorie" bezeichnet wird, spricht zum einen, dass es zu einer einseitigen, unberechtigten Verschiebung des durch eine Rechtsordnung gefundenen Interessenausgleichs zugunsten des Arbeitnehmers kommen würde.³⁰⁴ Zum anderen würde die „innere Konsistenz der Rechtssysteme unbeachtet"³⁰⁵ bleiben.³⁰⁶ Deshalb soll als „Mit-

---

300 *Gamillscheg*, ZfA 1983, S. 307, 335; MüKo-BGB/*Martiny*, Art. 8 VO (EG) 593/2008 Rn. 39; MünchArbR/*Oetker*, § 11 Rn. 25; BeckOK-BGB/*Spickhoff*, Art. 8 VO (EG) 593/2008 Rn. 18; Palandt/*Thorn*, Art. 8 Rom I Rn. 18.
301 *Franzen*, AR-Blattei SD 920 Rn. 126 f.; MünchArbR/*Oetker*, § 11 Rn. 25; jurisPK-BGB/*Sutschet*, Art. 8 Rom I-VO Rn. 17; *Thüsing*, NZA 2003, S. 1303, 1307.
302 *Birk*, RdA 1989, S. 201, 206; *Deinert*, RdA 2009, S. 144, 149; *Franzen*, AR-Blattei SD 920 Rn. 126; *Gamillscheg*, ZfA 1983, S. 307, 339; *Lorenz*, RIW 1987, S. 569, 577; Staudinger/*Magnus*, Art. 9 Rom I-VO Rn. 86; MüKo-BGB/*Martiny*, Art. 8 VO (EG) 593/2008 Rn. 40; MünchArbR/*Oetker*, § 11 Rn. 26; *Schlachter*, NZA 2000, S. 57, 61; BeckOK-ArbR/*Schönbohm*, Art. 8 VO (EG) 593/2008 Rn. 15; *Thüsing*, BB 2003, S. 898, 899: „Es bräuchte objektiver Kriterien, anhand derer man ganz unterschiedliche Schutzsysteme miteinander vergleichen und bewertet werden können.".
303 *Lorenz*, RIW 1987, S. 569, 577; jurisPK-BGB/*Sutschet*, Art. 8 Rom I-VO Rn. 19; *von Bar*, Rn. 449.
304 Vgl. MünchArbR/*Oetker*, § 11 Rn. 26; siehe hierzu auch *Birk*, RdA 1989, S. 201, 206; *Franzen*, AR-Blattei SD 920 Rn. 126; *Gamillscheg*, ZfA 1983, S. 307, 338 f.; Staudinger/*Magnus*, Art. 9 Rom I-VO Rn. 85; *Schlachter*, NZA 2000, S. 57, 61; BeckOK-BGB/*Spickhoff*, Art. 8 VO (EG) 593/2008 Rn. 18.
305 MünchArbR/*Oetker*, § 11 Rn. 26.
306 *Birk*, RdA 1989, S. 201, 206; *Franzen*, AR-Blattei SD 920 Rn. 126; *Gamillscheg*, ZfA 1983, S. 307, 338 f.; Staudinger/*Magnus*, Art. 9 Rom I-VO Rn. 85; *Schlachter*, NZA 2000, S. 57, 61; BeckOK-BGB/*Spickhoff*, Art. 8 VO (EG) 593/2008 Rn. 18.

telweg"³⁰⁷ ein Vergleich von sachlich miteinander zusammenhängenden Vorschriften (bspw. Kündigungs-, Bestandsschutz, Urlaubsrecht) vorgenommen werden, der die Nachteile der beiden zuvor genannten Ansätze vermeidet. Hierbei sind in unmittelbarem Zusammenhang stehende Vorschriften, sofern sie funktional eine Regelungseinheit bilden, als eine Sachgruppe aufzufassen. Wie die konkreten Sachgruppen gebildet werden sollen, wird uneinheitlich beurteilt.³⁰⁸

Eine Regelung kann als das für den Arbeitnehmer im konkreten Fall günstigere Recht angesehen werden, wenn die „Leistung in Umfang, Dauer und Geltendmachung" bzw. „quantitativ und/oder qualitativ" besser ist.³⁰⁹ Bei dem Günstigkeitsvergleich durch den Rechtsanwender ist grundsätzlich ein objektiver Maßstab anzulegen.³¹⁰ Die Forderung nach einem Wahlrecht für den Arbeitnehmer und der Anwendung eines subjektiven Maßstabs³¹¹, widerspricht dem Gesetzeswortlaut und würde der Rechtssicherheit zuwiderlaufen. Das von dem Arbeitnehmer verfolgte Prozessziel ist bei einer Abwägung der Sachgruppen zu berücksichtigen, denn nur bei Zugrundelegung des Begehrens kann das objektiv zu ermittelnde Vergleichsergebnis als günstiger angesehen werden. Die Ziele des Arbeitnehmers geben somit die Richtung des Vergleichs vor.³¹²

---

307   MünchArbR/*Oetker*, § 11 Rn. 26; *Schlachter*, NZA 2000, S. 57, 61, sieht es als „die am wenigsten schlechte Lösung" an.
308   *Deinert*, RdA 2009, S. 144, 149; *Franzen*, AR-Blattei SD 920 Rn. 127; Erman/*Hohloch*, Art. 8 Rom I-VO Rn. 12; *Junker*, IPRax 1989, S. 69, 71 f.; Staudinger/*Magnus*, Art. 9 Rom I-VO Rn. 85; Reithmann/Martiny/*Martiny*, Rn. 4846; MünchArbR/*Oetker*, § 11 Rn. 26; ErfK/*Schlachter*, Art. 9 Rom I-VO Rn. 19; *Schlachter*, NZA 2000, S. 57, 61; *Schneider*, NZA 2010, S. 1380, 1382; BeckOK-ArbR/*Schönbohm*, Art. 8 VO (EG) 593/2008 Rn. 15; BeckOK-BGB/ *Spickhoff*, Art. 8 VO (EG) 593/2008 Rn. 18; Palandt/*Thorn*, Art. 8 Rom I Rn. 8; *Thüsing*, NZA 2003, S. 1303, 1307.
309   MünchArbR/*Birk*, [2. Aufl., 2000] § 20 Rn. 26; Reithmann/Martiny/*Martiny*, Rn. 4846.
310   *Franzen*, AR-Blattei SD 920 Rn. 129; *Lorenz*, RIW 1987, S. 569, 577; Staudinger/*Magnus*, Art. 8 Rom I-VO Rn. 88; MüKo-BGB/*Martiny*, Art. 8 VO (EG) 593/2008 Rn. 41; Reithmann/Martiny/*Martiny*, Rn. 4846; MünchArbR/*Oetker*, § 11 Rn. 26; *Schlachter*, NZA 2000, S. 57, 61.
311   MünchArbR/*Birk*, [2. Aufl., 2000] § 20 Rn. 26 f.; *Birk*, RdA 1989, S. 201, 206.
312   *Birk*, RdA 1989, S. 201, 206; *Franzen*, AR-Blattei SD 920 Rn. 129; *Lorenz*, RIW 1987, S. 569, 577; MüKo-BGB/*Martiny*, Art. 8 VO (EG) 593/2008 Rn. 41; Reithmann/Martiny/*Martiny*, Rn. 4846; *Schlachter*, NZA 2000, S. 57, 61; a.A., die einen rein objektiven Vergleich fordert; Staudinger/*Magnus*, Art. 8 Rom I-VO Rn. 88; MünchArbR/*Oetker*, § 11 Rn. 26.

Das Arbeitsverhältnis kann demzufolge einem „Mosaik zwingender Schutzvorschriften verschiedener staatlicher Herkunft" unterliegen.[313] Die Kritik von *Birk*, wonach diese Regelung die Rechtssicherheit stark beeinträchtige, die Prognostizierbarkeit von gerichtlichen Urteilen gegen Null tendiere und praktische Probleme die Folge seien[314], mag berechtigt sein. Der Verordnungsgeber hat dies aber bewusst in Kauf genommen.[315] Anzumerken ist, dass der Günstigkeitsvergleich in der bisherigen Praxis[316] nur eine geringe Rolle gespielt hat[317] und lediglich vereinzelt durch die Gerichte vorgenommen werden musste.[318]

b) Eingriffsnormen, Art. 9 Rom I-VO

Der Art. 9 Rom I-VO regelt die Anwendung international zwingender Normen (Eingriffsnormen), die unabhängig vom privat-autonom oder objektiv bestimmten Vertragsstatut Geltung beanspruchen können. Auf einen Günstigkeitsvergleich kommt es nicht an; die Norm setzt sich stets gegen das Vertragsstatut durch.[319] Art. 9 Rom I-VO enthält eine Legaldefinition[320], wonach eine Eingriffsnorm eine zwingende Vorschrift ist, deren Einhaltung von einem Staat als so entscheidend für die Wahrung seines öffentlichen Interesses, insbesondere seiner politischen, sozialen oder wirtschaftlichen Organisation angesehen wird, dass sie ungeachtet des nach Maßgabe der Verordnung auf den Vertrag anzuwendenden Rechts auf alle Sachverhalte anzuwenden ist, die in ihren Anwendungsbereich fallen. Die Antwort auf die Frage, ob eine bestimmte Vorschrift als

---

313   *Rauscher*, Rn. 1177; BeckOK-BGB/*Spickhoff*, Art. 8 VO (EG) 593/2008 Rn. 18; Palandt/*Thorn,* Art. 8 Rom I Rn. 8.
314   *Birk*, RdA 1989, S. 201, 206.
315   Vgl. BeckOK-BGB/*Spickhoff*, Art. 8 VO (EG) 593/2008 Rn. 18.
316   Art. 30 Abs. 1 EGBGB a.F. ordnete ebenfalls einen Günstigkeitsvergleich an.
317   *Junker*, RIW 2001, S. 94, 95, 99.
318   *Franzen*, AR-Blattei SD 920 Rn. 128; *Junker*, RIW 2001, S. 94, 95, 99; *Prop,* S. 132 f.; *Schneider*, NZA 2010, S. 1380, 1382; *Thüsing*, NZA 2003, S. 1303, 1307.
319   Henssler/Braun/*Braun/Gröne,*   Rn. 31; ErfK/*Schlachter*,   Art. 9 Rom I-VO Rn. 21; zur alten Rechtslage: *Birk*, RdA 1989, S. 201, 206; siehe zu möglichen Ausnahmen 2. Kap. D. II. 3. b) cc).
320   Anders insofern noch Art. 34 EGBGB a.F. und Art. 7 EVÜ (Übereinkommen 80/934/EWG über das auf vertragliche Schuldverhältnisse anzuwendende Recht vom 19.06.1980); siehe hierzu auch schon EuGH, Urteil vom 23.11.1999, Rs. C-369/96 (*Arblade und Leloup*), Slg. 1999, I-8453; EuZW 2000, S. 88, Rn. 30.

Eingriffsnorm gilt, ist allein im nationalen Recht zu finden.[321] Notwendige Voraussetzung ist zunächst, dass es sich um eine zwingende, folglich eine vertraglich unabdingbare Vorschrift handeln muss.[322] Der Begriff der „Eingriffsnorm" ist nicht mit dem Begriff „Bestimmungen, von denen nicht durch Vereinbarung abgewichen werden kann", wie er z.B. in Art. 8 Abs. 1 S. 2 Rom I-VO für die intern zwingenden Vorschriften[323] benutzt wird, gleichzusetzen, sondern muss enger ausgelegt werden.[324]

Die Norm muss einen international zwingenden Geltungsanspruch haben. Unproblematisch ist dies bei den Vorschriften, die ihre international zwingende Geltung selbst anordnen.[325] Fehlt eine ausdrückliche Anordnung, muss durch Auslegung ermittelt werden, ob die Norm auch auf Verträge Anwendung finden soll, die einem ausländischen Vertragsstatut unterliegen. Dabei ist insbesondere auf den Sinn und Zweck des Gesetzes abzustellen.[326] Entscheidendes Kriterium für die Einordnung einer Vorschrift als Eingriffsnorm ist, dass sie eine überindividuelle Zielrichtung aufweist, die in der Wahrung von (öffentlichen) Interessen des Staates gründet.[327] Darunter fällt die Wahrung der politischen, sozialen oder wirtschaftlichen Organisation. Bestimmungen, die allein im Individualinteresse einer Partei bestehen, können nicht als Eingriffsnormen angesehen werden. Ebenso wenig reicht es aus, wenn eine Norm Gemeinwohlbelange

---

321 *Deinert*, RdA 2009, S. 144, 150 f.; Reithmann/Martiny/*Freitag*, Rn. 508; MüKo-BGB/*Martiny*, Art. 9 VO (EG) 593/2008 Rn. 10; Palandt/*Thorn*, Art. 9 Rom I Rn. 5; *Winkler von Mohrenfels/Block*, EAS B 3000, Rn. 143.
322 MünchArbR/*Oetker*, § 11 Rn. 48; *Schneider*, NZA 2010, S. 1380, 1382; BeckOK-BGB/*Spickhoff*, Art. 9 VO (EG) 593/2008 Rn. 9; Ferrari/*Staudinger*, Art. 9 VO (EG) 593/2008 Rn. 6.
323 Intern zwingende Normen müssen nur innerstaatlich ihre Anwendbarkeit beanspruchen und somit vertraglich unabdingbar sein, BeckOK-ArbR/*Schönbohm*, Art. 9 VO (EG) 593/2008 Rn. 3.
324 Erwägungsgrund Nr. 37 S. 2 zur Rom I-VO.
325 Bspw. § 2 AEntG; § 32b UrhG; § 130 Abs. 2 GWB.
326 Staudinger/*Magnus*, Art. 9 Rom I-VO Rn. 54; MüKo-BGB/*Martiny*, Art. 9 VO (EG) 593/2008 Rn. 9; MünchArbR/*Oetker*, § 11 Rn. 48; *Rauscher*, Rn. 1206; ErfK/*Schlachter*, Art. 9 Rom I-VO Rn. 21; BeckOK-BGB/*Spickhoff*, Art. 9 VO (EG) 593/2008 Rn. 10; Ferrari/*Staudinger*, Art. 9 VO (EG) 593/2008 Rn. 7; Hk-BGB/*Staudinger*, Art. 9 Rom I Rn. 4; Palandt/*Thorn*, Art. 9 Rom I Rn. 5.
327 MünchArbR/*Oetker*, § 11 Rn. 48; ErfK/*Schlachter*, Art. 9 Rom I-VO Rn. 21; BeckOK-ArbR/*Schönbohm*, Art. 9 VO (EG) 593/2008 Rn. 4; Ferrari/*Staudinger*, Art. 9 VO (EG) 593/2008 Rn. 8; Palandt/*Thorn*, Art. 9 Rom I Rn. 5.

nur „reflexartig" schützt.[328] Es schadet aber nicht, wenn die Eingriffsnorm neben den hauptsächlich oder überwiegend zu schützenden öffentlichen Interessen auch dem Ausgleich privater Interessen dient.[329] Unerheblich ist, ob es sich um Vorschriften des öffentlichen Rechts oder Privatrechts handelt.[330]

Die Einordnung als international zwingende Norm kann sich als schwierig erweisen. Nicht immer kann eindeutig unterschieden werden, ob eine Vorschrift überwiegend dem Ausgleich privater Interessen dient oder hauptsächlich öffentliche Interessen des Staates im Blick hat.[331]

aa) Eingriffsnormen der *lex fori*

Art. 9 Abs. 2 Rom I-VO bestimmt, dass die Eingriffsnormen des Rechts des Gerichtsortes (*lex fori*) auf den Sachverhalt angewendet werden können. Demnach hat ein angerufenes deutsches Gericht in vollem Umfang die eigenen, deutschen Eingriffsnormen zu beachten.[332] Unproblematisch ist dies, wenn der Vertrag deutschem Recht unterliegt. Aber auch, wenn der Vertrag einem ausländischen Statut unterliegt, sind die Eingriffsnormen des Gerichtsortes berufen. Voraussetzung für die Anwendung ist, dass der Sachverhalt eine hinreichende Beziehung zu dem Staat aufweist (Inlandsbezug), dessen Eingriffsnormen angewendet werden sollen.[333]

---

328 *Deinert*, RdA 2009, S. 144, 150; Staudinger/*Magnus*, Art. 9 Rom I-VO Rn. 59; MünchArbR/*Oetker*, § 11 Rn. 48; *Rauscher*, Rn. 1204; ErfK/*Schlachter*, Art. 9 Rom I-VO Rn. 21; BeckOK-ArbR/*Schönbohm*, Art. 9 VO (EG) 593/2008 Rn. 4.
329 *Rauscher*, Rn. 1204; BeckOK-BGB/*Spickhoff*, Art. 9 VO (EG) 593/2008 Rn. 14,15; Palandt/*Thorn*, Art. 9 Rom I Rn. 5.
330 Staudinger/*Magnus*, Art. 9 Rom I-VO Rn. 50, *derselbe*, Art. 8 Rom I-VO Rn. 194; MüKo-BGB/*Martiny*, Art. 9 VO (EG) 593/2008 Rn. 12; MünchArbR/*Oetker*, § 11 Rn. 48; BeckOK-ArbR/*Schönbohm*, Art. 9 VO (EG) 593/2008 Rn. 4; Hk-BGB/*Staudinger*, Art. 9 Rom I Rn. 4; Palandt/*Thorn*, Art. 9 Rom I Rn. 5.
331 *Schlachter*, NZA 2000, S. 57, 61 f., als Beispiel wird der gesetzliche Mindesturlaubsanspruch genannt, bei welchem fraglich ist, ob er dem Erholungsinteresse des Arbeitnehmers oder sozialpolitisch der Volksgesundheit dient. Denn beide Aspekte seien dem Normzweck immanent. Siehe hierzu auch Thüsing/*Thüsing*, AÜG, Einf. Rn. 59; *Thüsing*, Europ. ArbR, § 11 Rn. 25.
332 Staudinger/*Magnus*, Art. 9 Rom I-VO Rn. 79; *Rauscher*, Rn. 1203.
333 *Deinert*, RdA 2009, S. 144, 150; Staudinger/*Magnus*, Art. 9 Rom I-VO Rn. 82 ff.; MüKo-BGB/*Martiny*, Art. 9 VO (EG) 593/2008 Rn. 122 ff.; MünchArbR/*Oetker*, § 11 Rn. 46; *Rauscher*, Rn. 1206; *Schneider*, NZA 2010,

Ohne eine solche Beziehung fehlt es an der „Legitimation"[334] dafür, Eingriffsnormen ungeachtet des an sich auf den Vertag anwendbaren Rechts Geltung beizumessen.[335] Die vorab festzustellende internationale Zuständigkeit eines Gerichts, z.b. nach der EuGVVO[336], kann dabei das Vorliegen des geforderten Inlandsbezuges indizieren.[337] Eine Schlussfolgerung, wonach bei Bejahung der internationalen Zuständigkeit eines Gerichts der hinreichende Inlandsbezug automatisch gegeben ist, kann nicht getroffen werden. Zwar deckt sich der Inlandsbezug häufig mit demjenigen Bezug zum Gerichtsstaat, auf dem die internationale Zuständigkeit des angerufenen Gerichts beruht, aber nicht zwangsläufig. Die gerichtliche Zuständigkeit kann bspw. auf einer Parteivereinbarung beruhen, ohne dass eine Verbindung zum Gerichtsstaat besteht.[338] Der Inlandsbezug wird nicht durch ein einheitliches Kriterium, z.B. den Erfüllungsort, bestimmt, sondern es ist auf die jeweilige Eingriffsnorm und ihre Tatbestandsmerkmale abzustellen. So kann bei Grundstücksverträgen der Belegenheitsort des Grundstücks entscheidend sein, wohingegen im Arbeitsrecht zum Teil dem gewöhnlichen Arbeitsort ausschlaggebende Bedeutung beigemessen werden kann.[339]

Liegt eine Eingriffsnorm vor und ist ein hinreichender Inlandsbezug zur deutschen Rechtsordnung gegeben, ist die deutsche Eingriffsnorm stets

---

S. 1380, 1383; BeckOK-ArbR/*Schönbohm*, Art. 9 VO (EG) 593/2008 Rn. 13; Ferrari/*Staudinger*, Art. 9 VO (EG) 593/2008 Rn. 11.

334 Staudinger/*Magnus*, Art. 9 Rom I-VO Rn. 82.

335 Staudinger/*Magnus*, Art. 9 Rom I-VO Rn. 82; *Thüsing*, Europ. ArbR, § 11 Rn. 27, der das mit den Worten "Am deutschen Wesen soll nicht das Arbeitsrecht fremder Länder genesen." pointiert; *Winkler von Mohrenfels/Block*, EAS B 3000, Rn. 149.

336 Verordnung Nr. 44/2001 des Rates vom 22.12.2000 über die gerichtliche Zuständigkeit und die Anerkennung und Vollstreckung von Entscheidungen in Zivil- und Handelssachen, ABl. EG 2001 Nr. L 12, S. 1 (auch „Brüssel I-Verordnung" genannt), weiter: EuGVVO.

337 Staudinger/*Magnus*, Art. 9 Rom I-VO Rn. 82; BeckOK-ArbR/*Schönbohm*, Art. 9 VO (EG) 593/2008 Rn. 13 m.w.N.; Ferrari/*Staudinger*, Art. 9 VO (EG) 593/2008 Rn. 11.

338 Beispiel nach Staudinger/*Magnus*, Art. 9 Rom I-VO Rn. 82; siehe auch BeckOK-ArbR/*Schönbohm*, Art. 9 VO (EG) 593/2008 Rn. 13 m.w.N.; Ferrari/*Staudinger*, Art. 9 VO (EG) 593/2008 Rn. 11.

339 Staudinger/*Magnus*, Art. 9 Rom I-VO Rn. 85; MüKo-BGB/*Martiny*, Art. 9 VO (EG) 593/2008 Rn. 122 ff.; BeckOK-BGB/*Spickhoff*, Art. 9 VO (EG) 593/2008 Rn. 17 jeweils m.w.N.

und ohne Einschränkung anzuwenden.[340] Der Richter hat keinen Ermessenspielraum, ob oder inwieweit er die Vorschrift berücksichtigt. Welche Rechtsfolgen sich aus der Anwendung für das zugrunde liegende Vertragsverhältnis ergeben, ist der einzelnen Eingriffsnorm selbst zu entnehmen.[341]

bb) Drittstaatliche Eingriffsnormen

Lange Zeit war umstritten, ob, wann und in welchem Maße drittstaatliche[342] Eingriffsnormen bei der rechtlichen Beurteilung eines Sachverhalts berücksichtigt werden sollten.[343] Nun findet sich in Art. 9 Abs. 3 S. 1 Rom I-VO eine ausdrückliche Regelung, wonach den Eingriffsnormen des Erfüllungsstaates Wirkung verliehen werden kann, soweit diese die Erfüllung des Vertrages unrechtmäßig werden lassen. Dem Rechtsanwender wird ein Ermessensspielraum eingeräumt, ob[344] und wie[345] die drittstaatliche Eingriffsnorm bei der Lösung der Sachfrage zu beachten ist. Der Verordnungsgeber statuiert in Art. 9 Abs. 3 S. 2 Rom I-VO Vorgaben, welchen die richterliche Ermessensausübung über das „ob" unterliegt. In die Abwägung sind Art und Zweck der Norm als auch die sich aus der Anwendung bzw. Nichtanwendung ergebenden Folgen einzubeziehen. Die Regelung in Art. 9 Abs. 3 Rom I-VO entfaltet in Bezug auf andere drittstaatliche Eingriffsnormen, die nicht aus dem Staat des Erfüllungsortes

---

340 Siehe zu möglichen Ausnahmen 2. Kap. D. II. 3. b) cc).
341 Staudinger/*Magnus*, Art. 9 Rom I-VO Rn. 87 f.; MüKo-BGB/*Martiny*, Art. 9 VO (EG) 593/2008 Rn. 55; Ferrari/*Staudinger*, Art. 9 VO (EG) 593/2008 Rn. 46.
342 Drittstaatlich, weil das Recht des Staates weder über das Vertragsstatut noch über die *lex fori* berufen ist.
343 Siehe hierzu *Deinert*, RdA 2009, S. 144, 151; Staudinger/*Magnus*, [13. Aufl., 2002] Art. 34 EGBGB, Rn. 110 ff.; MüKo-BGB/*Martiny*, [4. Aufl., 2006] Art. 34 EGBGB Rn. 38 ff., jeweils m.w.N.
344 Staudinger/*Magnus*, Art. 9 Rom I-VO Rn. 115 ff.; MüKo-BGB/*Martiny*, Art. 9 VO (EG) 593/2008 Rn. 118 ff.; jurisPK-BGB/*Ringe*, Art. 9 Rom I-VO Rn. 31 ff.; BeckOK-ArbR/*Schönbohm*, Art. 9 VO (EG) 593/2008 Rn. 18; Ferrari/*Staudinger*, Art. 9 VO (EG) 593/2008 Rn. 48.
345 Staudinger/*Magnus*, Art. 9 Rom I-VO Rn. 121 f.; MüKo-BGB/*Martiny*, Art. 9 VO (EG) 593/2008 Rn. 121; jurisPK-BGB/*Ringe*, Art. 9 Rom I-VO Rn. 36 ff.; BeckOK-ArbR/*Schönbohm*, Art. 9 VO (EG) 593/2008 Rn. 19; Ferrari/*Staudinger*, Art. 9 VO (EG) 593/2008 Rn. 49.

stammen, eine grundsätzliche Sperrwirkung, sodass diese vom Richter nicht zur Lösung des Falls heranzuziehen sind.[346]

cc) Verhältnis des Art. 9 Rom I-VO zu Art. 8 Rom I-VO[347]

Durch Art. 8 Abs. 1 S. 2 Rom I-VO soll dem Arbeitnehmer das Schutzniveau des objektiv ermittelten Vertragsstatuts gewährleistet werden. Sind die intern zwingenden Normen des objektiven Vertragsstatus für den Arbeitnehmer günstiger als diejenigen des gewählten Rechts, gelten diese. Konstitutiv ist für diese Normen, dass sie dem Individualschutz dienen.[348] Eingriffsnormen hingegen haben hauptsächlich das Ziel, öffentliche Interessen eines Staates durchzusetzen.[349] Die Anwendungsbereiche der beiden Vorschriften können sich überschneiden. Eine Eingriffsnorm kann hauptsächlich öffentliche Interessen verfolgen und zusätzlich eine individualschützende Wirkung entfalten. Dabei erfordert Art. 8 Abs. 1 S. 2 Rom I-VO nicht, dass der Individualschutz das hauptsächliche Ziel einer intern zwingenden Vorschrift darstellen muss. Folglich kann eine Norm sowohl eine intern zwingende Vorschrift i.S.d. Art. 8 Abs. 1 S. 2 Rom I-VO als auch eine Eingriffsnorm i.S.d. Art. 9 Rom I-VO sein.[350]

---

346 Reithmann/Martiny/*Freitag*, Rn. 653; *Freitag*, IPRax 2009, S. 109, 115; Staudinger/*Magnus*, Art. 9 Rom I-VO Rn. 123 f.; MüKo-BGB/*Martiny*, Art. 9 VO (EG) 593/2008 Rn. 113 m.w.N.; BeckOK-BGB/*Spickhoff*, Art. 9 VO (EG) 593/2008 Rn. 17; Ferrari/*Staudinger*, Art. 9 VO (EG) 593/2008 Rn. 42; jurisPK-BGB/*Ringe*, Art. 9 Rom I-VO Rn. 25; umstritten ist allerdings die Reichweite der Sperrwirkung, d.h. ob auch die materiellrechtliche Berücksichtigung der drittstaatlichen Eingriffsnormen gesperrt wird. Bejahend, für eine umfassende Sperrwirkung: Ferrari/*Staudinger*, Art. 9 VO (EG) 593/2008 Rn. 43; ablehnend: Reithmann/Martiny/*Freitag*, Rn. 653; *derselbe*, IPRax 2009, S. 109, 115; Staudinger/*Magnus*, Art. 9 Rom I-VO Rn. 124; MüKo-BGB/*Martiny*, Art. 9 VO (EG) 593/2008 Rn. 114; BeckOK-BGB/*Spickhoff*, Art. 9 VO (EG) 593/2008 Rn. 17.
347 *Müller*, S. 95 [zur alten Rechtslage] weist (berechtigterweise) auf die sprachliche Ungenauigkeit hin, wonach es nicht um das Verhältnis zwischen den beiden kollisionsrechtlichen Vorschriften geht, sondern um das Verhältnis der nach Art. 8 Rom I-VO berufenen Regelung zu einer abweichenden Eingriffsnorm i.S.d. Art. 9 Rom I-VO.
348 Siehe hierzu 2. Kap. D. II. 3. a) aa).
349 Siehe hierzu 2. Kap. D. II. 3. b).
350 *Deinert*, RdA 2009, S. 144, 150; Staudinger/*Magnus*, Art. 9 Rom I-VO Rn. 21, 26; Reithmann/Martiny/*Martiny*, Rn. 4905 f.; MüKo-BGB/*Martiny*, Art. 8 VO (EG) 593/2008 Rn. 114; *derselbe*, Art. 9 VO (EG) 593/2008 Rn. 99; *Müller*,

D. Internationales Privatrecht

Nach dieser grundlegenden Feststellung stellt sich die Frage, in welchem Verhältnis die Kollisionsregelung des Art. 8 Rom I-VO zu Eingriffsnormen nach Art. 9 Rom I-VO steht. Eingriffsnormen, die nicht dem Arbeitnehmerschutz dienen, und nicht die eben beschriebene Doppelfunktion aufweisen, sind unproblematisch auf Arbeitsverträge anwendbar.[351] Art. 9 Rom I-VO braucht nicht bemüht werden, solange das nach Art. 8 Rom I-VO berufene Recht mit dem übereinstimmt, welchem die doppelfunktionale Eingriffsnorm nach Art. 9 Abs. 2 bzw. Abs. 3 Rom I-VO angehört. In dieser Konstellation genießt Art. 8 Rom I-VO als *lex specialis* in seinem Anwendungsbereich gegenüber Eingriffsnormen Anwendungsvorrang.[352]

Die Rangfrage stellt sich in den Fällen, in denen nach Art. 8 Rom I-VO berufenes, zwingendes ausländisches Recht eine andere Lösung vorsieht als eine Eingriffsnorm, die nach Art. 9 Abs. 2 bzw. Abs. 3 Rom I-VO grundsätzlich ihre Anwendung fordert. Teilweise wird vertreten, dass Art. 8 Abs. 1 S. 2 Rom I-VO in seinem Anwendungsbereich die speziellere Regelung darstelle. Demnach würde sich die für den Arbeitnehmer günstigere Schutznorm im Rahmen des Günstigkeitsvergleichs stets gegenüber der Eingriffsnorm durchsetzen.[353] Teilweise wurde aber auch Eingriffsnormen eine generell verdrängende Wirkung beigemessen.[354] Gegen die Annahme einer Spezialität von Art. 8 Abs. 1 S. 2 Rom I-VO spricht, dass öffentliche Interessen, die der jeweilige nationale Gesetzge-

---

S. 120; MünchArbR/*Oetker*, § 11 Rn. 50; *Rauscher*, Rn. 1179; Ferrari/*Staudinger*, Art. 9 VO (EG) 593/2008 Rn. 5; zum alten Recht: *Schlachter*, NZA 2000, S. 57, 61; a.A., wonach eine Vorschrift nur entweder intern zwingend oder aber international zwingend sein könne, Reithmann/Martiny/*Freitag*, Rn. 525; *Kropholler*, § 52, IX, 3; *Mankowski*, IPRax 1994, S. 88, 94 ff.; *Mauer/Sadtler*, DB 2007, 1586, 1587.

351 Siehe hierzu Reithmann/Martiny/*Freitag*, Rn. 518; Erman/*Hohloch*, Art. 8 Rom I-VO Rn. 13; Ferrari/*Staudinger*, Art. 8 VO (EG) 593/2008 Rn. 5.

352 *Freitag*, IPRax 2009, S. 109, 116; Reithmann/Martiny/*Martiny*, Rn. 4906; BeckOK-BGB/*Spickhoff*, Art. 9 VO (EG) 593/2008 Rn. 4, empfindet es als müßig, zu entscheiden, ob die im Raum stehende Vorschrift (bereits) über Art. 8 Rom I-VO oder (erst) über Art. 9 Rom I-VO berufen ist; Ferrari/*Staudinger*, Art. 8 VO (EG) 593/2008 Rn. 5; Palandt/*Thorn*, Art. 9 Rom I Rn. 9.

353 Reithmann/Martiny/*Freitag*, Rn. 518, 525; Palandt/*Thorn*, Art. 9 Rom I Rn. 9; zur vorherigen Rechtslage: Regierungsbegründung zum Entwurf eines Gesetzes zur Neuregelung des Internationalen Privatrechts, BT-Drs. 10/504, S.83; *Birk*, RdA 1989, S. 201, 207.

354 Zur vorherigen Rechtslage: Palandt/*Heldrich*, [66. Aufl., 2007] Art. 34 EGBGB Rn. 3 c.

ber mit Schaffung einer Eingriffsnorm verfolgte und die ihren international zwingenden Charakter begründen, völlig außer Acht blieben.[355] Bei einem Vorrang des Art. 9 Rom I-VO in dem Anwendungsbereich, der gerade durch die Kollisionsvorschriften des Art. 8 Rom I-VO besonders geregelt werden sollte, würden für den Arbeitnehmer günstigere Normen auch dann verdrängt, wenn sie die Ziele der Eingriffsnorm unangetastet ließen.[356] Der durch Art. 8 Abs. 1 S. 2 Rom I-VO intendierte Schutz des Arbeitnehmers vor einer nachteiligen Rechtswahl würde „nur unzureichend verwirklicht"[357].[358] Zu folgen ist einem vermittelnden Ansatz, der nach *Oetker* von einem prinzipiellen Vorrang des Art. 9 Rom I-VO ausgeht und diesen dadurch relativiert, dass die mit den Eingriffsnormen kollidierenden, ausländischen Arbeitnehmerschutzvorschriften Anwendung finden, wenn sie der Zielsetzung der Eingriffsnorm nicht zuwiderlaufen.[359]

dd) Eingriffsnormen des deutschen Arbeitsrechts

Im Folgenden soll eine eingehende Auseinandersetzung mit der Frage nach der international zwingenden Wirkung deutscher (Arbeitsrechts-)Vorschriften, insb. des Gleichbehandlungsgrundsatzes aus §§ 3 Abs. 1 Nr. 3, 9 Abs. 1 Nr. 2, 10 Abs. 4 AÜG, erfolgen.

(1) Allgemeines

Prinzipiell ist es möglich, dass über Art. 8 Rom I-VO hinaus arbeitsrechtliche Vorschriften des deutschen Rechts über Art. 9 Rom I-VO Anwendung finden. Voraussetzung ist, dass die arbeitsrechtliche Bestimmung nicht nur dem Ausgleich privater Interessen dient, sondern eine sozial-

---

355 Vgl. MünchArbR/*Oetker*, § 11 Rn. 51.
356 Ebenda.
357 Staudinger/*Magnus*, Art. 9 Rom I-VO Rn. 26 f.
358 Hierzu auch *Müller*, S. 81 f.
359 Vgl. MünchArbR/*Oetker*, § 11 Rn. 51; siehe hierzu auch Henssler/Braun/*Braun/ Gröne*, Rn. 32; *Deinert*, RdA 2009, S. 144, 150; Staudinger/*Magnus*, Art. 9 Rom I-VO Rn. 25; Reithmann/Martiny/*Martiny*, Rn. 4907; MünchArbR/*Oetker*, § 11 Rn. 51; BeckOK-BGB/*Spickhoff*, Art. 9 VO (EG) 593/2008 Rn. 4; Ferrari/ *Staudinger*, Art. 9 VO (EG) 593/2008 Rn. 31; zum alten Recht: *Lorenz*, RIW 1987, S. 569, 580; *Müller*, S. 121; *Schlachter*, NZA 2000, S. 57, 61; vgl. auch *Junker*, IPRax 1989, S. 69, 73 f.

oder wirtschaftspolitische Zielsetzung verfolgt.[360] Als international zwingende Normen des deutschen Arbeitsrechts[361] sind anerkannt: die Vorschriften zur Massenentlassung, §§ 17 ff. KSchG[362], die Vorschriften des Schwerbehinderten- und Mutterschutzes nach § 85 SGB IX[363], § 14 MuSchG[364] und die Regelung zur Lohnfortzahlung nach § 3 EFZG[365]. Der allgemeine Kündigungsschutz nach §§ 1-14 KSchG ist keine Eingriffsnorm i.S.v. Art. 9 Rom I-VO.[366] Ferner sind Vorschriften des öffentlich-rechtlichen Arbeitsschutzrechts, welches dem Territorialitätsgrundsatz unterliegt, nach Art. 9 Rom I-VO zu beachten.[367]

(2) Arbeitnehmer-Entsendegesetz

Besondere Bedeutung kommt den Vorschriften des Arbeitnehmer-Entsendegesetzes (AEntG)[368] zu. Mit dem AEntG wurde die Entsenderichtlinie 96/71 EG in deutsches Recht umgesetzt.[369] Diese definiert in Art. 3 Abs. 1 EntsendeRL einen „harten Kern"[370] von Arbeits- und Beschäftigungsbedingungen, der auf alle Arbeitsverhältnisse, die im Inland durchgeführt werden, angewandt werden muss, unabhängig davon, welchem Recht das Arbeitsverhältnis unterliegt. Bestimmte Arbeitsbedingungen werden damit zu international zwingenden (Eingriffs-)Normen erklärt.[371] Dadurch soll ein gewisser Mindeststandard gewährleistet werden;

---

360 Siehe hierzu 2. Kap. D. II. 3. b)0.
361 Siehe hierzu Reithmann/Martiny/*Freitag,* Rn. 591 ff.; Staudinger/*Magnus,* Art. 9 Rom I-VO Rn. 195 ff.; ErfK/*Schlachter,* Art. 9 Rom I-VO Rn. 23 ff.
362 BAGE 63, 17, NZA 1990, S. 841.
363 Ebenda.
364 BAGE 100,130, NZA 2002, S. 734.
365 Ebenda.
366 BAGE 63, 17, NZA 1990, S. 841.
367 Erman/*Hohloch,* Art. 8 Rom I-VO Rn. 28, Art. 9 Rom I-VO Rn. 16; Münch ArbR/*Oetker,* § 11 Rn. 91; Schüren/Hamann/*Riederer von Paar,* Einl. Rn. 701.
368 Gesetz über zwingende Arbeitsbedingungen für grenzüberschreitend entsandte und für regelmäßig im Inland beschäftigte Arbeitnehmer und Arbeitnehmerinnen vom 20.04.2009, BGBl I S. 799.
369 Siehe hierzu nur ErfK/*Schlachter,* § 1 AEntG Rn. 3; HWK/*Tillmanns,* Vorb. AEntG Rn. 1.
370 Erwägungsgrund Nr. 14 zur EntsendeRL.
371 Reithmann/Martiny/*Martiny,* Rn. 4835, 73; ErfK/*Schlachter,* § 1 AEntG Rn. 5; Palandt/*Thorn,* Art. 8 Rom I Rn. 6; *Thüsing,* Europ. ArbR, § 9 Rn. 20; *Winkler von Mohrenfels/Block,* EAS B 3000, Rn. 162; ferner soll ein Vorrang der

der Anwendung von günstigeren Arbeits- und Beschäftigungsbedingungen steht dies gem. Art. 3 Abs. 7 EntsendeRL ausdrücklich nicht entgegen.[372] Der § 2 AEntG, der insoweit Art. 3 Abs. 1 der EntsendeRL entspricht, ordnet ausdrücklich an, dass bestimmte Mindestarbeits- und Beschäftigungsbedingungen für alle im Ausland ansässigen Arbeitgeber, die Arbeitnehmer in Deutschland beschäftigen, unabhängig vom Vertragsstatut, zwingend gelten. Eingriffsnormen i.S.d. Art. 9 Rom I-VO sind demzufolge die Vorschriften[373] über Mindestentgeltsätze[374], den bezahlten Mindestjahresurlaub, Höchstarbeitszeiten und Mindestruhezeiten, Bedingungen für die Überlassung von Arbeitskräften (insbesondere durch Leiharbeitsunternehmen)[375], Sicherheit, Gesundheitsschutz und Hygiene am Arbeitsplatz, Schutzmaßnahmen im Zusammenhang mit den Arbeits- und Beschäftigungsbedingungen von Schwangeren, Wöchnerinnen, Kindern und Jugendlichen und die Gleichbehandlung von Männern und Frauen sowie andere Nichtdiskriminierungsvorschriften.[376]

Der Regelung aus § 2 AEntG wird teilweise lediglich deklaratorische Wirkung beigemessen.[377] Diese beinhalte aus Rücksicht auf ausländische Arbeitnehmer und aus Klarstellungsgründen nur eine nicht abschließende Aufzählung von ohnehin zwingenden Eingriffsnormen.[378] Der Gesetzgeber ging davon aus, dass es keines gesonderten Umsetzungsbedarfs des

---

EntsendeRL über Art. 23 Rom I-VO begründet werden, *Deinert*, RdA 2009, S. 144, 151 f.; *Thüsing*, Europ. ArbR, § 9 Rn. 20; siehe auch Erwägungsgrund Nr. 34 zur Rom I-VO.

372 *Görres*, S. 119 f.; *Schüren/Hamann/Riederer von Paar*, Einl. Rn. 585; *Riesenhuber*, § 6 Rn. 18.

373 Hierzu zählen förmliche Gesetze, Rechtsverordnungen, Verwaltungsvorschriften, Runderlasse der Bundesagentur für Arbeit oder Verwaltungsakte der Aufsichtsbehörden, nicht hingegen für allgemein verbindlich erklärte Tarifverträge (Umkehrschluss aus § 3 AEntG); *Koberski/Asshoff/Eustrup/Winkler*, § 2 AEntG Rn. 8; ErfK/*Schlachter*, § 2 AEntG Rn. 1; Thüsing/*Thüsing*, AEntG, § 2 Rn. 3; *Ulber*, AÜG, Einl. F Rn. 95.

374 Siehe hierzu ausf. 2. Kap. D. II. 3. b) dd) (2) (a).

375 Siehe hierzu ausf. 2. Kap. D. II. 3. b) dd) (2) (b).

376 *Kropholler*, § 52, IX, 3 b; Staudinger/*Magnus*, Art. 8 Rom I-VO Rn. 200; MüKo-BGB/*Martiny*, Art. 8 VO (EG) 593/2008 Rn. 116 f.; ErfK/*Schlachter*, § 2 AEntG Rn. 1; *von Hoffmann/Thorn*, § 10 Rn. 81c.

377 Dörner/Luczak/Wildschütz/*Dörner* Rn. 886; *Koberski/Asshoff/Eustrup/Winkler*, § 2 AEntG Rn. 6; Däubler/*Lakies*, Anh. 2 zu § 5 TVG, § 2 AEntG Rn. 3; *Ulber*, AEntG, § 2 Rn. 3; Wiedemann/*Wank*, TVG, Anh. 1 zu 5, § 7 Rn. 1; Wedde/*zu Dohna-Jaeger*, § 2 AEntG Rn. 1.

378 Vgl. *Koberski/Asshoff/Eustrup/Winkler*, § 2 AEntG Rn. 6 m.w.N.

Art. 3 Abs. 1 EntsendeRL in deutsches Recht im Sinne einer konstitutiv wirkenden gesetzlichen Anordnung bedürfe.[379] Die zwingende Anwendung der genannten Mindeststandards entspräche bereits den Grundsätzen des Internationalen Privatrechts.[380]

Dieser Auffassung kann so nicht gefolgt werden. Es trifft auf viele von § 2 AEntG erfasste Vorschriften tatsächlich zu, dass die international zwingende Wirkung vor Einführung der Regelung bestand und daher insoweit von einer rein deklaratorischen Wirkung ausgegangen werden kann. Bspw. galten Normen des Arbeitnehmerschutzrechts, welche von § 2 Nr. 5 AEntG genannt werden, bereits vor Einführung des AEntG als Eingriffsnormen.[381] Die durch § 2 Nr. 1-7 AEntG in Bezug genommenen Vorschriften sind aber gerade nicht alle als Eingriffsnormen i.S.v. Art. 9 Rom I-VO anerkannt gewesen.[382] Erst durch die Inbezugnahme durch § 2 AEntG wird ihre zwingende Geltung auf ausländische Arbeitgeber ausgeweitet. In diesen Fällen hat § 2 AEntG durchaus konstitutive Wirkung.[383]

Darüber hinaus können gem. §§ 3 ff. AEntG für die in § 4 AEntG aufgezählten Branchen abweichende Mindestarbeitsbedingungen als international zwingende Vorschriften ausgestaltet werden. § 3 AEntG erklärt die Normen eines Tarifvertrages, der für allgemeinverbindlich erklärt worden ist oder dem durch Rechtsverordnung gem. § 7 AEntG entsprechende Wirkung verliehen wird, zu Eingriffsnormen i.S.d. Art. 9 Rom I-VO.[384] Sowohl in- als auch ausländische Arbeitgeber sind ausnahmslos verpflich-

---

379 Siehe hierzu die Begründung des Entwurfs eines Gesetzes zu Korrekturen in der Sozialversicherung und zur Sicherung der Arbeitnehmerrechte vom 17.11.1998, BT-Drs. 14/45, S. 27.
380 Ebenda.
381 Siehe hierzu ErfK/*Schlachter*, § 2 AEntG Rn. 3; Thüsing/*Thüsing*, AEntG, § 2 Rn. 11; *derselbe*, Europ. ArbR, § 9 Rn. 44; HWK/*Tillmanns*, § 2 AEntG Rn. 5.
382 Vgl. *Krebber*, IPRax, 2001, S. 22, 26 m.w.N., der auf die Vorschriften zum Mindesturlaub, zur echten Leiharbeit und die Diskriminierungsverbote hinweist.
383 BeckOK-ArbR/*Gussen*, § 7 AEntG Rn. 1; *Krebber*, IPRax, 2001, S. 22, 26; *Müller*, S. 265; Staudinger/*Magnus*, Art. 8 Rom I-VO Rn. 200; Kittner/Zwanziger/Deinert/*Mayer*, § 139 Rn. 23; ErfK/*Schlachter*, § 2 AEntG Rn. 1; HWK/*Tillmanns*, § 2 AEntG Rn. 2; *Zimmermann*, S. 64; davon ausgehend: *Bayreuther*, DB 2011, S. 706, 709; *Boemke*, BB 2005, S. 265, 270; zur EntsendeRL: *Fuchs/Marhold*, S. 318; auch der Gesetzgeber hat diese Möglichkeit gesehen und relativiert die zuvor getroffene Aussage, indem § 7 AEntG (Vorgängernorm des § 2 AEntG) „vor allem der Klarstellung" diene, BT-Drs. 14/45 S. 27.
384 Siehe hierzu Staudinger/*Magnus*, Art. 8 Rom I-VO Rn. 201; MüKo-BGB/*Martiny*, Art. 8 VO (EG) 593/2008 Rn. 149 ff.; Reithmann/Martiny/*Martiny*, Rn. 4835; ErfK/*Schlachter*, § 3 AEntG Rn. 1.

tet, ihren im Inland beschäftigten Arbeitnehmern mindestens die in dem Tarifvertrag für den Beschäftigungsort vorgeschriebenen Arbeitsbedingungen zu gewähren, § 8 Abs. 1 AEntG. Diese gehen sogar einer eventuell bestehenden anderweitigen Tarifbindung vor, § 8 Abs. 2 AEntG. Um zu verhindern, dass Arbeitgeber sich der Anwendung entziehen und in den von § 4 AEntG benannten Branchen auf den Einsatz von Leiharbeitnehmern ausweichen, ordnet § 8 Abs. 3 AEntG die Erstreckung der Mindestarbeitsbedingungen auf Leiharbeitnehmer (unabhängig davon, ob sie aus dem Aus- oder Inland kommen) an.[385] Voraussetzung dafür ist, dass sie vom Entleiher mit Tätigkeiten beschäftigt werden, die in den Geltungsbereich eines für allgemeinverbindlich erklärten Tarifvertrages nach den §§ 4, 5 Nr. 1 - 3 und § 6 AEntG oder einer Rechtsverordnung nach § 7 AEntG fallen.

Dem (grenzüberschreitend überlassenen) Leiharbeitnehmer wird gegen seinen Verleiher ein eigenständiger Anspruch auf die im Entleiherbetrieb geltenden Mindestarbeitsbedingungen zugestanden. Dieser stellt jedoch nur einen Mindestanspruch dar, sodass es grundsätzlich beim Gleichbehandlungsgrundsatz nach § 9 Nr. 2 AÜG verbleibt.[386] Es gilt das Günstigkeitsprinzip. § 8 Abs. 3 AEntG findet nur dann Anwendung, wenn der Leiharbeitnehmer aufgrund der tariflichen Abweichungsmöglichkeit aus § 9 Nr. 2 AÜG ungünstigeren Arbeitsbedingungen als im Entleiherbetrieb üblich unterliegt.[387] Sowohl die Mindestarbeitsbedingungen nach § 2 AEntG als auch nach § 8 Abs. 3 AEntG kommen nur solange zur Anwendung, wie sie günstigere Arbeitsbedingungen für den Leiharbeitnehmer enthalten.[388] Dies ist bei § 8 Abs. 3 AEntG direkt dem Wortlaut zu entnehmen.[389] Im § 2 AEntG fehlt eine entsprechende Anordnung.[390] „Eine richtlinienkonforme Auslegung im Hinblick auf Art. 3 Abs. 7 EntsendeRL" spricht mit *Müller* dafür, dass § 2 AEntG nur der Durchsetzung

---

385 Thüsing/*Bayreuther*, AEntG, § 8 Rn. 18; *Koberski/Asshoff/Eustrup/Winkler*, § 8 AEntG Rn. 17; ErfK/*Schlachter*, § 8 AEntG Rn. 5; *Ulber*, AÜG, Einl. F Rn.83 ff.; *derselbe*, AEntG, § 8 Rn. 55; Wedde/*zu Dohna-Jaeger*, § 8 AEntG Rn. 3.
386 Siehe auch die Anordnung aus § 2 Nr. 4 AEntG 2. Kap. D. II. 3. b) dd) (2) (b).
387 *Koberski/Asshoff/Eustrup/Winkler*, § 8 AEntG Rn. 14; ErfK/*Schlachter*, § 8 AEntG Rn. 5; *Ulber*, AÜG, Einl F Rn. 85; *derselbe*, AEntG, § 8 Rn. 57, 63; Wedde/*zu Dohna-Jaeger*, § 8 AEntG Rn. 5.
388 *Müller*, S. 82, 265 f.; *Ulber*, AÜG, Einl. F Rn. 85; *derselbe*, AEntG § 2 Rn. 44.
389 „[...] hat der Verleiher zumindest [...] zu gewähren".
390 Teilweise wird von „Mindestbedingungen" gesprochen, § 2 Nr. 1-3 AEntG, teilweise von „Bedingungen", § 2 Nr. 4 AEntG.

von Mindestbedingungen dienen soll[391] und daher für den Arbeitnehmer günstigere Vorschriften unberührt lässt.[392]

Zu beachten ist in diesem Zusammenhang noch die Lohnuntergrenze i.S.d. § 3a Abs. 2 AÜG.[393] Das Verhältnis zwischen dem Mindeststundenentgelt nach § 3a AÜG und einem nach § 8 Abs. 3 AEntG ist nicht ausdrücklich geregelt.[394] Vereinzelt wurde geäußert, dass einer Mindestregelung nach § 3a AÜG als *lex specialis* für die Zeitarbeitsbranche stets der Vorzug zu geben ist.[395] Dem ist zu widersprechen. Es erscheint angemessen, auch in der Beziehung zwischen Entgeltvorschriften nach § 3a AÜG und § 8 Abs. 3 AEntG das Günstigkeitsprinzip anzuwenden.[396] Hierfür sprechen der Wille des Gesetzgebers zur Sicherung des Lohnniveaus[397] und die Zielsetzung des AÜG, wozu die Verbesserung der Stellung der Arbeitnehmer gehört. Durch die Einfügung des § 3a AÜG sollte die Möglichkeit geschaffen werden, für alle Leiharbeitnehmer ein Mindeststundenentgelt einzuführen. Eine gleichzeitige Verschlechterung der Situation von Leiharbeitnehmern, auf welche bereits zuvor die Mindeststundenentgelte nach § 8 Abs. 3 AEntG einzuhalten waren, würde den Zielen des Gesetzgebers widersprechen und bedürfte einer besonderen Begründung.

(a) Mindestentgelt, § 2 Nr. 1 AEntG

Der § 2 Nr. 1 AEntG nimmt Regelungen über Mindestentgeltsätze einschließlich der Überstundensätze in Bezug. Die deutsche Rechtsordnung kannte lange Zeit weder einen gesetzlichen Mindestlohn noch eine gesetzliche Regelung zu den Überstundensätzen.[398] Diese Tatsache stellte keinen Verstoß gegen die Umsetzungspflicht der EntsendeRL dar. Der Art. 3

---

391 Vgl. *Müller*, S. 82, 265 f.
392 Siehe auch *Thüsing*, Europ. ArbR, § 9 Rn. 45 f.; a.A. *Jayme/Kohler*, IPRax 2000, S. 454, 455.
393 Siehe hierzu auch 2. Kap. D. II. 3. b) dd) (2) (b) (ff).
394 *Bayreuther*, DB 2011, S. 706, 710, weist auf das Regelungsbedürfnis dieser Frage hin; *Mallmann/Borchard*, AuR 2011, S. 413, 415.
395 *Mallmann/Borchard*, AuR 2011, S. 413, 415.
396 So auch *Bayreuther*, DB 2011, S. 706, 710; Boemke/Lembke/*Marseaut*, § 3a Rn. 93; ErfK/*Schlachter*, § 9 AEntG Rn. 5.
397 BT-Drs. 17/5238, S. 14.
398 ErfK/*Schlachter*, § 2 AEntG Rn. 2; Thüsing/*Thüsing*, AEntG, § 2 Rn. 5; HWK/ *Tillmanns*, § 2 AEntG Rn. 5; *Ulber*, AEntG, § 2 Rn. 16; Wedde/*zu Dohna-Jaeger*, § 2 AEntG Rn. 2.

EntsendeRL fordert nicht, dass gewisse Mindestarbeitsbedingungen durch den jeweiligen Staat aufgestellt werden, sondern lediglich, dass die bereits im Inland geltenden Bestimmungen auf entsandte Arbeitnehmer Anwendung finden sollen.[399]

Fraglich ist, welche Vorschriften überhaupt von § 2 Nr. 1 AEntG erfasst werden. In den Anwendungsbereich von § 2 Nr. 1 AEntG fallen weder allgemeinverbindliche Tarifverträge noch Rechtsverordnungen nach § 7 AEntG.[400] Zwar werden durch diese in einigen Branchen Mindestbedingungen – wovon auch das Entgelt umfasst wird – festgelegt, doch lösen diese nur Rechtsfolgen aus, wenn die besonderen Voraussetzungen der §§ 3 ff. AEntG erfüllt sind.

Durch Gesetz vom 22.04.2009[401] wurde das Mindestarbeitsbedingungengesetz[402] in wesentlichen Punkten geändert.[403] Nun können in Branchen, in denen es entweder keine Tarifverträge gibt oder eine Tarifbindung unter 50 % besteht, durch Rechtsverordnung der Bundesregierung gem. § 4 Abs. 3 MiArbG verbindliche Mindestarbeitsentgelte festgesetzt werden, § 1 Abs. 2 MiArbG.[404] Die international zwingende Wirkung dieser Mindestlöhne ergibt sich nach der Neufassung des Gesetzes bereits aus § 8 Abs. 1 MiArbG. Grundsätzlich unterliegt eine Rechtsverordnung nach § 4 Abs. 3 MiArbG auch der Vorschrift des § 2 Nr. 1 AEntG. Der Eingriffsnormcharakter von Mindestentgeltfestsetzungen nach dem MiArbG wird demnach doppelt geregelt.[405]

Um die Möglichkeit für eine Lohnuntergrenze in der Arbeitnehmerüberlassung zu schaffen, wurde § 3a AÜG eingeführt.[406] § 3a Abs. 2 AÜG

---

399 ErfK/*Schlachter*, § 2 AEntG Rn. 2; Thüsing/*Thüsing*, AEntG, § 2 Rn. 5; HWK/*Tillmanns*, § 2 AEntG Rn. 5; *Ulber*, AEntG, § 2 Rn. 15.
400 Statt vieler *Koberski/Asshoff/Eustrup/Winkler*, § 2 AEntG Rn. 8; Thüsing/*Thüsing*, AEntG, § 2 Rn. 5; HWK/*Tillmanns*, § 2 AEntG Rn. 5;
401 BGBl. 2009 I S. 818.
402 Gesetz über die Festsetzung von Mindestarbeitsbedingungen vom 11.01.1952, BGBl. 1952 I S.17, weiter: MiArbG.
403 Siehe hierzu ErfK/*Franzen*, § 1 MiArbG Rn. 2; Thüsing/*Joussen*, AEntG, Vor § 1 MiArbG Rn 23 ff.; *Koberski/Asshoff/Eustrup/Winkler*, Einl. MiArbG Rn. 9 ff.
404 Siehe zum Verhältnis von AEntG und MiArbG *Koberski/Asshoff/Eustrup/Winkler*, Einl. MiArbG, Rn. 26 ff.; HWK/*Tillmanns*, Vorb. AEntG Rn. 2.
405 *Franzen*, ZESAR 2011, S. 101, 102; *Koberski/Asshoff/Eustrup/Winkler*, § 2 AEntG Rn. 8; ErfK/*Schlachter*, § 2 AEntG Rn. 2; Thüsing/*Thüsing*, AEntG, § 2 Rn. 7; *Ulber*, AEntG § 2 Rn. 16.
406 Siehe Nachweis in Fn. 43.

enthält die Ermächtigung des Bundesministeriums für Arbeit und Soziales, durch eine Rechtsverordnung einen Mindestlohn für die Leiharbeitsbranche festzulegen. Hiervon wurde mittlerweile durch den Erlass der Zweiten Verordnung über eine Lohnuntergrenze in der Arbeitnehmerüberlassung Gebrauch gemacht.[407] Die Verordnung nach § 3a Abs. 2 AÜG könnte grundsätzlich unter § 2 Nr. 1 AEntG fallen, allerdings wird überwiegend § 2 Nr. 4 AEntG als einschlägig erachtet.[408] Die Zuordnung zu einer der Katalognummern des § 2 AEntG hat keine Auswirkungen auf die Qualifikation als Eingriffsnorm.

Uneinheitlich wird die Einbeziehung der „Lohnwucherrechtsprechung" des BAG[409] in den Anwendungsbereich von § 2 Nr. 1 AEntG beurteilt.[410] Diese besagt, dass eine Arbeitsvergütung, die nicht mal 2/3 des niedrigsten Tarifentgelts in der betreffenden Branche und Region beträgt, sittenwidrig ist.[411] Sie führt in Branchen, in denen keine allgemeinverbindlichen bzw. nach den §§ 3 ff. AEntG zwingenden Mindestlohntarifverträge existieren, „mittelbar" zu einem Mindestlohn.[412] Es erscheint zweifelhaft, das richterrechtliche Institut als Mindestentgeltsatz i.S.d. § 2 Nr. 1 AEntG bzw. Mindestlohnsatz i.S.d. Art. 3 Abs. 1 lit. c EntsendeRL anzusehen.[413] Durch die verbindliche Lohnuntergrenze nach § 3a Abs. 2 AÜG hat diese Problematik ihre Relevanz für die Leiharbeitsbranche weitgehend verloren.

---

407 BAnz vom 26.03.2014, AT, V1, S. 1; die Erste Verordnung über eine Lohnuntergrenze in der Arbeitnehmerüberlassung (Bundesanzeiger vom 28.12.2011, Nr. 195, S. 4608) ist am 31.10.2013 außer Kraft getreten.
408 Für eine Zuordnung zu § 2 Nr. 4 AEntG siehe Gesetzesbegründung, BT-Drs. 17/5238, S. 15; *Mallmann/Borchard*, AuR 2011, S. 413; *Ulber*, AÜG, Einl. F Rn. 96, § 3a Rn. 8; ErfK/*Wank*, § 3a AÜG Rn. 8.
409 BAG, Urteil vom 22.04.2009, 5 AZR 436/08, NZA 2009, S. 837.
410 Bejahend: *Boemke/Lembke*, AÜG [2. Aufl., 2005] Anh. I, § 7 AEntG Rn.17; BeckOK-ArbR/*Gussen*, § 7 AEntG Rn. 5; *Koberski/Asshoff/Eustrup/Winkler*, § 2 AEntG Rn. 12; Däubler/*Lakies*, Anh. 2 zu § 5 TVG, § 2 AEntG Rn. 6; ErfK/ *Schlachter*, § 2 AEntG Rn. 2, die aber die Erstreckung auf ausländische Arbeitgeber als problematisch ansieht; Thüsing/*Thüsing*, AEntG, § 2 Rn. 7; HWK/ *Tillmanns*, § 2 AEntG Rn. 5; *Ulber*, AEntG, § 2 Rn. 16; Wedde/*zu Dohna-Jaeger*, § 2 AEntG Rn. 2; ablehnend: *Bayreuther*, NZA 2010, S. 1157 ff.; *Franzen*, ZESAR 2011, S. 101 ff.; *Krebber*, IPRax, 2001, S. 22, 26.
411 BAG, Urteil vom 22.04.2009, 5 AZR 436/08, NZA 2009, S. 837.
412 Vgl. *Bayreuther*, NZA 2010, S. 1157; *Franzen*, ZESAR 2011, S. 101.
413 Vgl. *Bayreuther*, NZA 2010, S. 1157 ff.; *Franzen*, ZESAR 2011, S. 101 ff.; *Krebber*, IPRax, 2001, S. 22, 26.

Eine Mindestentgeltregelung findet sich in § 17 Abs. 1 S. 1 BBiG[414], welcher eine „angemessene Vergütung" von Auszubildenden vorschreibt. § 25 BBiG bestimmt die Unabdingbarkeit der Vergütungsregelung. In den Anwendungsbereich der Vorschrift fallen nur Auszubildende, wodurch die Bedeutung für die Erreichung der in § 1 AEntG genannten Ziele durch Erstreckung der Vorschrift auf grenzüberschreitend entsandte Arbeitnehmer nicht sehr groß sein dürfte.[415]

(b) Bedingungen für die Überlassung von Arbeitskräften, § 2 Nr. 4 AEntG

Der § 2 Nr. 4 AEntG ordnet an, dass die Vorschriften über die Bedingungen für die Überlassung von Arbeitskräften, insbesondere durch Leiharbeitsunternehmen, international zwingend sind. Durch den Hinweis, dass „insbesondere" die Bedingungen für die Überlassung durch Leiharbeitsunternehmen umfasst sind, wird deutlich, dass § 2 Nr. 4 AEntG nicht nur die erlaubnispflichtige Arbeitnehmerüberlassung nach § 1 Abs. 1 AÜG anspricht, sondern alle Fälle der Überlassung erfasst. Folglich sind die Bedingungen für die erlaubnisfreie Arbeitnehmerüberlassung nach § 1 Abs. 3 AÜG international zwingend.[416] Einbezogen werden von § 2 Nr. 4 AEntG in erster Linie Vorschriften des AÜG.[417] In welchem Umfang die Vorschriften des deutschen Arbeitnehmerüberlassungsrechts auf den grenzüberschreitenden Verleih von Leiharbeitnehmern anzuwenden sind, wird uneinheitlich beurteilt. Die wohl herrschende Meinung im Schrifttum geht davon aus, dass unter „Bedingungen für die Überlassung von Arbeitnehmern" sowohl die arbeits- als auch die gewerbe-, vermittlungs- und erlaubnisrechtlichen Bestimmungen zu verstehen sind.[418] Teilweise wird

---

414 Berufsbildungsgesetz vom 23. März 2005, BGBl. 2005 I, S. 931.
415 *Boemke/Lembke*, AÜG [2. Aufl., 2005] Anh. I, § 7 AEntG Rn. 17; Däubler/*Lakies*, Anh. 2 zu § 5 TVG, § 2 AEntG Rn. 5; ErfK/*Schlachter*, § 2 AEntG Rn. 2; HWK/*Tillmanns*, § 2 AEntG Rn. 5; *Ulber*, AEntG, § 2 Rn. 16.
416 *Krebber*, IPRax, 2001, S. 22, 25; ErfK/*Schlachter*, § 2 AEntG Rn. 3; Thüsing/*Thüsing*, AEntG, § 2 Rn. 10; HWK/*Tillmanns*, § 2 AEntG Rn. 5; *Ulber*, AEntG, § 2 Rn. 33.
417 Thüsing/*Thüsing*, AEntG, § 2 Rn. 10; Thüsing/*Thüsing*, AÜG, Einf. Rn. 62; *Ulber*, AEntG, § 2 Rn. 34.
418 *Bayreuther*, DB 2011, S. 706, 709; *Boemke/Lembke*, AÜG [2. Aufl., 2005] Anh. I, § 7 AEntG Rn.18; Boemke/Lembke/*Boemke*, Einl. Rn. 21; *derselbe*, BB 2005, S. 265, 270; *Deinert*, RdA 2009, S. 144, 146; *Franzen*, AR-Blattei SD 920 Rn. 100; BeckOK-ArbR/*Gussen*, § 2 AEntG Rn. 5; Däubler/*Lakies*, Anh. 2 zu

vertreten, dass lediglich diejenigen Vorschriften, die das Leiharbeitsverhältnis ausgestalten, von § 2 Nr. 4 AEntG in Bezug genommen werden.[419] Zur Begründung wird auf den Wortlaut der Vorschrift, wonach die Bedingungen (zwingend) „auf die Arbeitsverhältnisse" zwischen dem im Ausland ansässigen Arbeitgeber und seinen im Inland beschäftigten Arbeitnehmer angewandt werden sollen, die Systematik der Norm und ihre Entstehungsgeschichte verwiesen.[420] Unter besonderer Betonung des Gesetzeswortlauts „Regelungen über die Bedingungen für die Überlassung" wird wiederum vereinzelt die Anwendung der Vorschriften über das Leiharbeitsverhältnis bestritten. Erfasst seien von § 2 Nr. 4 AEntG lediglich die gewerberechtlichen Vorschriften sowie die Vorschriften, die sich auf das Überlassungsverhältnis beziehen.[421] Im Folgenden soll auf die Frage nach dem Umfang der von § 2 Nr. 4 AEntG erfassten Vorschriften ausführlicher eingegangen werden.

(aa) Wortlautauslegung des § 2 Nr. 4 AEntG

Der erste Halbsatz in § 2 Nr. 4 AEntG lässt den Schluss zu, dass es um die rechtlichen Voraussetzungen geht, die durch den Verleiher erfüllt werden müssen, wenn er Leiharbeitnehmer nach Deutschland verleihen möchte.[422] Hierunter können sowohl die gewerberechtlichen Vorschriften des AÜG als auch die Normen gefasst werden, die sich auf das Überlassungsverhältnis beziehen. Die arbeitsrechtlichen Vorschriften des AÜG normieren inhaltliche Anforderungen an die Ausgestaltung des Leiharbeitsverhältnisses zwischen Verleiher und Leiharbeitnehmer. Sie stellen keine expliziten

---

§ 5 TVG, § 2 AEntG Rn. 9; *Sansone*, S. 152; *Sellin*, S. 245, 301; HWK/*Tillmanns*, § 2 AEntG Rn. 5; Thüsing/*Thüsing*, AEntG, § 2 Rn. 10; *Thüsing/Lembke*, ZfA 2007, S. 87, 93; *Ulber*, AÜG, Einl. F Einl. 97; *derselbe*, AEntG, § 2 Rn. 34 ff.; den arbeitnehmerüberlassungsrechtlichen Gleichbehandlungsgrundsatz aber als nicht erfasst erkannt, *Franzen*, EuZA 2011, S. 451, 466; kritisch auch *Löwisch/Rieble*, TVG, Grundlagen Rn. 375 ff.

419 *Rieble/Lessner*, ZfA 2002, S. 29, 33; Thüsing/*Thüsing*, AÜG, Einf. Rn. 62; *derselbe*, Europ. ArbR, § 9 Rn. 44; *Zimmermann*, S. 21, 64.
420 *Rieble/Lessner*, ZfA 2002, S. 29, 33; Thüsing/*Thüsing*, AÜG, Einf. Rn. 62; *derselbe*, Europ. ArbR, § 9 Rn. 44; *Zimmermann*, S. 21, 64.
421 Schüren/Hamann/*Riederer von Paar*, Einl. Rn. 687 ff.
422 Der Begriff „Bedingungen" stünde hier als Synonym für „Voraussetzungen".

Voraussetzungen für die Überlassung dar. Demnach wären sie nicht als „Bedingungen" aufzufassen.[423]

Im zweiten Halbsatz von § 2 Nr. 4 AEntG wird die Anwendung der Bedingungen auf Arbeitsverhältnisse angeordnet. Die als „Bedingungen" benannten Vorschriften enthalten keine Regelungen bezüglich des Leiharbeitsverhältnisses, sodass sie auch kaum auf dieses angewendet werden können. Die durch § 2 Nr. 4 AEntG angeordnete Rechtsfolge steht nicht im Einklang mit der vorgenommenen Auslegung des ersten Halbsatzes. Es erscheint, als sollten gerade diejenigen Vorschriften des AÜG erfasst sein, die das Leiharbeitsverhältnis regeln, denn nur diese können auf das Arbeitsverhältnis angewendet werden.[424] Dem Wortlaut des § 2 Nr. 4 AEntG ist mithin keine eindeutige Aussage zu entnehmen, welche Vorschriften in Bezug genommen werden.

(bb) Systematische Betrachtung des § 2 Nr. 4 AEntG

Die Überschrift des § 2 AEntG und des Abschnitts 2, dessen einzige Vorschrift § 2 AEntG ist, deuten darauf hin, dass § 2 Nr. 4 AEntG sich (auch) auf Arbeitsbedingungen der Leiharbeitnehmer bezieht. Gestützt wird dies durch den Vergleich mit den übrigen durch den Katalog von § 2 Nr. 1-3 und 5-7 AEntG in Bezug genommenen Vorschriften. Diese enthalten allesamt Regelungen über Arbeitsbedingungen. Hierauf scheint auch § 5 Nr. 4 AEntG hinzuweisen, der von „Arbeitsbedingungen nach § 2 Nr. 3 bis 7" ausgeht, die Gegenstand eines nach § 3 AEntG für allgemeinverbindlich erklärten Tarifvertrages sein können.

(cc) Erkenntnisse aus der EntsendeRL

Der § 2 AEntG stellt die Umsetzung des Art. 3 Abs. 1 EntsendeRL in deutsches Recht dar.[425] Für die Auslegung der Richtlinie ist der EuGH zuständig[426], der sich aber noch nicht hierzu geäußert hat.[427]

---

423 So wohl auch Schüren/Hamann/*Riederer von Paar,* Einl. Rn. 687.
424 Vgl. Thüsing/*Thüsing,* AÜG, Einf. Rn. 62; *Zimmermann* S. 20; nach dieser Leseweise steht der Begriff „Bedingungen" als Synonym für „Umstände, Verhältnisse".
425 *Koberski/Asshoff/Eustrup/Winkler,* § 2 AEntG Rn. 1; Thüsing/*Thüsing,* AEntG, § 2 Rn. 1; *Ulber,* AEntG, § 2 Rn. 1.

Aufgrund des identischen Wortlauts kann Art. 3 Abs. 1 lit. d Entsende-RL ebenso wenig wie § 2 Nr. 4 AEntG entnommen werden, welche Vorschriften von der Formulierung „Bedingungen für die Überlassung" erfasst sein sollen.[428] Auch in Art. 3 Abs. 1 EntsendeRL werden diese in Bezug gesetzt zu den Arbeits- und Beschäftigungsbedingungen, die Verleiher ihren Arbeitnehmern garantieren müssen.

Aufschlussreicher kann eine systematische Auslegung der Richtlinie sein. In Art. 3 Abs. 9 EntsendeRL wird den Mitgliedstaaten die Befugnis eingeräumt, auf nationaler Ebene festzulegen, dass grenzüberschreitend aus dem Ausland verliehenen Leiharbeitnehmern dieselben Bedingungen zu gewährleisten sind, wie sie für Leiharbeitnehmer in dem Aufnahmestaat gelten. Würde die Erstreckung der arbeitsrechtlichen Vorschriften auf die Arbeitsverhältnisse der ausländischen Leiharbeitnehmer bereits von Art. 3 Abs. 1 lit. d EntsendeRL erfasst, so würde die Regelung des Art. 3 Abs. 9 EntsendeRL überflüssig sein.[429]

Dem Wortlaut des Art. 3 Abs. 9 EntsendeRL ist nicht zu entnehmen, dass der Gesetzgeber lediglich eine Erläuterung des Art. 3 Abs. 1 lit. d EntsendeRL vornehmen wollte. Auch der Rat der Europäischen Union ging von einem eigenständigen Regelungsgehalt des Art. 3 Abs. 9 EntsendeRL aus. Durch die Einfügung des Art. 3 Abs. 9 EntsendeRL werde für die Mitgliedstaaten eine Möglichkeit geschaffen, Regelugen vorzusehen, wonach den entsandten Leiharbeitnehmern die gleichen Bedingungen zugutekommen, wie sie für die in dem Gastmitgliedstaat gelten.[430] Im Umkehrschluss bedeutet dies, dass die Möglichkeit, arbeitnehmerüberlassungsrechtliche Vorschriften auf ausländischem Recht unterliegende Leiharbeitsverhältnisse zu erstrecken, nicht bereits von Art. 3 Abs. 1 lit. d EntsendeRL erfasst wird und somit die arbeitsrechtlichen Vorschriften nicht als „Bedingungen für die Überlassung von Arbeitskräften" zu verstehen sind.[431]

---

426 Siehe hierzu Art. 267 AEUV.
427 Vgl. *Franzen*, EuZA 2011, S. 451, 461 f.
428 Siehe hierzu 2. Kap. D. II. 3. b) dd) (2) (b) (aa).
429 *Franzen*, EuZA 2011, S. 451, 462; *Görres*, S. 123, 138.
430 Gemeinsamer Standpunkt des Rates Nr. 32 vom 03.06.1996, ABl. EG 1996 Nr. C 220, S. 1, Begründung des Rates III 2.1 j.
431 Ein solches Verständnis des Art. 3 EntsendeRL wurde auch bei der Arbeit an einer „Dienstleistungsrichtlinie" durch den Rat zugrunde gelegt, Erläuterungen der Kommissionsdienststellen zu den Bestimmungen über die Entsendung von Arbeitnehmern mit besonderem Gewicht auf Art. 24 vom 05.07.2004, Interinstitutionelles Dossier: 2004/0001 (COD), Nr. 11153/04, S. 5; der Oberste Gerichts-

Der deutsche Gesetzgeber hat bei der Einführung des § 7 Abs. 1 AEntG a.F. (jetzt § 2 AEntG) den Wortlaut des Art. 3 Abs. 1 lit. d EntsendeRL übernommen. In der Gesetzesbegründung wird lediglich Art. 3 Abs. 1 EntsendeRL in Bezug genommen, wonach der von diesem erfasste „harte Kern" von Arbeitsbedingungen auf entsandte Arbeitnehmer anzuwenden ist.[432] Hieraus kann der Schluss gezogen werden, dass zumindest diejenigen Vorschriften, die Art. 3 Abs. 1 lit. d EntsendeRL erfasst, von dem wortgleichen § 2 Nr. 4 AEntG erfasst sein sollen. Es wäre widersprüchlich, wenn der deutsche Gesetzgeber den Wortlaut des Art. 3 Abs. 1 lit. d EntsendeRL übernimmt, aber ausschließlich die arbeitsrechtlichen Vorschriften des AÜG, die in Art. 3 Abs. 9 EntsendeRL angesprochen werden, in den Regelungsbereich von § 2 Nr. 4 AEntG einbeziehen wollte. Er würde das der Richtlinie zugrunde liegende Verständnis, was unter „Bedingungen für die Überlassung" zu verstehen ist, völlig missachten. Folglich werden von § 2 Nr. 4 AEntG alle gewerbe-, vermittlungs- und erlaubnisrechtlichen Vorschriften zur Arbeitnehmerüberlassung erfasst.[433] Hierzu zählen insbesondere diejenigen Vorschriften, die das Überlassungsverhältnis zwischen Verleiher und Entleiher regeln.

Damit ist weiterhin ungeklärt, ob die arbeitsrechtlichen Vorschriften des AÜG, unter anderem der Gleichbehandlungsgrundsatz gem. § 9 Nr. 2 AÜG, von § 2 Nr. 4 AEntG erfasst sind. Grundsätzlich wird den Mitgliedstaaten durch Art. 3 Abs. 9 EntsendeRL die Möglichkeit eröffnet, die Anwendung arbeitsrechtlicher Bestimmungen ihres Überlassungsrechts auf ausländischem Recht unterliegende Leiharbeitsverhältnisse anzuordnen. Ausdrücklich hat der deutsche Gesetzgeber die Arbeitsbedingungen für Leiharbeitnehmer nicht in Bezug genommen.[434] Ein Verweis auf die Wahl des Begriffes Arbeitsbedingungen in den Überschriften und in § 5 AEntG geht insoweit fehl, als auch die Richtlinie in Art. 3 Abs. 1 EntsendeRL die Begriffe „Arbeits- und Beschäftigungsbedingungen" benutzt, sodass darin kein Hinweis auf die Einbeziehung der arbeitsrechtlichen Vorschriften zu erblicken ist. Festzuhalten ist jedoch, dass der Wortlaut von § 2 Nr. 4 AEntG einer Einbeziehung der arbeitsrechtlichen Vorschriften in dessen

---

hof in Österreich hat in einer Entscheidung zum österreichischen Arbeitnehmerüberlassungsgesetz vom 20.01.2012 ebenfalls auf den unterschiedlichen Regelungsgehalt von Art. 3 Abs. 1 lit. d und Art. 3 Abs. 9 EntsendeRL hingewiesen, OGH, Urteil vom 20.01.2012, Geschäftszahl 8ObA74/11g, RdW 2012, S. 164.
432 BT-Drs. 14/45, S. 27.
433 So wohl auch *Franzen*, EuZA 2011, S. 451, 462.
434 *Franzen*, EuZA 2011, S. 451, 463.

Regelungsbereich nicht entgegensteht.[435] Die Übernahme des Wortlauts von Art. 3 Abs. 1 lit. d EntsendeRL in § 2 Nr. 4 AEntG spricht nicht grundsätzlich dagegen. Aus der Systematik der Richtlinie ergibt sich zwar, dass unter „Bedingungen für die Überlassung" i.S.d. EntsendeRL nicht die arbeitsrechtlichen Vorschriften zu fassen sind. Der nationale Gesetzgeber kann aber über den „harten Kern" des Art. 3 Abs. 1 EntsendeRL hinausgehen und weiteren Vorschriften eine international zwingende Wirkung verleihen. Die Art und Weise der Umsetzung ist Sache des nationalen Gesetzgebers. Es ist nicht ausgeschlossen, dass der deutsche Gesetzgeber über den Inhalt der Richtlinie hinausgeht und trotz identischen Wortlauts auch die Arbeitsbedingungen für Leiharbeitnehmer von der Regelung erfasst sieht.[436]

(dd) Entstehungsgeschichte des § 2 Nr. 4 AEntG

Der Gesetzesbegründung zu § 7 Abs. 1 AEntG a.F. (jetzt § 2 AEntG) ist nicht zu entnehmen, dass die arbeitsrechtlichen Vorschriften erfasst sein sollten. Der Gesetzgeber bezieht sich lediglich auf Art. 3 Abs. 1 EntsendeRL, dessen Umsetzung § 7 AEntG dient.[437] Der § 7 Abs. 1 Nr. 4 AEntG (inhaltsgleich mit § 2 Nr. 4 AEntG) trat zum 01.01.1999 in Kraft. Bis 2003 waren dem AÜG Vorschriften, die sich auf die Arbeitsbedingungen der Leiharbeitnehmer bezogen, weitgehend fremd. Vertragsrechtliche Vorschriften waren im Wesentlichen auf die Sicherung des Bestands des Leiharbeitsverhältnisses gerichtet (sog. Synchronisationsverbot, § 9 Nr. 2, 3 AÜG a.F.).[438] Der historische Gesetzgeber konnte gar nicht die aktuell im AÜG enthaltenen arbeitsrechtlichen Vorschriften, insbesondere das Gleichstellungsgebot, durch das AEntG in Bezug nehmen.[439] Hieraus wird teilweise der Schluss gezogen, dass die arbeitsrechtlichen Regelungen des AÜG auch nicht in das Entsendegesetz einbezogen worden sind.[440] Die Tatsache, dass zu dem Zeitpunkt der Umsetzung der EntsendeRL im AÜG

---

435 Siehe hierzu 2. Kap. D. II. 3. b) dd) (2) (b) (aa).
436 Ein solches Vorgehen ist in Anbetracht der rechtsstaatlichen Gebote der Normenklarheit und der Bestimmtheit von Gesetzen als kritisch anzusehen.
437 BT-Drs. 14/45, S. 27.
438 Ferner waren noch Informationspflichten nach § 11 AÜG a.F. einzuhalten.
439 *Franzen*, EuZA 2011, S. 451, 461; Schüren/Hamann/*Riederer von Paar*, Einl. Rn. 688.
440 Schüren/Hamann/*Riederer von Paar*, Einl. Rn. 688.

keine Vorschriften über Arbeitsbedingungen enthalten waren, deutet darauf hin, dass der historische Gesetzgeber lediglich den von Art. 3 Abs. 1 lit. d EntsendeRL erfassten Vorschriften[441] international zwingende Wirkung verleihen wollte. Hieraus kann nicht der Schluss gezogen werden, dass die im jetzigen AÜG enthaltenen arbeitsrechtlichen Regelungen nicht nachträglich vom Gesetzgeber in den Anwendungsbereich von § 2 Nr. 4 AEntG aufgenommen wurden.

(ee) Das Erste Gesetz für moderne Dienstleistungen am Arbeitsmarkt

Mit dem Ersten Gesetz für moderne Dienstleistungen am Arbeitsmarkt[442], welches in den für die Leiharbeit relevanten Teilen am 01.01.2003 in Kraft trat, wurden im Arbeitnehmerüberlassungsrecht grundlegende Veränderungen vorgenommen. Das geltende Synchronisationsverbot, die Überlassungshöchstdauer, das Befristungs- und das Wiedereinstellungsverbot wurden gestrichen. Im Gegenzug wurde das Gleichbehandlungsgebot in das Gesetz eingeführt.[443] Nun muss der Verleiher dem Leiharbeitnehmer während der Beschäftigung bei einem Entleiher grundsätzlich die für einen vergleichbaren Arbeitnehmer des Entleihers geltenden wesentlichen Arbeitsbedingungen, einschließlich des Arbeitsentgelts, gewährleisten. Hiervon sieht das Gesetz einige Ausnahmen vor.[444] Das AÜG enthält seitdem eine Festlegung, wie die Arbeitsbedingungen der Leiharbeitnehmer ausgestaltet sein müssen.

Wenn ein Verleiher seinen Leiharbeitnehmern nicht die von § 3 Abs. 1 Nr. 1, 3 AÜG geforderten Arbeitsbedingungen gewährleistet, kann ihm die Verleiherlaubnis versagt, zurückgenommen oder widerrufen werden. Die Einhaltung der arbeitsrechtlichen Vorschriften ist Voraussetzung für die Verleiherlaubnis. Die erlaubnisrechtlichen Vorschriften sind von § 2 Nr. 4 AEntG erfasst.[445] Das deutsche Überlassungsrecht ist so ausgestaltet, dass, um die „Bedingungen für die Überlassung" i.S.v. Art. 3 Abs. 1 lit. d EntsendeRL zu erfüllen, der ausländische Verleiher seinen Leiharbeitnehmern dieselben Arbeitsbedingungen gewährleisten muss, die für inlän-

---

441 Siehe hierzu 2. Kap. D. II. 3. b) dd) (2) (b) (cc).
442 BGBl. 2002, S. 4607.
443 Siehe hierzu UGBH/*Germakowski/Hurst*, AÜG, Einl. Rn. 32 ff.; Schüren/Hamann/*Schüren,* Einl. Rn. 86 ff.; ErfK/*Wank,* Einl. AÜG Rn. 5 m.w.N.
444 § 3 Abs. 1 Nr. 3, § 9 Nr. 2 AÜG.
445 Siehe hierzu 2. Kap. D. II. 3. b) dd) (2) (b) (cc).

dische Leiharbeitnehmer gelten. Folglich sind die arbeitsrechtlichen Vorschriften mittelbar „Bedingung für die Überlassung". Eine solche Regelung ist vor dem Hintergrund des Art. 3 Abs. 9 EntsendeRL zulässig.

Der Gesetzesbegründung zum Ersten Gesetz für moderne Dienstleistungen am Arbeitsmarkt[446] ist nicht ausdrücklich zu entnehmen, ob die neuen arbeitsrechtlichen Vorschriften des AÜG von § 2 Nr. 4 AEntG erfasst sein sollen. Tatsächlich erschiene es mit *Bayreuther* widersprüchlich, bei der Verletzung arbeitsrechtlicher Pflichten, insbesondere des Gleichbehandlungsgebots, gewerberechtliche Sanktionen vorzusehen, gleichzeitig aber dem Leiharbeitnehmer gegen seinen ausländischen Verleiher keinen Anspruch auf die Durchsetzung der Arbeitsbedingungen gem. § 10 Abs. 4 AÜG zuzugestehen.[447] Das Prinzip der Einheit der Rechtsordnung besagt, dass sich das Zivilrecht zu Geboten, die mit öffentlich-rechtlichen Mitteln durchgesetzt werden können, nicht in Widerspruch setzen darf.[448] Würde eine vom Gleichbehandlungsgrundsatz abweichende Vereinbarung zwischen dem ausländischen Verleiher und seinem Leiharbeitnehmer mangels international zwingender Geltung des § 9 Nr. 2 AÜG zivilrechtlich als wirksam angesehen, wohingegen die gewerberechtliche Erlaubnis wegen § 3 Abs. 1 Nr. 3 AÜG aufgehoben werden müsste, wäre diese Einheit nicht gegeben. Dasselbe Verhalten würde einerseits zivil- (bzw. arbeitsrechtlich) akzeptiert und andererseits gewerberechtlich untersagt. Der Gesetzgeber sieht die arbeitsrechtliche Sanktion des § 9 Nr. 2 AÜG als eine Ergänzung der erlaubnisrechtlichen Vorschrift.[449] Die arbeitsrechtlichen werden mit den gewerberechtlichen Vorschriften zu einem einheitlichen Regelungskomplex verbunden. Das Prinzip der Einheit der Rechtsordnung spricht dafür, dass die arbeitsrechtlichen Vorschriften des AÜG nun auch von § 2 Nr. 4 AEntG umfasst werden.

(ff) Inkrafttreten des § 3a AÜG

Der in das AÜG eingefügte § 3a AÜG trat am 30.04.2011 in Kraft. Zweck des § 3a AÜG ist es, durch Festlegung einer verbindlichen Lohnunter-

---

446 BT-Drs. 15/25, S. 38 ff.
447 Vgl. *Bayreuther*, DB 2011, S. 706, 709.
448 Vgl. *von Bar/Mankowski*, § 4 Rn. 89 f., „...das deutsche Recht darf einer Person dasselbe Tun oder Unterlassen nicht gleichzeitig gebieten und verbieten."
449 BT-Drs. 15/25, S. 39.

grenze einem möglichen Lohndumping entgegen zu wirken und aus dem Ausland entsandten Leiharbeitnehmern einen verbindlichen Mindestlohn zu garantieren.[450] Bis zur Einführung des § 3a AÜG war es möglich, vom Gleichbehandlungsgrundsatz gem. §§ 3 Abs. 1 Nr. 3, 9 Nr. 2 AÜG durch Tarifvertrag oder aufgrund der Inbezugnahme eines Tarifvertrages abzuweichen. Diese Abweichungsmöglichkeiten bestehen weiter, allerdings nur noch bis zu einer aufgrund von § 3a AÜG eingeführten Lohnuntergrenze. Es wird sichergestellt, dass bei Vorliegen einer Lohnuntergrenze eine Unterschreitung des Mindeststundenentgelts unter Berufung auf den Gleichbehandlungsgrundsatz nicht möglich ist.[451] Dem Leiharbeitnehmer wird gem. § 10 Abs. 4, 5 AÜG ein entsprechender Anspruch gegen den Verleiher gewährt.

§ 3a AÜG stellt eine Regelung der Arbeitsbedingungen der Leiharbeitnehmer dar und ergänzt die bisher geltende Rechtslage. Die verbindliche Lohnuntergrenze hat Bindungswirkung für alle im In- als auch im Ausland ansässigen Verleiher, die Leiharbeitnehmer innerhalb Deutschlands beschäftigen. Diese Rechtsfolge kann bereits § 2 Nr. 1 AEntG entnommen werden.[452] Bemerkenswert ist, dass der Gesetzgeber ausführt, dass diese Rechtsfolge sich für im Ausland ansässige Verleiher „auch aus" § 2 Nr. 4 AEntG ergibt.[453] Hieraus wird deutlich, dass der Gesetzgeber davon ausgeht, dass § 2 Nr. 4 AEntG nicht nur die Voraussetzungen für die Überlassung i.S.v. Art. 3 Abs. 1 lit. d EntsendeRL erfasst, sondern auch die international zwingende Geltung der in Deutschland für Leiharbeitnehmer geltenden Arbeitsbedingungen i.S.v. Art. 3 Abs. 9 EntsendeRL anordnet.

(gg) Das Gleichbehandlungsgebot als Eingriffsnorm i.S.d. Art. 9 Rom I-VO?

Gegen den Eingriffsnormcharakter der dem deutschen Arbeitnehmerüberlassungsrecht zugrunde liegenden Regelung des Gleichbehandlungsgrundsatzes wird gelegentlich eingewandt, dass sie aufgrund ihrer tarifdispositiven Ausgestaltung keine Gemeinwohlinteressen verfolge, sondern lediglich einen Interessenausgleich zwischen Verleiher und Leiharbeitnehmer

---

450 Vgl. *Ulber*, AÜG, § 3a Rn. 5.
451 BT-Drs. 17/5238, S. 14.
452 Siehe hierzu 2. Kap. D. II. 3. b) dd) (2) (a).
453 BT-Drs. 17/5238, S. 15.

herbeiführen solle. Nur eine ausnahmslose Durchsetzung des Gleichbehandlungsanspruchs könne ein besonderes Schutzniveau gewährleisten, welches die zwingende Anwendung der Vorschriften unabhängig vom anwendbaren Vertragsrecht rechtfertige.[454] Dies müsse bei der Auslegung des § 2 Nr. 4 AEntG berücksichtigt werden.[455]

Unabhängig davon, ob der Gleichbehandlungsgrundsatz gem. § 9 Nr. 2 AÜG als Eingriffsnorm i.S.v. Art. 9 Rom I-VO anzuerkennen ist[456], ist diese Argumentation für die im Raum stehende Frage, welche Vorschriften von § 2 Nr. 4 AEntG erfasst sind, unbedeutend. Denn § 2 AEntG kommt (auch) eine konstitutive Wirkung zu, sodass Vorschriften, die keine Eingriffsnormen i.S.v. Art. 9 Rom I-VO sind, international zwingende Wirkung verliehen wird.[457]

(hh) Leiharbeitsrichtlinie 2008/104/EG

Mit der Richtlinie 2008/104/EG vom 19.11.2008, die am 05.12.2008 in Kraft getreten ist, wurde nach jahrelangen Auseinandersetzungen[458] ein unionsweiter Rahmen zum Schutz von Leiharbeitnehmern festgelegt.[459] Die Umsetzungsfrist in nationales Recht ist am 05.12.2011 abgelaufen, Art. 11 LeiharbeitRL. Erklärtes Ziel ist es, für den Schutz der Leiharbeitnehmer zu sorgen und die Qualität der Leiharbeit zu verbessern, Art. 2 LeiharbeitRL.[460] Wesentlicher Hauptgedanke ist hierbei der Grundsatz der Gleichbehandlung in Art. 5 LeiharbeitRL.[461] Um den unterschiedlichen Ausgestaltungen der Leiharbeit in den Mitgliedstaaten gerecht zu wer-

---

454 *Franzen*, EuZA 2011, S. 451, 463; Schüren/Hamann/*Riederer von Paar*, Einl. Rn. 683 ff.; gegen die Einordnung als Eingriffsnorm i.S.v. Art. 9 Rom I-VO auch *Boemke*, BB 2005, S. 265, 270; *Prop*, S. 202 f.; UGBH/*Urban-Crell/Bissels*, AÜG, Einl. Rn. 84.
455 *Franzen*, EuZA 2011, S. 451, 463 f.
456 Befürwortend noch Schüren/*Feuerborn*, [2. Aufl., 2003] Einl. Rn. 612; *Grimm/Brock*, § 3 Rn. 100.
457 Siehe hierzu 2. Kap. D. II. 3. b) dd) (2).
458 Siehe hierzu *Fuchs*, NZA 2009, S. 57 ff.; Schüren/Hamann/*Riederer von Paar*, Einl. Rn. 603 ff.; *Schüren/Wank*, RdA 2011, S. 1, 2; *Thüsing*, Europ. ArbR, § 4 Rn. 40.
459 Erwägungsgrund Nr. 12 zur LeiharbeitRL.
460 Erwägungsgrund Nr. 2 zur LeiharbeitRL.
461 Erwägungsgrund Nr. 14 zur LeiharbeitRL.

den⁴⁶², wurden Vorschriften aufgenommen, die unter der Voraussetzung, dass den Leiharbeitnehmern weiterhin ein angemessenes Schutzniveau gewährleistet wird, Abweichungen von dem Grundsatz in Art. 5 Abs. 1 LeiharbeitRL erlauben.⁴⁶³ Dass über Art. 5 Abs. 2 und Abs. 3 LeiharbeitRL partiell von dem Gleichbehandlungsgrundsatz abgewichen werden kann, bedeutet nicht, dass diesem keine fundamentale Bedeutung beigemessen wird.⁴⁶⁴ Gerade durch dieses Gebot soll der Schutz der Leiharbeitnehmer als „Kernstück der Richtlinie"⁴⁶⁵ verwirklicht werden, Art. 2 LeiharbeitRL.⁴⁶⁶ Die in Art. 5 Abs. 2 und Abs. 3 LeiharbeitRL eingefügten Ausnahmen nehmen Rücksicht auf die unterschiedlichen nationalen Arbeitsrechtsordnungen und relativieren nicht die Bedeutung des Grundsatzes. Über Art. 5 Abs. 2 LeiharbeitRL, der einen unbefristeten Leiharbeitsvertrag voraussetzt, wird nach *Riesenhuber* die Schlechterstellung gegenüber Stammarbeitnehmern des Entleihers wirtschaftlich durch die soziale Sicherung der fortlaufenden Vergütung „*quid pro quo*" kompensiert.⁴⁶⁷ Der Art. 5 Abs. 3 LeiharbeitRL begründet die Möglichkeit zur tarifvertraglichen Abweichung aufgrund der „Richtigkeitsgewähr", die Tarifverträgen idealtypisch aufgrund ausgewogener Verhandlungspositionen zugestanden wird.⁴⁶⁸

Ein legaler Verleih aus dem Ausland nach Deutschland ist vornehmlich nur aus Staaten möglich, die selbst an die Vorgaben der LeiharbeitRL gebunden sind, § 3 Abs. 2-5 AÜG.⁴⁶⁹ In den betreffenden Mitgliedstaaten gilt in Bezug auf die wesentlichen Arbeits- und Beschäftigungsbedingungen i.S.v. Art. 3 Abs. 1 lit. f LeiharbeitRL der Gleichbehandlungsgrundsatz in einer der Varianten, die Art. 5 LeiharbeitRL vorsieht. Hieraus wird teilweise geschlussfolgert, dass keine Notwendigkeit bestehe, den Gleichbehandlungsgrundsatz in seiner jeweiligen nationalen Ausgestaltung

---

462 Erwägungsgründe Nr. 10, 12 zur LeiharbeitRL.
463 Art. 5 Abs. 2-4 LeiharbeitRL.
464 A.A. *Franzen*, EuZA 2011, S. 451, 465.
465 *Riesenhuber*, § 18 Rn. 9.
466 *Fuchs*, NZA 2009, 57 ff.; Schüren/Hamann/*Riederer von Paar*, Einl. Rn. 605; Schüren/*Wank*, RdA 2011, S. 1, 2; *Thüsing*, Europ. ArbR, § 4 Rn. 45, 51.
467 *Riesenhuber*, § 18 Rn. 16.
468 Vgl. *Riesenhuber*, § 18 Rn. 17; siehe zur Richtigkeitsgewähr *Löwisch/Rieble*, TVG, Grundlagen Rn. 48, § 1 Rn. 1-8; BeckOK-ArbR/*Waas*, § 1 TVG Rn. 13.
469 Vgl. *Franzen*, EuZA 2011, S. 451, 464; Schüren/Hamann/*Riederer von Paar*, Einl. Rn. 689.

zwingend gegen ein ausländisches Vertragsstatut durchzusetzen.[470] Zuzustimmen ist dem insoweit, als dass durch die unionsrechtlichen Vorgaben eine Grundsicherung der Leiharbeitnehmer in allen Mitgliedstaaten gewährleistet ist. Jedoch kann die konkrete nationale Ausgestaltung in den Grenzen des Art. 5 LeiharbeitRL erheblich variieren. Bspw. kann ein deutscher Leiharbeitnehmer von seinem deutschen Verleiher in einen Mitgliedstaat entsendet werden, in dem der Gleichbehandlungsgrundsatz gem. Art. 5 Abs. 1 LeiharbeitRL ausnahmslos gilt.[471] Wenn der Leiharbeitsvertrag sich nach deutschem Recht richtet, dann besteht eine tarifvertragliche Abweichungsmöglichkeit, die dem ausländischen Recht fremd ist. Mangels einer international zwingenden Geltung des im Ausland ausnahmslos geltenden Gleichbehandlungsgrundsatzes könnten nach deutschem Recht abweichende Arbeitsbedingungen vereinbart werden. Es bestünde die Möglichkeit, dass deutsche Leiharbeitnehmer schlechter behandelt würden als Leiharbeitnehmer im Destinationsstaat und gleichzeitig der deutsche Verleiher einen Wettbewerbsvorteil gegenüber den Verleihern im Einsatzland hätte. In einer solchen Konstellation kann der Destinationsstaat ein Interesse haben, die für Leiharbeitnehmer geltenden, nationalen Arbeitsbedingungen als international zwingendes Recht auszugestalten.[472] Diese Möglichkeit wird den Mitgliedstaaten durch Art. 3 Abs. 9 EntsendeRL und Art. 9 Abs. 1 LeiharbeitRL[473] ausdrücklich zugestanden.

Dem Bedürfnis nach einem harmonisierten Rahmen zum Schutz der Leiharbeitnehmer konnte auf der Ebene der Mitgliedstaaten nicht ausreichend entsprochen werden. Deshalb sieht der europäische Gesetzgeber die Erreichung dieses Ziels durch Einführung von Mindestvorschriften, die in der gesamten Europäischen Union gelten, vor.[474] Bereits im Vorschlag der Kommission aus dem Jahre 2002 wurde Bezug genommen auf die EntsendeRL und die zwingenden Bedingungen für die Arbeitnehmerüberlassung i.S.v. Art. 3 Abs. 1 lit. d EntsendeRL.[475] Der Richtlinienvorschlag

---

470 *Franzen*, EuZA 2011, S. 451, 464; Schüren/Hamann/*Riederer von Paar*, Einl. Rn. 689.
471 Bspw. Frankreich, Polen.
472 *Bayreuther*, DB 2011, S. 706, 709, weist auf die erschwerte gerichtliche Durchsetzung des Gleichbehandlungsgrundsatzes durch Leiharbeitnehmer hin.
473 *Franzen*, EuZA 2011, S. 451, 465.
474 Erwägungsgrund Nr. 23 zur LeiharbeitRL.
475 Vorschlag für eine Richtlinie des Europäischen Parlaments und des Rates über die Arbeitsbedingungen von Leiharbeitnehmern (Vorlage der Kommission) vom 20.03.2002, KOM(2002) 149 endgültig, S. 11.

beabsichtigte nach *Franzen* die Präzisierung und Annährung des in den Mitgliedstaaten geltenden Überlassungsrechts und eine Fortschreibung der für grenzüberschreitend entsandte Leiharbeitnehmer geltenden Bestimmungen.[476] Hierzu gehört gerade der Gleichbehandlungsgrundsatz, der Arbeitsbedingungen der Leiharbeitnehmer auf einem einheitlichen Niveau festschreiben soll.[477] Zwar enthält die LeiharbeitRL keine Verpflichtung an die Mitgliedstaaten, die nationalen Umsetzungsvorschriften als international zwingendes Recht auszugestalten, doch kann aus den Erwägungsgründen und der Entstehungsgeschichte der Schluss gezogen werden, dass die Geltung des Gleichbehandlungsgrundsatzes in Bezug auf die Arbeitsbedingungen ein zentrales Element zum Schutz der Leiharbeitnehmer darstellt. Durch eine international zwingende Geltung könnte diesem Schutzgedanken auf mitgliedstaatlicher Ebene zu einer größeren Effektivität verholfen werden.

(ii) Fazit

Die Umsetzungsbemühungen der EntsendeRL im Bereich der Leiharbeit sind angesichts der dargestellten Auslegungsschwierigkeiten als unzureichend zu bezeichnen. Zur Klarstellung wäre eine anderslautende Vorschrift wünschenswert. Nach alldem bleibt mit der ganz herrschenden Auffassung festzuhalten, dass § 2 Nr. 4 AEntG zum einen alle gewerbe-, vermittlungs- und erlaubnisrechtlichen Bestimmungen zur Arbeitnehmerüberlassung umfasst.[478] Zum anderen ist aus der Entstehungsgeschichte des § 2 Nr. 4 AEntG und des AÜG, der Gesetzesbegründung zu § 3a AÜG und den Zielsetzungen der LeiharbeitRL abzuleiten, dass auch die arbeitsrechtlichen Bestimmungen von § 2 Nr. 4 AEntG erfasst sein sollen. Hierzu zählen unter anderem der Gleichbehandlungsgrundsatz gem. §§ 3 Abs. 1 Nr. 3, 9 Abs. 1 Nr. 2, 10 Abs. 4 AÜG und die Informationspflichten gem. § 11 AÜG. Diese sind auch auf Arbeitsverhältnisse zwischen einem im Ausland ansässigen Verleiher und seinen im Inland beschäftigten Leiharbeitnehmern zwingend anzuwenden.

---

476 Vgl. *Franzen*, EuZA 2011, S. 451, 465 f.
477 Vgl. *Franzen*, EuZA 2011, S. 451, 465 f.
478 Siehe Nachweise hierzu 2. Kap. D. II. 3. b) dd) (2) (b).

c) *Ordre public*, Art. 21 Rom I-VO

Zum Schutz der öffentlichen Ordnung („*ordre public*")[479] des Gerichtsstaates enthält Art. 21 Rom I-VO eine „negative Vorbehaltsklausel".[480] Sie ermöglicht es, die Vorschriften des Vertragsstatuts nicht anzuwenden, wenn die Anwendung des ausländischen Rechts mit grundlegenden Gerechtigkeitsvorstellungen der *lex fori* offensichtlich unvereinbar ist. Art. 21 Rom I-VO kommt eine Abwehrfunktion zu.[481] Die positive Durchsetzung von forumseigenen Sachnormen wird hierdurch nicht ermöglicht.[482] Die Verordnung weist diese Funktion ausschließlich den Eingriffsnormen i.S.d. Art. 9 Rom I-VO zu.[483]

4. Leiharbeitsvertrag zwischen polnischem Leiharbeitnehmer und polnischem Verleiher

Nach einer generellen Darstellung der im Zusammenhang mit der Arbeitnehmerüberlassung aufkommenden Fragen des internationalen Arbeitsrechts soll nun die konkrete Situation eines polnischen Leiharbeitnehmers, der durch seinen Verleiher grenzüberschreitend nach Deutschland überlassen wird, erörtert werden. Angesichts der Vielzahl von tatsächlichen und rechtlichen Ausgestaltungsmöglichkeiten des grenzüberschreitenden Fremdpersonaleinsatzes soll dies anhand eines Grundfalles vorgenommen werden, von dem bei den weiteren Ausführungen ausgegangen wird. Dem Grundfall liegt folgender Sachverhalt zugrunde: Ein in Polen ansässiges,

---

479 EuGH, Urteil vom 23.11.1999, Rs. C-369/96 (*Arblade und Leloup*), Slg. 1999, I-8453; EuZW 2000, S. 88, Rn. 30; der „*ordre public*" umfasst „alle nationalen Vorschriften, deren Einhaltung als so entscheidend für die Wahrung der politischen, sozialen oder wirtschaftlichen Organisation des betreffenden Mitgliedstaats angesehen wird, dass ihre Beachtung für alle Personen, die sich im nationalen Hoheitsgebiet dieses Staates befinden, und für jedes dort lokalisierte Rechtsverhältnis vorgeschrieben ist".
480 Staudinger/*Hausmann*, Art. 21 Rom I-VO Rn. 9.
481 Staudinger/*Hausmann*, Art. 21 Rom I-VO Rn. 9 m.w.N.; MüKo-BGB/*Martiny*, Art. 21 VO (EG) 593/2008 Rn. 1; *Rauscher*, Rn. 570; Palandt/*Thorn*, Art. 21 Rom I Rn. 1.
482 „Positive Funktion des *ordre public*", siehe hierzu Staudinger/*Hausmann*, Art. 21 Rom I-VO Rn. 2; *Rauscher*, Rn. 570.
483 Staudinger/*Hausmann*, Art. 21 Rom I-VO Rn. 9; MüKo-BGB/*Martiny*, Art. 21 VO (EG) 593/2008 Rn. 7; *Rauscher*, Rn. 586; nach *Deinert*, RdA 2009, S. 144, 150, kann dies auch als positiver *ordre public* bezeichnet werden.

nach polnischem Recht gegründetes Verleihunternehmen einigt sich mit einem Entleiher mit Sitz in Deutschland Letzterem Leiharbeitskräfte zur Arbeit in Deutschland zur Verfügung zu stellen. Es ist unbedeutend, von welcher Partei die Initiative für die Überlassung ausgeht. Das Verleihunternehmen wirbt seine Leiharbeitnehmer in Polen an und schließt mit ihnen vor Ort befristete Leiharbeitsverträge ab, die sich regelmäßig an der Überlassungsdauer orientieren. Die Leiharbeitnehmer verbleiben für die Zeit der Entsendung nach Deutschland in der Regel im polnischen Sozialversicherungssystem.[484] Nach dem Einsatz im Entleiherbetrieb in Deutschland kehren die polnischen Leiharbeitnehmer nach Polen zurück. Diese Beschreibung spiegelt den Grundfall einer grenzüberschreitenden Arbeitnehmerüberlassung aus Polen nach Deutschland wider. Die tatsächlichen Gegebenheiten können in der Praxis in einzelnen Punkten von dem dargestellten Sachverhalt abweichen und unter Umständen auch eine andere, rechtliche Würdigung rechtfertigen. Ein besonderes Augenmerk soll im Folgenden darauf gerichtet werden, inwieweit der im deutschen Recht normierte Gleichbehandlungsgrundsatz Anwendung findet. In dem Zusammenhang hat eine Auseinandersetzung mit dem Gleichbehandlungsgrundsatz im polnischen Recht und dessen Auswirkungen auf das Arbeitsverhältnis zu erfolgen. Vor dem Hintergrund der tariflichen Öffnungsklausel im deutschen Recht ist zu untersuchen, ob und unter welchen Voraussetzungen ausländische Rechtsträger abweichende Beschäftigungsbedingungen vereinbaren können. In dem Kontext werden die Grundlagen der kollektiven Beeinflussung der Beschäftigungsbedingungen eines Leiharbeitnehmers in Polen dargestellt.

a) Vertragsstatut bei objektiver Anknüpfung

Haben der polnische Leiharbeitnehmer und sein polnischer Verleiher keine Rechtswahl getroffen (oder ist die getroffene Rechtswahl unwirksam), bestimmt sich das Vertragsstatut nach den Vorschriften in Art. 8 Abs. 2-4 Rom I-VO. Der polnische Leiharbeitnehmer, der grenzüberschreitend zur Arbeit bei einem deutschen Entleiher überlassen wird, erbringt seine Arbeitsleistung ausschließlich beim Entleiher. Besteht zwischen dem Leiharbeitnehmer und dem Verleiher ein an die Dauer der Überlassung synchronisierter Vertrag, hat der polnische Leiharbeitnehmer nur einen Arbeitsort.

---

484 Siehe hierzu ausf. 2. Kap. f. V.

D. Internationales Privatrecht

Der gewöhnliche Verrichtungsort i.S.d. Art. 8 Abs. 2 Rom I-VO befindet sich in dem Fall in Deutschland, hiernach würde das deutsche Recht auf den Leiharbeitsvertrag Anwendung finden. Wird der Leiharbeitnehmer von dem Verleiher ausschließlich für den Einsatz bei einem deutschen Entleiher eingestellt, ergeben sich bei der Bestimmung eines gewöhnlichen Verrichtungsortes keine Schwierigkeiten. Einer Heranziehung der Kollisionsregelung in Art. 8 Abs. 3 Rom I-VO bedarf es daher nicht. Die Synchronisation des Leiharbeitsvertrages an die Überlassungsdauer widerspricht dem deutschen Arbeitnehmerüberlassungsrecht, das grundsätzlich vom Abschluss von unbefristeten Leiharbeitsverträgen ausgeht, nicht in jedem Fall. Eine Befristung zur Synchronisation ist nach Maßgabe der allgemeinen Vorschriften des TzBfG möglich, sodass zumindest die erstmalige Befristung des Leiharbeitsvertrages für die Dauer des Einsatzes beim Entleiher nach deutschem Vertragsstatut wirksam wäre.[485]

Allerdings ist die Vorschrift des Art. 8 Abs. 4 Rom I-VO zu beachten. Ergibt sich aus der Gesamtheit der Umstände eine engere Verbindung zu Polen, dann ist das polnische Recht anzuwenden. Die Vorschrift, die eigentlich eine Ausnahme regeln soll, kann bei der grenzüberschreitenden Arbeitnehmerüberlassung zum Regelfall bei der Bestimmung des anwendbaren Rechts werden. Bei der Anwendung des Art. 8 Abs. 4 Rom I-VO ist stets eine Einzelfallentscheidung zu treffen. Um eine engere Verbindung zum polnischen als zum deutschen Recht zu begründen, müsste eine Mehrzahl von wichtigen Anknüpfungsmerkmalen auf das polnische Recht hinweisen.[486] Bei der grenzüberschreitenden Arbeitnehmerüberlassung eines polnischen Leiharbeitnehmers durch eine polnische Zeitarbeitsagentur bestehen gewichtige Anknüpfungspunkte, die für eine Geltung des polnischen Rechts sprechen. Hierzu können der Wohnsitz des Leiharbeitnehmers, der Sitz der Verleihfirma, die Staatsangehörigkeit der Beteiligten, die Vertragssprache, das anwendbare Sozialversicherungsrecht, der gewöhnliche Aufenthalt der Parteien, die Währung, der Abschlussort des Vertrages und der Ort der Anbahnung des Vertragsverhältnisses gezählt werden. Liegen die genannten Anknüpfungspunkte alle in Polen, ergibt sich zweifelsfrei eine engere Verbindung des Arbeitsvertrages zu Polen als zu Deutschland, wo diese allein durch die Regelanknüpfung des gewöhnlichen Verrichtungsortes geschaffen wird. Bei einer sol-

---

485   Siehe hierzu auch 2. Kap. B. II. 3. a).
486   Siehe hierzu ausf. 2. Kap. D. II. 2. c).

chen Sachlage findet gem. Art. 8 Abs. 4 Rom I-VO stets das polnische Recht auf den Leiharbeitsvertrag Anwendung.

Unterscheidet sich die tatsächliche Situation von dem geschilderten Grundfall, ist im Einzelfall zu entscheiden, ob von einer engeren Verbindung zum polnischen Recht ausgegangen werden kann oder ob die Regelanknüpfung aus Art. 8 Abs. 2 Rom I-VO maßgeblich ist. Es wird angesichts der Quantität und Qualität der auf das polnische Recht hinweisenden Anknüpfungsmerkmale nicht ausreichen, wenn vereinzelte Umstände, wie bspw. die Währung (Euro statt Polnische Złoty), abweichend ausgestaltet werden und nicht für eine Anwendung von Art. 8 Abs. 4 Rom I-VO sprechen würden. Der Sachverhalt müsste sich, um einer Bestimmung des anwendbaren Rechts nach Art. 8 Abs. 4 Rom I-VO entgegen zu stehen, wesentlich von dem dargestellten Grundfall unterscheiden. Haben der polnische Leiharbeitnehmer und der polnische Verleiher keine Rechtswahl getroffen, unterliegt der zwischen ihnen geschlossene Leiharbeitsvertrag grundsätzlich dem polnischen Recht.

b) Rechtswahl

aa) Wahl des polnischen Rechts

Die Parteien des Leiharbeitsvertrages genießen gem. Art. 8 Abs. 1 Rom I-VO grundsätzlich die Freiheit, das Vertragsstatut privatautonom zu bestimmen.[487] Der polnische Verleiher und der polnische Leiharbeitnehmer können – wenn sie eine Rechtswahl vornehmen – selbstverständlich das polnische Recht als Vertragsstatut bestimmen. Für ein solches Vorgehen sprechen vor allem praktische Erwägungen. Die Parteien müssen sich in dem Fall nicht vollständig mit der ihnen fremden, deutschen Rechtsordnung auseinandersetzen, sondern können das Institut der Leiharbeit, wie es in Polen ausgestaltet ist, für sich in Anspruch nehmen. Ihnen wird dadurch die gegenseitige Geltendmachung von Ansprüchen erleichtert. Aufgrund der genannten Aspekte wird vielfach vermutet, dass eine Rechtswahl in der Regel zur Anwendung des „Heimatrechts" der Arbeitsparteien führen wird, mithin zur Geltung des polnischen Arbeitsrechts, insbesondere des LeiharbeitG. Eine solche Rechtswahl entspricht dem Vertragsstatut, welches im Rahmen einer objektiven Bestimmung nach Art. 8 Abs. 2-4

---

487 Siehe hierzu ausf. 2. Kap. D. II. 1.

Rom I-VO mangels Rechtswahl in dem Grundfall Anwendung finden würde.[488] Dieser Gleichlauf führt dazu, dass die Regelung des Art. 8 Abs. 1 S. 2 Rom I-VO, wonach zwingende Arbeitnehmerschutzbestimmungen des objektiv anwendbaren Rechts anzuwenden sind, wenn sie für den Arbeitnehmer günstiger sind, keine Relevanz hat. Die zwingenden Arbeitnehmerschutzvorschriften des polnischen Rechts sind bereits durch die Rechtwahl berufen.

bb) Wahl des deutschen Rechts

Die Leiharbeitsvertragsparteien können im Wege der Rechtswahl den Vertrag grundsätzlich auch dem deutschen Recht unterwerfen. Die für eine Wahl des Heimatrechts sprechenden Argumente[489] müssen nicht zwingend für die Vertragsparteien ausschlaggebend sein. Vereinbaren der polnische Verleiher und der polnische Leiharbeitnehmer, dass der Leiharbeitsvertrag dem deutschen Recht unterliegen soll, ist die Regelung des Art. 8 Abs. 1 S. 2 Rom I-VO zu beachten. Das gewählte Vertragsstatut unterscheidet sich in dem Fall von dem Statut, das mangels einer Rechtswahl nach den Art. 8 Abs. 2-4 Rom I-VO auf das Leiharbeitsverhältnis anzuwenden wäre. Zwingende Arbeitnehmerschutzvorschriften des polnischen Rechts finden trotz der grundsätzlichen Geltung des deutschen Rechts auf das Leiharbeitsverhältnis Anwendung, sofern sie für den Leiharbeitnehmer günstiger sind. Die Vorschrift kann nicht nur den Schutz eines polnischen Leiharbeitnehmers gewährleisten, indem günstigere Vorschriften des polnischen Arbeitsrechts weiterhin Geltung beanspruchen, sondern sogar eine Besserstellung bewirken. Auf das Leiharbeitsverhältnis finden stets die günstigeren Vorschriften – unabhängig davon, ob sie aus dem deutschen oder aus dem polnischen Recht kommen – Anwendung. Die Position des Leiharbeitnehmers wird durch die Kumulierung der deutschen und polnischen Arbeitnehmerschutzvorschriften im Vergleich zur Geltung der polnischen Rechtsordnung verbessert.

Ein in der Praxis wirtschaftlich ausschlaggebender Grund für die Vereinbarung des deutschen Vertragsstatuts könnte die unterschiedliche Ausgestaltung des europarechtlich vorgegebenen Gleichbehandlungsgrundsatzes sein.

---

488 Siehe hierzu 2. Kap. D. II. 2.
489 Siehe hierzu 2. Kap. D. II. 1. und 2. Kap. D. II. 4. b) aa).

(1) Ausgestaltung des Gleichbehandlungsgrundsatzes im polnischen Recht

Die maßgebliche Regelung des Gleichbehandlungsgrundsatzes findet sich im polnischen Arbeitnehmerüberlassungsrecht in Art. 15 LeiharbeitG. In Art. 15 Abs. 1 LeiharbeitG wird bestimmt, dass ein Leiharbeitnehmer in der Zeit der Verrichtung der Arbeit für einen Entleiher hinsichtlich der Arbeits- und anderer Beschäftigungsbedingungen nicht ungünstiger behandelt werden darf als die von dem Entleiher an gleicher oder ähnlicher Stelle beschäftigten Arbeitnehmer.

(a) Adressaten des Gleichbehandlungsgrundsatzes

Die Verpflichtung zur Gleichbehandlung richtet sich sowohl an den Verleiher als auch an den Entleiher.[490] In den Bereichen, in denen der Entleiher Arbeitgeberrechte und -pflichten im Rahmen des Leiharbeitsverhältnisses übernimmt, ist er verpflichtet, das Gleichbehandlungsgebot einzuhalten.[491] Maßnahmen, die den Leiharbeitnehmer im Verhältnis zu den Arbeitnehmern des Entleihers schlechter stellen, können auch vom Verleiher ausgehen. Insbesondere im Hinblick auf die Vergütung des Leiharbeitnehmers, die vom Arbeitgeber festgelegt und ausgezahlt wird, liegt die Verantwortung für die Einhaltung des Gleichbehandlungsgrundsatzes beim Verleiher.[492]

Der Gleichbehandlungsgrundsatz gem. Art. 15 Abs. 1 LeiharbeitG findet keine Anwendung auf die Situation innerhalb einer Zeitarbeitsagentur,

---

490 *Łajeczko*, Sł. Prac. 2003, Nr. 12, S. 1, 10; *Makowski*, Praca tymczasowa, S. 115; *Młyński*, PiZS 2010, Nr. 7, S. 16, 20; *Sobczyk*, M.P.Pr. 2006, Nr. 1, S. 6, 10; *Walczak*, M.P.Pr. 2012, Nr. 3, S. 119, 120; *Wiśniewski*, Różnorodne formy, S. 197; a.A. *Dörre-Nowak*, „Zatrudnienie tymczasowe a regulacje dyskryminacyjne" in: Sobczyk, Z problematyki ..., S. 166, 170 f., 173, die Autorin verweist auf den Wortlaut der Art. 15 und 16 LeiharbeitG und sieht eine Ungleichbehandlung der Leiharbeitnehmer durch den Verleiher von den allgemeinen Vorschriften des ArbGB erfasst.
491 *Chobot/Pachciarek*, PiZS 2005, Nr. 1, S. 23, 27; *Dörre-Nowak/Koczur*, M.P.Pr. 2005, Nr. 1, S. 350, 353 f.; *Łajeczko*, Sł. Prac. 2003, Nr. 12, S. 1, 10; *Reda*, S. 101; *Sobczyk*, Zatrudnienie tymczasowe, S. 81; *Walczak*, M.P.Pr. 2012, Nr. 3, S. 119, 120; *Wiśniewski*, Różnorodne formy, S. 200.
492 *Frączek/Łajeczko*, Sł. Prac. 2004, Nr. 5, S. 1, 3; *Kibil*, PiZS 2010, Nr. 7, S. 41; *Łajeczko*, Sł. Prac. 2003, Nr. 12, S. 1, 10; *Reda*, S. 101; *Sobczyk*, Zatrudnienie tymczasowe, S. 82; *Walczak*, M.P.Pr. 2012, Nr. 3, S. 119, 120; *Wiśniewski*, Różnorodne formy, S. 201.

d.h. im Verhältnis zwischen einem Leiharbeitnehmer und in der Agentur beschäftigten Arbeitnehmern oder anderen Leiharbeitnehmern. In dem Verhältnis gelten die allgemeinen arbeitsrechtlichen Gleichbehandlungsvorschriften gem. Art. 11^2 ff. und Art. 18^{3a} ff. ArbGB.[493]

(b) Keine (arbeits-)vertragliche Abweichung vom Gleichbehandlungsgrundsatz

Bei Abschluss des Leiharbeitsvertrages haben die Parteien dem Gleichbehandlungsgrundsatz Rechnung zu tragen. Eine Möglichkeit, für die Parteien des Leiharbeitsverhältnisses im Wege einer (tarif-)vertraglichen Vereinbarung von dem Gleichbehandlungsgrundsatz zuungunsten des Leiharbeitnehmers[494] abzuweichen, besteht nicht. Ausnahmen vom Gleichbehandlungsgrundsatz sind nur in den eng begrenzten, vom Gesetzgeber normierten Fällen zulässig.[495] Außerhalb des Anwendungsbereiches der gesetzlich bestimmten Ausnahmeregelungen hat der Gleichbehandlungsgrundsatz zwingenden Charakter.[496] Die Arbeits- und Beschäftigungsbedingungen der Leiharbeitnehmer werden nicht verbindlich auf dem Niveau der Arbeitnehmer des Entleihers festgeschrieben. Wie einzelne Arbeits- und Beschäftigungsbedingungen zwingend ausgestaltet sein müssen, bestimmt die Vorschrift nicht abschließend. Unproblematisch können die Parteien zugunsten des Leiharbeitnehmers abweichen.[497]

Bestimmungen des Leiharbeitsvertrages, die den Grundsatz der Gleichbehandlung in der Beschäftigung verletzen, sind gem. Art. 18 § 3 S. 1 ArbGB *ex tunc* nichtig. Satz 2 der Vorschrift bestimmt, dass an deren Stelle die entsprechenden Vorschriften des Arbeitsrechts Anwendung finden. Im Falle des Fehlens solcher Vorschriften sind die nichtigen Vereinbarungen durch entsprechende Bestimmungen zu ersetzen, die keinen diskriminierenden Charakter haben. Dies ist möglich, indem bei der Ersetzung die

---

493 *Sobczyk*, Zatrudnienie tymczasowe, S. 82 f., mit Beispielen; *Wiśniewski*, Różnorodne formy, S. 202.
494 Art. 18 § 1 ArbGB lautet: Bestimmungen in Arbeitsverträgen und in anderen Akten, auf deren Grundlage ein Arbeitsverhältnis entsteht, dürfen von den Vorschriften des Arbeitsrechts nicht zum Nachteil des Arbeitnehmers abweichen.
495 Siehe hierzu Art. 15 Abs. 2, 17 LeiharbeitG und 2. Kap. D. II. 4. b) bb) (1) (d).
496 So auch *Reda*, S. 102.
497 Eine Besserstellung der Leiharbeitnehmer erfolgt teilweise durch Art. 22, 23 Abs. 3 LeiharbeitG.

Arbeits- und Beschäftigungsbedingungen im Entleiherbetrieb als Bezugspunkt für den Vertragsinhalt genommen werden. Dem Leiharbeitnehmer steht in dem Fall vertraglich ein Anspruch auf Gewährung derselben Arbeits- und Beschäftigungsbedingungen i.S.v. Art. 15 LeiharbeitG zu.[498]

(c) Vergleichbare Arbeitnehmer des Entleihers

Der Leiharbeitnehmer darf – dem Wortlaut des Art. 15 Abs. 1 LeiharbeitG zufolge – nicht ungünstiger behandelt werden „als von dem Entleiher an gleicher oder ähnlicher Stelle beschäftigte Arbeitnehmer". An dieser Stelle weicht der Gesetzgeber von Art. 5 Abs. 1 LeiharbeitRL ab.[499] Zur Bestimmung der Arbeitsbedingungen der Leiharbeitnehmer muss festgestellt werden, ob ein Arbeitnehmer auf der gleichen oder ähnlichen Stelle beim Entleiher beschäftigt wird. Der Gesetzgeber lässt offen, wann eine Vergleichbarkeit gegeben ist und nach welchen Kriterien dies beurteilt werden muss. In der Literatur wird darauf hingewiesen, dass dies zu Auslegungsschwierigkeiten bei der Bestimmung führen kann.[500] Es wird an der Arbeitsgerichtsbarkeit liegen, verlässliche Kriterien zur Bestimmung der

---

498 A.A. *Pudełko*, M.P.Pr. 2011, Nr. 10, S. 553, 555 f., wonach die Ersetzung der nichtigen Vereinbarungen durch entsprechende Bestimmungen gem. Art. 18 § 3 S. 2 *in fine* nicht wie bei Art. 18 § 2 ArbGB von Gesetzes wegen stattfindet, sondern erst durch gerichtliche Festlegung Wirkung entfalten kann. Bis zu dieser gerichtlichen Entscheidung würde die Nichtigkeitsfolge der vertraglichen Bestimmungen nach Satz 1 des Art. 18 § 3 ArbGB aber einen unzulässigen Schwebezustand herbeiführen. Daher schlägt der Autor vor, dass entgegen dem Wortlaut nicht von der automatischen Unwirksamkeit der in Frage stehenden Bestimmungen auszugehen ist, sondern die Anfechtbarkeit der vertraglichen Bestimmung Rechtsfolge sein soll.
499 Die LeiharbeitRL bestimmt, dass die wesentlichen Arbeits- und Beschäftigungsbedingungen der Leiharbeitnehmer mindestens denjenigen entsprechen müssen, die für sie gelten würden, wenn sie von dem Entleiher unmittelbar für den gleichen Arbeitsplatz eingestellt worden wären.
500 *Dörre-Nowak*, „Zatrudnienie tymczasowe ..." in: Sobczyk, Z problematyki ..., S. 166, 168 f., weist daraufhin, dass die Leiharbeitnehmer im Einklang mit der Definition des Art. 2 Abs. 3 lit. a LeiharbeitG bei Tätigkeiten eingesetzt werden können, die nicht von Arbeitnehmern des Entleihers ausgeführt werden, sodass keine vergleichbare Gruppe im Entleiherbetrieb besteht. Die Autorin schlägt vor, alle Arbeitnehmer des Entleihers – unabhängig von der Arbeitsstelle – als Vergleichsgruppe heranzuziehen; *Mitrus*, „Ochrona pracowników tymczasowych w świetle prawa unijnego a prawo polskie" in: Sobczyk, Z problematyki ..., S. 13, 27.

Vergleichbarkeit zu entwickeln.[501] Die Regelung birgt die Gefahr, dass in der Praxis die Stellenbezeichnung und der Aufgabenbereich durch die Beteiligten in einzelnen Aspekten umgestaltet werden, um eine Vergleichbarkeit auszuschließen und der zwingenden Anwendung des Gleichbehandlungsgebotes zu entgehen.

(d) Umfang des Gleichbehandlungsgrundsatzes

Der Gleichbehandlungsgrundsatz bezieht sich gegenständlich „auf Arbeits- und andere Beschäftigungsbedingungen". Die Begriffe sind gesetzlich nicht definiert und müssen im Wege der Auslegung konkretisiert werden.[502] Auf eine mögliche Einschränkung auf die „Wesentlichkeit" der Bedingungen, wie sie in Art. 5 Abs. 1 LeiharbeitRL vorgenommen wird[503], hat der polnische Gesetzgeber verzichtet. Der Umfang des Gleichbehandlungsgebots ist, um eine möglichst umfassende Angleichung der Beschäftigungssituation eines Leiharbeitnehmers mit der eines Arbeitnehmers beim Entleiher zu erreichen, weit auszulegen.[504] Die einem Leiharbeitnehmer zu gewährleistenden Arbeitsbedingungen erfassen insbesondere die Anforderungen an die Arbeitssicherheit und -hygiene im Entleiherbetrieb. Zu den Beschäftigungsbedingungen gehören unter anderem die Bereiche, die gem. Art. 13 Abs. 1 LeiharbeitG in dem Leiharbeitsvertrag zu vereinbaren sind.[505] Zu den im Leiharbeitsvertrag festzulegenden Beschäftigungsbedingungen zählt der Gesetzgeber insbesondere die Arbeitszeit, den Verrichtungsort und die Vergütung[506], wozu auch der

---

501 Für den Rechtsschutz eines Leiharbeitnehmers ist diese Situation höchst unbefriedigend. Seinen Anspruch aus Art. 15 LeiharbeitG kann er nur im Wege einer Klage gegen den Verleiher effektiv durchsetzen. Dabei kann das Prozessrisiko, welches daraus resultiert, dass verlässliche Unterscheidungskriterien für das Vorliegen einer vergleichbaren Arbeitsstelle fehlen, auf die Leiharbeitnehmer abschreckend wirken.
502 *Reda*, S. 102.
503 Siehe hierzu auch in Art. 9 Nr. 2 AÜG.
504 *Młyński*, PiZS 2010, Nr. 7, S. 16, 20; *Reda*, S. 102; *Wiśniewski*, Różnorodne formy, S. 197.
505 *Dörre-Nowak/Koczur*, M.P.Pr. 2005, Nr. 1, S. 350, 353 f.; *Frączek/Łajeczko*, Sł. Prac. 2004, Nr. 5, S. 1, 3; *Walczak*, M.P.Pr. 2012, Nr. 3, S. 119, 120.
506 Siehe hierzu 2. Kap. D. II. 4. b) bb) (1) (e).

Termin und die Art der Auszahlung der Vergütung durch die Zeitarbeitsagentur gehören[507].

Der polnische Gesetzgeber hat vereinzelt Ausnahmen von dem Gleichbehandlungsgrundsatz aus Art. 15 Abs. 1 LeiharbeitG vorgesehen. Zu den wesentlichen Arbeits- und Beschäftigungsbedingungen gem. Art. 5 Abs. 1 LeiharbeitRL zählen ausweislich des Art. 3 Abs. 1 lit. f (i) LeiharbeitRL auch die im Entleiherbetrieb geltenden Bestimmungen in Bezug auf Urlaub. Hinsichtlich des Erholungsurlaubes eines Leiharbeitnehmers enthält das LeiharbeitG in Art. 17 eine spezielle Regelung, die sich nicht an den Verhältnissen im Entleiherbetrieb orientiert.[508] Folglich werden die Urlaubsbestimmungen aus dem Anwendungsbereich des Art. 15 Abs. 1 LeiharbeitG herausgenommen. Für Weiterbildungsmaßnahmen, die zwecks Erhöhung beruflicher Qualifikationen der Arbeitnehmer durch die Zeitarbeitsagentur organisiert[509] werden, gilt der Gleichbehandlungsgrundsatz gem. Art. 15 Abs. 1 LeiharbeitG uneingeschränkt.[510] Mit Blick auf den Zugang zu Schulungen, die durch den Entleiher organisiert werden, enthält Art. 15 Abs. 2 LeiharbeitG eine Sonderregelung. Unstreitig[511] ist die Geltung des Gleichbehandlungsgrundsatzes, wenn der beschäftigte Leiharbeitnehmer mehr als sechs Wochen bei dem Entleiher gearbeitet hat.[512] Auf Leiharbeitnehmer, die die Leiharbeit für den Entleiher in einem

---

507 *Cudowski*, M.P.Pr. 2005, Nr. 4, S. 93, 95; *Młyński*, PiZS 2010, Nr. 7, S. 16, 20 f.
508 Siehe zum Urlaubsanspruch eines Leiharbeitnehmers ausf. *Daszczyńska*, „Prawo pracownika ..." in: Sobczyk, Z problematyki ..., S. 198 ff.; *Sobczyk*, Zatrudnienie tymczasowe, S. 86 ff.; *Wiśniewski*, Różnorodne formy, S. 203 ff.
509 Als „organisiert" gelten auch solche Maßnahmen, die zwar tatsächlich durch einen Dritten veranstaltet werden, aber im Namen und zugunsten des Entleihers stattfinden; *Sobczyk*, Zatrudnienie tymczasowe, S. 84; *Wiśniewski*, Różnorodne formy, S. 198.
510 *Reda*, S. 101.
511 Uneinheitlich wird in der Literatur beurteilt, ob die im Leiharbeitsvertrag vereinbarte voraussichtliche Überlassungsdauer entscheidend ist oder der Leiharbeitnehmer tatsächlich sechs Wochen zugunsten des Entleihers gearbeitet haben muss. Für die voraussichtliche Überlassungsdauer *Dörre-Nowak/Koczur*, M.P.Pr. 2005, Nr. 1, S. 350, 354; *Walczak*, M.P.Pr. 2012, Nr. 3, S. 119, 121; a.A. *Dörre-Nowak*, „Zatrudnienie tymczasowe ..." in: Sobczyk, Z problematyki ..., S. 166, 174.
512 *Dörre-Nowak/Koczur*, M.P.Pr. 2005, Nr. 1, S. 350, 354; *Walczak*, M.P.Pr. 2012, Nr. 3, S. 119, 121; so wohl auch *Sobczyk*, Zatrudnienie tymczasowe, S. 84.

Zeitraum von weniger als sechs Wochen verrichten, findet der Gleichbehandlungsgrundsatz keine Anwendung.[513]

(e) Vergütung der Leiharbeitnehmer

Besondere Bedeutung hat der Gleichbehandlungsgrundsatz für die Vergütung der Leiharbeitnehmer. Der Verleiher ist verpflichtet, den Leiharbeitnehmer im Rahmen der Vergütung nicht ungünstiger zu behandeln als vergleichbare Arbeitnehmer beim Entleiher. Hierbei ist er auf die Zusammenarbeit mit dem Entleiher angewiesen.[514] Der Realisierung des *equal pay*-Grundsatzes dient zum einen die dem Leiharbeitsvertragsschluss vorausgehende Information des Entleihers gem. Art. 9 Abs. 2 Nr. 1 LeiharbeitG über die im Entleiherbetrieb geltenden Vergütungsvorschriften für die Arbeit des Leiharbeitnehmers.[515] Zum anderen führt der Entleiher ein Arbeitszeitregister für die Leiharbeitnehmer (Art. 14 Abs. 2 Nr. 2 LeiharbeitG), das der Zeitarbeitsagentur die genaue Berechnung der Vergütung ermöglichen soll. Um die richtige Berechnung der Vergütung zu gewährleisten, sind die Zeitarbeitsagentur und der Entleiher angehalten, im Überlassungsvertrag gem. Art. 9 Abs. 3 Nr. 1 LeiharbeitG Vereinbarungen über die Übermittlung von Informationen durch den Entleiher, die Einfluss auf die Vergütungshöhe haben, zu treffen. Verantwortlich für die richtige Berechnung und rechtzeitige Auszahlung der Vergütung bleibt vor dem Hintergrund des Art. 15 Abs. 1 LeiharbeitG alleine der Verleiher.[516]

(f) Auswirkungen von Veränderungen der Bedingungen beim Entleiherbetrieb

Regelt ein im Entleiherbetrieb geltender Tarifvertrag die Rechte der Stammbelegschaft abweichend von den gesetzlichen Arbeitsrechtsvor-

---

513 Hierzu und zum Verhältnis zur LeiharbeitRL *Mitrus*, „Ochrona pracowników ..." in: Sobczyk, Z problematyki ..., S. 13, 28.
514 *Paluszkiewicz*, S. 161.
515 Siehe hierzu *Frączek/Łajeczko*, Sł. Prac. 2004, Nr. 5, S. 1, 3; *Paluszkiewicz*, S. 160 ff.; *Sobczyk*, Zatrudnienie tymczasowe, S. 52; *Spytek-Bandurska*/Szylko-Skoczny, S. 134 f.; *Wiśniewski*, Prawne aspekty, S. 84 f.
516 So auch ausdrücklich *Paluszkiewicz*, S. 161.

schriften, sind diese Beschäftigungsbedingungen wegen Art. 15 Abs. 1 LeiharbeitG im Verhältnis zum Leiharbeitnehmer sowohl durch den Entleiher als auch den Verleiher einzuhalten.[517] Eine Einbeziehung des Leiharbeitnehmers in den Regelungsbereich des Tarifvertrages, der zwischen dem Entleiher und einer bei ihm tätigen Gewerkschaft geschlossen wird, ist nicht notwendig, um die gleichen Bedingungen wie mit der Stammbelegschaft festzuschreiben.

Werden die in dem Entleiherbetrieb geltenden autonomen Rechtsakte zugunsten oder zulasten der Stammbelegschaft geändert, wirkt sich das auch auf das Leiharbeitsverhältnis aus. Bei vorteilhaften Veränderungen (z.B. Lohnerhöhungen der Stammbelegschaft) sind die Auswirkungen unmittelbar. Die Zeitarbeitsagentur hat aufgrund des Gleichbehandlungsgrundsatzes gem. Art. 15 Abs. 1 LeiharbeitG die Pflicht, dem Leiharbeitnehmer mindestens dieselben Arbeitsbedingungen zu gewährleisten. Tut sie dies nicht, macht sie sich schadensersatzpflichtig.[518] Der Entleiher hat keine gesetzlich geregelte Pflicht, die Zeitarbeitsagentur während der Überlassungszeit über Tarifvertragsänderungen zu informieren.[519] Die Zeitarbeitsagentur hat keine Möglichkeit, die sich verändernden Beschäftigungsverhältnisse zu erfassen und sich an diese anzupassen. Sie ist der Gefahr von Schadensersatzforderungen ausgesetzt. Aus den gegenseitigen Schutz- und Rücksichtnahmepflichten im Rahmen des Überlassungsverhältnisses kann eine Pflicht des Entleihers zur Information der Zeitarbeitsagentur geschlussfolgert werden.[520] Bei Ausbleiben einer solchen Information kann die Zeitarbeitsagentur Regressforderungen gegen den Entleiher geltend machen.[521]

Werden die Beschäftigungsbedingungen im Entleiherbetrieb hingegen zuungunsten der Stammbelegschaft verändert, hat dies keine unmittelbaren Auswirkungen auf das Leiharbeitsverhältnis, dessen Grundlage der Leiharbeitsvertrag bildet. Die Zeitarbeitsagentur kann auf die Veränderungen im Entleiherbetrieb durch Abschluss einer Änderungsvereinbarung

---

517 Siehe auch *Młyński*, PiZS 2010, Nr. 7, S. 16, 20.
518 Siehe hierzu 2. Kap. D. II. 4. b) bb) (1) (i).
519 Eine Pflicht die Zeitarbeitsagentur, über die Vergütung für die Arbeit, die dem Leiharbeitnehmer übertragen werden soll, zu informieren, besteht nach Maßgabe des Art. 9 Abs. 2 Nr. 1 LeiharbeitG ausdrücklich nur im Vorfeld der Beschäftigung eines Leiharbeitnehmers; so auch *Reda*, S. 117.
520 *Cudowski*, M.P.Pr. 2005, Nr. 4 S. 93, 95 f.; *Reda*, S. 117.
521 Ebenda.

mit dem Leiharbeitnehmer oder Ausspruch einer Änderungskündigung entsprechend reagieren.[522]

(g) Geltungszeitraum

Der Gleichbehandlungsgrundsatz gem. Art. 15 Abs. 1 LeiharbeitG bezieht sich seinem Wortlaut nach lediglich auf die Überlassungszeit, in der der Leiharbeitnehmer zur Arbeit beim Entleiher verliehen wurde.[523] Im Hinblick auf eine mögliche Ungleichbehandlung des Leiharbeitnehmers durch den Entleiher ist diese zeitliche Begrenzung nachvollziehbar. Der Entleiher ist schließlich nicht Arbeitgeber des Leiharbeitnehmers und nimmt ausschließlich während der Überlassungszeit Arbeitgeberrechte und -pflichten gegenüber diesem wahr. Auch mit Blick auf den Verleiher kann Art. 15 Abs. 1 LeiharbeitG angesichts der Synchronisation des Leiharbeitsverhältnisses mit dem Einsatz im Entleiherbetrieb[524] nur während der Überlassungszeit Anwendung finden.

(h) Gleichbehandlungsgrundsatz in weiteren Vorschriften des LeiharbeitG

Das Gleichbehandlungsgebot hat auch in anderen Vorschriften des LeiharbeitG seinen Niederschlag gefunden. So bestimmt Art. 22 LeiharbeitG, dass dem Leiharbeitnehmer innerhalb des Überlassungszeitraums das Recht zusteht, die Sozialeinrichtungen des Entleihers gemäß den für dessen Arbeitnehmer geltenden Grundsätzen zu nutzen. Zu den Sozialeinrichtungen gehören bspw. Kantinen, Erholungs-, Umkleide-, Sanitär-, Raucher- und Duschräume.[525] Nicht erfasst sind hingegen Sozialleistun-

---

522 *Cudowski*, M.P.Pr. 2005, Nr. 4 S. 93, 96; *Reda*, S. 116 f.
523 So auch *Dörre-Nowak/Koczur*, M.P.Pr. 2005, Nr. 1, S. 350, 353 f.; *Reda*, S. 103.
524 Siehe hierzu 2. Kap. B. II. 3. a) aa).
525 *Dörre-Nowak*, „Zatrudnienie tymczasowe ..." in: Sobczyk, Z problematyki ..., S. 166, 169; *Reda*, S. 102; *Sobczyk*, Zatrudnienie tymczasowe, S. 105; *Wiśniewski*, Różnorodne formy, S. 198.

gen, die der Entleiher seinen Arbeitnehmern gewährt.[526] Sozialleistungen sollte der Leiharbeitnehmer von der Zeitarbeitsagentur erhalten.[527]

Eine Ausprägung des Gleichbehandlungsgrundsatzes findet sich ferner in Art. 23 Abs. 3 LeiharbeitG wieder. Der Entleiher ist verpflichtet, Leiharbeitnehmer über freie Arbeitsstellen, auf die er Arbeitnehmer zu beschäftigen beabsichtigt, in der bei ihm üblichen Weise zu informieren. Die Informationspflicht des Entleihers gem. Art. 23 Abs. 3 LeiharbeitG wird nicht auf Arbeitsstellen, die der fachlichen Eignung des Leiharbeitnehmers entsprechen, begrenzt.[528] Leiharbeitnehmer sind über alle offenen Arbeitsstellen zu informieren. Die Vorschrift dient erkennbar dem Ziel, die Chancen des Leiharbeitnehmers auf eine Festanstellung beim Entleiher im Anschluss an das Leiharbeitsverhältnis zu erhöhen.[529] Der Verleiher wird durch die allgemeine Vorschrift des Art. 94^2 ArbGB[530] verpflichtet, die angestellten Leiharbeitnehmer über Leiharbeitsangebote zugunsten anderer Entleiher zu informieren.[531]

(i) Haftung bei Verstoß gegen den Gleichbehandlungsgrundsatz

Für eine Verletzung des Gleichbehandlungsgrundsatzes aus Art. 15 LeiharbeitG haftet gegenüber dem Leiharbeitnehmer stets der Verleiher.[532] Verstößt der Entleiher im Hinblick auf die durch Art. 15 LeiharbeitG erfassten Beschäftigungsbedingungen gegen den Gleichbehandlungsgrundsatz, steht dem Leiharbeitnehmer gem. Art. 16 Abs. 1 LeiharbeitG das Recht zu, von dem Verleiher Schadensersatz zu fordern. Hinsichtlich des

---

526 *Rotkiewicz*, S. 84 ff.; *Sobczyk*, M.P.Pr. 2006, Nr. 1, S. 6, 11.
527 *Dörre-Nowak/Koczur*, M.P.Pr. 2005, Nr. 1, S. 350, 354 f.; *Sobczyk*, Zatrudnienie tymczasowe, S. 105; *derselbe*, M.P.Pr. 2006, Nr. 1, S. 6, 11; *Wiśniewski*, Różnorodne formy, S. 198.
528 *Sobczyk*, Zatrudnienie tymczasowe, S. 108.
529 *Makowski*, PiZS 2003, Nr. 12, S. 25, 28; *Sobczyk*, Zatrudnienie tymczasowe, S. 108; den Gesetzesmaterialien zum LeiharbeitG ist zu entnehmen, dass durch den Rückgriff auf die (vorübergehende) Leiharbeit die Schaffung von regulären Arbeitsplätzen unterstützt werden sollte, Drs. des Sejms IV/Nr. 1349, S. 30.
530 Art. 94^2 ArbGB lautet: Der Arbeitgeber ist verpflichtet, die Arbeitnehmer in der bei diesem Arbeitgeber üblichen Weise über die Möglichkeit der Beschäftigung in vollem oder nicht vollem Ausmaß der Arbeitszeit und die befristet angestellten Arbeitnehmer über freie Arbeitsplätze zu informieren.
531 *Sobczyk*, Zatrudnienie tymczasowe, S. 108.
532 Siehe hierzu statt vieler *Rotkiewicz*, S. 46; *Sobczyk*, Zatrudnienie tymczasowe, S. 82; *Wiśniewski*, Różnorodne formy, S. 199 f.

Schadensumfangs sind die Vorschriften des Arbeitsgesetzbuches betreffend der Entschädigung wegen ungleicher Behandlung von Arbeitnehmern anzuwenden. Einschlägig ist Art. 18^{3d} ArbGB. Verstößt die Zeitarbeitsagentur gegen den Gleichbehandlungsgrundsatz, haftet sie gemäß den entsprechenden Vorschriften des Arbeitsrechts über Arbeitgeber (Art. 5 LeiharbeitG) ebenfalls nach Art. 18^{3d} ArbGB.[533] Der Schadensersatzanspruch besteht unabhängig vom Eintritt eines (nachweisbaren) Schadens.[534] Anspruchsbegründende Voraussetzung ist bereits die Verletzung des Gleichbehandlungsgrundsatzes.[535] Die Höhe des Schadensersatzanspruches wird nach unten begrenzt, indem der gesetzliche Mindestlohn als Mindestbetrag bestimmt wird. Nach oben hin ist er hingegen offen. Dem Verleiher steht auf Grundlage des Art. 16 Abs. 2 LeiharbeitG das Recht zu, von dem Entleiher in dem Fall, in dem der Entleiher den Gleichbehandlungsgrundsatz verletzt hat, für die dem Leiharbeitnehmer ausgezahlte Schadensersatzsumme Regress zu fordern.[536] Voraussetzung ist, dass die Schadensersatzsumme dem Leiharbeitnehmer tatsächlich ausgezahlt worden ist.[537]

(2) Günstigkeitsvergleich mit dem deutschen Recht

Der Gleichbehandlungsgrundsatz findet sich im deutschen Arbeitnehmerüberlassungsrecht in ähnlicher Form in den §§ 3 Abs. 1 Nr. 3, 9 Abs. 1 Nr. 2, 10 Abs. 4 AÜG wieder. Das deutsche Recht sieht darüber hinaus Möglichkeiten vor, von dem Gleichbehandlungsgrundsatz durch tarifvertragliche Vereinbarungen oder Inbezugnahme einer tarifvertraglichen Regelung zuungunsten der Leiharbeitnehmer abzuweichen. Eine solche Abweichungsmöglichkeit ist dem polnischen Recht fremd. Der Gleichbe-

---

533 *Reda*, S. 104.
534 *Pudełko*, M.P.Pr. 2011, Nr. 10, S. 553 f.; Romer/*Romer*, KP, Art. 18^{3d} ArbGB Rn. 5; *Wiśniewski*, Różnorodne formy, S. 200.
535 Romer/*Romer*, KP, Art. 18^{3d} Rn. 2.
536 Regressansprüche können auch dann bestehen, wenn die Verletzung des Gleichbehandlungsgrundsatzes durch den Verleiher auf ein Verhalten des Entleihers (bspw. durch eine unterlassene oder fehlerhafte Information über die Vergütung) zurückzuführen ist bzw. durch diesen veranlasst wurde; *Frączek/Łajeczko*, Sł. Prac. 2005, Nr. 6, S. 19, 21; *Reda*, S. 103 f.; *Wiśniewski*, Różnorodne formy, S. 202.
537 *Sobczyk*, Zatrudnienie tymczasowe, S. 85; *derselbe*, M.P.Pr. 2006, Nr. 1, S. 6, 10.

handlungsgrundsatz gilt ausnahmslos. Unterliegt das Leiharbeitsverhältnis zwischen dem polnischen Verleiher und dem polnischen Leiharbeitnehmer aufgrund einer entsprechenden Rechtswahl dem deutschen Recht, würde grundsätzlich die Möglichkeit bestehen, dass von dem Gleichbehandlungsgrundsatz abgewichen werden kann. Die Frage, inwiefern ein deutscher oder ein polnischer Tarifvertrag – vorausgesetzt es bestünden solche Tarifverträge nach polnischem Recht – auf dieses individuelle Leiharbeitsverhältnis zwischen den polnischen Beteiligten Anwendung finden könnte, soll vorerst bewusst ausgeklammert werden.[538]

Zunächst ist auf die Konsequenzen einzugehen, die sich aus der Regelung des Art. 8 Abs. 1 S. 2 Rom I-VO ergeben. Nach der objektiven Anknüpfung gem. Art. 8 Abs. 4 Rom I-VO wäre ohne Rechtswahl das polnische Recht berufen.[539] Das Gleichbehandlungsgebot nach Art. 15 LeiharbeitG ist eine zwingende Arbeitnehmerschutzvorschrift.[540] Die Tatsache, dass das Gleichbehandlungsgebot ein Lohndumping und den Verlust von regulären Arbeitsplätzen durch den Einsatz von Leiharbeitnehmern verhindert – mithin Gemeinwohlinteressen dient –, steht der individuellen Schutzrichtung nicht entgegen. Ein Vergleich der deutschen und polnischen Regelungen zeigt, dass der Leiharbeitnehmer durch das Gleichbehandlungsgebot nach polnischem Recht umfassender geschützt wird als nach deutschem. Die polnische Regelung ist für den Leiharbeitnehmer günstiger. Der ausnahmslos geltende Gleichbehandlungsgrundsatz aus Art. 15 Abs. 1 LeiharbeitG findet auf das Leiharbeitsverhältnis zwischen einem polnischen Leiharbeitnehmer und dem polnischen Verleiher gem. Art. 8 Abs. 1 S. 2 Rom I-VO also auch dann Anwendung, wenn der Arbeitsvertrag ansonsten aufgrund einer Rechtswahl dem deutschen Recht unterworfen wird.

Die dargestellte Lösung könnte dem Vorwurf ausgesetzt sein, dass vorliegend zwei Einzelvorschriften miteinander verglichen werden. Gegen einen Einzelvergleich im Rahmen der Anwendung des Art. 8 Abs. 1 S. 2 Rom I-VO wird vorgebracht, dass der durch eine Rechtsordnung geschaffene Interessenausgleich in unberechtigter Weise zugunsten des Arbeitnehmers verschoben würde und der Arbeitnehmerschutz die „innere Kon-

---

538 Siehe hierzu 2. Kap. D. II. 4. e).
539 Siehe hierzu 2. Kap. D. II. 4. a).
540 Die Regelung besteht primär im Interesse der Leiharbeitnehmer; siehe hierzu 2. Kap. D. II. 3. a) aa).

sistenz" eines Rechtssystems gefährde.[541] Zu befürworten ist daher ein (Sachgruppen-)Vergleich.[542] Vorliegend gestaltet sich die Rechtslage jedoch anders. Das Gleichbehandlungsgebot kann nicht als eine „einfache" Einzelvorschrift angesehen werden wie dies bspw. bei einer Regelung der Kündigungsfristen oder von Urlaubsansprüchen der Fall ist. Es ist ein Grundsatz, der sich auf sämtliche Regelungsbereiche des Leiharbeitsverhältnisses bezieht. Die Geltung oder Nichtgeltung des Gleichbehandlungsgrundsatzes hat direkte Auswirkungen auf gesamte Sachgruppen. Durch einen Tarifvertrag können diverse Bestimmungen getroffen werden, die die Beschäftigungsbedingungen der Leiharbeitnehmer abweichend von dem Grundsatz regeln. Bei einem Vergleich der Situation des Leiharbeitnehmers anhand von Sachgruppen, beispielsweise im Bereich des Kündigungsschutzrechts oder des Urlaubsrechts – vorausgesetzt hierzu wurden im Tarifvertrag von dem Gleichbehandlungsgrundsatz abweichende Vereinbarungen getroffen –, wird deutlich, dass die Geltung des Gleichbehandlungsgrundsatzes für die Leiharbeitnehmer günstiger ist. Ergänzend sei darauf hingewiesen, dass eine Abweichung von dem Gleichbehandlungsgrundsatz zugunsten der Leiharbeitnehmer in beiden Rechtsordnungen gleichermaßen unproblematisch möglich ist und für die Frage, welche Vorschriften günstiger sind, keine Rolle spielt. Der Gleichbehandlungsgrundsatz kann zwar an einzelnen Vorschriften festgemacht werden, hat aber umfassende Auswirkungen auf sämtliche Sachgruppen im Leiharbeitsverhältnis, sodass sie Situation nicht mit dem Vergleich von Einzelvorschriften im herkömmlichen Sinne gleichzusetzen ist.

Das Argument, wonach der Vergleich von Einzelvorschriften Gefahren für die „innere Konsistenz" des Rechtssystems mit sich bringe, verfängt vor dem Hintergrund des Gleichbehandlungsgrundsatzes nicht. Das deutsche Arbeitnehmerüberlassungsrecht bestimmt, dass Leiharbeitnehmern während der Überlassungszeit an einen Entleiher grundsätzlich die in seinem Betrieb für seine vergleichbaren Arbeitnehmer geltenden wesentlichen Arbeitsbedingungen zu gewähren sind. Hiervon bestimmt der Gesetzgeber unter anderem die Ausnahme, dass durch tarifvertragliche Vereinbarung von dem Grundsatz abgewichen werden kann. Die Verfas-

---

541 Siehe hierzu bereits 2. Kap. D. II. 3. a) bb).
542 Es würde bspw. zu weit gehen, wenn grundsätzlich das deutsche Kündigungsschutzrecht angewendet wird, über Art. 8 Abs. 1 S. 2 Rom I-VO aber zusätzlich eine längere Kündigungsfrist oder längere Ausschlussfrist für eine Kündigungsschutzklage nach ausländischem Recht gelten sollte.

sungsmäßigkeit dieser Regelung wird entgegen der bei ihrer Einführung geäußerten Zweifel aktuell nicht mehr in Frage gestellt.[543] Um Leiharbeitnehmern ein angemessenes Schutzniveau zu gewährleisten und gleichzeitig zur gesellschaftlichen Akzeptanz und Qualität der Leiharbeit beizutragen, sieht die gesetzliche Konzeption vor, dass die Beschäftigungsbedingungen durch den Gleichbehandlungsgrundsatz gestaltet werden.[544] Die gesetzliche Tariföffnungsklausel soll es den Tarifvertragsparteien ermöglichen, die Arbeitsbedingungen „flexibel zu gestalten".[545] Die Ausgestaltung der Leiharbeitsbedingungen kann an die wirtschaftlichen Interessen der beteiligten Tarifvertragsparteien angepasst werden. Ausnahmsweise treten Erwägungen zum Arbeitnehmerschutz hinter wirtschaftliche Bedürfnisse der Marktteilnehmer zurück.

Die vom Gesetzgeber vorgesehene Stärkung der Stellung von Leiharbeitnehmern ist in der Praxis jedoch weitgehend fehlgeschlagen. Das im Gesetz enthaltene Regel-Ausnahme-Verhältnis wurde in der Praxis fast vollkommen ins Gegenteil gekehrt, sodass die Beschäftigungsbedingungen der Leiharbeitnehmer nur in vereinzelten Fällen durch das Gleichbehandlungsgebot bestimmt werden.[546] Die Feststellung, dass sich die Beschäftigungsbedingungen der Leiharbeitnehmer nach Einführung der Regelung im Jahre 2003 – entgegen der gesetzgeberischen Zwecksetzung – sogar verschlechtert[547] haben, ist zu bedauern. Vor diesem Hintergrund könnte sogar die These vertreten werden, dass zur Erreichung des vom Gesetzgeber intendierten Leiharbeitnehmerschutzes die Einführung eines ausnahmslosen Gleichbehandlungsgebotes erforderlich sei.[548] Davon, dass der Gesetzgeber einen Handlungsbedarf erkannt hat, zeugt die Einfügung des § 3a AÜG, aufgrund dessen durch Rechtsverordnung verbindliche Lohnuntergrenzen für die Leiharbeitsbranche eingeführt werden konn-

---

543 Siehe hierzu BVerfGE vom 29.12.2004, NZA 2005, S. 153; Schüren/Hamann/*Schüren,* § 9 Rn. 103 m.w.N.
544 Siehe hierzu auch die Gesetzesbegründung, BT-Drs. 15/25, S. 24, 38.
545 Siehe hierzu auch die Gesetzesbegründung, BT-Drs. 15/25, S. 38.
546 Siehe hierzu Schüren/Hamann/*Schüren,* § 9 Rn. 104 ff.; *Ulber,* AÜG, Einl. E Rn. 11 ff.
547 Siehe hierzu Schüren/Hamann/*Schüren,* § 9 Rn. 104 ff.; *Ulber,* AÜG, Einl. E Rn. 11 ff.
548 Ein solches Gesetzesvorhaben wäre freilich erheblicheren Bedenken an die Verfassungsmäßigkeit ausgesetzt, als es die bestehende Regelung anfangs war. Zweifel können sich darüber hinaus auch an dem gesamtwirtschaftlichen Nutzen einer solchen Regelung ergeben.

ten.[549] Der rechtspolitische Aspekt soll nicht weiter ausgeführt werden. Unabhängig von der tatsächlichen Situation am Arbeitsmarkt, ist vorliegend entscheidend, dass das deutsche Recht das Gleichbehandlungsgebot als Grundlage bestimmt.[550] Die ausnahmslose Geltung des Gebots – durch die Anwendung der polnischen Vorschrift nach Art. 8 Abs. 1 S. 2 Rom I-VO – kann daher schwerlich als eine Gefahr für die „innere Konsistenz" des deutschen Rechtssystems angesehen werden. Die wirtschaftlichen Folgen, die die Geltung des ausnahmslos geltenden Gleichbehandlungsgebots beim Verleih aus Polen nach Deutschland mit sich bringt, sind für die hier zu treffende Entscheidung unerheblich.

cc) Zwischenergebnis

Die polnischen Leiharbeitsvertragsparteien können in Ausübung ihrer Privatautonomie vereinbaren, dass das Leiharbeitsverhältnis grundsätzlich dem deutschen Recht unterliegt. Aus Gründen des Arbeitnehmerschutzes finden auf das Leiharbeitsverhältnis zwischen einem polnischen Leiharbeitnehmer und dem polnischen Verleiher gem. Art. 8 Abs. 1 S. 2 Rom I-VO zwingende Arbeitnehmerschutzvorschriften des polnischen Rechts, unter anderem der ausnahmslos geltende Gleichbehandlungsgrundsatz aus Art. 15 Abs. 1 LeiharbeitG, Anwendung.

c) Eingriffsnormen des deutschen Rechts

Bei der Überlassung eines polnischen Leiharbeitnehmers an einen Entleiher in Deutschland können auf ein grundsätzlich dem polnischen Recht unterliegendes Leiharbeitsverhältnis die international zwingenden Vorschriften (Eingriffsnormen) des deutschen Rechts[551] gem. Art. 9 Rom I-VO Anwendung finden. Die Eingriffsnormen sind unabhängig da-

---

549 Siehe zu § 3a AÜG auch 2. Kap. D. II. 3. b) dd) (2) (b) (ff).
550 Ergänzend sei auf die LeiharbeitRL hingewiesen, die den ausnahmslos geltenden Gleichbehandlungsgrundsatz in Art. 5 Abs. 1 statuiert. Hiervon sind zwar in den Art. 5 Abs. 2, 3 LeiharbeitRL Abweichungsmöglichkeiten vorgesehen, doch kann der für alle Mitgliedstaaten der EU verbindliche Grundsatz nicht als störender Fremdkörper, der das Gefüge des mitgliedstaatlichen Rechtssystems gefährdet, verstanden werden.
551 Siehe hierzu ausf. 2. Kap. D. II. 3. b) dd).

2. Kap.: Grenzüberschreitende Arbeitnehmerüberlassung aus Polen nach Deutschland

von einzuhalten, ob das polnische Vertragsstatut durch objektive (Art. 8 Abs. 4 Rom I-VO) oder durch subjektive Anknüpfung im Wege der Rechtswahl (Art. 8 Abs. 1 Rom I-VO) berufen wurde. Auf einen Günstigkeitsvergleich der Vorschriften kommt es nicht an.[552] Der eine Anwendung der deutschen Eingriffsnormen rechtfertigende Inlandsbezug ergibt sich primär daraus, dass der Leiharbeitnehmer seinen (gewöhnlichen) Arbeitsort in Deutschland hat. Im Folgenden soll ausführlicher dargestellt werden, wie das deutsche zwingende Recht auf das grundsätzlich dem polnischen Recht unterliegende Leiharbeitsverhältnis einwirkt.

aa) Zwingende Arbeitsbedingungen, § 2 AEntG

Auf das Leiharbeitsverhältnis zwischen dem polnischen Verleiher und dem nach Deutschland überlassenen Leiharbeitnehmer finden die durch § 2 AEntG in Bezug genommenen Rechts- und Verwaltungsvorschriften Anwendung.[553] Besondere Bedeutung hat die Regelung in § 2 Nr. 4 AEntG, wonach sowohl die arbeits- als auch die gewerbe-, vermittlungs- und erlaubnisrechtlichen Bestimmungen zur Arbeitnehmerüberlassung international zwingend sind.[554] Die arbeitsrechtlichen Vorschriften des AÜG (§§ 9-14 AÜG) sind trotz der grundsätzlichen Geltung des polnischen Vertragsstatuts auf das Leiharbeitsverhältnis zwischen Leiharbeitnehmer und Verleiher anzuwenden. Die aufgrund des § 3a AÜG eingeführte Lohnuntergrenze für die Leiharbeitsbranche gilt gem. § 10 Abs. 5 AÜG auch für den polnischen Verleiher.[555] Der Leiharbeitsvertrag ist gem. § 9 Nr. 1 AÜG unwirksam, wenn der polnische Verleiher keine deutsche Überlassungserlaubnis hat. Dies kann für die Beteiligten einschneidende Konsequenzen haben. Dem polnischen Leiharbeitnehmer steht im Falle der Unwirksamkeit des Vertrages nach § 9 Nr. 1 AÜG ein Schadensersatzanspruch nach Maßgabe des § 10 Abs. 2 AÜG zu. Der Verleiher, der ohne eine nach § 1 AÜG erforderliche Überlassungserlaubnis polnische Leiharbeitnehmer an Entleiher in Deutschland überlässt, handelt gem. § 16 Abs. 1 Nr. 1 AÜG ordnungswidrig. Die Ordnungswidrigkeit kann mit einer Geldbuße bis zu 30.000 EUR geahndet werden. Derselben Gefahr

---

552 Siehe hierzu auch 2. Kap. D. II. 3. b).
553 Siehe hierzu 2. Kap. D. II. 3. b) dd) (2).
554 Siehe hierzu ausf. 2. Kap. D. II. 3. b) dd) (2) (b).
555 Siehe hierzu auch 2. Kap. D. II. 3. b) dd) (2) (b) (ff).

setzt sich auch der Entleiher aus, der einen Leiharbeitnehmer bei sich im Betrieb tätig werden lässt, der von einem Verleiher ohne Erlaubnis überlassen wird. Das AÜG sieht für den Fall noch eine weitere Rechtsfolge vor, die für den Entleiher weitaus unangenehmere Auswirkungen haben kann. Infolge der Unwirksamkeit des Leiharbeitsvertrages gem. § 9 Nr. 1 AÜG wird nach § 10 Abs. 1 AÜG ein Arbeitsverhältnis zwischen dem polnischen Leiharbeitnehmer und dem deutschen Entleiher gesetzlich fingiert.[556] Es gilt grundsätzlich zu dem zwischen dem Verleiher und dem Entleiher für den Beginn der Tätigkeit vorgesehenen Zeitpunkt zustande gekommen.[557]

Die deutschen Eingriffsnormen finden auf das Leiharbeitsverhältnis ausschließlich während der Überlassung nach Deutschland Anwendung.[558] Dieser Tatsache soll bei der Anwendung der §§ 9 Nr. 1, 10 Abs. 1 AÜG Rechnung getragen werden. Das dem ausländischen Recht unterliegende Leiharbeitsverhältnis soll nur in der Zeit des Einsatzes in Deutschland und nur, insoweit es dem fingierten Arbeitsverhältnis zum Entleiher widerspricht, unwirksam sein.[559] Es bestehe grundsätzlich im Hintergrund neben dem fingierten Arbeitsverhältnis zum Entleiher fort. Nach Beendigung der Überlassung nach Deutschland rücke es wieder in den Vordergrund und der dem Heimatrecht unterliegende Vertrag sei maßgeblich.[560] Diese zeitliche Beschränkung der Wirkung der deutschen Eingriffsnorm hat für polnische Leiharbeitsverträge letztlich keine wesentliche Bedeutung. Das polnische Recht erlaubt lediglich den Abschluss von befristeten Verträgen, die mit der Überlassungsdauer an den Entleiher synchronisiert sein sollten. Dass der Leiharbeitsvertrag zwischen dem Verleiher und Leiharbeitnehmer nach Abschluss der Überlassung „wieder auflebt", ist angesichts der polnischen Ausgestaltung des Leiharbeitsvertrages nur in Ausnahmefällen denkbar, in denen die Vertragsdauer über den tatsächlichen Überlassungszeitraum hinaus reicht.[561]

---

556 Siehe hierzu Schüren/Hamann/*Riederer von Paar,* Einl. Rn. 678 ff. m.w.N.
557 Siehe zu weiteren Rechtsfolgen ausf. 2. Kap. G. II. 1.
558 *Ulber,* AÜG, Einl. F Rn. 5; nur für diesen Zeitraum besteht eine die Anwendung der Eingriffsnormen legitimierende Inlandsbeziehung; siehe hierzu 2. Kap. D. II. 3. b) aa).
559 Boemke/Lembke/*Boemke,* Einl. Rn. 22; Schüren/Hamann/*Riederer von Paar,* Einl. Rn. 679 f.; *Ulber,* AÜG, Einl. F Rn. 5.
560 Ebenda.
561 Die Dauer des Leiharbeitsverhältnisses kann – trotz der grundsätzlich vorgesehenen Synchronisation zwischen dem Überlassungszeitraum und der Dauer des Leiharbeitsverhältnisses (Art. 18 Abs. 1 LeiharbeitG) – durch ausdrückliche

Vereinbarungen, die dem Leiharbeitnehmer untersagen, mit dem deutschen Entleiher nach Beendigung des Leiharbeitsvertrages ein Arbeitsverhältnis einzugehen, sind gem. § 9 Nr. 4 AÜG unwirksam.[562] Eine Vereinbarung, nach der der Leiharbeitnehmer an den Verleiher eine Vermittlungsvergütung zu zahlen hat, ist gem. § 9 Nr. 5 AÜG unwirksam.[563] Die durch § 9 Nr. 4, 5 AÜG in Bezug genommenen Vereinbarungen verstoßen auch gegen das polnische Recht[564], sodass die Regelungen im Ergebnis keine neuen Impulse für das Arbeitsverhältnis beinhalten.

International zwingend ist durch die Einbeziehung in § 2 Nr. 4 AEntG auch der Gleichbehandlungsgrundsatz gem. §§ 3 Abs. 1 Nr. 3, 9 Nr. 2 AÜG. Die Anwendung des deutschen Gleichbehandlungsgrundsatzes ist immer dann von besonderem Interesse, wenn das ausländische Recht diesen Grundsatz nicht kennt und die Arbeitsbedingungen der Leiharbeitnehmer individualvertraglich frei verhandelbar sind. Ein solcher Fall ist angesichts der Tatsache, dass eine Überlassung hauptsächlich aus Ländern vorgenommen werden kann, in denen aufgrund der unionsrechtlichen Vorgaben der LeiharbeitRL das Gleichbehandlungsgebot gilt, nicht besonders praxisrelevant.[565] Aber auch innerhalb der Europäischen Union können die Mitgliedstaaten unterschiedliche Regelungen treffen. Die Vorgaben des zentralen Art. 5 LeiharbeitRL geben den Mitgliedstaaten einen großen Umsetzungsspielraum. Zwar wird in Absatz 1 das ausnahmslos geltende Gleichbehandlungsgebot als Grundsatz vorgeschrieben. Hiervon werden in den Absätzen 2-4 bedeutende Ausnahmeregelungen zugelassen, wodurch das Gleichbehandlungsgebot je nach nationaler Ausgestaltung die Arbeitsbedingungen der Leiharbeitnehmer unterschiedlich stark beeinflusst. Der deutsche Gesetzgeber hat den Gleichbehandlungsgrundsatz tarifdisponibel ausgestaltet, wohingegen das polnische Recht keine Ausnahmen von dem Gebot vorsieht.

Vereinbarung von dem Überlassungszeitraum abweichen; siehe hierzu auch 2. Kap. B. II. 3. a) aa).
562 Solche Vereinbarungen sind auch gem. Art. 12 LeiharbeitG unwirksam. Dieselbe Rechtsfolge muss für Vereinbarungen gelten, die bspw. für den Fall der Einstellung eines Leiharbeitnehmers eine Vertragsstrafe vorsehen; hierzu auch *Urszula Mirowska*, „Agencja pracy tymczasowej nie może zabronić klientowi zatrudnienia pracownika" in: DGP vom 08.02.2011.
563 Eine Zeitarbeitsagentur darf von einem Leiharbeitnehmer gem. Art. 19d BeInstG grundsätzlich keine Gebühren erheben. Anderslautende Vereinbarung sind gem. Art. 18 § 1, 2 ArbGB unwirksam.
564 Siehe hierzu Fn. 562 und Fn. 563.
565 Siehe hierzu § 3 Abs. 2-5 AÜG.

Unterliegt der Leiharbeitsvertrag bei einem grenzüberschreitenden Einsatz dem polnischen Vertragsstatut, richten sich die Arbeitsbedingungen ausnahmslos nach den Verhältnissen im Entleiherbetrieb.[566] Etwas anderes ergibt sich nicht daraus, dass das Gleichbehandlungsgebot §§ 3 Abs. 1 Nr. 3, 9 Nr. 2 AÜG über § 2 Nr. 4 AEntG grundsätzlich auf ausländischem Recht unterliegende Arbeitsverhältnisse anzuwenden ist.[567] Der Gleichbehandlungsgrundsatz bleibt in der Form maßgeblich, in der er seine Ausgestaltung im polnischen Recht erfahren hat. Die Entscheidung, ob der Gleichbehandlungsgrundsatz nach deutschem Recht auf den „polnischen" Vertrag Anwendung findet, ist abhängig von dem Verhältnis des Art. 9 Rom I-VO zu Art. 8 Rom I-VO.[568] Mit der wohl herrschenden Meinung ist ein grundsätzlicher Vorrang der Eingriffsnormen anzunehmen. Dies gilt nicht, wenn die nach ausländischem Recht anzuwendende, mit der Eingriffsnorm kollidierende Vorschrift der Zielsetzung der Eingriffsnorm nicht zuwiderläuft. In dem Fall tritt die Eingriffsnorm zurück und das ausländische Recht findet Anwendung.[569] Hiervon ist bei dem ausnahmslos geltenden Gleichbehandlungsgrundsatz nach polnischem Recht auszugehen. Durch den Gleichbehandlungsgrundsatz der §§ 3 Abs. 1 Nr. 3, 9 Nr. 2 AÜG soll das Schutzniveau der Leiharbeitnehmer erhöht und die Qualität der Leiharbeit gesteigert werden.[570] Diese Zielsetzung wird aber keineswegs durch die polnische Regelung aus Art. 15 LeiharbeitG konterkariert. Diese Regelung verfolgt den Schutz des Leiharbeitnehmers sogar stringenter und erlaubt keinerlei Ausnahmen von dem Gleichbehandlungsgebot, sodass das Ziel der deutschen Eingriffsnorm vollkommen unangetastet bleibt.

Wird nicht auf der Zielsetzung der in Frage stehenden Vorschriften des AÜG abgestellt, sondern auf die Regelung des § 2 Nr. 4 AEntG, ist das Ergebnis dasselbe. Durch das AEntG, das der Umsetzung der EntsendeRL 96/71 dient, werden Mindestarbeitsbedingungen festgelegt, die auf Verträge, die ausländischem Recht unterliegen, anzuwenden sind. Damit sollen nicht günstigere Arbeitsbedingungen für grenzüberschreitend einge-

---

566 Eine Abweichung zugunsten des Leiharbeitnehmers ist selbstverständlich jederzeit möglich.
567 So im Ergebnis auch *Bayreuther*, DB 2011, S. 706, 710; wohl auch *Franzen*, EuZA 2011, S. 451, 466.
568 Siehe hierzu ausf. 2. Kap. D. II. 3. b) dd) (2) (b).
569 Siehe hierzu 2. Kap. D. II. 3. b) cc).
570 Siehe hierzu m.w.N. 2. Kap. D. II. 3. b) dd) (2) (b) (hh).

setzte Arbeitnehmer ausgeschlossen werden.[571] In § 1 AEntG wird ausdrücklich bestimmt, dass Ziel des Gesetzes die Schaffung und Durchsetzung angemessener Mindestarbeitsbedingungen für grenzüberschreitend entsandte und für regelmäßig im Inland beschäftigte Arbeitnehmer sowie die Gewährleistung fairer und funktionierender Wettbewerbsbedingungen ist. Dadurch sollen zugleich sozialversicherungspflichtige Beschäftigungen erhalten und die Ordnungs- und Befriedigungsfunktion der Tarifautonomie gewahrt werden.[572] Die Anwendung der polnischen Regelung aus Art. 15 LeiharbeitG widerspricht nicht den mit dem AEntG verbundenen Zielen des deutschen Gesetzgebers. Durch sie werden für den Leiharbeitnehmer ebenfalls Mindestbedingungen geschaffen, die zugunsten des Leiharbeitnehmers von der deutschen Regelung abweichen. Würde der Gleichbehandlungsgrundsatz gem. §§ 3 Abs. 1 Nr. 3, 9 Nr. 2 AÜG statt der Regelung aus dem polnischen Recht zwingend angewandt, würden die Arbeitsbedingungen der polnischen Leiharbeitnehmer verschlechtert, was nicht der Zielsetzung des AEntG entspricht. Die Gewährleistung fairer Wettbewerbsbedingungen wird durch die Regelung des polnischen Gesetzes vielmehr gefördert, als dass darin ein Widerspruch zu dem Gesetzesziel gesehen werden kann. Die Tarifautonomie der deutschen Tarifvertragsparteien wird nicht angetastet und bei der Erhaltung regulärer Arbeitsplätze kann das ausnahmslos geltende Gleichbehandlungsgebot sogar helfen.

Unabhängig davon, auf welche Gesetzesziele – AÜG oder AEntG – bei der Entscheidung, ob der Gleichbehandlungsgrundsatz nach §§ 3 Abs. 1 Nr. 3, 9 Nr. 2 AÜG auf das Leiharbeitsverhältnis zwischen einem polnischen Verleiher und einem polnischen Leiharbeitnehmer angewendet werden kann, abgestellt wird, gilt der Vorrang der polnischen Regelung. In dem skizzierten Grundfall[573] richten sich die Arbeitsbedingungen stets nach Art. 15 LeiharbeitG und unterliegen nicht der tariflichen Öffnungsklausel.[574]

In § 11 AÜG finden sich weitere, besondere arbeitsrechtliche Vorschriften, die auf ein dem polnischen Recht unterliegendes Leiharbeitsverhältnis Anwendung finden. Der Verleiher wird nach § 11 Abs. 1 AÜG

---

571 So ausdrücklich der Erwägungsgrund Nr. 17 zur LeiharbeitRL.
572 Siehe zu den Zielen ErfK/*Schlachter*, § 1 AEntG Rn. 1 ff.; HWK/*Tillmanns*, § 1 AEntG Rn. 1 f.
573 Siehe hierzu 2. Kap. D. II. 4.
574 Siehe zu den tariflichen Abweichungsmöglichkeiten 2. Kap. D. II. 4. e).

zum Nachweis der wesentlichen Vertragsbedingungen des Leiharbeitsverhältnisses nach dem Nachweisgesetz verpflichtet. Die von § 2 Abs. 1 NachweisG geforderten Angaben entsprechen weitestgehend denjenigen, die nach polnischem Recht gem. Art. 13 LeiharbeitG im Rahmen des Abschlusses des Arbeitsvertrages schriftlich vereinbart bzw. mangels Schriftform des Vertrages durch den Verleiher gem. Art. 13 Abs. 4 LeiharbeitG schriftlich bestätigt werden müssen. Darüber hinaus sind die in § 11 Abs. 1 S. 2 AÜG genannten Angaben bei der grenzüberschreitenden Überlassung zu fordern. Die Pflicht aus § 11 Abs. 2 AÜG, bei Vertragsschluss auf Kosten des Verleihers ein Merkblatt der Erlaubnisbehörde über den wesentlichen Inhalt des AÜG auszuhändigen, besteht auch für den ausländischen Verleiher. Auf Verlangen des polnischen Leiharbeitnehmers müssen das Merkblatt als auch der Nachweis nach Absatz 1 in polnischer Sprache ausgehändigt werden. Über Änderungen in Bezug auf die deutsche Überlassungserlaubnis ist der polnische Leiharbeitnehmer gem. § 11 Abs. 3 AÜG zu unterrichten. Die Vorschrift des § 11 Abs. 4 AÜG ist nur bedingt auf das polnische Leiharbeitsverhältnis anwendbar. Die Regelungen in § 11 Abs. 5-6 AÜG finden wiederum unproblematisch Anwendung. Dem polnischen Leiharbeitnehmer steht – anders als nach polnischem Recht[575] – gem. § 13 AÜG direkt gegenüber dem deutschen Entleiher ein Auskunftsanspruch hinsichtlich der für einen vergleichbaren Arbeitnehmer des Entleihers geltenden wesentlichen Arbeitsbedingungen zu. Angewendet werden sollten auch die §§ 13a, 13b, 14 AÜG. Die §§ 15, 15a AÜG haben im Hinblick auf polnische Leiharbeitnehmer keine Relevanz.

bb) Zwingende Mindestarbeitsbedingungen nach Branchen, § 8 Abs. 3 AEntG

Wird der polnische Leiharbeitnehmer in einer von § 4 AEntG genannten Branche eingesetzt, muss der Verleiher sich mit den in der jeweiligen Branche geltenden Beschäftigungsbedingungen vertraut machen. Besteht in einer von § 4 AEntG erfassten Branche ein für allgemeinverbindlich er-

---

575 Die Zeitarbeitsagentur wird durch Art. 11 LeiharbeitG verpflichtet, den potenziellen Leiharbeitnehmer über die nach Art. 9 und Art. 10 LeiharbeitG zu treffenden Absprachen vor Abschluss des Arbeitsvertrages zu unterrichten. Haben die Parteien des Überlassungsvertrages weitergehende Dispositionen, die das Leiharbeitsverhältnis betreffen, getroffen, so ist der Leiharbeitnehmer auch hierüber in Kenntnis zu setzen.

klärer Tarifvertrag oder wurde eine Rechtsverordnung nach § 7 AEntG erlassen, sind die darin vorgeschriebenen Arbeitsbedingungen von dem polnischen Verleiher gegenüber seinem polnischen Leiharbeitnehmer einzuhalten.[576] Durch § 8 Abs. 3 AEntG werden für die grenzüberschreitende Überlassung die in den Branchen geltenden Bedingungen als Mindestvoraussetzung vorgeschrieben. Regelungsgegenstand eines Tarifvertrages nach § 3 AEntG kann gem. § 5 Nr. 1 AEntG ein Mindestentgeltsatz sein, sodass für die genannten Branchen bei einem Verleih aus Polen nach Deutschland der in der Branche geltende Mindestlohn für die Berechnung der Vergütung maßgeblich sein kann. Die Vorschrift bestimmt explizit, dass es sich nur um Mindestbedingungen handelt, die zwingend von dem polnischen Verleiher eingehalten werden müssen. Im Verhältnis zur Lohnuntergrenze gem. § 3a AÜG, die ebenfalls eine Mindestregelung darstellt, gilt das Günstigkeitsprinzip.[577] In Anbetracht des ausnahmslos geltenden Gleichbehandlungsgrundsatzes nach polnischem Recht erscheint der Anwendungsbereich der Regelung in § 8 Abs. 3 AEntG für den Grundfall der Überlassung aus Polen nach Deutschland gering zu sein. Die Regelung erlangt ihre Bedeutung vor allem in den Fällen, in denen vom Gleichbehandlungsgebot durch Tarifvertrag oder Inbezugnahme eines Tarifvertrages abgewichen werden kann. Dann stellt sie – wie § 3a AÜG – eine Mindestgrenze für die Abweichung zuungunsten des Leiharbeitnehmers dar, die nicht unterschritten werden darf.

d) Sonderfall: Geltung deutschen Rechts

Der zwischen dem polnischen Leiharbeitnehmer und dem polnischen Verleiher zum Zwecke der grenzüberschreitenden Arbeitnehmerüberlassung nach Deutschland geschlossene Leiharbeitsvertrag unterliegt grundsätzlich dem polnischen Recht. Durch eine Rechtswahl können wesentliche Bestimmungen des polnischen Rechts, wie der ausnahmslos geltende Gleichbehandlungsgrundsatz, nicht abbedungen werden. Etwas anderes kann gelten, wenn bei einer objektiven Anknüpfung des Vertragsstatuts das deutsche Recht anwendbar wäre, mithin eine nähere Verbindung zum polni-

---

576 Nachweise zu den jeweils geltenden Regelungen finden sich bspw. bei Däubler/*Lakies*, Anh. 2 zu § 5 TVG, § 4 AEntG Rn. 5; ErfK/*Schlachter*, § 4 AEntG Rn. 2 ff.
577 Siehe hierzu 2. Kap. D. II. 3. b) dd) (2).

schen Recht i.S.v. Art. 8 Abs. 4 Rom I-VO nicht gegeben wäre. Hierfür müssten wesentliche Anknüpfungspunkte, die im Grundfall[578] für eine Verbindung zu Polen sprechen, abweichend ausgestaltet sein. Zu bedenken ist allerdings, dass, um von einer grenzüberschreitenden Arbeitnehmerüberlassung zu sprechen, bestimmte Anknüpfungspunkte im Ausland gegeben sein müssen. Wird der polnische Leiharbeitnehmer von einem Verleiher mit Sitz in Deutschland an einen Entleiherbetrieb in Deutschland überlassen, ist nach objektiver Anknüpfung deutsches Recht anzuwenden. Dies ist ein Fall der inländischen Arbeitnehmerüberlassung eines ausländischen Arbeitnehmers. Es liegt keine Situation vor, in der die Überlassung grenzüberschreitend stattfindet.

e) Exkurs: Tarifvertragliche Abweichung vom Gleichbehandlungsgrundsatz bei grenzüberschreitender Arbeitnehmerüberlassung

Bei der grenzüberschreitenden Arbeitnehmerüberlassung aus Polen nach Deutschland findet der Gleichbehandlungsgrundsatz nach §§ 3 Abs. 1 Nr. 3, 9 Nr. 2 AÜG keine Anwendung. Es gilt die Vorschrift des Art. 15 LeiharbeitG, die anders als die deutsche Vorschrift keine Abweichungsmöglichkeiten von der Gleichbehandlung zulässt. Etwas anderes könnte sich ergeben, wenn der Bezug zum polnischen Recht nicht so stark ausgeprägt ist, sodass deutsches Recht Anwendung findet, oder die zwingende Geltung des Gleichbehandlungsverbotes nach deutschem Recht – abweichend von der hier dargestellten Lösung – trotz der polnischen Regelung angenommen wird. Vorliegend soll deshalb vollständigkeitshalber auf die Konsequenzen eingegangen werden, die sich aus der Geltung des deutschen Gleichbehandlungsgrundsatzes mit seinen Abweichungsmöglichkeiten bei grenzüberschreitender Arbeitnehmerüberlassung ergeben. Anschließend werden die Möglichkeiten in Polen, durch kollektivrechtliche Vereinbarungen auf die Beschäftigungsbedingungen von Leiharbeitnehmern Einfluss zu nehmen, erörtert.

Der Gleichbehandlungsgrundsatz des deutschen Arbeitnehmerüberlassungsrechts gem. §§ 3 Abs. 1 Nr. 3, 9 Nr. 2 AÜG kann als teilweise zwingend bezeichnet werden. Den Leiharbeitsvertragsparteien ist es nicht möglich, durch individuelle Abreden von diesem Grundsatz Abweichungen zuungunsten des Leiharbeitnehmers vorzunehmen. Entsprechende Verein-

---

578 Siehe hierzu 2. Kap. D. II. 4.

barungen sind gem. § 9 Nr. 2 AÜG unwirksam. Abweichungen vom Gleichbehandlungsgrundsatz sind möglich, sofern sie in einem Tarifvertrag vereinbart werden, §§ 3 Abs. 1 Nr. 3 S. 2, 9 Nr. 2 HS. 2 AÜG. Sind der betreffende Verleiher oder Leiharbeitnehmer nicht tarifgebunden, besteht für sie die Möglichkeit, im Geltungsbereich eines solchen Tarifvertrages die Anwendung der tariflichen Regelung zu vereinbaren, §§ 3 Abs. 1 Nr. 3 S. 3, 9 Nr. 2 HS. 3 AÜG. Durch die Inbezugnahme eines Tarifvertrages gelten die tariflichen, vom Gleichbehandlungsgrundsatz abweichenden Arbeitsbedingungen auch auf individualvertraglicher Ebene. Findet das Gleichbehandlungsgebot gem. §§ 3 Abs. 1 Nr. 3, 9 Nr. 2 AÜG auf ausländische Verleiher und Leiharbeitnehmer Anwendung, müssen diesen ebenso die Abweichungsmöglichkeiten im Wege eines Tarifvertrages oder durch Inbezugnahme eines einschlägigen Tarifvertrages für die ausländischen Beteiligten gewährt werden. Würde den ausländischen Verleihern eine Durchbrechung des Gleichbehandlungsgrundsatzes im Gegensatz zu inländischen (deutschen) Verleihern nicht ermöglicht, läge eine Verletzung der Dienstleistungsfreiheit aus Art. 56 AEUV vor.[579] Bei der praktischen Umsetzung der tariflichen Abweichungsmöglichkeiten durch ausländische Verleiher bestehen Unklarheiten. Wichtig ist zwischen dem Fall, dass die deutsche Regelung über das Vertragsstatut anzuwenden ist, und dem, dass der Leiharbeitsvertrag dem Heimatrecht der Vertragsparteien unterliegt und der Gleichbehandlungsgrundsatz über § 2 Nr. 4 AEntG als Eingriffsnorm Geltung beansprucht, zu unterscheiden.

aa) Abweichung bei deutschem Vertragsstaut

Unterliegt der Leiharbeitsvertrag bei der grenzüberschreitenden Arbeitnehmerüberlassung dem deutschen Recht und ist nicht über Art. 8 Abs. 1 S. 2 Rom I-VO ausländisches Recht (stellenweise) anzuwenden, gilt der Gleichbehandlungsgrundsatz gem. §§ 3 Abs. 1 Nr. 3, 9 Nr. 2 AÜG. Nach

---

579 EuGH, Urteil vom 18.12.2007, C-341/05 (*Laval*), Slg. 2007, I-11767, Rn. 115 ff.; Geschäftsanweisung der Bundesagentur für Arbeit zum Arbeitnehmerüberlassungsgesetz (GA AÜG), abrufbar unter: http://www.arbeitsagentur. de/zentraler-Content/A08-Ordnung-Recht/A083-AUEG/Publikation/pdf/GA-AUEG.pdf (Stand: April 2013), Ziffer 3.1.8.9, zuletzt abgerufen am 04.02.2014; so auch allgemein *Böhm*, NZA 2010, S. 1218, 1219; *Franzen*, EuZA 2011, S. 451, 467 f.; Thüsing/*Pelzner/Kock*, AÜG,§ 3 Rn. 100, 110 m.w.N.

ständiger Rechtsprechung des BAG[580] als auch nach Auffassung des Schrifttums ist davon auszugehen, dass ein Tarifvertrag, der ausländischem Recht unterliegt, nicht auf ein „deutsches" Arbeitsverhältnis angewendet werden kann.[581] Erforderlich ist insofern eine „Kongruenz von Tarif- und Arbeitsvertragsstatut".[582] Eine Abweichung vom Gleichbehandlungsgrundsatz durch einen ausländischen Tarifvertrag oder durch eine Inbezugnahme eines ausländischen Tarifvertrages ist folglich ausgeschlossen.[583]

Es bleiben die Möglichkeiten, die Arbeitsbedingungen durch einen inländischen Tarifvertrag oder die Inbezugnahme eines inländischen Tarifvertrages zu beeinflussen. Die für den ausländischen Verleiher und Leiharbeitnehmer bestehende Möglichkeit, durch inländischen Tarifvertrag vom Gleichbehandlungsgrundsatz abweichende Arbeitsbedingungen zu bestimmen, erscheint theoretischer Natur zu sein. Sowohl der ausländische Verleiher als auch der ausländische Leiharbeitnehmer müssten tarifgebunden sein, § 4 Abs. 1 TVG. Die Wahrscheinlichkeit, dass ein ausländischer Leiharbeitnehmer – angesichts der schwachen, gewerkschaftlichen Organisation von Leiharbeitnehmern im Allgemeinen – Mitglied einer tariffähigen Gewerkschaft ist und der ausländische Verleiher an der Aushandlung eines einschlägigen Tarifvertrages i.S.d. § 1 Abs. 1 TVG mitwirkt oder einer Tarifvertragspartei beitritt, ist als gering einzuschätzen.

Die Möglichkeit für den ausländischen Verleiher, durch eine Inbezugnahme eines Tarifvertrages der Zeitarbeit von dem Gleichbehandlungsgrundsatz abzuweichen, wird teilweise mit der Begründung des fehlenden räumlichen Geltungsbereichs der Zeitarbeitstarifverträge abgelehnt.[584] Dieser Auffassung kann nicht gefolgt werden. Um dem Vorwurf

---

580 BAG, Urteil vom 04.05.1977, 4 AZR 10/76, NJW 1977, S. 2039; BAG, Urteil vom 09.07.2003, 10 AZR 593/02; RdA 2004, 175; BAG, Urteil vom 20.08.2003, 5 AZR 362/02, NJOZ 2004, S. 4103.
581 Siehe hierzu *Franzen*, EuZA 2011, S. 451, 456; *Löwisch/Rieble*, TVG, Grundlagen Rn. 347 f., 352, 362; MüKo-BGB/*Martiny*, Art. 8 VO (EG) 593/2008 Rn. 145 f.; ErfK/*Schlachter*, Art. 9 Rom I-VO Rn. 33; Schaub/*Treber*, § 204, Rn. 11.
582 *Löwisch/Rieble*, TVG, Grundlagen Rn. 347.
583 *Bayreuther*, DB 2011, S. 706, 710; *Franzen*, EuZA 2011, S. 451, 456; siehe zur Inbezugnahme von ausländischen Tarifverträgen *Löwisch/Rieble*, TVG, Grundlagen Rn. 370, 372.
584 Für die Inbezugnahme eines deutschen Tarifvertrages wird ein Betriebssitz in Deutschland gefordert, hierzu GA AÜG, Ziffer 3.1.8.10; *Boemke*, BB 2005,

einer gemeinschaftswidrigen Diskriminierung zu entgehen, muss ein ausländischer Verleiher unter den gleichen Voraussetzungen von dem Gleichbehandlungsgebot abweichen können wie einer mit Sitz in Deutschland. Eine Abweichung aufgrund ausländischer Tarifverträge ist nicht möglich. Die tarifvertragliche Abweichung i.S.d. §§ 3 Abs. 1 Nr. 3, 9 Nr. 2 AÜG ist wiederum sehr unwahrscheinlich. Die einzige praktische Möglichkeit für einen ausländischen Verleiher ist die Inbezugnahme eines deutschen Zeitarbeitstarifvertrages. Aus gemeinschaftsrechtlichen Gründen kann ein ausländischer Verleiher mit seinem Leiharbeitnehmer individualvertraglich die Anwendung der tariflichen Regelungen eines deutschen Zeitarbeitstarifvertrages vereinbaren und dadurch unter den gleichen Voraussetzungen wie ein deutscher von dem Gleichbehandlungsgrundsatz abweichen.[585]

bb) Abweichung bei ausländischem Vertragsstatut

Der Gleichbehandlungsgrundsatz gem. §§ 3 Abs. 1 Nr. 3, 9 Nr. 2 AÜG kann auch über § 2 Nr. 4 AEntG auf ein Leiharbeitsverhältnis Anwendung finden, das bei einer grenzüberschreitenden Überlassung grundsätzlich dem Heimatrecht der Vertragsparteien unterliegt.[586] Würde für ausländische Verleiher in dem Fall der Gleichbehandlungsgrundsatz aufgrund des deutschen Rechts ohne tarifvertragliche Durchbrechungsmöglichkeit gelten, wäre von einer unzulässigen Beschränkung der Dienstleistungsfreiheit und einer ungerechtfertigten Ungleichbehandlung des ausländischen Dienstleistungserbringers auszugehen. Es ist deshalb mit der herrschenden Meinung anzunehmen, dass ausländische Verleiher von dem Gleichbehandlungsgebot grundsätzlich durch einen ausländischen Tarifvertrag abweichen können.[587] Ferner kann eine Abweichung – sofern nach dem

---

S. 265, 271; *Thüsing/Pelzner/Kock*, AÜG, § 3 Rn. 110; mit anderer Begründung ablehnend Bieback/*Hanau*, Tarifgestütze Mindestlöhne, S. 127, 138 f.
585 Vgl. *Franzen*, EuZA 2011, S. 451, 457 f.; *Thüsing/Lembke*, ZfA 2007, S. 87, 102 ff.; *Ulber*, AÜG, § 9 Rn. 311; im Ergebnis wohl auch *Bayreuther*, DB 2011, S. 706, 710.
586 Siehe hierzu ausf. 2. Kap. D. II. 3. b) dd) (2) (b).
587 GA AÜG, Ziffer 3.1.8.9; *Bayreuther*, DB 2011, S. 706, 710; *Boemke*, BB 2005, S. 265, 270; *Böhm*, NZA 2010, S. 1218, 1219; *Franzen*, EuZA 2011, S. 451, 467 ff.; Bieback/*Hanau*, Tarifgestütze Mindestlöhne, S. 127, 138 f.; *Thüsing/ Pelzner/Kock*, AÜG,§ 3 Rn. 100; *Thüsing/Lembke*, ZfA 2007, S. 87, 94; *Ulber*, AÜG, Einl. f. Rn. 100; UGBH/*Urban-Crell/Hurst*, AÜG, § 3 Rn. 144.

Heimatrecht der Vertragsparteien diese Form der Erstreckung eines Tarifvertrages möglich ist – durch individualvertragliche Inbezugnahme eines ausländischen Tarifvertrages durch die Arbeitsvertragsparteien vorgenommen werden.[588] Diese Schlussfolgerung birgt eine gewisse politische Brisanz. Denn die ausländischen Tarifverträge unterliegen – ebenso wie deutsche – keiner inhaltlichen Kontrolle durch die Arbeitsgerichte (§ 310 Abs. 4 BGB). Für den ausländischen Tarifvertrag muss die Richtigkeitsvermutung gelten.[589] Dieser kann letztlich nur einer Rechtskontrolle unterzogen werden.[590] Die Möglichkeit der Anwendung ausländischer „Niedriglohntarifverträge", in denen von dem deutschen Lohnniveau stark abweichende „Dumpinglöhne" vereinbart würden, wurde gerade im Hinblick auf die vollständige Freizügigkeit der Arbeitnehmer aus den MOE-Staaten ab dem 01.05.2011 kontrovers diskutiert.[591] Die geäußerten Bedenken gegen die Anwendung ausländischer Tarifverträge aus den MOE-Staaten sind in weiten Teilen unbegründet. Genauso wie bei inländischen Tarifverträgen ist eine Abweichung von der Gleichbehandlung beim Lohn nur insoweit möglich, als das durch eine Rechtsverordnung gem. § 3a Abs. 2 AÜG festgesetzte Mindeststundenentgelt nicht unterschritten wird.[592] Aufgrund von § 8 Abs. 3 AEntG kann bei einem Einsatz des Leiharbeitnehmers bei Tätigkeiten in einer von § 4 AEntG erfassten Branche nicht durch einen Tarifvertrag von den Mindestarbeitsbedingungen, die in der jeweiligen Branche gelten, abgewichen werden. Ein gewisses inländisches Mindestniveau bleibt schließlich bei der Zulassung von ausländischen Tarifverträgen erhalten.[593] Eine weitere – vor dem Hintergrund der genannten Regelungen nicht besonders relevante – Grenze zur Abweichung von

---

588 Siehe hierzu *Boemke*, BB 2005, S. 265, 270; Thüsing/*Pelzner/Kock*, AÜG,§ 3 Rn. 110; *Ulber*, AÜG, § 9 Rn. 311; UGBH/*Urban-Crell/Hurst*, AÜG, § 3 Rn. 144; *Thüsing/Lembke*, ZfA 2007, S. 87, 94.
589 Vgl. hierzu *Bayreuther*, DB 2011, S. 706, 710; Thüsing/*Pelzner/Kock*, AÜG,§ 3 Rn. 100; zur Richtigkeitsvermutung im Allgemeinen, MünchArbR/*Rieble/ Klumpp*, § 163 Rn. 8 ff.; BeckOK-ArbR/*Waas*, § 1 TVG Rn. 13.
590 *Bayreuther*, DB 2011, S. 706, 710; zum Umfang der richterlichen Prüfung siehe HWK/*Henssler*, § 1 TVG Rn. 88 ff. m.w.N.; Schaub/*Treber*, § 203, Rn. 22 ff. m.w.N.
591 Siehe hierzu bereits die Nachweise in Fn. 40 und Fn. 41; kritisch ferner auch *Thüsing/Lembke*, ZfA 2007, S. 87, 92 ff.
592 § 3 Abs. 1 Nr. 3 S. 2 AÜG.
593 So auch schon zur Rechtslage vor Einführung des § 3a AÜG, *Thüsing/Lembke*, ZfA 2007, S. 87, 94, 97.

den Arbeitsbedingungen besteht in der Möglichkeit einer Sittenwidrigkeitskontrolle des ausländischen Tarifvertrages.[594]

Nicht jeder ausländische Tarifvertrag kann zur Abweichung von dem Gleichbehandlungsgebot genügen. Im Schrifttum wird gefordert, dass ein ausländischer Tarifvertrag einem inländischen „gleichwertig" sein muss. Wann die Gleichwertigkeit gegeben ist, ist nicht abschließend geklärt.[595] Entscheidend ist jedenfalls, dass der ausländische Tarifvertrag bestimmte Mindestanforderungen erfüllen muss. Hierzu sind unter anderem die unmittelbar zwingende Einwirkung auf das Individualarbeitsverhältnis und das Bestehen gerichtlich einklagbarer Regelungen zu zählen.[596]

Im Schrifttum wird die Frage, ob die ausländischen Vertragsparteien bei Geltung eines ausländischen Vertragsstatuts einen deutschen Tarifvertrag in Bezug nehmen können, uneinheitlich beantwortet.[597] Unter Zugrundelegung einer gemeinschaftsrechtskonformen Auslegung der §§ 3 Abs. 1 Nr. 3, 9 Nr. 2 AÜG sollte die Inbezugnahme deutscher Zeitarbeitstarifverträge für den Fall, dass der Leiharbeitsvertrag ausländischem Recht unterworfen ist, möglich sein.

cc) Abweichungen durch tarifvertragliche Vereinbarungen nach polnischem Recht

Nach einer Darstellung der Grundlagen der Koalitionsfreiheit von Leiharbeitnehmern in Polen sollen die kollektivrechtlichen Möglichkeiten zur Einflussnahme auf die Beschäftigungsbedingungen untersucht werden.

---

594 *Bayreuther*, DB 2011, S. 706, 710; ausf. *Thüsing*, ZfA 2008, S. 590, 627 ff.
595 Siehe hierzu *Franzen*, EuZA 2011, S. 451, 469 ff.; *Löwisch/Rieble*, TVG, Grundlagen Rn. 380 ff.; *Thüsing*, ZfA 2008, S. 590, 624 ff.; *Thüsing/Lembke*, ZfA 2007, S. 87, 95 f.; *Ulber*, AÜG, Einl. F Rn. 100.
596 GA AÜG, Ziffer 3.1.8.9; *Bayreuther*, DB 2011, S. 706, 710; Thüsing/*Pelzner/ Kock*, AÜG, § 3 Rn. 110; UGBH/*Urban-Crell/Hurst*, AÜG, § 3 Rn. 145.
597 Bejahend *Thüsing/Lembke*, ZfA 2007, S. 87, 101 ff.; wohl auch *Ulber*, AÜG, § 9 Rn. 311; kritisch *Bayreuther*, DB 2011, S. 706, 710; ablehnend wohl Thüsing/*Pelzner/Kock*, AÜG, § 3 Rn. 100.

D. Internationales Privatrecht

(1) Koalitionsrecht der Leiharbeitnehmer

In Art. 2 Abs. 1 des Gesetzes über die Gewerkschaften wird bestimmt, dass alle Arbeitnehmer – ohne Rücksicht auf die Grundlage des Arbeitsverhältnisses – das Recht zur Bildung und zum Eintritt in Gewerkschaften haben. Unter Beachtung der verfassungsrechtlichen Vorgaben aus Art. 12[598] und 59 Abs. 1[599] VerfPolen[600] und des weiten Wortlautes von Art. 2 Abs. 1 GewerkschaftG[601] genießen Leiharbeitnehmer, die ein Arbeitsverhältnis mit der Zeitarbeitsagentur eingehen, die volle Koalitionsfreiheit. Das LeiharbeitG enthält keine Regelungen zum kollektiven Arbeitsrecht, sodass gem. Art. 5 LeiharbeitG die entsprechenden Vorschriften des Arbeitsrechts über Arbeitgeber und -nehmer anzuwenden sind.[602]

Bei der Vertretung und dem Schutz von Arbeitnehmerrechten und -interessen nehmen die Gewerkschaften[603] eine zentrale Rolle ein.[604] Die kollektive Vertretung findet auf betrieblicher Ebene[605] durch betriebliche (Art. 26 ff. GewerkschaftG) oder zwischenbetriebliche Gewerkschaftsorganisationen[606] (Art. 34 ff. GewerkschaftG) statt. Trotz der rechtlichen

---

598 Art. 12 VerfPolen lautet: Die Republik Polen gewährleistet die Freiheit der Bildung und Tätigkeit der Gewerkschaften, der gesellschaftlich-beruflichen Bauernorganisationen, der Vereine, der Bürgerbewegungen, anderer freiwilliger Zusammenschlüsse sowie von Stiftungen.
599 Art. 59 Abs. 1 VerfPolen lautet: Die Koalitionsfreiheit, die Freiheit der Bildung von gesellschaftlich-beruflichen Bauernorganisationen sowie von Arbeitgeberorganisationen wird gewährleistet.
600 Verfassung der Republik Polen vom 02.04.1997 (Konstytucja Rzeczypospolitej Polskiej), Dz. U. 1997, Nr. 78, Pos. 483, weiter: VerfPolen.
601 Gesetz über die Gewerkschaften vom 23.05.1991 (Ustawa o związkach zawodowych), Dz. U. 1991, Nr. 55, Pos. 234, vereinheitlichter Text, m. spät. Änd., weiter: GewerkschaftG.
602 *Baran*, „Zatrudnienie ..." in: Sobczyk, Z problematyki ..., S. 35 ff.; *Cudowski*, M.P.Pr. 2005, Nr. 4 S. 93 ff.; *Łapiński*, Umowa o pracę na czas określony z pracownikiem ..., S. 29; *Reda*, S. 109 ff.; *Sobczyk*, Zatrudnienie tymczasowe, S. 39.
603 Das GewerkschaftG definiert diese in Art. 1 Abs. 1 als eine freiwillige und sich selbst verwaltende Organisation von arbeitenden Menschen, die zur Vertretung und Verteidigung ihrer beruflichen und sozialen Rechte und Interessen berufen ist.
604 Vgl. *Małyszek*, Rn. 518.
605 Dieser Bereich wird in Deutschland durch das Betriebsverfassungsgesetz geregelt.
606 Eine zwischenbetriebliche Gewerkschaftsorganisation ist eine Gewerkschaft, deren Struktur die Betriebe von mindestens zwei Arbeitgebern i.S.v. Art. 3 ArbGB umfasst.

Möglichkeit, sich in überbetrieblichen (Art. 9 GewerkschaftG) und landesweiten Organisationen (Art. 11 GewerkschaftG) zusammenzuschließen, bildet für Gewerkschaften in Polen der einzelne Betrieb die organisatorische Hauptebene.[607] In einem Betrieb können mehrere (betriebliche) Gewerkschaftsorganisationen existieren.[608] Dieser rechtlich zulässige „Gewerkschaftspluralismus"[609] auf betrieblicher Ebene führt häufig zu einer Konkurrenz der Gewerkschaften untereinander und erschwert gleichzeitig die Interessenvertretung der gesamten Belegschaft gegenüber dem Arbeitgeber.[610] An der Stelle sei darauf hingewiesen, dass sich die gewerkschaftliche Organisationsdichte in Polen im Allgemeinen im Vergleich zu anderen europäischen Ländern auf einem sehr niedrigen Niveau bewegt.[611] Nach den aktuellen Angaben des Meinungsforschungsinstitutes *CBOS*[612] gehören nur etwa 10 % der Beschäftigten einer Gewerkschaft an.[613]

Im Hinblick auf einen Leiharbeitnehmer ist festzuhalten, dass er sowohl Gewerkschaften gründen als auch bestehenden Gewerkschaften – ob betrieblich oder überbetrieblich – beitreten kann. In Betracht kommt zunächst die Gründung oder der Beitritt zu einer betrieblichen Gewerkschaft bei der Zeitarbeitsagentur oder einer überbetrieblichen Gewerkschaft, deren betriebliche Organisationseinheit in der Zeitarbeitsagentur angesiedelt

---

607 Vgl. *Stegemann*, S. 473; siehe hierzu auch *Balawejder/Gauggel*, WiRO 2006, S. 359; *Chwalisz*, S. 78.
608 Jede Gewerkschaft verteidigt dabei jeweils die Rechte und Interessen ihrer Mitglieder, Art. 30 Abs. 1 GewerkschaftG. In kollektiven Angelegenheiten arbeiten die Gewerkschaften zusammen und repräsentieren gemeinsam die Arbeitnehmerseite (Art. 30 Abs. 3, 4 GewerkschaftG).
609 *Stegemann*, S. 474.
610 Vgl. *Stegemann*, S. 474; siehe hierzu auch *Chwalisz*, S. 78.
611 Siehe Vergleich für das Jahr 2012: Finnland 74 %, EU-Durchschnitt 24 %, Deutschland 18 %, Polen 12 %, http://de.worker-participation.eu/Nationale-Arbeitsbeziehungen/Quer-durch-Europa/Gewerkschaften, zuletzt abgerufen am 07.09.2014; vgl. auch *Chwalisz*, S. 181.
612 Centrum Badania Opinii Społecznej, übersetzt: Zentrum zur Untersuchung der öffentlichen Meinung.
613 Siehe hierzu den Forschungsbericht vom Mai 2013 mit dem Titel: „Członkostwo w związkach zawodowych i opinie o ich działalności" – Mitgliedschaft in Gewerkschaften und Meinung über deren Tätigkeit: http://www.cbos.pl/SPISKOM.POL/2013/K_062_13.PDF, zuletzt abgerufen am 22.01.2014.

ist.⁶¹⁴ Überdies wird dem Leiharbeitnehmer das Recht zugesprochen eine Gewerkschaft, die im Entleiherbetrieb tätig ist, zu gründen oder einer beizutreten.⁶¹⁵

(2) Kollektivrechtliche Vereinbarungen

Das polnische Arbeitsrecht sieht grundsätzlich ebenfalls die Möglichkeit vor, durch kollektive Vereinbarungen zwischen Arbeitnehmern und -gebern auf die Arbeitsverhältnisse Einfluss zu nehmen. Ein Tarifvertrag i.S.v. Art. 238 ff. ArbGB stellt eine normative Vereinbarung zwischen Gewerkschaftsorganisationen und Arbeitgebern dar, die nicht nur die Vertragsparteien bindet, sondern alle Arbeitnehmer, die bei den Arbeitgebern, die den Tarifvertag geschlossen haben, angestellt sind.⁶¹⁶ Das Arbeitsgesetzbuch unterscheidet zwischen betrieblichen (Art. 241²³ ff. ArbGB), die zwischen dem Arbeitgeber und den in dem Betrieb tätigen Gewerkschaftsorganisationen geschlossen werden, und überbetrieblichen Tarifverträgen (Art. 241¹⁴ ff. ArbGB). Vertragsparteien eines überbetrieblichen können nur Arbeitgeberorganisationen und überbetriebliche Gewerkschaften sein.⁶¹⁷ Tarifverträge und andere kollektive Vereinbarungen zwischen Arbeitgebern und -nehmern sind in Polen selten und haben nur einen geringen Einfluss auf die Gestaltung der Arbeitsbeziehungen.⁶¹⁸

Die den Leiharbeitnehmern zustehende Koalitionsfreiheit umfasst das Recht einen Tarifvertrag abzuschließen, der die Rechte der Leiharbeitnehmer abweichend von den gesetzlichen Vorgaben regelt. In Betracht kommt zunächst der Abschluss eines Tarifvertrages mit der Zeitarbeitsagentur. Gegen eine praktische Umsetzung dieses Rechts spricht – aufgrund des kurzweiligen Arbeitsverhältnisses – das Fehlen von Leiharbeit-

---

614 *Baran*, „Zatrudnienie ..." in: Sobczyk, Z problematyki ..., S. 35, 43; *Cudowski*, M.P.Pr. 2005, Nr. 4, S. 93 f.; *Łapiński*, Umowa o pracę na czas określony z pracownikiem ..., S. 29; *Reda*, S. 111; *Sobczyk*, Zatrudnienie tymczasowe, S. 39.
615 *Cudowski*, M.P.Pr. 2005, Nr. 4 S. 93 f.; *Baran*, „Zatrudnienie ..." in: Sobczyk, Z problematyki ..., S. 35, 43; *Łapiński*, Umowa o pracę na czas określony z pracownikiem ..., S. 29; *Makowski*, Praca tymczasowa, S. 131 f.; *Reda*, S. 111; a.A. *Sobczyk*, Zatrudnienie tymczasowe, S. 39.
616 Vgl. *Florek*, Rn. 435; *Małyszek*, Rn. 550.
617 Weitere Hinweise bei *Florek*, Rn. 446; *Małyszek*, Rn. 556 ff.
618 Ausf. *Chwalisz*, S. 111 f.; *Florek*, PiZS 2013, Nr. 2, S. 2, 7 f.; *Stegemann*, S. 478 ff. m.w.N.

nehmervertretungen in Zeitarbeitsagenturen.[619] Ein solcher Abschluss würde den wirtschaftlichen Interessen einer Zeitarbeitsagentur zuwiderlaufen und gilt daher als unwahrscheinlich.[620] Aufgrund der Aufteilung der Arbeitgeberposition und der Festlegung, dass die Leiharbeit nur zugunsten des Entleihers verrichtet wird, erscheint es sinnvoll, tariflich Sachfragen zu regeln, die sowohl die Beziehung mit dem Verleiher als auch mit dem Entleiher betreffen.[621] Eine Möglichkeit wäre die Bildung einer zwischenbetrieblichen Gewerkschaft, die sowohl beim Entleiher als auch dem Verleiher handelt und mit beiden Rechtsträgern entsprechende tarifvertragliche Vereinbarungen treffen würde.[622] Ein die Rechte eines Leiharbeitnehmers betreffender Tarifvertragsabschluss ist ferner mit dem Entleiher durch eine Gewerkschaft, die im Entleiherbetrieb besteht und der der Leiharbeitnehmer angehört, möglich. Ist der Leiharbeitnehmer kein Gewerkschaftsmitglied einer im Entleiherbetrieb tätigen Gewerkschaft, kann diese bei Tarifvertragsabschluss unter Anwendung des Art. 239 § 2 ArbGB[623] von sich aus Regelungen einbringen, die ausdrücklich auch die Rechte und Interessen eines Leiharbeitnehmers erfassen sollen.[624] Es ist fraglich, welches Interesse eine im Entleiherbetrieb bestehende Gewerkschaft, die die Stammarbeiter des Entleihers repräsentiert, hat, um die Rechte der Leiharbeitnehmer gesondert tarifvertraglich festzulegen.[625]

(3) Kritische Würdigung

Die Besonderheiten der Leiharbeit führen dazu, dass die praktische Relevanz des Kollektivarbeitsrechts für Leiharbeitnehmer sehr gering ist. Das Leiharbeitsverhältnis ist gesetzlich nur für eine vorübergehende Beschäftigung ausgelegt. Die Arbeit wird nur in den Entleiherbetrieben verrichtet,

---

619 Vgl. *Cudowski*, M.P.Pr. 2005, Nr. 4, S. 93, 94.
620 Vgl. *Baran*, „Zatrudnienie ..." in: Sobczyk, Z problematyki ..., S. 35, 38.
621 Vgl. *Cudowski*, M.P.Pr. 2005, Nr. 4, S. 93.
622 *Cudowski*, M.P.Pr. 2005, Nr. 4, S. 93, 94; *Patulski*, „Doktrynalne ..." in: Sobczyk, Z problematyki ..., S. 77, 100; *Reda*, S. 114.
623 Art. 239 § 2 ArbGB lautet: Der Tarifvertrag kann Personen erfassen, die die Arbeit auf einer anderen Grundlage als einem Arbeitsverhältnis erbringen; er kann auch Rentner und Invalidenrentner erfassen.
624 *Cudowski*, M.P.Pr. 2005, Nr. 4, S. 93, 95; *Reda*, S. 114 f.
625 *Cudowski*, M.P.Pr. 2005, Nr. 4, S. 93, 95.

sodass die in einer Zeitarbeitsagentur beschäftigten, an verschiedene Entleiher überlassenen Leiharbeitnehmer keine Kenntnis voneinander haben. In einer solchen Situation ist die Gründung von Gewerkschaften, die sich mit den Belangen der Leiharbeitnehmer beschäftigt, schwer vorstellbar.

In Bezug auf die tarifliche Vereinbarung von Beschäftigungsbedingungen von Leiharbeitnehmern ergibt sich eine weitere Besonderheit, die den theoretisch möglichen Abschluss von Tarifverträgen für Leiharbeitnehmer wirtschaftlich unattraktiv macht und erheblich erschwert. Der Gleichbehandlungsgrundsatz (Art. 15 LeiharbeitG), wonach ein Leiharbeitnehmer hinsichtlich der Arbeits- und anderer Beschäftigungsbedingungen nicht ungünstiger behandelt werden darf als die beim Entleiher an gleicher oder ähnlicher Stelle beschäftigten Arbeitnehmer, gilt im polnischen Arbeitnehmerüberlassungsrecht ausnahmslos.[626] Weder im Wege eines Tarifvertrages noch einer individualvertraglichen Vereinbarung können die Parteien hiervon Abstand nehmen. Das im Arbeitsrecht geltende Günstigkeitsprinzip (Art. 18 ArbGB) erlaubt nur eine tarifvertragliche Abweichung zugunsten der Leiharbeitnehmer. Eine Verbesserung der Beschäftigungsbedingungen der Leiharbeitnehmer über den Gleichbehandlungsgrundsatz hinaus dürfte jedoch sowohl den wirtschaftlichen Interessen der Zeitarbeitsagenturen als auch der potenziellen Entleiher widersprechen. Der Gleichbehandlungsgrundsatz hat zur Folge, dass die an verschiedene Entleiher überlassenen Leiharbeitnehmer unterschiedliche Mindestbeschäftigungsbedingungen gewährleistet bekommen müssen. Die Ausarbeitung eines gemeinsamen Standpunkts auf Seiten der Leiharbeitnehmer wird aufgrund der ungleichen Arbeitsverhältnisse bedeutend erschwert.

Nach alldem verwundert es wenig, dass bisher keine Gewerkschaften, die die Rechte und Interessen von Leiharbeitnehmern vertreten, entstanden sind. Gewerkschaften in Entleiherbetrieben, die in erster Linie die Interessen der Stammbelegschaft vertreten, könnten sich für die Rechte der Leiharbeitnehmer einsetzen. Allerdings fehlt bei ihnen das Interesse, sich für die Rechte der Leiharbeitnehmer einzusetzen und für jene bessere Arbeitsbedingungen als für ihre eigenen Mitglieder zu vereinbaren.[627]

---

626 Siehe hierzu 2. Kap. D. II. 4. b) bb) (1) (b).
627 Die größte polnische Gewerkschaft NSZZ Solidarność (*Niezależny Samorządny Związek Zawodowy „Solidarność"*, was als *Unabhängige Selbstverwaltete Gewerkschaft „Solidarität"* übersetzt werden kann) hat der Regierung im Laufe des Jahres 2012 einen weitreichenden, unverbindlichen Gesetzesvorschlag zur Änderung des Rechts der Arbeitnehmerüberlassung vorgelegt, der zu einer Verbesserung der Rechtsposition der Leiharbeitnehmer beitragen sollte. Eine Umset-

Auf Seiten der Zeitarbeitsagenturen bestehen hingegen bereits seit mehreren Jahren wachsende Organisationen, die sich mit der politischen Vertretung der Rechte und Interessen der Leiharbeitgeber beschäftigen und die Zusammenarbeit und den Erfahrungsaustausch untereinander vorantreiben. Das *Polskie Forum HR* wurde 2002 gegründet und hat nach eigenen Angaben 18 Mitglieder, die für etwa 60 % des Branchenumsatzes verantwortlich sind.[628] Im Februar 2005 wurde das *Stowarzyszenie Agencji Zatrudnienia (SAZ)* gegründet, dessen 59 Mitlieder für etwa 30 % des Branchenumsatzes verantwortlich sind.[629]

dd) Zwischenergebnis

Sofern bei grenzüberschreitender Arbeitnehmerüberlassung nach Deutschland der Leiharbeitsvertrag dem deutschen Vertragsstatut unterliegt, können ausländische Vertragsparteien durch den Abschluss eines inländischen Tarifvertrages oder die individualvertragliche Inbezugnahme eines solchen – nicht jedoch durch ausländische Tarifverträge – Abweichungen von dem Gleichbehandlungsgrundsatz aus §§ 3 Abs. 1 Nr. 3, 9 Nr. 2 AÜG vornehmen. Richtet sich das Arbeitsverhältnis nach dem ausländischen Vertragsstatut ist eine Abweichung i.S.d. §§ 3 Abs. 1 Nr. 3, 9 Nr. 2 AÜG grundsätzlich durch Abschluss eines ausländischen Tarifvertrages bzw. Inbezugnahme eines ausländischen Tarifvertrages möglich. Voraussetzung ist, dass der ausländische Tarifvertrag einem inländischen gleichwertig ist.

In Bezug auf die grenzüberschreitende Überlassung aus Polen ist festzuhalten, dass der Abschluss eines polnischen Tarifvertrages mit Blick auf die Parteien des Leiharbeitsverhältnisses grundsätzlich möglich ist, aktuell aber keine praktische Relevanz hat. Beim Abschluss eines Tarifvertrages sind die Parteien an die Vorgaben des polnischen Arbeitsrechts gebunden, wonach eine Abweichung von dem Gleichbehandlungsgrundsatz zuungunsten der Leiharbeitnehmer nicht zulässig ist. Der grundsätzlich möglichen Abweichung von dem Gleichbehandlungsgrundsatz nach den §§ 3

---

zung erfolgt bisher nicht; abrufbar unter: http://www.solidarnosc.org.pl/uploads/oryginal/7/3/73f41_praca_tymczasowa.pdf, zuletzt abgerufen am 22.01.2014.
628 Siehe zu den veröffentlichten Angaben für das Jahr 2012 http://admin.polskieforumhr.pl/dir_upload/site/70c12353731d477c8cda0204c7564695/raport/Rynek_agencji_zatrudnienia_w_2012.pdf.
629 Siehe hierzu http://www.saz.org.pl.

Abs. 1 Nr. 3, 9 Nr. 2 AÜG durch einen ausländischen Tarifvertrag stehen die Vorgaben des polnischen Rechts entgegen.

III. Statut des Überlassungsvertrages

Bei grenzüberschreitender Arbeitnehmerüberlassung haben der Entleiher und Verleiher ihren Sitz in jeweils verschiedenen Staaten. Der zwischen ihnen geschlossene Vertrag weist Bezüge zu mindestens zwei verschiedenen Staaten auf. Somit stellt sich die Frage nach dem auf den Vertrag anwendbarem Recht. Nach deutschem Recht ist der Überlassungsvertrag zwischen Entleiher und Verleiher ein schuldrechtlicher Vertrag eigener Art.[630] Als Unterfall des Dienstverschaffungsvertrages ist er im BGB nicht ausdrücklich geregelt.[631] Nach polnischem Verständnis ist der Überlassungsvertrag ein Dienstvertrag[632] i.S.d. Art. 750 ZGB[633].[634] Welches Rechtsstatut auf diesen Anwendung findet, bestimmt sich nach den Art. 3 ff. Rom I-VO. Art. 8 Rom I-VO, der besondere Regelungen für Arbeitsverträge aufstellt, ist nicht anwendbar.[635]

---

630 *Grimm/Brock*, § 3 Rn. 86; *Niebler/Biebl/Roß*, Rn. 383; Schüren/Hamann/ *Riederer von Paar*, Einl. Rn. 308, 666; ErfK/*Wank* Einl. AÜG Rn. 14.
631 Siehe hierzu und zur Abgrenzung zu einem Dienstvertrag i.S.d. § 611 BGB, MüKo-BGB/*Müller-Glöge*, § 611 Rn. 35 ff.; Staudinger/*Richardi/Fischinger*, Vorbemerkung zu §§ 611 ff. Rn. 69 ff.; ErfK/*Wank* Einl. AÜG Rn. 14, § 1 Rn. 25; Palandt/*Weidenkaff*, Einf. v. § 611 Rn. 25, 38 ff.
632 Mangels abweichender Vorschriften sind auf den Dienstvertrag die Vorschriften über den Auftrag gem. Art. 734 ff. ZGB entsprechend anzuwenden. Anders als im deutschen Zivilrecht ist der Auftrag gem. Art. 735 ZGB grundsätzlich entgeltlich.
633 Zivilgesetzbuch vom 23.04.1964 (Kodeks cywilny), Dz. U. 1964, Nr. 16, Pos. 93, vereinheitlichter Text, weiter: ZGB.
634 *Makowski*, Polska regulacja, S. 47; *derselbe*, Praca tymczasowa, S. 133; *Paluszkiewicz*, S. 92 f.; *Pisarczyk*, „Praca tymczasowa a ryzyko pracodawcy" in: Sobczyk, Z problematyki ..., S. 112, 120; *Reda*, S. 61; *Spytek-Bandurska*/Szylko-Skoczny, S. 134; *Wiśniewski*, Prawne aspekty, S. 88.
635 *Deinert*, RdA 2009, S. 144, 146; Schüren/Hamann/*Riederer von Paar*, Einl. Rn. 666; UGBH/*Urban-Crell/Bissels*, AÜG, Einl. Rn. 72.

2. Kap.: Grenzüberschreitende Arbeitnehmerüberlassung aus Polen nach Deutschland

1. Rechtswahl

Gem. Art. 3 Abs. 1 Rom I-VO können die Parteien als Ausfluss ihrer Privatautonomie das anwendbare Recht grundsätzlich frei wählen. Es besteht die Vermutung, dass der Verleiher die Geltung seines Heimatrechts vereinbaren wollen wird.[636] Die in Art. 3 Abs. 3, 4 Rom I-VO enthaltenen Schranken für die Rechtswahlfreiheit haben für die hier zu untersuchende Fallkonstellation kaum Bedeutung.[637]

2. Objektive Anknüpfung

Haben die Parteien keine Rechtswahl getroffen, so ist das Statut des Überlassungsvertrages nach Art. 4 Rom I-VO durch objektive Anknüpfung zu bestimmen.[638]

a) Recht des gewöhnlichen Aufenthaltsortes des Dienstleisters,
   Art. 4 Abs. 1 lit. b Rom I-VO

Nach Art. 4 Abs. 1 lit. b Rom I-VO unterliegen Dienstleistungsverträge dem Recht des Staates, in dem der Dienstleister seinen gewöhnlichen Aufenthalt[639] hat. Das Vertragsstatut würde sich – vorausgesetzt der Überlassungsvertrag wird als Dienstleistungsvertrag angesehen – nach dem Sitz des Verleihers richten. Mangels gesetzlicher Definition muss der Begriff des Dienstleistungsvertrages ausgelegt werden. Es ist allerdings nicht auf

---

636 Siehe hierzu Schüren/Hamann/*Riederer von Paar,* Einl. Rn. 666; UGBH/*Urban-Crell/Bissels,* AÜG, Einl. Rn. 72; *Zimmermann,* S. 49.
637 Der Anwendungsbereich von Art. 3 Abs. 3 Rom I-VO ist durch die Anknüpfungspunkte in zwei Staaten (Deutschland und Polen) gar nicht eröffnet. Es sind überdies kaum Fälle vorstellbar, in denen die Parteien das Recht eines Drittstaates als Vertragsstatut wählen würden, sodass der Anwendungsbereich von Art. 3 Abs. 4 Rom I-VO ebenfalls nicht eröffnet sein wird.
638 Die grundsätzlich vorrangig zu beachtenden Art. 5-8 Rom I-VO beinhalten gesonderte objektive Anknüpfungen für einige besondere Vertragstypen. Der Überlassungsvertrag unterliegt jedoch nicht den besonderen Regelungen nach Art. 5-8 Rom I-VO.
639 Eine Legaldefinition des „gewöhnlichen Aufenthalts" ist in Art. 19 Rom I-VO enthalten.

das nationale Recht[640] abzustellen, sondern es muss ein gemeinschaftsrechtlich-autonomes Verständnis zugrunde gelegt werden.[641] Hiernach werden ausgehend von der Dienstleistungsfreiheit nach Art. 57 AEUV sowie der DienstleistungsRL[642] alle auf eine Tätigkeit gerichteten Verträge als Dienstleistungsverträge aufgefasst. Es macht keinen Unterschied, ob die Tätigkeit entgeltlich oder unentgeltlich erbracht wird.[643] Der europarechtliche Begriff der Dienstleistung ist wesentlich weiter als derjenige, den das deutsche Recht im Rahmen von § 611 BGB statuiert.[644] Der Überlassungsvertrag ist auf die Überlassung von Leiharbeitnehmern durch den Verleiher an den Entleiher gerichtet. Hierin ist nach gemeinschaftsrechtlichen Maßstäben eine Dienstleistung zu sehen.[645] Der Überlassungsvertrag unterliegt dem Recht desjenigen Staates, in dem der Verleiher – der Dienstleistungserbringer – seine Hauptverwaltung bzw. -niederlassung hat.

---

640 Der Arbeitnehmerüberlassungsvertrag wird nach deutschem Recht als Dienstverschaffungsvertrag angesehen. Von einem Dienstvertrag unterscheidet er sich dadurch, dass nicht die Erbringung von Diensten durch den Vertragspartner Gegenstand des Vertrages ist, sondern die Leistungspflicht darin besteht, die Dienste eines Dritten zu beschaffen. Er stellt nach deutschem Recht keinen Unterfall des Dienstvertrages i.S.d. § 611 BGB dar und ist auch nicht anderweitig gesetzlich geregelt; hierzu MüKo-BGB/*Müller-Glöge*, § 611 Rn. 35; Staudinger/*Richardi/Fischinger*, Vorb. zu §§ 611 ff. Rn. 70; ErfK/*Wank* § 1 AÜG Rn. 25; Palandt/*Weidenkaff*, Einf. v. § 611 Rn. 25. Demnach würde der Arbeitnehmerüberlassungsvertrag unter Zugrundelegung der deutschen Auslegung des Dienstvertrages i.S.d. § 611 BGB nicht von Art. 4 Abs. 1 lit. b Rom I-VO erfasst.
641 Staudinger/*Magnus*, Art. 4 Rom I-VO Rn. 40; MüKo-BGB/*Martiny*, Art. 4 VO (EG) 593/2008 Rn. 17.; jurisPK-BGB/*Ringe*, Art. 4 Rom I-VO Rn. 13; Ferrari/*Staudinger*, Art. 4 VO (EG) 593/2008 Rn. 27.
642 Richtlinie 2006/123/EG über Dienstleistungen im Binnenmarkt vom 12.12.2006, ABl. EU 2006 Nr. L 376, S. 36.
643 Staudinger/*Magnus*, Art. 4 Rom I-VO Rn. 40; MüKo-BGB/*Martiny*, Art. 4 VO (EG) 593/2008 Rn. 23; Palandt/*Thorn*, Art. 4 Rom I Rn. 8.
644 Siehe hierzu Fn. 640; Palandt/*Thorn*, Art. 4 Rom I Rn. 8.
645 EuGH, Urteil vom 17.12.1981, Rs. 279/80 (*Webb*), Slg. 1981, 3305; *Schiek*, Teil 1 D Rn. 15; gegen eine Anwendung des Art. 4 Abs. 1 Rom I-VO, Thüsing/*Thüsing*, AÜG, Einf. Rn. 64.

b) Recht der vertragscharakteristischen Leistung, Art. 4 Abs. 2 Rom I-VO

Wenn der Vertrag nicht von Art. 4 Abs. 1 Rom I-VO erfasst wird, greift die Auffangregelung des Art. 4 Abs. 2 Rom I-VO, wonach es für die Anknüpfung entscheidend auf die Rechtsordnung der Vertragspartei ankommt, die die charakteristische Leistung des Vertrages zu erbringen hat. Charakteristisch ist diejenige Vertragsleistung, die die Eigenart eines Vertrages ausmacht und durch welche der Vertrag von anderen Verträgen unterschieden werden kann.[646] Beim Arbeitnehmerüberlassungsvertrag stellt die Überlassung die charakteristische Leistung dar.[647] Das Vertragsstatut richtet sich nach dem gewöhnlichen Aufenthalt bzw. nach dem Ort der Niederlassung des Verleihers.[648]

c) Zwischenergebnis

Sowohl nach Art. 4 Abs. 1 lit. b Rom I-VO als auch nach Art. 4 Abs. 2 Rom I-VO würde der Arbeitnehmerüberlassungsvertrag dem Recht des Staates unterliegen, in dem der Verleiher seinen gewöhnlichen Aufenthalt hat. Im Ergebnis macht es keinen Unterschied, welcher von den beiden genannten Regelungen der Arbeitnehmerüberlassungsvertrag unterfällt.[649]

---

[646] Staudinger/*Magnus*, Art. 4 Rom I-VO Rn. 113 f.; MüKo-BGB/*Martiny*, Art. 4 VO (EG) 593/2008 Rn. 147 f.; jurisPK-BGB/*Ringe*, Art. 4 Rom I-VO Rn. 54; Palandt/*Thorn*, Art. 4 Rom I Rn. 22; siehe hierzu auch Erwägungsgrund Nr. 17 zur Rom I-VO.

[647] Boemke/Lembke/*Boemke*, Einl. Rn. 23; *Deinert*, RdA 2009, S. 144, 146; Staudinger/*Magnus*, Art. 8 Rom I-VO Rn. 171; Reithmann/Martiny/*Martiny*, Rn. 4856; MüKo-BGB/*Martiny*, Art. 8 VO (EG) 593/2008 Rn. 62; Schüren/Hamann/*Riederer von Paar*, Einl. Rn. 667; *Schnorr*, ZfA 1975, S. 143, 165; Thüsing/*Thüsing*, AÜG, Einf. Rn. 64.

[648] Staudinger/*Magnus*, Art. 8 Rom I-VO Rn. 171, geht von einer Anknüpfung nach Art. 4 Abs. 2 Rom I-VO aus. Ob er damit gleichzeitig das Vorliegen einer Dienstleistung i.S.v. Art. 4 Abs. 1 lit. b verneint, ist unklar; Thüsing/*Thüsing*, AÜG, Einf. Rn. 64.

[649] So im Allgemeinen für die Anknüpfungen nach Art. 4 Abs. 1 und Abs. 2 Rom I-VO Staudinger/*Magnus*, Art. 4 Rom I-VO Rn. 40; MüKo-BGB/*Martiny*, Art. 4 VO (EG) 593/2008 Rn. 25; jurisPK-BGB/*Ringe*, Art. 4 Rom I-VO Rn. 11.

d) Recht der engeren Verbindung, Art. 4 Abs. 3 Rom I-VO

Der Art. 4 Abs. 3 Rom I-VO regelt die Fälle, in denen sich aus der Gesamtheit der Umstände ergibt, dass der Vertrag eine offensichtlich engere Verbindung zu einem anderen Staat, als dem der nach Absatz 1 bzw. 2 bestimmt wurde, aufweist. Dieser Vertrag unterliegt dann dem Recht, mit dem er deutlich enger verbunden ist. Die Ausweichklausel in Art. 4 Abs. 3 Rom I-VO stellt eine Ausnahmeregelung dar und ist dementsprechend eng auszulegen.[650] Zu fordern ist, dass sich aus der „Kumulation"[651] mehrerer Anhaltspunkte ein eindeutiger Schwerpunkt im Bereich einer anderen Rechtsordnung ergibt.[652]

e) Eingriffsnormen

Unabhängig von der grundsätzlichen Geltung ausländischen Rechts können deutsche Vorschriften (bei hinreichendem Inlandsbezug) – sofern sie Eingriffsnormen i.S.d. Art. 9 Abs. 1 Rom I-VO darstellen – auf den Überlassungsvertrag über Art. 9 Abs. 2 Rom I-VO Anwendung finden. Durch die Einführung des § 2 Nr. 4 AEntG wurden die Vorschriften des AÜG, die sich auf das Überlassungsverhältnis beziehen, zu international zwingenden Normen erklärt.[653]

3. Überlassungsvertrag zwischen polnischem Verleiher und deutschem Entleiher

Der Überlassungsvertrag zwischen polnischem Verleiher und deutschem Entleiher wird mangels Rechtswahl regelmäßig polnischem Recht unterliegen. Bei der Überlassung aus Polen nach Deutschland ist eine offensichtlich engere Verbindung zum deutschen Recht in der Regel nicht er-

---

650 Staudinger/*Magnus*, Art. 4 Rom I-VO Rn. 128; jurisPK-BGB/*Ringe*, Art. 4 Rom I-VO Rn. 58; Ferrari/*Staudinger*, Art. 4 VO (EG) 593/2008 Rn. 71; Palandt/*Thorn*, Art. 4 Rom I Rn. 29.
651 Staudinger/*Magnus*, Art. 4 Rom I-VO Rn. 132.
652 Staudinger/*Magnus*, Art. 4 Rom I-VO Rn. 131 f.; MüKo-BGB/*Martiny*, Art. 4 VO (EG) 593/2008 Rn. 248; Palandt/*Thorn*, Art. 4 Rom I Rn. 29.
653 Siehe hierzu ausf. 2. Kap. D. II. 3. b) dd) (2) (b).

sichtlich[654], sodass es bei dem nach Art. 4 Abs. 1 lit. b Rom I-VO ermittelten Vertragsstatut verbleibt. Eine abweichende Rechtswahl, wonach das deutsche Recht als Vertragsstatut berufen wird, ist möglich. Anders als bei Arbeitsverträgen besteht keine Schutznorm, die zwingende, eine Partei begünstigende Normen des objektiv anwendbaren Vertragsstatuts für anwendbar erklärt. Es kommt bei der grenzüberschreitenden Überlassung aus Polen nach Deutschland zu einem „Gleichlauf" des Arbeits- und des Überlassungsvertragsstatus.[655] Beide Verträge unterliegen – sofern keine abweichende Rechtswahl getroffen wird – dem polnischen Recht.

Unterliegt der Überlassungsvertrag dem polnischen Recht, sind nach § 2 Nr. 4 AEntG die Vorschriften des AÜG bezüglich des Überlassungsverhältnisses als international zwingendes Recht anzuwenden. Hierzu zählen die Unwirksamkeitsvorschriften des § 9 Nr. 1, 2a und 3 AÜG. Auch die Anforderungen aus § 12 AÜG müssen erfüllt sein. Die in § 12 Abs. 1 AÜG genannten Regelungen decken sich mit den Vorgaben, die das polnische Recht in Art. 9 LeiharbeitG für das Überlassungsverhältnis bestimmt.

IV. Statut des Rechtsverhältnisses zwischen Entleiher und Leiharbeitnehmer

1. Grundlagen zur Bestimmung des Rechtsstatuts

Bei legaler Arbeitnehmerüberlassung besteht zwischen dem Entleiher und dem Leiharbeitnehmer keine vertragliche Beziehung.[656] Zur Bestimmung des anwendbaren Rechts auf das zwischen den beiden bestehende Rechtsverhältnis kann mangels einer vertraglichen Vereinbarung nicht ohne weiteres auf die Rom I-VO zurückgegriffen werden, Art. 1 Abs. 1 Rom I-VO.

Der Anwendungsbereich der Rom I-VO ist nur für vertragliche Schuldverhältnisse eröffnet. Diese sind von den außervertraglichen, für welche

---

654 Etwas anderes könnte gelten, wenn der polnische Verleiher eine Tochtergesellschaft einer deutschen Muttergesellschaft mit Hauptsitz in Deutschland ist und somit nur eine Niederlassung, die die charakteristische Leistung erbringt, im Ausland angesiedelt ist; siehe hierzu Staudinger/*Magnus*, Art. 4 Rom I-VO Rn. 133.
655 Vgl. Schüren/Hamann/*Riederer von Paar,* Einl. Rn. 668, die dieses Ergebnis als Regelfall bei grenzüberschreitender Arbeitnehmerüberlassung annimmt.
656 *Grimm/Brock*, § 1 Rn. 9; Schüren/Hamann/*Schüren,* Einl. Rn. 111; ErfK/*Wank*, Einl. AÜG Rn. 32.

die Rom II-VO[657] gilt, abzugrenzen. Entscheidendes Merkmal für eine vertragliche Verpflichtung ist nach der zu berücksichtigenden Rechtsprechung des EuGH die Freiwilligkeit, mit der die Parteien ihre gegenseitigen Verpflichtungen eingehen.[658] Im Rahmen des Abschlusses des Überlassungs- und Leiharbeitsvertrages übernehmen sowohl der Entleiher als auch der Leiharbeitnehmer die jeweiligen Rechte und Pflichten freiwillig. Eine Vereinbarung findet nicht unmittelbar mit der anderen Partei der im Raum stehenden Beziehung statt, sondern jeweils mit dem Verleiher. Wird auf die Freiwilligkeit der eingegangen Verpflichtungen abgestellt, dann wird deutlich, dass das Rechtsverhältnis zwischen dem Entleiher und Leiharbeitnehmer dem vertraglichen Bereich zugerechnet werden kann.

Die Rechtsbeziehung zwischen Entleiher und Leiharbeitnehmer weist eine arbeitsrechtliche Prägung auf und es bestehen arbeitsrechtliche Rechte und Pflichten auf beiden Seiten.[659] Mithin wird teilweise von einem „Quasi-Arbeitsverhältnis" gesprochen.[660] Aus diesem Grund wurde bislang Art. 30 EGBGB als einschlägige Kollisionsnorm anerkannt.[661] Nun ist fraglich, ob dieser Standpunkt im Geltungsbereich der Art. 3 ff. Rom I-VO aufrechterhalten werden kann. Die Auslegung des Art. 8 Rom I-VO muss gemeinschaftsautonom vorgenommen werden und hat sich an der Rechtsprechung des EuGH zu Art. 45 AEUV zu orientieren. Das wesentliche Merkmal eines Arbeitsverhältnisses besteht nach der Rechtsprechung des EuGH darin, dass jemand während einer bestimmten Zeit für einen anderen nach dessen Weisung Leistungen erbringt, für die er als Gegenleistung eine Vergütung erhält.[662] Der Leiharbeitnehmer er-

---

657 Verordnung (EG) Nr. 864/2007 vom 11.07.2007 über das auf außervertragliche Schuldverhältnisse anwendbare Recht, ABl. EU 2007 Nr. L 199, S. 40.
658 EuGH, Urteil vom 22.03.1983, 34/82, Slg. 1983, 987; EuGH, Urteil vom 17.06.1992, C-26/91, Slg. 1992, I-3967; EuGH, Urteil vom 17.09.2002, C-334/00, Slg. 2002, I-7357; EuGH, Urteil vom 20.01.2005, C-27/02, Slg. 2005, I-481; siehe hierzu auch MüKo-BGB/*Martiny*, Art. 1 VO (EG) 593/2008 Rn. 7 ff.; BeckOK-BGB/*Spickhoff*, Art. 1 VO (EG) 593/2008 Rn. 21; Ferrari/*Staudinger*, Art. 1 VO (EG) 593/2008 Rn. 5 f.; Hk-BGB/*Staudinger*, Art. 1 Rom I Rn. 3.
659 Vgl. Schüren/Hamann/*Riederer von Paar,* Einl. Rn. 669.
660 ErfK/*Wank*, Einl. AÜG Rn. 47; ähnlich auch UGBH/*Urban-Crell/Bissels*, AÜG, Einl. Rn. 75, die von „quasi-" arbeitsrechtlichen Rechten und Pflichten sprechen.
661 Boemke/Lembke/*Boemke*, Einl. Rn. 25 f.; *Grimm/Brock*, § 3 Rn. 103; Schüren/Hamann/*Riederer von Paar,* Einl. Rn. 669 f.; Thüsing/*Thüsing*, AÜG, Einf. Rn. 66 f.; UGBH/*Urban-Crell/Bissels*, AÜG, Einl. Rn. 75; ErfK/*Wank*, Einl. AÜG Rn. 47.
662 EuGH, Urteil vom 17.07.2008, Rs, C-94/07, NZA 2008, S. 995, 996 m.w.N.

bringt seine Arbeitsleistung während der Überlassungsdauer ausschließlich unmittelbar zugunsten des Entleihers, der das Weisungsrecht gegenüber dem Leiharbeitnehmer ausübt. Als Gegenleistung erhält der Leiharbeitnehmer eine Vergütung von dem Verleiher, der sein Arbeitgeber ist. Es wird deutlich, dass die vom EuGH aufgestellten Anforderungen an ein Arbeitsverhältnis teilweise in dem Verhältnis zwischen Entleiher und Leiharbeitnehmer gegeben sind. In Bezug auf die unmittelbare Arbeitsleistung und das Weisungsrecht sind diese Merkmale in der Beziehung zwischen Entleiher und Leiharbeitnehmer sogar ausgeprägter als in dem Leiharbeitsverhältnis. Zur Bestimmung des Rechtsstatuts dieser Beziehung ist daher Art. 8 Rom I-VO anzuwenden.[663]

Eine Rechtswahl gem. Art. 3 Abs. 1, Art. 8 Abs. 1 Rom I-VO ist ausgeschlossen, denn hierfür müsste zwischen dem Leiharbeitnehmer und dem Entleiher eine vertragliche Beziehung bestehen.[664] Nach Art. 8 Abs. 2 Rom I-VO bestimmt sich das Rechtsstatut nach dem gewöhnlichen Arbeitsort. Im Verhältnis zwischen Entleiher und Leiharbeitnehmer ist ausschließlich auf den Zeitraum der Überlassung abzustellen, sodass der Leiharbeitnehmer „gewöhnlich" beim Entleiher tätig ist.[665] Maßgeblich ist in dem Rechtsverhältnis das am Betriebssitz des Entleihers geltende Recht. Die Regelung in Art. 8 Abs. 3 Rom I-VO spielt aufgrund der eindeutigen Bestimmung nach Absatz 2 keine Rolle. Die Ausnahmeklausel aus Art. 8 Abs. 4 Rom I-VO kann auch in dem Rechtsverhältnis zwischen Entleiher und Leiharbeitnehmer zu einem abweichenden Ergebnis führen.

Die selbstständige Anknüpfung des Rechtsstatuts für die Beziehung zwischen Entleiher und Leiharbeitnehmer ist nur durchzuführen, sofern die Rechtsposition des Leiharbeitnehmers oder Entleihers nicht unmittelbar aus dem Leiharbeitsvertrag hergeleitet wird.[666] Bei der Frage nach dem „Inhalt und Umfang des arbeitsrechtlichen Weisungsrechts des Ent-

---

663 Im Ergebnis so auch Boemke/Lembke/*Boemke*, Einl. Rn. 26; UGBH/*Urban-Crell/Bissels*, AÜG, Einl. Rn. 75; Thüsing/*Thüsing*, AÜG, Einf. Rn. 66.
664 Boemke/Lembke/*Boemke*, Einl. Rn. 26; Schüren/Hamann/*Riederer von Paar*, Einl. Rn. 670; UGBH/*Urban-Crell/Bissels*, AÜG, Einl. Rn. 75; Thüsing/*Thüsing*, AÜG, Einf. Rn. 66.
665 Boemke/Lembke/*Boemke*, Einl. Rn. 26; *derselbe*, BB 2005, S. 265, 271; Thüsing/*Thüsing*, AÜG, Einf. Rn. 66; UGBH/*Urban-Crell/Bissels*, AÜG, Einl. Rn. 76; *Urban-Crell/Schulz*, Rn. 1182; Zimmermann, S. 51 f.; a.A. wohl Schüren/Hamann/*Riederer von Paar*, Einl. Rn. 670.
666 Boemke/Lembke/*Boemke*, Einl. Rn. 25 f.; *derselbe*, BB 2005, S. 265, 271; Thüsing/*Thüsing*, AÜG, Einf. Rn. 67; UGBH/*Urban-Crell/Bissels*, AÜG, Einl. Rn. 76; *Urban-Crell/Schulz*, Rn. 1182;

D. Internationales Privatrecht

leihers" ist eine akzessorische Anknüpfung an das Leiharbeitsvertragsstatut vorzunehmen.[667] Das Weisungsrecht hat seine Grundlage in dem Leiharbeitsvertrag und wird auf den Entleiher übertragen. Das originär aus dem Leiharbeitsvertrag stammende Recht kann nicht einem anderen Rechtsstatut unterworfen werden.[668]

2. Rechtsverhältnis zwischen deutschem Entleiher und polnischem Leiharbeitnehmer

Bei Rechtspositionen, die ihren Ursprung in dem Leiharbeitsverhältnis haben, insbesondere dem Weisungsrecht des deutschen Entleihers, findet das Statut des Leiharbeitsvertrages Anwendung. Regelmäßig wird sich das nach polnischem Recht richten.

Bei einer selbstständigen Anknüpfung nach Art. 8 Abs. 2 Rom I-VO wird das deutsche Recht Anwendung finden. Ein anderes Ergebnis könnte sich grundsätzlich aus der Anwendung des Art. 8 Abs. 4 Rom I-VO ergeben, doch ist zu berücksichtigen, dass es um die Umstände der Beziehung zwischen deutschem Entleiher und polnischem Leiharbeitnehmer geht. Anders als beim Leiharbeitsvertrag finden sich in dieser Beziehung mehrere, wichtige Anknüpfungspunkte in Deutschland, sodass die Anwendung des Art. 8 Abs. 4 Rom I-VO nur in besonderen Ausnahmefällen in Betracht kommen kann. Auf das Rechtsverhältnis zwischen dem deutschem Entleiher und polnischen Leiharbeitnehmer findet das deutsche Recht Anwendung.

V. Deliktsstatut

Kommt der polnische Leiharbeitnehmer im deutschen Entleiherbetrieb zu Schaden oder verursacht er selbst einen solchen, kann neben vertraglichen Schadensersatzansprüchen eine deliktische Haftung des jeweiligen Schädigers in Betracht kommen. Die Deliktshaftung besteht grundsätzlich unabhängig von einer vertraglichen Haftung und wird nicht vom Vertragssta-

---

667 Ebenda.
668 Ebenda.

tut erfasst.[669] Für Ansprüche aufgrund unerlaubter Handlungen erfolgt die kollisionsrechtliche Anknüpfung eigenständig nach den Art. 4 ff. Rom II-VO. Der Begriff der unerlaubten Handlung ist gemeinschaftsrechtlich autonom auszulegen.[670] In Anlehnung an die ständige Rechtsprechung des EuGH zum internationalen Zivilprozessrecht (Art. 5 Nr. 3 EuGVVO) wird jegliche Schadenshaftung erfasst, die nicht auf einem Vertrag beruht.[671] Vorbehaltlich der vorrangig anwendbaren Sonderanknüpfungen aus Art. 5-9 Rom II-VO richtet sich das Deliktsstatut nach Art. 4 Rom II-VO.

1. Grundlagen zur Bestimmung des Deliktsstatuts

Gem. Art. 4 Abs. 1 Rom II-VO ist das Recht des Staates berufen, in dem der Schaden eintritt (*lex loci damni*).[672] Dies gilt unabhängig davon, in welchem Staat das schadensbegründende Ereignis oder indirekte Schadensfolgen eingetreten sind, sodass allein das Recht des Staates maßgeblich ist, in dem das geschützte Rechtsgut verletzt wird.[673] Für Schäden aus Gefährdungs- und Unterlassungsdelikten gelten keine Besonderheiten, so-

---

669 Im Rahmen des Arbeitsvertragsverhältnisses bestehen auch deliktstypische Pflichten (z.B. die Pflicht zur ordnungsgemäßen, nicht schädigenden Vertragserfüllung als Ausfluss des allgemeinen *neminem laedere*-Grundsatzes). Steht diese Pflicht nach *Magnus* in hinreichend engem Verhältnis zu dem Vertrag, sodass sie ihm zugeordnet werden kann, so sind die daraus resultierenden vertragsrechtlichen Haftungsansprüche dem Vertragsstatut zu unterwerfen. Gleichzeitig kann eine deliktische Haftung wegen derselben Pflichtverletzung nach den Art. 4 ff. Rom II-VO deliktisch zu qualifizieren sein, vgl. *Magnus* in: FS Kühne, „Anmerkungen ...", S. 779, 784; siehe auch jurisPK-BGB/*Wurmnest*, Art. 1 Rom II-VO Rn. 27.
670 Erwägungsgrund Nr. 11; Erman/*Hohloch,* Art. 1 Rom I-VO Rn. 2; MüKo-BGB/ *Junker,* Art. 4 VO (EG) 864/2007 Rn. 14; jurisPK-BGB/*Wurmnest,* Art. 1 Rom II-VO Rn. 24.
671 Vgl. nur EuGH, Urteil vom 27.09.1988, Rs. 189/87, Slg. 1988, 5565, Rn. 17 f., NJW 1988, S. 3088; MüKo-BGB/*Junker,* Art. 4 VO (EG) 864/2007 Rn. 14; BeckOK-BGB/*Spickhoff,* Art. 4 VO (EG) 864/2007 Rn. 3; Palandt/*Thorn,* Art. 4 Rom II Rn. 3; jurisPK-BGB/*Wurmnest,* Art. 4 Rom II-VO Rn. 6, jeweils m.w.N.
672 Siehe hierzu auch Erwägungsgründe 16, 17.
673 Dies entspricht dem im deutschen Internationalen Privatrecht üblichen Begriff des Erfolgsortes; siehe hierzu nur MüKo-BGB/*Junker,* Art. 4 VO (EG) 864/2007 Rn. 20; PWW/*Schaub,* Art. 4 Rom II-VO Rn. 4; jurisPK-BGB/*Wurmnest,* Art. 4 Rom II-VO Rn. 13, jeweils m.w.N.

dass ebenfalls auf den Ort der Rechtsgutsverletzung abzustellen ist.[674] Bei unmittelbaren primären Vermögensschäden[675], die nicht auf einer Rechtsgutsverletzung beruhen (z.B. § 826 BGB), ist auf den Belegenheitsort des geschädigten Vermögens abzustellen.[676]

Etwas anderes gilt gem. Art. 4 Abs. 2 Rom II-VO ausnahmsweise, wenn der Geschädigte und der Schädiger zum Zeitpunkt des Schadenseintritts ihren gewöhnlichen Aufenthalt in demselben Staat haben.[677] Dann wird die Anknüpfung an den Tatort i.S.v. Art. 4 Abs. 1 Rom II-VO verdrängt und es findet das Recht des Staates Anwendung, in dem die Parteien ihren gewöhnlichen Aufenthalt (*lex domicilii communis*) haben. Die vorrangige Anknüpfung an das Recht des gewöhnlichen Aufenthalts ist – vorbehaltlich des Art. 4 Abs. 3 Rom II-VO – zwingend. Der Begriff des gewöhnlichen Aufenthalts wird in der Verordnung nicht definiert und muss gemeinschaftsautonom ausgelegt werden.[678] Eine Erläuterung erfährt er durch Art. 23 Rom II-VO. Bei Gesellschaften, Vereinen und juristischen Personen ist für die Zwecke der Anknüpfung der Ort ihrer Hauptverwaltung entscheidend, Art. 23 Abs. 1 Rom II-VO. Rührt das schadensbegründende Ereignis aus dem Betrieb einer Zweigniederlassung, Agentur oder einer sonstigen Niederlassung, dann ist der Ort, an dem sich diese Niederlassung befindet, maßgeblich. Für natürliche Personen gilt im Rahmen ihrer beruflichen Tätigkeit der Ort ihrer Hauptniederlassung als gewöhnlicher Aufenthalt, Art. 23 Abs. 2 Rom II-VO. Ansonsten hat eine natürliche Person ihren gewöhnlichen Aufenthalt in dem Staat, in dem der Schwerpunkt ihrer Lebensverhältnisse liegt.[679]

Die Anknüpfungsmöglichkeiten an das Recht des Erfolgsortes (Art. 4 Abs. 1 Rom II-VO) bzw. das Recht des gewöhnlichen Aufenthalts (Art. 4 Abs. 2 Rom II-VO) stehen unter dem Vorbehalt der vorrangigen Aus-

---

674 MüKo-BGB/*Junker*, Art. 4 VO (EG) 864/2007 Rn. 22 f.; jurisPK-BGB/*Wurmnest*, Art. 4 Rom II-VO Rn. 15, jeweils m.w.N.
675 Bei sekundären Vermögensschäden ist der Ort der Rechtsgutsverletzung maßgeblich.
676 MüKo-BGB/*Junker*, Art. 4 VO (EG) 864/2007 Rn. 21; Palandt/*Thorn*, Art. 4 Rom II Rn. 9; jurisPK-BGB/*Wurmnest*, Art. 4 Rom II-VO Rn. 14, jeweils m.w.N.
677 Erwägungsgrund Nr. 18.
678 MüKo-BGB/*Junker*, Art. 4 VO (EG) 864/2007 Rn. 40; PWW/*Schaub*, Art. 4 Rom II-VO Rn. 8; jurisPK-BGB/*Wurmnest*, Art. 4 Rom II-VO Rn. 18.
679 MüKo-BGB/*Junker*, Art. 23 VO (EG) 864/2007 Rn. 16; PWW/*Schaub*, Art. 4 Rom II-VO Rn. 8; Palandt/*Thorn*, Art. 4 Rom II Rn. 5; jurisPK-BGB/*Wurmnest*, Art. 4 Rom II-VO Rn. 18, jeweils m.w.N.

weichklausel aus Art. 4 Abs. 3 Rom II-VO.[680] Ergibt sich aus der Gesamtheit der Umstände, dass die unerlaubte Handlung eine offensichtlich engere Verbindung zu einem anderen Staat aufweist als die durch die Anknüpfungen nach Art. 4 Abs. 1 und 2 Rom II-VO vermittelte, so findet das Recht dieses Staates Anwendung.[681] Die Ausweichklausel ist ihrem Wortlaut nach („offensichtlich engere Verbindung") grundsätzlich eng auszulegen.[682] Der Verordnungsgeber hat eine bedeutende Konkretisierung vorgenommen, indem er in Art. 4 Abs. 3 S. 2 Rom II-VO bestimmt, dass eine offensichtlich engere Verbindung sich insbesondere aus einem bereits bestehenden Rechtsverhältnis – wie einem Vertrag –, das mit der betreffenden unerlaubten Handlung in enger Verbindung besteht, ergeben könne. Sind die Voraussetzungen des Art. 4 Abs. 3 S. 2 Rom II-VO erfüllt, wird die deliktische Handlung im Wege einer akzessorischen Anknüpfung dem Vertragsstatut unterstellt. Neben dem Vorliegen einer rechtlich relevanten Verbindung[683] zwischen den Parteien ist erforderlich, dass die deliktische Handlung in einem inneren oder sachlichen Zusammenhang zu diesem Rechtsverhältnis steht.[684] Nicht ausreichend ist, wenn die deliktische Handlung nur bei Gelegenheit vorgenommen wird oder rein zufällig mit der Sonderbeziehung zusammenfällt.[685] Dann ist die akzessorische Anknüpfung nicht gerechtfertigt und die Bestimmung des Deliktsstatus ist nach Art. 4 Abs. 1, 2 Rom II-VO vorzunehmen.

---

680 Erwägungsgrund Nr. 18.
681 Die Ausweichklausel kann auch zu einer Anwendung des Tatortrechts i.S.v. Art. 4 Abs. 1 Rom II-VO führen, wenn eine engere Verbindung dazu besteht als zum Recht des Staates des gewöhnlichen Aufenthalts nach Art. 4 Abs. 2 Rom II-VO, MüKo-BGB/*Junker,* Art. 4 VO (EG) 864/2007 Rn. 58 m.w.N.
682 Erman/*Hohloch,* Art. 4 Rom I-VO Rn. 16; MüKo-BGB/*Junker,* Art. 23 VO (EG) 864/2007 Rn. 46 mit Verweis auf die Entstehungsgeschichte und m.w.N.; Palandt/*Thorn,* Art. 4 Rom II Rn. 5; BeckOK-BGB/*Spickhoff,* Art. 4 VO (EG) 864/2007 Rn. 12; jurisPK-BGB/*Wurmnest,* Art. 4 Rom II-VO Rn. 18; PWW/*Schaub,* Art. 4 Rom II-VO Rn. 9, mit Verweis auf die Entstehungsgeschichte und m.w.N.
683 Ob rein tatsächliche Verbindungen (z.B. bei Reisegruppen oder Gefälligkeitsverhältnissen) für eine akzessorische Anknüpfung ausreichen, ist streitig; siehe hierzu nur jurisPK-BGB/*Wurmnest,* Art. 4 Rom II-VO Rn. 28; PWW/*Schaub,* Art. 4 Rom II-VO Rn. 12, jeweils m.w.N. zum Streitstand.
684 PWW/*Schaub,* Art. 4 Rom II-VO Rn. 10; BeckOK-BGB/*Spickhoff,* Art. 4 VO (EG) 864/2007 Rn. 15 m.w.N.; Palandt/*Thorn,* Art. 4 Rom II Rn. 11.
685 PWW/*Schaub,* Art. 4 Rom II-VO Rn. 10; BeckOK-BGB/*Spickhoff,* Art. 4 VO (EG) 864/2007 Rn. 15 m.w.N.; *von Hoffmann/Thorn,* § 11 Rn. 40.

Die objektive Anknüpfung nach den Art. 4 ff. Rom II-VO kann durch eine Rechtswahl der Parteien gem. Art. 14 Rom II-VO überwunden werden. Die wirksam ausgeübte Rechtswahl[686] hat bei außervertraglichen Schuldverhältnissen gegenüber allen objektiven Anknüpfungen Vorrang.[687] Dies gilt nach *Wurmnest* unabhängig davon, ob das von den Parteien gewählte Recht einen engeren Bezug zum Sachverhalt hat oder nicht.[688]

2. Deliktsstatut bei grenzüberschreitender Arbeitnehmerüberlassung

Bei der grenzüberschreitenden Arbeitnehmerüberlassung muss auch für die Bestimmung des Deliktsstatuts zwischen den einzelnen Rechtsverhältnissen unterschieden werden.[689]

Bei deliktischen Ansprüchen des polnischen Leiharbeitnehmers gegen den Verleiher im Zusammenhang mit einem Arbeitsunfall wird im Regelfall eine akzessorische Anknüpfung an das Arbeitsvertragsstatut (Art. 4 Abs. 3 S. 2 Rom II-VO) erfolgen und damit eine Anknüpfung an ein abweichendes Erfolgsortrecht oder das Recht des gewöhnlichen Aufenthalts verdrängen.[690] Eine akzessorische Anknüpfung an das (gemeinsame) Arbeitsvertragsstatut kommt bei Ansprüchen unter den Arbeitnehmern der Verleihfirma in Betracht.[691] Werden die deliktischen Handlungen nur bei Gelegenheit des Leiharbeitsverhältnisses – ohne dass ein Zusammenhang mit der Realisierung des Arbeitsverhältnisses besteht – begangen, erfolgt eine selbstständige Bestimmung des Deliktsstatuts. Hier wird vorrangig

---

686 Eine Rechtswahl wird in Art. 6 Abs. 4, Art. 8 Abs. 3, Art. 13 Rom II-VO ausdrücklich ausgeschlossen.
687 Hk-BGB/*Dörner*, Art. 4 Rom II Rn. 1; MüKo-BGB/*Junker*, Vorbemerkung Art. 14 VO (EG) 864/2007 Rn. 1; PWW/*Schaub*, Art. 14 Rom II-VO Rn. 1; BeckOK-BGB/*Spickhoff*, Art. 14 VO (EG) 864/2007 Rn. 1.
688 Vgl. jurisPK-BGB/*Wurmnest*, Art. 4 Rom II-VO Rn. 22.
689 Siehe zum Vertragsstatut Fn. 245.
690 Im Hinblick auf reguläre Arbeitsverhältnisse MüKo-BGB/*Junker*, Art. 23 VO (EG) 864/2007 Rn. 167; PWW/*Schaub*, Art. 4 Rom II-VO Rn. 18; BeckOK-BGB/*Spickhoff*, Art. 4 VO (EG) 864/2007 Rn. 31; Palandt/*Thorn*, Art. 4 Rom II Rn. 27; jurisPK-BGB/*Wurmnest*, Art. 4 Rom II-VO Rn. 60.
691 Im Hinblick auf reguläre Arbeitsverhältnisse MüKo-BGB/*Junker*, Art. 23 VO (EG) 864/2007 Rn. 168; PWW/*Schaub*, Art. 4 Rom II-VO Rn. 18; BeckOK-BGB/*Spickhoff*, Art. 4 VO (EG) 864/2007 Rn. 31; Palandt/*Thorn*, Art. 4 Rom II Rn. 27; jurisPK-BGB/*Wurmnest*, Art. 4 Rom II-VO Rn. 60.

nach Art. 4 Abs. 2 Rom II-VO das polnische Recht berufen sein, denn die Parteien werden regelmäßig ihren gewöhnlichen Aufenthalt nach Maßgabe der Art. 23 Abs. 1, 2 Rom II-VO in Polen haben.

Größere praktische Bedeutung dürften deliktische Ansprüche zwischen dem polnischen Leiharbeitnehmer und dem deutschen Entleiher bzw. seinen Arbeitnehmern haben. Zwischen dem Leiharbeitnehmer und Entleiher besteht zwar kein vertragliches Schuldverhältnis, aber deren gegenseitige Rechte und Pflichten arbeitsrechtlicher Prägung stellen eine ausreichende Sonderverbindung dar, um die Delikte dem Statut dieses Rechtsverhältnisses zu unterwerfen (Art. 4 Abs. 3 S. 2 Rom II-VO). Sind die Voraussetzungen für eine akzessorische Anknüpfung nicht erfüllt, bestimmt sich das Deliktsstatut eigenständig nach dem Art. 4 Abs. 1, 2 Rom II-VO. Die gegenseitigen Ansprüche werden aufgrund der Tatsache, dass der polnische Leiharbeitnehmer seinen gewöhnlichen Aufenthaltsort gem. Art. 23 Abs. 2 Rom II-VO regelmäßig in Polen haben wird, dem Recht des Erfolgsortes – in der Regel dem deutschen Recht – zu unterstellen sein (Art. 4 Abs. 1 Rom II-VO). Im Hinblick auf die deliktischen Ansprüche von Arbeitnehmern verschiedener Unternehmer wird eine akzessorische Anknüpfung an das Vertragsstatut grundsätzlich verneint.[692] Mit Blick auf die Arbeitnehmerüberlassung kann dieses Ergebnis nicht ohne weiteres übernommen werden. Sofern das Statut des Rechtsverhältnisses zwischen dem Leiharbeitnehmer und dem Entleiher mit dem Arbeitsvertragsstatut der Arbeitnehmer des Entleihers übereinstimmt, erscheint eine akzessorische Anknüpfung (Art. 4 Abs. 3 S. 2 Rom II-VO) sachgerecht. Andernfalls wird sich das Statut – mangels eines gemeinsamen gewöhnlichen Aufenthaltsortes i.S.v. Art. 4 Abs. 2 Rom II-VO – im Regelfall nach dem Erfolgsortrecht richten.

Stehen deliktische Haftungsansprüche zwischen dem polnischen Verleiher und deutschem Entleiher im Raum, kommt ebenfalls eine akzessorische Anknüpfung an das Statut des Überlassungsvertrages gem. Art. 4 Abs. 3 S. 2 Rom II-VO in Betracht.

Die Ausführungen zu den objektiven Anknüpfungen stehen unter dem Vorbehalt, dass die Parteien nach dem Eintritt des schädigenden Ereignisses keine abweichende Rechtswahl gem. Art. 14 Abs. 1 lit. a Rom II-VO

---

692 Im Hinblick auf reguläre Arbeitsverhältnisse MüKo-BGB/*Junker*, Art. 23 VO (EG) 864/2007 Rn. 168; PWW/*Schaub*, Art. 4 Rom II-VO Rn. 18; Palandt/*Thorn,* Art. 4 Rom II Rn. 27; jurisPK-BGB/*Wurmnest*, Art. 4 Rom II-VO Rn. 60.

D. Internationales Privatrecht

getroffen haben.[693] Die Beschränkungen der Rechtswahl aus Art. 14 Abs. 2, 3 Rom II-VO spielen angesichts der Anknüpfungsmomente sowohl in Polen als auch Deutschland in der Regel keine Rolle.

3. Haftungsrechtliche Besonderheiten im polnischen Arbeitsrecht

In Polen hat die Schadensersatzhaftung eines Arbeitnehmers in den Art. 114 ff. ArbGB[694] eine eigenständige Regelung erhalten.[695] Diese Vorschriften finden grundsätzlich auch im Rahmen des Leiharbeitsverhältnisses zwischen dem Verleiher und dem Leiharbeitnehmer Anwendung.[696] Für Schäden der Zeitarbeitsagentur haftet der Leiharbeitnehmer privilegiert nach Maßgabe der Art. 114 ff. ArbGB i.V.m. Art. 5 LeiharbeitG.

Aufgrund der Tatsache, dass der Leiharbeitnehmer seine Arbeitsleistung ausschließlich zugunsten des Entleihers erbringt, enthält Art. 19 LeiharbeitG eine besondere Regelung für Schäden, die ein Leiharbeitnehmer bei der Verrichtung der Leiharbeit beim Entleiher[697] verursacht.[698] Zur Wiedergutmachung dieser Schäden ist gem. Art. 19 Abs. 1 Leih-

---

693 Für den Entleiher und Verleiher besteht auch die Möglichkeit, vor Eintritt des schadensbegründenden Ereignisses eine abweichende Rechtswahl zu treffen, Art. 14 Abs. 1 lit. b Rom II-VO.
694 Das Gesetz unterscheidet dabei zwischen der Haftung des Arbeitnehmers wegen Schäden, die er dem Arbeitgeber oder einem Dritten zugefügt hat (Art. 114 ff. ArbGB), und der Haftung für das einem Arbeitnehmer anvertraute Vermögen (Art. 124 ff. ArbGB).
695 Siehe hierzu überblicksartige Darstellung: *Florek*, Rn. 308 ff.; *Małyszek*, Rn. 298 ff.; *Pisarczyk*, PiZS 2014, Nr. 7, S. 8 ff.; die Regelungen erfassen sowohl vertragliche als auch außervertragliche Ansprüche.
696 *Paluszkiewicz*, S. 181, 184.
697 Zwischen der schädigenden Handlung und der Leiharbeit muss ein innerer, funktionaler Zusammenhang bestehen; *Florek*, Rn. 329; *Paluszkiewicz*, S. 181; *Rotkiewicz*, S. 122; *Sobczyk*, Zatrudnienie tymczasowe, S. 100; *Wiśniewski*, Różnorodne formy, S. 219; fehlt dieser Zusammenhang und erfolgt die Schädigung nur „bei Gelegenheit" der Leiharbeit, finden die Art. 114 ff. ArbGB, Art. 19 LeiharbeitG keine Anwendung und der Leiharbeitnehmer haftet unmittelbar deliktisch nach den allgemeinen Vorschriften; so auch *Paluszkiewicz*, S. 181.
698 Siehe hierzu *Makowski*, Praca tymczasowa, S. 118 ff.; *Paluszkiewicz*, S. 184 ff.; *Pisarczyk*, „Praca ..." in: Sobczyk, Z problematyki ..., S. 112, 129 ff.; *Rotkiewicz*, S. 121 ff.; *Sobczyk*, Zatrudnienie tymczasowe, S. 98 ff.; *Spytek-Bandurska*/Szylko-Soczny, S. 166 ff.; *Wiśniewski*, Różnorodne formy, S. 219 ff.

arbeitG primär die Zeitarbeitsagentur verpflichtet. Dabei bestimmt sich der Schadensersatzanspruch des Entleihers gegen den Verleiher nach den Grundsätzen, die für die Schadensersatzhaftung eines Arbeitnehmers gegenüber seinem Arbeitgeber gelten.[699] Der Verleiher kann sich gem. Art. 19 Abs. 2 LeiharbeitG in Höhe des von ihm an den Entleiher gezahlten Schadensersatzes beim Leiharbeitnehmer schadlos halten.[700] Der Regressanspruch entsteht allerdings erst, nachdem die Zeitarbeitsagentur die Forderung des Entleihers erfüllt hat.[701] Sofern im Zusammenhang mit der Ausführung der Leiharbeit beim Entleiher Dritte[702] zu Schaden kommen, ist ausschließlich der Arbeitgeber – der Verleiher[703] – zum Schadensersatz

---

[699] Die Haftung der Zeitarbeitsagentur setzt eine schuldhafte, rechtswidrige Nichterfüllung oder nicht ordnungsgemäße Erfüllung der (Leih-)Arbeitnehmerpflichten und einen kausalen Schaden des Entleihers voraus (Art. 114 ArbGB). Sie erstreckt sich auf den tatsächlich entstandenen Schaden, erfasst nur die gewöhnlichen Folgen des Handelns oder Unterlassens des Leiharbeitnehmers (Art. 115 ArbGB) und wird in dem Umfang begrenzt, in dem der Entleiher oder eine andere Person zur Schadensentstehung oder -vergrößerung beigetragen hat (Art. 117 Abs. 1 ArbGB). Bei mehreren Schädigern haftet der Verleiher nur für den Teil des Schadens, der dem Beitrag und dem Grad des Verschuldens des Leiharbeitnehmers entspricht (Art. 118 ArbGB). Der Schadensersatzanspruch darf bei fahrlässiger Verursachung den Betrag des dreimonatigen Entgelts, das dem Arbeitnehmer am Tage der Schadenszufügung zugestanden hat, nicht überschreiten (Art. 119 ArbGB). Bei vorsätzlichem Handeln des Leiharbeitnehmers gelten die Haftungsbegrenzungen (Art. 115, 119 ArbGB) nicht und die Zeitarbeitsagentur ist zur vollständigen Kompensation des Schadens (auch Ersatz entgangener Vorteile) verpflichtet (Art. 122 ArbGB).

[700] *Paluszkiewicz*, S. 185 spricht vor diesem Hintergrund davon, dass die Haftung der Zeitarbeitsagentur nur „vorläufigen Charakter" hat; der Leiharbeitnehmer kann die Regresszahlung verweigern, wenn die Voraussetzungen des Anspruchs gem. Art. 114 ff. ArbGB nicht gegeben waren. Die Beweislast für den Anspruch des Entleihers liegt im Verhältnis zum Leiharbeitnehmer gem. Art. 116 ArbGB beim Verleiher; *Wiśniewski*, Różnorodne formy, S. 221.

[701] *Sobczyk*, Zatrudnienie tymczasowe, S. 101; der Regressanspruch verjährt nach allgemeinen Regeln gem. Art. 291 ArbGB; die Verjährungsfrist läuft ab Erfüllung des Schadensersatzanspruchs des Entleihers; *Wiśniewski*, Różnorodne formy, S. 221 f.

[702] Als „Dritter" gilt jede Person, die nicht Arbeitnehmer oder Arbeitgeber des konkreten Arbeitsverhältnisses ist; *Wiśniewski*, Różnorodne formy, S. 221; aufgrund der Sonderreglung in Art. 19 LeiharbeitG zählt der Entleiher nicht dazu. Erfasst werden jedoch die Stammarbeitnehmer des Entleihers oder andere Leiharbeitnehmer; *Paluszkiewicz*, S. 181.

[703] Arbeitgeber des Leiharbeitnehmers ist die Zeitarbeitsagentur, sodass sie *de lege lata* Anspruchsgegner des Dritten ist; *Chobot/Pachciarek*, PiZS 2005, Nr. 1, S. 23, 25; *Sobczyk*, Zatrudnienie tymczasowe, S. 167; a.A. *Pisarczyk* „Praca ..."

verpflichtet, Art. 120 Abs. 1 ArbGB. Er kann aber vom Leiharbeitnehmer nach Maßgabe der Art. 114 ff. ArbGB Regress fordern, Art. 120 Abs. 2 ArbGB. Setzt der Entleiher den Leiharbeitnehmer bei Arbeiten ein, bei denen er diesem gewisse Vermögensgegenstände anvertraut, und verursacht der Leiharbeitnehmer schuldhaft und kausal einen Schaden, haftet der Verleiher dem Entleiher gem. Art. 19 LeiharbeitG i.V.m. Art. 124 ff. ArbGB entsprechend.[704]

Sofern der Leiharbeitnehmer durch ein Verhalten des Entleihers geschädigt wird, haftet unmittelbar grundsätzlich die Zeitarbeitsagentur[705], die anschließend den Entleiher in Regress nehmen kann.[706] Wenn ein Leiharbeitnehmer durch das Verhalten eines Stammarbeitnehmers des Entleihers zu Schaden kommt, haftet gegenüber dem Leiharbeitnehmer gem. Art. 120 ArbGB der Entleiher.[707]

Bei einem grenzüberschreitenden Sachverhalt ist für die Anwendung der arbeitsrechtlichen Haftungsbeschränkungen aus Art. 114 ff. ArbGB, Art. 19 LeiharbeitG erforderlich, dass das jeweilige Arbeitsverhältnis dem polnischen Vertragsstatut unterliegt.

E. Internationales Steuerrecht

Im Falle der grenzüberschreitenden Arbeitnehmerüberlassung findet der Arbeitseinsatz der Leiharbeitnehmer in Deutschland nur vorübergehend

---

in: Sobczyk, Z problematyki ..., S. 112, 131 f.; *Pisarczyk*, Ryzyko ..., S. 351; *Paluszkiewicz*, S. 220 ff., die den Entleiher als Anspruchsgegner der Dritten ansieht. Der Entleiher würde den Arbeitsprozess des Leiharbeitnehmers bestimmen und müsse für Schäden in dem Zusammenhang auch die Verantwortung übernehmen. Diesem stünde eine Regressforderung gegen den Verleiher nach Maßgabe des Art. 19 LeiharbeitG zu; in diese Richtung auch *Spytek-Bandurska/Szylko-Skoczny*, S. 167.

704 *Pisarczyk*, „Praca ..." in: Sobczyk, Z problematyki ..., S. 112, 130 f.; *Reda*, S. 105 ff.; *Sobczyk*, Zatrudnienie tymczasowe, S. 100 f.; *Spytek-Bandurska/Szylko-Skoczny*, S. 167 ff.; die Möglichkeit einen Vertrag nach Art. 125 ArbGB abzuschließen verneinend *Frączek/Łajeczko*, Sł. Prac. 2005 Nr. 6, S. 11, 19 f.; *Reda*, 105; *Sobczyk*, Zatrudnienie tymczasowe, S. 100 f.; bejahend; *Paluszkiewicz*, S. 223; *Pisarczyk*, Ryzyko ..., S. 350.

705 *Młyński*, PiZS 2010, Nr. 7, S. 16, 17 ff.; *Paluszkiewicz*, S. 180 f., 190; *Reda*, S. 124 ff.; *Spytek-Bandurska/Szylko-Skoczny*, S. 169.

706 *Młyński*, PiZS 2010, Nr. 7, S. 16, 18; *Reda*, S. 124, 128 f.

707 Die schädigende Handlung des Stammarbeitnehmers muss in einem funktionalen Zusammenhang zu der (Leih-)Arbeit stehen; siehe hierzu Fn. 697.

statt. Der polnische Leiharbeitnehmer kehrt nach Ablauf der Überlassungszeit wieder in seinen Wohnsitzstaat zurück. Bei Berührungspunkten der Beschäftigung zu verschiedenen Staaten müssen auch steuerrechtliche Aspekte beachtet werden. Die folgenden Ausführungen beschränken sich auf die Untersuchung von Fragen im Zusammenhang mit dem Einkommensteuerrecht für die Einkünfte des Leiharbeitnehmers. Zugrunde zu legen ist der Grundfall, wonach ein polnischer Leiharbeitnehmer mit Wohnsitz in Polen durch einen polnischen Verleiher zur Leiharbeit bei einem deutschen Entleiher in Deutschland überlassen wird.

I. Besteuerung nach polnischem Recht

Das polnische Einkommensteuergesetz[708] regelt – in Art. 1 ausdrücklich festgelegt – die Besteuerung des Einkommens natürlicher Personen. Nach Art. 3 Abs. 1 EStG PL sind Personen, die in der Republik Polen ihren Wohnsitz haben, unabhängig vom Ort der Einnahmequelle, in Polen unbeschränkt steuerpflichtig. Als Person, die einen Wohnsitz in der Republik Polen hat, gilt eine natürliche Person, die entweder in der Republik Polen den Mittelpunkt ihrer persönlichen und wirtschaftlichen Interessen (Mittelpunkt der Lebensinteressen) hat oder sich in der Republik Polen mehr als 183 Tage im Kalenderjahr aufhält. Bei einem vorübergehend grenzüberschreitend nach Deutschland überlassenen Leiharbeitnehmer befindet sich der Mittelpunkt der Lebensinteressen in Polen, sodass er unbeschränkt steuerpflichtig ist.

Als steuerpflichtige Einnahmen gelten nach der Legaldefinition aus Art. 11 Abs. 1 EStG PL das in einem Kalenderjahr vereinnahmte oder zur Verfügung des Steuerpflichtigen gelangte Geld sowie der Wert vereinnahmter Sachleistungen und anderer unentgeltlicher Leistungen.[709] Im Steuerrecht gilt grundsätzlich das Zuflussprinzip, wonach die Steuerpflicht erst mit dem Eingang oder der tatsächlichen Zurverfügungstellung des Einkommens entsteht.[710] In Bezug auf die Einnahmen aus einem Arbeitsverhältnis enthält Art. 12 Abs. 1 EStG PL eine besondere Vorschrift, wo-

---

708 Ustawa o podatku dochodowym od osób fizycznych vom 26.07.1991, Dz. U. 1991, Nr. 80, Pos. 350, vereinheitlichter Text, m. spät. Änd., weiter: EStG PL.
709 Bei bestimmten Einnahmequellen unterliegt diese Definition der Modifizierung; siehe hierzu Art. 14-16, 17 Abs. 1 Nr. 6 und 9, Art. 19, Art. 20 Abs. 3 EStG PL; *Marciniuk*, Art. 11 Rn. 11.
710 *Makowicz/Werner/Wierzbicki*, Rn. 429; *Marciniuk*, Art. 11 Rn. 10 f.

nach sämtliche Barzahlungen sowie der Geldwert von Sachleistungen oder ihre Äquivalente, ungeachtet der Finanzierungsquelle dieser Zahlungen und Leistungen, als Einnahmen gelten. Hierzu gehören insbesondere Grundvergütungen, Vergütungen für Überstunden, verschiedenartige Zulagen, Prämien, Ausgleichszahlungen für nicht genutzten Urlaub und jegliche andere Beträge, unabhängig davon, ob ihre Höhe im Voraus festgelegt war. Darüber hinaus zählen zu den Einnahmen die für einen Angestellten getragenen Barleistungen wie auch der Wert anderer unentgeltlicher oder teilweise entgeltlicher Leistungen.

Bei Einnahmen, die eine grundsätzlich unbeschränkt steuerpflichtige Person bei zeitweiligem Aufenthalt im Ausland im Rahmen eines Arbeitsverhältnisses erzielt, bleibt ein Teil der Einkünfte gem. Art. 20 Abs. 1 Nr. 20 EStG PL steuerfrei. Der steuerfreie Betrag beläuft sich für jeden Aufenthaltstag im Ausland, an dem der Steuerpflichtige in einem Arbeitsverhältnis verbleibt, auf 30 % des Tagegeldes, das in den Vorschriften über die Höhe und Voraussetzungen für die Festlegung von Forderungen für Angestellte des Staates oder der Gebietskörperschaften für Dienstreisen ins Ausland festgelegt wird.

Der Verleiher ist Arbeitgeber der Leiharbeitnehmer. Gem. Art. 31 EStG PL ist er verpflichtet, für die Personen, die von ihm Einnahmen aus einem Arbeitsverhältnis erhalten, im Verlauf des Jahres Vorauszahlungen auf die Einkommensteuer zu berechnen, einzubehalten und gem. Art. 38 EStG PL an das zuständige Finanzamt abzuführen. Aufgrund der unbeschränkten Steuerpflicht gelten grundsätzlich sowohl die Steuerpflicht als auch die Zahlungsverpflichtung des Verleihers letztlich in Bezug auf die Einnahmen des Leiharbeitnehmers, die er für die in Deutschland geleistete Arbeit erhält.

II. Besteuerung nach deutschem Recht

Die unbeschränkte Einkommenssteuerpflicht einer natürlichen Person entsteht in der Bundesrepublik Deutschland in erster Linie durch einen Wohnsitz oder den gewöhnlichen Aufenthalt im Inland, § 1 Abs. 1 EStG[711]. In § 1 Abs. 2, 3 EStG sind noch weitere Anknüpfungspunkte genannt, die eine unbeschränkte Einkommensteuerpflicht begründen. Im Fal-

---

711   Einkommenssteuergesetz vom 08.10.2009, BGBl. I S. 3366, m. spät. Änd., weiter: EStG.

le eines grenzüberschreitend überlassenen Leiharbeitnehmers aus Polen wird eine unbeschränkte Steuerpflicht nach § 1 EStG normalerweise nicht einschlägig sein.

Der polnische Leiharbeitnehmer wird regelmäßig gem. § 1 Abs. 4 EStG einer beschränkten Einkommenssteuerpflicht unterliegen, wenn er inländische Einkünfte i.S.d. § 49 EStG hat. Als inländische Einkünfte i.S.d. beschränkten Einkommenssteuerpflicht gelten unter anderem Einkünfte aus nichtselbstständiger Arbeit[712], die im Inland ausgeübt oder verwertet wird oder worden ist, § 49 Abs. 1 Nr. 4 EStG.[713] Bei der grenzüberschreitenden Arbeitnehmerüberlassung wird die wesentliche Arbeitsleistung des Leiharbeitnehmers unmittelbar beim Entleiher in Deutschland ausgeübt.[714] Die Einkünfte i.S.v. § 19 EStG, die er für die beim Entleiher geleistete Arbeit von dem polnischen Verleiher erhält, unterliegen somit einer Besteuerung in Deutschland.[715] Der Leiharbeitnehmer ist Schuldner der Lohnsteuer, § 38 Abs. 2 EStG. In erster Linie wird aber der gewerbsmäßig handelnde, polnische Verleiher hiervon betroffen, der gem. § 38 Abs. 1 Nr. 2, Abs. 3 EStG die Lohnsteuer für Rechnung seines Arbeitnehmers bei jeder Lohnzahlung vom Arbeitslohn einzubehalten, sie gem. §§ 41, 41a EStG ordnungsgemäß beim zuständigen Finanzamt anzumelden und an dieses abzuführen hat.[716] Für die Erfüllung der im Zusammenhang mit dem Lohnsteuerabzug stehenden Pflichten richtet sich die Zuständigkeit des Finanzamts bei einem ausländischen Verleiher nach dem Ort im Inland, an dem die Arbeitsleistung ganz oder vorwiegend stattfindet, § 41 Abs. 2 S. 2 HS. 2 EStG. Überlässt der polnische Verleiher mehrere Leiharbeitnehmer an verschiedene Entleiherbetriebe, beurteilt sich die Zuständigkeit nach den §§ 25, 26 der Abgabenordnung.[717] Für die Einkommenssteuerpflicht des Leiharbeitnehmers wird gem. § 19 Abs. 2 S. 2 AO das Finanzamt örtlich zuständig sein, in dessen Bezirk der polnische Leiharbeitnehmer seine Arbeitsleistung in Deutschland vorwiegend ausübt. Die Zuständigkeit

---

712 Siehe zu dem Begriff der Einkünfte § 19 EStG.
713 Siehe zur Auslegung der Vorschrift Kirchhof/*Gosch*, § 49 EStG Rn. 51, 53, 60 ff.; Grotherr/Herfort/Strunk/*Grotherr*, S. 160 f.; Blümich/*Wied*, § 49 EStG Rn. 154 ff.
714 So auch *Krawitz/Hick*, RIW 2003, S. 900, 902; Blümich/*Wied*, § 49 EStG Rn. 156.
715 Boemke/Lembke/*Boemke*, Einl. Rn. 31; *Krawitz/Hick*, RIW 2003, S. 900, 902 f., 907 f.
716 So auch *Krawitz/Hick*, RIW 2003, S. 900, 908.
717 Kirchhof/*Eisgruber*, § 41 EStG Rn. 8; Blümich/*Heuermann*, § 41 EStG Rn. 31.

richtet sich in beiden Fällen grundsätzlich nach dem Betrieb des Entleihers, an den der Leiharbeitnehmer überlassen wird.

III. Doppelbesteuerungsabkommen zwischen Deutschland und Polen

Bei der grenzüberschreitenden Überlassung aus Polen nach Deutschland kommt es im Hinblick auf die Lohnzahlungen für die in Deutschland erbrachte Arbeitsleistung zu einem Aufeinandertreffen einer unbeschränkten (Polen) und einer beschränkten Steuerpflicht (Deutschland). Es liegt ein Fall der internationalen Doppelbesteuerung im Rechtssinne vor.[718] Die Tatsache, dass sowohl der deutsche als auch der polnische Staat eine Besteuerung des betreffenden Einkommens für sich beansprucht, ist Ausdruck der jeweiligen staatlichen Souveränität auf dem Gebiet der Steuern und stellt – sofern eine hinreichend enge Beziehung des Sachverhalts zu dem jeweiligen Staat besteht – keinen Verstoß gegen das Völkerrecht dar.[719] Für den Steuerpflichtigen würde eine solche Situation erhebliche finanzielle Einbußen mit sich bringen, die kurzfristig mit Mehreinnahmen der beteiligten Staaten korrespondieren. Langfristig hat eine mehrfache Besteuerung für den grenzüberschreitenden Wirtschaftsverkehr negative Konsequenzen, wodurch letzlich ein volkswirtschaftlicher Nutzen für die beteiligten Staaten nicht gegeben ist.[720]

Eine Doppelbesteuerung wird dadurch verhindert, dass ein Staat seinen bestehenden Steueranspruch zurücknimmt. Hierzu bestehen keine allgemeinen völkerrechtlichen oder europarechtlichen Regelungen, die bestimmen, welchem der betreffenden Staaten das Besteuerungsrecht zusteht und wie die erfolgte Besteuerung in einem anderen Staat berücksichtigt werden muss. Überwiegend werden zwischen den einzelnen Staaten bilaterale völkerrechtliche Verträge, sog. Doppelbesteuerungsabkommen

---

[718] Zur Problematik der Doppelbesteuerung ausf., Haase/*Haase*, AStG/DBA, MA Einl. Rn. 32 ff.; *derselbe*, Int. SteuerR, Rn. 24 ff.; Vogel/Lehner/*Lehner*, Grdl. Rn. 2 ff.; Schönfeld/Ditz/*Schönfeld/Häck*, Systematik Rn. 2 ff.; Grotherr/Herfort/Strunk/*Strunk*, S. 527 ff.
[719] Siehe hierzu Haase/*Haase*, AStG/DBA, MA Einl. Rn. 26 ff.; Vogel/Lehner/*Lehner*, Grdl. Rn. 10 ff., Schönfeld/Ditz/*Schönfeld/Häck*, Systematik Rn. 4, 22.
[720] Siehe hierzu Haase/*Haase*, AStG/DBA, MA Einl. Rn. 49; *derselbe*, Int. SteuerR, Rn. 40; Vogel/Lehner/*Lehner*, Grdl. Rn. 20 ff., Schönfeld/Ditz/*Schönfeld/Häck*, Systematik Rn. 4.

(DBA), abgeschlossen.[721] Die jeweiligen Doppelbesteuerungsabkommen der Bundesrepublik Deutschland orientieren sich weitgehend an dem Musterabkommen der OECD, das durch einen Musterkommentar der OECD ergänzt wird.[722] Durch die Abkommen werden keine Steueransprüche – insbesondere keine Doppelbesteuerung – begründet, denn diese entstehen ausschließlich nach nationalem Steuerrecht.[723] Die Vorschriften des DBA teilen die bestehenden Steuerquellen zwischen den Vertragsstaaten auf.[724] Diese verpflichten sich gegenseitig in einem Bereich, der durch das Abkommen einem der Staaten zugeteilt wurde, den eigenen Besteuerungsanspruch nach nationalem Recht zurückzunehmen.[725] Das DBA wirkt somit als „Schranke des innerstaatlichen Rechts".[726]

Zur Verhinderung der Doppelbesteuerung in Deutschland und Polen findet das Doppelbesteuerungsabkommen vom 14.05.2003 (DBA DEU-PL)[727] Anwendung. Der persönliche Geltungsbereich des Abkommens ist für Personen i.S.d. Art. 3 Abs. 1b DBA DEU-PL eröffnet, die in einem Vertragsstaat oder in beiden -staaten ansässig sind, Art. 1 DBA DEU-PL. In Art. 4 Abs. 1 DBA DEU-PL wird bestimmt, dass eine Person in einem Vertragsstaat ansässig ist, wenn sie dort aufgrund ihres Wohnsitzes, ihres ständigen Aufenthalts, des Ortes ihrer Geschäftsleitung oder eines anderen ähnlichen Merkmals steuerpflichtig ist. Der polnische Leiharbeitnehmer ist als natürliche Person aufgrund seines Wohnsitzes bzw.

---

721 Siehe hierzu Haase/*Haase*, AStG/DBA, MA Einl. Rn. 49 ff.; *derselbe*, Int. SteuerR, Rn. 561 ff., 40 ff.; Vogel/Lehner/*Lehner*, Grdl. Rn. 30 ff.; Grotherr/Herfort/Strunk/*Strunk*, S. 535 ff.
722 Siehe ausf. Haase/*Haase*, AStG/DBA, MA Einl. Rn. 2 ff.; *derselbe*, Int. SteuerR, Rn. 561 ff.; Vogel/Lehner/*Lehner*, Grdl. Rn. 33 ff.; Grotherr/Herfort/Strunk/*Strunk*, S. 545 f.
723 Haase/*Haase*, AStG/DBA, MA Einl. Rn. 64; *derselbe*, Int. SteuerR, Rn. 568 f.; Vogel/Lehner/*Lehner*, Grdl. Rn. 64 f.; Schönfeld/Ditz/*Schönfeld/Häck*, Systematik Rn. 22 jeweils m.w.N.
724 Siehe zum Begriff der „Verteilungsnorm" Haase/*Haase*, AStG/DBA, MA Einl. Rn. 64; *derselbe*, Int. SteuerR, Rn. 568 f.; Vogel/Lehner/*Lehner*, Grdl. Rn. 67 m.w.N.
725 Haase/*Haase*, AStG/DBA, MA Einl. Rn. 64; *derselbe*, Int. SteuerR, Rn. 568 f.; *Krawitz/Hick*, RIW 2003, S. 900, 903; Vogel/Lehner/*Lehner*, Grdl. Rn. 64 ff. m.w.N., Schönfeld/Ditz/*Schönfeld/Häck*, Systematik Rn. 22.
726 Haase/*Haase*, AStG/DBA, MA Einl. Rn. 64; *derselbe*, Int. SteuerR, Rn. 569; zur „Schrankenfunktion" auch Vogel/Lehner/*Lehner*, Grdl. Rn. 66, 68; Schönfeld/Ditz/*Schönfeld/Häck*, Systematik Rn. 22 jeweils m.w.N.
727 Doppelbesteuerungsabkommen Polen vom 14.05.2003, BGBl. II 2004, S. 1304, BGBl. II 2005, S. 55.

ständigen Aufenthalts i.S.d. Abkommens grundsätzlich in Polen ansässig.[728] Auf Gehälter, Löhne und ähnliche Vergütungen, die eine Person aus unselbstständiger Arbeit bezieht, ist die Regelung aus Art. 15 DBA DEU-PL anzuwenden. Der Leiharbeitnehmer stellt seine Arbeitskraft einer anderen Person zur Verfügung, wird in deren Betrieb eingegliedert und unterliegt deren Weisungsrecht. Mithin liegt eine unselbständige Arbeit vor.[729] Der Begriff der Vergütung wird durch das Abkommen nicht näher definiert. Um zu bestimmen, welche Bezüge der Person von der Vorschrift erfasst werden, hat im ersten Schritt eine grammatikalische und systematische Auslegung im Abkommenskontext zu erfolgen.[730] Bestehen danach Zweifel, ob die Vorschrift auf den betreffenden Sachverhalt anzuwenden ist, ist im zweiten Schritt gem. Art. 3 Abs. 2 DBA DEU-PL ein Rückgriff auf das innerstaatliche Recht des Staates vorzunehmen, dessen Besteuerungsanspruch im Raum steht.[731] Im Hinblick auf die Lohnzahlungen des Leiharbeitnehmers für die im Entleiherbetrieb in Deutschland geleistete Arbeit bestehen keine Zweifel an der Einschlägigkeit der Vorschrift.[732]

Nach Art. 15 Abs. 1 S. 1 HS. 1 DBA DEU-PL können Gehälter aus unselbständiger Arbeit grundsätzlich ausschließlich im Ansässigkeitsstaat besteuert werden. Dies gilt letztlich nur für Fälle, in denen der Arbeitnehmer seine Arbeit in dem Staat ausübt, in dem er nach dem Verständnis des Abkommens ansässig ist. Erforderlich ist ein Zusammenfallen des abkommensrechtlichen Ansässigkeitsortes mit dem Tätigkeitsort.[733] Eine Ausnahme ist in Art. 15 Abs. 1 S. 1 HS. 2, S. 2 DBA DEU-PL für den in der Praxis weitaus häufiger vorkommenden Fall vorgesehen, dass die Arbeit nicht im Ansässigkeitsstaat ausgeübt wird, sondern im anderen Vertragsstaat (Tätigkeitsstaat). Fallen Ansässigkeits- und Tätigkeitsstaat auseinander, können die für die Arbeit bezogenen Vergütungen auch im Tä-

---

728 Eine Sonderregelung für den Fall, dass nach den in Abs. 1 genannten Kriterien die betreffende Person sowohl in Deutschland als auch in Polen ansässig ist, enthält Art. 4 Abs. 2 DBA DEU-PL.
729 Zu den Kriterien siehe Vogel/Lehner/*Prokisch*, Art. 15 MA Rn. 27 ff. m.w.N.
730 Vgl. Vogel/Lehner/*Prokisch*, Art. 15 MA Rn. 15; Haase/*Schmidt*, AStG/DBA, Art. 15 MA Rn. 45.
731 *Krawitz/Hick*, RIW 2003, S. 900, 903; Vogel/Lehner/*Prokisch*, Art. 15 MA Rn. 16a; Haase/*Schmidt*, AStG/DBA, Art. 15 MA Rn. 45.
732 Zu Fällen, in denen Abgrenzungsschwierigkeiten entstehen können, siehe Vogel/Lehner/*Prokisch*, Art. 15 MA Rn. 15 ff; Haase/*Schmidt*, AStG/DBA, Art. 15 MA Rn. 45 ff.
733 *Haase*, Int. SteuerR, Rn. 697; Vogel/Lehner/*Prokisch*, Art. 15 MA Rn. 3.

tigkeitsstaat besteuert werden.⁷³⁴ Im Falle der grenzüberschreitenden Überlassung eines polnischen Leiharbeitnehmers nach Deutschland kann der deutsche Staat das Besteuerungsrecht im Hinblick auf den vom polnischen Verleiher gezahlten Lohn wahrnehmen.

Eine Rückausnahme sieht das Abkommen indes in Art. 15 Abs. 2 DBA DEU-PL vor, wonach ausschließlich dem Ansässigkeitsstaat das Besteuerungsrecht zusteht, wenn die darin genannten Voraussetzungen (lit. a-c) kumulativ gegeben sind. Zunächst darf der Arbeitnehmer sich innerhalb eines Zeitraums von 12 Monaten, der während des betreffenden Steuerjahres beginnt oder endet, nicht länger als 183 Tage in dem Tätigkeitsstaat aufhalten (lit. a). Die Vergütungen müssen von einem oder für einen Arbeitgeber gezahlt werden, der nicht in dem Tätigkeitsstaat des Arbeitnehmers ansässig ist (lit. b). Des Weiteren dürfen sie nicht von einer Betriebsstätte oder einer festen Einrichtung getragen werden, die der Arbeitgeber im anderen Staat (Tätigkeitsstaat) hat (lit. c). Die Auslegung der einzelnen Merkmale hat autonom zu erfolgen und orientiert sich aufgrund der unterschiedlichen Zielsetzung nicht an den Vorstellungen des nationalen Arbeits- oder Lohnsteuerrechts.⁷³⁵ Insbesondere der Begriff des „Arbeitgebers" nach Art. 15 Abs. 2 lit. b DBA DEU-PL wird mit Blick auf die Aufteilung der Arbeitgeberrechte und -pflichten in einem Leiharbeitsverhältnis unterschiedlich beurteilt.⁷³⁶ Es kann fraglich sein, ob der Entleiher oder der Verleiher als Arbeitgeber im abkommensrechtlichen Sinne anzusehen ist und welchem Staat das Besteuerungsrecht letztlich zusteht.

Bei der Auslegung der Vorschrift des Art. 15 Abs. 2 DBA DEU-PL ist die Sonderregelung in Art. 15 Abs. 3 DBA DEU-PL zu beachten, die – unabhängig von den genannten Meinungsverschiedenheiten bei der Auslegung des Absatzes 2 in der Form, die er in dem Musterabkommen der OECD erhalten hat – für die grenzüberschreitende Arbeitnehmerüberlassung zwischen Polen und Deutschland stets zu einem Besteuerungsrecht

---

734 Nach Haase/*Schmidt*, AStG/DBA, Art. 15 MA Rn. 41 wird in Abs. 1 als Grundsatz das Arbeitsortprinzip festgelegt.
735 *Krawitz/Hick*, RIW 2003, S. 900, 904; Vogel/Lehner/*Prokisch*, Art. 15 MA Rn. 49f m.w.N.; Ein Rückgriff auf das innterstaatliche Recht ist hiernach „nur in Zweifelsfällen" zulässig.; siehe auch Haase/*Schmidt*, AStG/DBA, Art. 15 MA Rn. 144.
736 Siehe hierzu jeweils m.w.N. *Krawitz/Hick*, RIW 2003, S. 900, 904 ff.; Vogel/Lehner/*Prokisch*, Art. 15 MA Rn. 49f ff., 54 ff.; Haase/*Schmidt*, AStG/DBA, Art. 15 MA Rn. 144 ff., 165 ff.

sowohl im Ansässigkeits- als auch im Tätigkeitsstaat führt.[737] Aufgrund der angesprochenen Schwierigkeiten mit der Bestimmung des Anwendungsbereiches des Art. 15 Abs. 2 DBA DEU-PL wurde in dem OECD-Diskussionspapier vom 05.04.2004 vorgeschlagen, gesonderte Vorschriften zu erlassen, die eine Anwendung der Regelung des Absatzes 2 auf die grenzüberschreitende Arbeitnehmerüberlassung ausschließen.[738] Diese Empfehlung findet sich in der aktuellen Fassung des OECD-Musterkommentars zu Art. 15 wieder.[739] In diesem Licht ist auch der Art. 15 Abs. 3 DBA DEU-PL zu lesen. Angesichts der Tatsache, dass der Arbeitgeberbegriff in den Absätzen 2 und 3 identisch ist, ist vor dem Hintergrund der Zielsetzung, die Arbeitnehmerüberlassung aus dem Anwendungsbereich des Absatz 2 auszuschließen, der Verleiher als Arbeitgeber im abkommensrechtlichen Sinne anzuerkennen.[740]

Die Regelung des Art. 15 Abs. 3 DBA DEU-PL spricht nicht ausdrücklich davon, dass die Regelung aus Absatz 2 auf die gewerbliche Arbeitnehmerüberlassung keine Anwendung findet. Solche expliziten Regelungen sind in verschiedenen DBA zwischen der Bundesrepublik Deutschland und anderen Staaten enthalten.[741] Nichtsdestotrotz ist im Ergebnis die Regelung des Art. 15 Abs. 2 DBA DEU-PL im Falle der Arbeitnehmerüberlassung nicht anwendbar.[742]

In den Anwendungsbereich des Art. 15 Abs. 3 DBA DEU-PL fallen Vergütungen, die ein Arbeitnehmer für seine Arbeit im Tätigkeitsstaat bezieht und die von einem oder für einen Arbeitgeber gezahlt werden, der

---

737 Zweifel an der Vereinbarkeit einer Sonderregelung mit den EU-Grundfreiheiten äußern *Krawitz/Hick*, RIW 2003, S. 900, 912 f.
738 Siehe Nr. 2 Unterziffer 8.2 des Diskussionspapiers "Proposed clarification of the scope of paragraph 2 of article 15 of the model tax convention" vom 05.04.2004, abrufbar unter: http://www.oecd.org/ctp/treaties/31413358.pdf, zuletzt abgerufen am 05.02.2014.
739 Musterkommentar OECD, Art. 15 Nr. 8.3 zur Fassung "Model Tax Conevntion on Income and on Capital - Update 2010", abrufbar unter: http://fiscus.fgov.be/interfafznl/fr/downloads/ocde_en.pdf, zuletzt abgerufen am 05.02.2014.
740 Im Ergebnis auch Haase/*Haase*, AStG/DBA, Art. 15 MA Rn. 160; *Krawitz/Hick*, RIW 2003, S. 900, 906 f.; Vogel/Lehner/*Prokisch*, Art. 15 MA Rn. 54 ff.
741 Siehe hierzu bspw. Art. 15 Abs. 4 DBA Schweden, BGBl. 1994 II, S. 687; Art. 15 Abs. 4 DBA Dänemark, BGBl. 1996 II, S. 2566; Art. 15 Abs. 3 DBA Rumänien, BGBl. 2003 II, S. 1595; Art. 15 Abs. 3 DBA Aserbaidschan, BGBl. 2005 II, S. 1147; ausf. Haase/*Haase*, AStG/DBA, Art. 15 MA Rn. 175 ff.; *Krawitz/Hick*, RIW 2003, S. 900, 906 f.
742 So auch schon *Krawitz/Hick*, RIW 2003, S. 900, 906 f.; im Ergebnis auch Wassermeyer/*Reith*, Polen Art. 15 Rn. 49.

nicht in dem Tätigkeitsstaat ansässig ist. Der Arbeitnehmer muss während seiner Beschäftigung Dienstleistungen an eine andere Person als den Arbeitgeber erbringen, die die Art der Ausführung dieser Aufgaben unmittelbar oder mittelbar überwacht. Gleichzeitig darf der Arbeitgeber nicht die Verantwortung oder das Risiko hinsichtlich der Arbeitsergebnisse des Arbeitnehmers tragen. Die genannten Voraussetzungen werden bei der grenzüberschreitenden Arbeitnehmerüberlassung zwischen Polen und Deutschland erfüllt, sodass eine Anwendung des Art. 15 Abs. 2 DBA DEU-PL regelmäßig ausgeschlossen ist. Für die Anwendung der Vorschrift in Absatz 3 ist unerheblich, ob die Arbeitnehmerüberlassung gewerblich betrieben wird.[743]

IV. Vermeidung einer Doppelbesteuerung

Für die grenzüberschreitende Arbeitnehmerüberlassung verbleibt es bei der Maßgeblichkeit des Art. 15 Abs. 1 DBA DEU-PL, sodass das Besteuerungsrecht sowohl Deutschland als auch Polen zusteht. Die Vorschrift hat bei unbefangener Herangehensweise die Doppelbesteuerung nicht verhindert. Das Ergebnis muss im Zusammenhang mit dem Art. 24 DBA DEU-PL gelesen werden, der für den vorliegenden Fall einer grundsätzlichen Doppelbesteuerung die Methode zur Vermeidung eben jener bestimmt. Nach Art. 24 Abs. 2 DBA DEU-PL sind die von einer in Polen ansässigen Person bezogenen Einkünfte in Deutschland zu besteuern. In Polen werden die Einkünfte insoweit von der Besteuerung ausgenommen und der Arbeitnehmer von seiner Steuerpflicht freigestellt. Das DBA DEU-PL erlaubt der Republik Polen, die Freistellung unter einen Progressionsvorbehalt zu stellen und die von der Besteuerung ausgenommenen Einkünfte bei der Festsetzung des Steuersatzes für das übrige Einkommen des Arbeitnehmers zu berücksichtigen.

Das durch die Anwendung des DBA DEU-PL gefundene Ergebnis zur Vermeidung der Doppelbesteuerung hat seinen Niederschlag in den nationalen Steuervorschriften gefunden. Die grundsätzlich geltende unbeschränkte Steuerpflicht aus Art. 3 Abs. 1 EStG PL für natürliche Personen, die in der Republik Polen ansässig sind, besteht gem. Art. 4a EStG PL nur unter Berücksichtigung der von der Republik Polen abgeschlossenen Abkommen zur Vermeidung der Doppelbesteuerung. In dem vorliegenden

---

743 *Krawitz/Hick*, RIW 2003, S. 900, 907.

Fall der grenzüberschreitenden Arbeitnehmerüberlassung aus Polen nach Deutschland hat die Republik Polen die durch den Leiharbeitnehmer für die Arbeit in Deutschland erzielten Einkünfte nach den Regelungen des DBA DEU-PL von einer nationalen Besteuerung herauszunehmen, sodass der Leiharbeitnehmer in Polen nicht steuerpflichtig ist. Die mit der Steuerpflicht korrespondierende Pflicht des Verleihers (als Arbeitgeber) aus Art. 31 EStG PL, von der Vergütung des Leiharbeitnehmers Abzüge für die Einkommensteuer zu berechnen und abzuführen, steht ebenfalls unter dem Vorbehalt anderweitiger Bestimmungen aus einem DBA. In dem Zusammenhang bestimmt Art. 32 Abs. 6 EStG PL, dass die beschäftigende Betriebsstätte keine Steuervorauszahlung von den Einkünften des Steuerpflichtigen aus der Arbeit, die er außerhalb der Republik Polen leistet, erhebt, sofern diese Einkünfte außerhalb der Republik Polen zu besteuern sind.

In Deutschland besteht unabhängig von der Aufenthaltsdauer der betroffenen Person in Bezug auf die Einkünfte aus der Leiharbeit, die in Deutschland ausgeübt wird, eine beschränkte Steuerpflicht gem. §§ 1 Abs. 4, 49 Abs. 1 Nr. 4a EStG, sodass das durch das DBA DEU-PL zugewiesene Besteuerungsrecht durch die Bundesrepublik Deutschland ausgefüllt wird.[744]

Gleichzeitig hat die Republik Polen von der Möglichkeit eines Progressionsvorbehaltes gem. Art. 24 Abs. 2 lit. a S. 2 DBA DEU-PL Gebrauch gemacht. Für die Steuerpflichtigen, die außer den nach Art. 27 Abs. 1 EStG PL zu besteuernden Einkünften andere Einkünfte aus einer außerhalb der Republik Polen ausgeübten Tätigkeit erzielen, gilt Art. 27 Abs. 8 EStG PL. Hiernach werden die im Ausland erlangten und versteuerten Einkünfte, die aufgrund eines DBA in Polen steuerfrei sind, bei der Berechnung des nationalen Steuersatzes berücksichtigt. Zu den nach polnischem Recht einkommensteuerpflichtigen Einkünften werden die von dieser Steuer befreiten Einkünfte hinzugerechnet und von dieser (Gesamt-)Summe ist der Steuersatz nach der in Art. 27 Abs. 1 EStG PL bestimmten Skala zu berechnen. Der unter Berücksichtigung der im Ausland versteuerten Einkünfte ermittelte Steuersatz gilt für das in Polen mit der Einkommensteuer zu versteuernde (Rest-)Einkommen.

---

744 Siehe zu diesem Erfordernis *Krawitz/Hick*, RIW 2003, S. 900, 907.

V. Haftung für die Lohnsteuern in Deutschland

Steuerschuldner der Einkommenssteuer ist bei grenzüberschreitender Arbeitnehmerüberlassung nach Deutschland nach den §§ 1 Abs. 4, 38 Abs. 2, 49 Abs. 1 Nr. 4a EStG in erster Linie der polnische Leiharbeitnehmer. In § 42d EStG sind jedoch Bestimmungen enthalten, nach denen auch der Verleiher und der Entleiher durch die Finanzbehörden für die Steuerschuld des Leiharbeitnehmers in Anspruch genommen werden können.

1. Haftung des Verleihers nach § 42d Abs. 1 EStG

Der polnische Verleiher ist Arbeitgeber der nach Deutschland überlassenen Leiharbeitnehmer und wird gem. § 38 Abs. 1, 3, §§ 41, 41a EStG dazu verpflichtet, die Lohnsteuer des jeweiligen Leiharbeitnehmers zu berechnen, einzubehalten und an das zuständige Finanzamt abzuführen. Der Gesetzgeber sieht in § 42d Abs. 1 Nr. 1 EStG vor, dass der Arbeitgeber für die Lohnsteuer, die er einzubehalten und abzuführen hat, haftet. Die Haftung wird gem. § 42d Abs. 1 Nr. 2, 3 EStG auf die Lohnsteuer, die er beim Lohnsteuer-Jahresausgleich zu Unrecht erstattet hat, und die, die aufgrund fehlerhafter Angaben im Lohnkonto oder in der -steuerbescheinigung verkürzt wird, ausgeweitet. Soweit die Haftung des Arbeitgebers für die Lohnsteuer reicht, sind der Verleiher und der Leiharbeitnehmer nach § 44 Abs. 1 S. 1 AO, § 42d Abs. 3 S. 1 EStG Gesamtschuldner. Zahlungen des einen Gesamtschuldners wirken sich gem. § 44 Abs. 2 S. 1 AO auf die Gesamtschuld des anderen aus. Bei der Inanspruchnahme der Gesamtschuldner durch das Betriebsstättenfinanzamt[745] gelten die in § 42d Abs. 3 EStG genannten Erwägungen.[746]

---

745 Siehe hierzu auch 2. Kap. E. II.; bei einem polnischen Verleiher wird dies gem. § 41 Abs. 2 S. 2 2. HS EStG das Finanzamt sein, welches für den Arbeitsort des Leiharbeitnehmers – sprich den Entleiherbetrieb – örtlich zuständig ist.

746 Ausf. zu der Haftung des Arbeitgebers Kirchhof/*Eisgruber*, § 42d EStG Rn. 5 ff.; Schmidt/*Krüger*, § 42d EStG Rn. 1 ff.; Blümich/*Wagner*, § 42d EStG Rn. 18 ff.

2. Haftung des Entleihers nach § 42d Abs. 6 EStG

Bei der gewerbsmäßigen Arbeitnehmerüberlassung sieht der Gesetzgeber in § 42d Abs. 6 EStG neben der Haftung des Verleihers aus § 42d Abs. 1 EStG eine gesamtschuldnerische Haftung des Entleihers für die Abführung der Lohnsteuer vor. Die Vorschrift gilt sowohl bei der legalen als auch der illegalen Arbeitnehmerüberlassung.[747] Die akzessorische Haftung des Entleihers erfüllt vor allem in Fällen der illegalen Arbeitnehmerüberlassung eine wichtige Funktion. Die arbeitsrechtliche Fiktion eines Arbeitsverhältnisses zwischen dem Entleiher und dem Arbeitnehmer aus § 10 Abs. 1 AÜG gilt im Lohnsteuerrecht aufgrund der unterschiedlichen Zielsetzung der beiden Rechtsgebiete grundsätzlich nicht.[748] Daher verbleibt es i.d.R. bei der Arbeitgeberstellung des „illegalen" Verleihers i.S.v. § 42d Abs. 1 EStG.[749] Der Entleiher kann nicht aus § 42d Abs. 1 EStG haftbar gemacht werden. Die Haftung des illegalen Verleihers kann häufig nicht erfolgreich durchgesetzt werden, sodass Wettbewerbsverzerrungen durch steuerunehrliche Verleiher, die ihre Dienstleistung aufgrund des „Steuervorteils" günstiger anbieten können, die Folge sind.[750] Im Hinblick auf die grenzüberschreitende Arbeitnehmerüberlassung trägt die akzessorische Haftung des (inländischen) Entleihers dadurch zur effektiveren Durchsetzung des Lohnsteueranspruchs bei, als dass ein Schuldner im Inland in Anspruch genommen werden kann.[751]

a) Voraussetzungen der Haftung des Entleihers

Eine Voraussetzung für die Haftung des Entleihers ist – wie dem Wortlaut des § 42d Abs. 6 EStG („neben") entnommen werden kann – eine Haftung des Verleihers aus § 42d Abs. 1 EStG. Dies setzt eine inländische Steuerpflicht des Leiharbeitnehmers voraus, denn durch die Haftungsvorschriften sollen mit *Boemke* ausschließlich innerstaatliche fiskalische Interessen

---

747 Kirchhof/*Eisgruber*, § 42d EStG Rn. 58; Schmidt/*Krüger*, § 42d EStG Rn. 66; *Reinhart*, BB 1986, S. 500, 501; Blümich/*Wagner*, § 42d EStG Rn. 216.
748 BFH, Urteil vom 02.04.1982 - VI R 34/79, BStBl. II 1982, S. 502; BFH, Urteil vom 18.01.1991 - VI R 122/87, BStBl. II 1991, S. 409.
749 Ebenda; siehe zur Ausnahme 2. Kap. E. V. 3.
750 BT-Drs. 10/4119, S. 6; hierzu auch *Reinhart*, BB 1986, S. 500.
751 BT-Drs. 10/4119, S. 6.

geschützt werden.[752] Bei der grenzüberschreitenden Arbeitnehmerüberlassung aus Polen unterliegen die Einkünfte des polnischen Leiharbeitnehmers einer Besteuerung gem. §§ 1 Abs. 4, 49 Abs. 1 Nr. 4a EStG, mithin besteht eine Haftung des polnischen Verleihers nach §§ 42d Abs. 1, 38 Abs. 1 Nr. 2, Abs. 3 EStG. Der Haftungstatbestand ist nur erfüllt, wenn der polnische Verleiher dem inländischen Entleiher Leiharbeitnehmer gem. § 1 Abs. 1 AÜG gewerbsmäßig überlässt und kein Fall des § 1 Abs. 3 AÜG einschlägig ist. Bei einem Drittpersonaleinsatz im Rahmen eines Werk- oder Dienstvertrages ist eine Haftung des Entleihers nicht gegeben.[753] Die im Einzelfall nicht immer einfache Abgrenzung zwischen der Arbeitnehmerüberlassung und anderen Formen des Drittpersonaleinsatzes wird von der zuständigen Finanzbehörde vorgenommen, die hierbei die Auffassung der BA zu berücksichtigen hat.[754]

b) Haftungsausschluss

Die Haftung des Entleihers ist gem. § 42d Abs. 6 S. 2 EStG ausgeschlossen, wenn der Überlassung eine Erlaubnis nach § 1 AÜG zugrunde liegt und soweit der Entleiher nachweist, dass er den in § 51 Abs. 1 Nr. 2 EStG vorgesehenen Mitwirkungspflichten nachgekommen ist.[755] Der Ausschlussgrund betrifft nur die erlaubte Arbeitnehmerüberlassung.[756] Der Verleiher muss entweder eine Erlaubnis nach § 1 Abs. 1 AÜG besitzen oder eine bereits vorhandene Erlaubnis muss nach § 2 Abs. 4 S. 4 AÜG als fortbestehend gelten. Ist die Überlassung von Arbeitnehmern in einen bestimmten Bereich, wie es § 1b AÜG anordnet, unzulässig, ist ein Ausschluss nach S. 2 nicht möglich. Die Überlassungserlaubnis erstreckt sich nicht auf diese Bereiche.[757]

---

752 Vgl. Boemke/Lembke/*Boemke*, Einl. Rn. 32.
753 R 42d.2 Abs. 2, Lohnsteuerrichtlinie i.d.F. vom 23.11.2010, BStBl. I, S. 1325, (LStR 2011), mit den Lohnsteuerhinweisen 2013, BStBl. I, S. 851; Kirchhof/*Eisgruber*, § 42d EStG Rn. 59 f.; Blümich/*Wagner*, § 42d EStG Rn. 217 f.
754 Siehe hierzu R 42d.2 Abs. 3 LStR 2011; Kirchhof/*Eisgruber*, § 42d EStG Rn. 60; Blümich/*Wagner*, § 42d EStG Rn. 218.
755 Die Erfüllung der Mitwirkungspflichten spielt derzeit keine Rolle, weil von der Verordnungsermächtigung bisher kein Gebrauch gemacht worden ist; hierzu Schmidt/*Krüger*, § 42d EStG Rn. 70; Kirchhof/*Eisgruber*, § 42d EStG Rn. 61; Blümich/*Wagner*, § 42d EStG Rn. 225.
756 BT-Drs. 10/4119, S. 8.
757 R 42d.2 Abs. 4 LStR 2011.

Ein Haftungsausschluss findet gem. § 42d Abs. 6 S. 3 EStG statt, wenn der Entleiher über das Vorliegen einer Arbeitnehmerüberlassung ohne Verschulden irrte. Der Ausschlussgrund betrifft sowohl die erlaubte als auch die unerlaubte Überlassung.[758] Damit sollen ausweislich der Gesetzesbegründung die Fälle berücksichtigt werden, in denen die Vertragspartner von Beginn an einen Werkvertrag vereinbaren, oder in denen die Abgrenzung zwischen der Arbeitnehmerüberlassung und einer anderen Form des Fremdpersonaleinsatzes schwierig ist und daher eine zutreffende rechtliche Beurteilung misslingt.[759] Der Entleiher soll ausnahmsweise für diesen Irrtum nicht haften, wenn er die im Verkehr erforderliche Sorgfalt (§ 276 Abs. 2 BGB) beachtet hat. Ein Irrtum über das Vorliegen einer Überlassungserlaubnis wirkt nicht haftungsbefreiend.[760]

c) Umfang der Haftung des Entleihers

Die Haftung des Entleihers beschränkt sich gem. § 42d Abs. 6 S. 4 EStG auf die Lohnsteuer für die Zeit, für die ihm der Leiharbeitnehmer überlassen worden ist. Ist durch die Umstände der Arbeitnehmerüberlassung die Lohnsteuer schwer zu ermitteln, so ist die Haftungsschuld gem. § 42d Abs. 6 S. 7 EStG mit 15 % des zwischen Verleiher und Entleiher vereinbarten Entgelts ohne Umsatzsteuer anzunehmen. Dies gilt, solange der Entleiher nicht glaubhaft macht, dass die Lohnsteuer, für die er haftet, niedriger ist. Diese pauschale Bestimmung der Lohnsteuerschuld soll nach der Intention des Gesetzgebers der Beweisnot der Finanzverwaltung bezüglich der Höhe der entstandenen Lohnsteuer Rechnung tragen. Dies kann bspw. der Fall sein, wenn die Höhe des vom Verleiher an den Leiharbeitnehmer gezahlten Lohns nicht ermittelt werden kann oder andere Besteuerungsgrundlagen nicht eindeutig feststellbar sind.[761]

Soweit die Haftung des Entleihers reicht, sind der Arbeitgeber (Verleiher), der Entleiher und der Leiharbeitnehmer Gesamtschuldner, § 42d Abs. 6 S. 5 EStG. Zahlungen, die zur Erfüllung der Lohnsteuerschuld für

---

758 BT-Drs. 10/4119, S. 8; Schmidt/*Krüger*, § 42d EStG Rn. 71; Blümich/*Wagner*, § 42d EStG Rn. 226; *Zimmermann*, S. 136 m.w.N.
759 BT-Drs. 10/4119, S. 8; Blümich/*Wagner*, § 42d EStG Rn. 226; *Zimmermann*, S. 136 m.w.N.; kritisch hierzu Schmidt/*Krüger*, § 42d EStG Rn. 71; *Reinhart*, BB 1986, S. 500.
760 Blümich/*Wagner*, § 42d EStG Rn. 226; *Zimmermann*, S. 136 m.w.N.
761 BT-Drs. 10/4119, S. 8; hierzu auch *Zimmermann*, S. 137 m.w.N.

die Zeit der Überlassung durch den Verleiher oder den Leiharbeitnehmer geleistet werden, wirken gem. §§ 44 Abs. 2 AO auch für den Entleiher. Im Verhältnis zum Verleiher haftet der Entleiher gem. § 42d Abs. 6 S. 6 EStG grundsätzlich subsidiär. Er darf nur in Anspruch genommen werden, soweit die Vollstreckung in das inländische bewegliche Vermögen des Arbeitgebers fehlgeschlagen ist oder keinen Erfolg verspricht. Bei einem ausländischen Verleiher kann davon ausgegangen werden, dass regelmäßig kaum bewegliches Vermögen in Deutschland vorhanden sein wird, sodass die Subsidiaritätsklausel häufig gegenstandslos sein wird.[762] Für den inländischen Entleiher erhöht dies das Haftungsrisiko. Bei grenzüberschreitender Arbeitnehmerüberlassung wird er regelmäßig einer gleichrangigen Haftung für die Lohnsteuerschuld des ausländischen Leiharbeitnehmers ausgesetzt sein. In Bezug auf das Verhältnis zwischen dem Entleiher und dem Leiharbeitnehmer ordnet § 42d Abs. 6 S. 6 HS. 2 EStG die entsprechende Anwendung des § 219 S. 2 AO an, sodass diese grundsätzlich als gleichrangige Schuldner haften.[763]

d) Durchsetzung des Haftungsanspruchs

Für die Inanspruchnahme des Entleihers ist grundsätzlich ein Haftungsbescheid auszustellen. Eines solchen bedarf es gem. § 42d Abs. 6 S. 8 i.V.m. Abs. 4 EStG nicht, wenn der Entleiher die Haftungsschuld anmeldet oder seine Zahlungspflicht schriftlich anerkennt.

Die Zuständigkeit des Finanzamtes richtet sich gem. § 42d Abs. 6 S. 9 EStG nach dem Ort der Betriebsstätte des Verleihers. Bei einem ausländischen Verleiher, der grenzüberschreitend Arbeitnehmer überlässt, gilt als Betriebsstätte gem. § 41 Abs. 2 S. 2 HS. 2 EStG der Ort im Inland, an dem die Arbeit ganz oder vorwiegend stattfindet. In der Regel ist das Betriebsstättenfinanzamt des Entleihers für die Haftung aus § 42d Abs. 6 EStG zuständig, da es zugleich das des Verleihers ist.[764]

---

762 Hiervon geht auch der Gesetzgeber aus, BT-Drs. 10/4119, S. 8.
763 BT-Drs. 10/4119, S. 8; Blümich/*Wagner*, § 42d EStG Rn. 232; *Zimmermann*, S. 138 m.w.N.
764 Die örtliche Zuständigkeit kann nach §§ 25, 26 AO variieren, wenn der ausländische Verleiher mehrere Leiharbeitnehmer an verschiedene Entleiher überlässt.

3. Haftung des Verleihers nach § 42d Abs. 7 EStG

Im Falle der illegalen Arbeitnehmerüberlassung wird trotz der Fiktion des § 10 Abs. 1 AÜG im Lohnsteuerrecht grundsätzlich der Verleiher als Arbeitgeber angesehen, sodass dieser nach § 42d Abs. 1 EStG haftet.[765] Zahlt jedoch im Falle der illegalen Arbeitnehmerüberlassung der Entleiher die Löhne im eigenen Namen und auf eigene Rechnung an die Leiharbeitnehmer aus, ist er ausnahmsweise steuerrechtlich als Arbeitgeber anzusehen, sodass ihn die Haftung aus § 42d Abs. 1 EStG trifft.[766] Der illegale Verleiher würde nicht für den Lohnsteueranspruch haften. Um diese Lücke zu verhindern, ordnet § 42d Abs. 7 EStG an, dass der Verleiher wie ein Entleiher nach Abs. 6 haftet.[767]

4. Sicherungsanordnung nach § 42d Abs. 8 EStG

Nach § 42d Abs. 8 S. 1 EStG kann das Finanzamt hinsichtlich der Lohnsteuer der Leiharbeitnehmer anordnen, dass der Entleiher einen bestimmten Teil des mit dem Verleiher vereinbarten Entgelts einzubehalten und abzuführen hat, wenn dies zur Sicherung des Steueranspruchs notwendig ist. Eine solche Sicherungsmaßnahme ist notwendig, wenn beim Verleiher ein Haftungsfall zu befürchten[768] oder die Durchsetzung des Steueranspruchs gegen den ausländischen Verleiher gefährdet ist.[769]

Dem Erlass der Sicherungsanordnung liegt eine Ermessensentscheidung des zuständigen Finanzamts zugrunde. Der Erlass einer Maßnahme nach § 42d Abs. 8 EStG allein aufgrund der Tatsache, dass die Leiharbeitnehmer durch einen ausländischen Verleiher überlassen werden, wäre ermessensfehlerhaft. Eine solche Maßnahme wäre rechtswidrig. Es müssen weitere Umstände hinzukommen, die im Einzelfall ein besonderes Sicherungsbedürfnis der inländischen Steueransprüche begründen. Bei der grenzüberschreitenden Überlassung muss sich der (inländische) Entleiher jedoch bewusst sein, dass bei der (inländischen) Lohnsteuerhaftung eines ausländischen Verleihers mangels einer Anwendungsmöglichkeit der in-

---

765 Siehe hierzu 2. Kap. E. V. 2.
766 BFH, Urteil vom 02.04.1982, VI R 34/79, BStBl. II 1982, S. 502.
767 BT-Drs. 10/4119, S. 9; Blümich/*Wagner*, § 42d EStG Rn. 235; siehe zu der Haftung nach § 42d Abs. 6 EStG 2. Kap. E. V. 2.
768 Kirchhof/*Eisgruber*, § 42d EStG Rn. 67; Blümich/*Wagner*, § 42d EStG Rn. 238.
769 *Reinhart*, BB 1986, S. 500, 506; *Zimmermann*, S. 138.

ländischen Zwangsmittel zur Durchsetzung im Ausland eine höhere Ausfallwahrscheinlichkeit besteht als bei inländischen Haftungsschuldnern. Die Finanzbehörden werden dementsprechend, um Steuerausfälle für den Fiskus zu vermeiden, versuchen, den Entleiher zur Haftung heranzuziehen.

Die Sicherungsanordnung an den Entleiher kann sich gem. § 42d Abs. 8 S. 1 HS. 2 EStG i.V.m. § 42d Abs. 6 S. 4 EStG nur auf den Lohnsteueranspruch beziehen, der gegen den Entleiher besteht. Der vom Entleiher zu fordernde Betrag ist in der Höhe insoweit beschränkt, als nur die für die Überlassungszeit ausstehende Lohnsteuer gefordert werden kann.[770] Eine Zahlung des Entleihers aufgrund der Sicherungsanordnung führt zu einem Erlöschen des Abführungsanspruches gegen den Verleiher, der für den Überlassungszeitraum bestand.[771] Die Zahlung wirkt sich auf das Überlassungsverhältnis aus, indem der durch den Entleiher gezahlte Betrag anteilig die bestehenden Verbindlichkeiten gegenüber dem Verleiher zum Erlöschen bringt. Aufgrund der Auswirkungen auf den Verleiher und seine Rechtsposition ist die an den Entleiher gerichtete Sicherungsanordnung als Verwaltungsakt mit Drittwirkung anzusehen.[772] Anfechtungsberechtigt sind sowohl der Entleiher als auch der Verleiher.[773] Der Verwaltungsakt kann auch mündlich erlassen werden, § 42d Abs. 8 S. 2 EStG, und bedarf hinsichtlich der Höhe nur dann einer Begründung, sofern die Höhe des einzubehaltenden und abzuführenden Betrages mehr als 15 % des Entgelts beträgt, § 42d Abs. 8 S. 3 EStG. Für die Sicherungsmaßnahme nach § 42d Abs. 8 EStG ist grundsätzlich das Betriebsstättenfinanzamt des Verleihers, welches in der Regel mit demjenigen des Entleihers zusammenfallen wird, zuständig.[774] Darüber hinaus ist für eine Sicherungsmaßnahme jedes Finanzamt zuständig, in dessen Bezirk der Anlass für die Amtshandlung hervortritt, insbesondere bei Gefahr im Verzug (§§ 24, 29 AO).[775]

---

770 Blümich/*Wagner*, § 42d EStG Rn. 238; *Zimmermann*, S. 139.
771 Kirchhof/*Eisgruber*, § 42d EStG Rn. 67; Blümich/*Wagner*, § 42d EStG Rn. 238.
772 Kirchhof/*Eisgruber*, § 42d EStG Rn. 67; Blümich/*Wagner*, § 42d EStG Rn. 238; Schmidt/*Krüger*, § 42d EStG Rn. 74.
773 Schmidt/*Krüger*, § 42d EStG Rn. 74; Kirchhof/*Eisgruber*, § 42d EStG Rn. 67; Blümich/*Wagner*, § 42d EStG Rn. 239.
774 R 42d.2 Abs. 10 LStR 2011; siehe zur Zuständigkeit beim Haftungsanspruch gegen den Entleiher 2. Kap. E. V. 2.
775 R 42d.2 Abs. 10 LStR 2011.

VI. Zwischenergebnis

Die Einkünfte des polnischen Leiharbeitnehmers für die in Deutschland geleistete Arbeit können grundsätzlich einer unbeschränkten Steuerpflicht in Polen, Art. 3 Abs. 1 EStG PL, und einer beschränkten Steuerpflicht in Deutschland, §§ 1 Abs. 4, 49 Abs. 1 Nr. 4a EStG unterfallen. Eine Doppelbesteuerung wird aufgrund von Art. 15 Abs. 1 i.V.m. Abs. 3, 24 Abs. 2 DBA DEU-PL in der Weise verhindert, dass der polnische Staat seinen Steueranspruch bezüglich der Einnahmen, die der Leiharbeitnehmer für die in Deutschland geleistete Arbeit erhält, zurücknimmt. Der Leiharbeitnehmer ist insoweit in Deutschland lohnsteuerpflichtig. Für die Lohnsteuerschuld haften der Leiharbeitnehmer (§§ 1 Abs. 4, 38 Abs. 2, 49 Abs. 1 Nr. 4a EStG), der Verleiher (§ 42d Abs. 1 EStG) und der Entleiher (§ 42d Abs. 6 EStG) als Gesamtschuldner.

F. Internationales Sozialversicherungsrecht

Bei einer wirtschaftlichen Betrachtung kann sich die Attraktivität der grenzüberschreitenden Arbeitnehmerüberlassung nicht nur aus der unterschiedlichen Ausgestaltung der Arbeitsverhältnisse, insbesondere der Lohnbedingungen, ergeben, sondern auch durch andere Faktoren beeinflusst werden. Solange die Systeme der sozialen Sicherheit der Mitgliedstaaten auf der Ebene der Europäischen Union nicht angeglichen sind, ergeben sich – mit *Behrend* – für Arbeitgeber in den Mitgliedstaaten bei der Beschäftigung von Arbeitnehmern unterschiedliche Beitragslasten.[776] Besonders interessant ist für die beteiligten Unternehmen dabei, ob sie die bestehenden Unterschiede bei den Lohnnebenkosten im Rahmen der grenzüberschreitenden Beschäftigung ausnutzen können. Die unterschiedliche Belastung mit Sozialversicherungsbeiträgen kann für ausländische Verleihfirmen einen Wettbewerbsvorteil darstellen, wenn die von ihnen beschäftigten Leiharbeitnehmer bei einer grenzüberschreitenden Überlassung nach Deutschland weiterhin dem Sozialversicherungssystem des Herkunftslandes unterliegen.[777] Unabhängig von den beschriebenen wirtschaftlichen Interessen ist die Frage nach dem anwendbaren Sozialversi-

---

776 Vgl. *Behrend*, ZESAR 2012, S. 55, 56.
777 So auch *Behrend*, ZESAR 2012, S. 55, 61; auf eine Missbrauchsgefahr hinweisend Fuchs/*Steinmeyer*, Art. 12 VO (EG) 883/2004, Rn. 11.

cherungsstatut gerade für den grenzüberschreitend überlassenen Leiharbeitnehmer von besonderer Bedeutung. Muss er bei einer vorübergehenden Tätigkeit im Ausland Unterbrechungen im Versicherungsverlauf im Heimatstaat befürchten oder unterliegt er gar einer doppelten Versicherungspflicht? Mit der Bestimmung des Sozialversicherungsstatuts hängen auch Fragen nach den Voraussetzungen und dem Umfang von Leistungen in den unterschiedlichen Versicherungssystemen zusammen. Zur Klärung der Frage, welches Sozialversicherungsrecht auf die Beschäftigung des grenzüberschreitend überlassenen Leiharbeitnehmers Anwendung findet, ist das internationale Sozialversicherungsrecht heranzuziehen. Nach einer allgemeinen Darstellung der relevanten kollisionsrechtlichen Regelungen und ihrer Voraussetzungen ist das anwendbare Sozialversicherungsstatut bei einer Überlassung aus Polen nach Deutschland zu erörtern. Hierbei soll jeweils auf Fragen der Beitragspflicht bzw. -haftung im deutschen und polnischen Sozialversicherungsrecht eingegangen werden. Mit Blick auf die Leistungen aus der Sozialversicherung soll ein besonderes Augenmerk auf die für die Praxis bedeutsamen Folgen eines Arbeitsunfalls gerichtet werden. Abschließend sollen die Auswirkungen einer Entsendebescheinigung auf das anwendbare Sozialversicherungsstatut bei illegaler Arbeitnehmerüberlassung skizziert werden.

I. Anwendbare Vorschriften des internationalen Sozialversicherungsrechts

Sowohl das polnische (Art. 6-8 Gesetz über das System der Sozialversicherung[778]) als auch das deutsche Recht (Art. 3-6 SGB IV) enthalten Regelungen, die den internationalen Anwendungsbereich des jeweiligen nationalen Sozialversicherungsrechts bestimmen. Die Anwendung dieser Vorschriften steht unter dem Vorbehalt, dass in dem Bereich nicht vorrangige Bestimmungen des über- oder zwischenstaatlichen Rechts, bspw. Verordnungen der EU oder Abkommen zwischen den betroffenen Staaten, zu berücksichtigen sind.[779] Bei grenzüberschreitenden Sachverhalten innerhalb der EU bestimmt sich das anwendbare Sozialversicherungsrecht

---

778 Ustawa o systemie ubezpieczeń społecznych vom 13.10.1998, Dz. U. 1998, Nr. 137, Pos. 887, vereinheitlichter Text, weiter: SozVersichG.
779 § 6 SGB IV lautet: Regelungen des über- und zwischenstaatlichen Rechts bleiben unberührt.

seit dem 01.05.2010 primär nach den Vorschriften der Verordnung zur Koordinierung der Systeme der sozialen Sicherheit (EG) 883/2004[780].
Die VO (EG) 883/2004 gilt gem. Art. 2 Abs. 1 für Staatsangehörige eines Mitgliedstaats, Staatenlose und Flüchtlinge mit Wohnort in einem Mitgliedstaat, für die die Vorschriften eines oder mehrerer Mitgliedstaaten gelten oder galten, sowie für ihre Familienangehörigen und Hinterbliebenen. Der sachliche Geltungsbereich erfasst gem. Art. 3 VO (EG) 883/2004 abschließend die wesentlichen Bereiche der sozialen Sicherheit. Dazu zählen Leistungen bei Krankheit, bei Mutterschaft und gleichgestellte bei Vaterschaft, bei Invalidität, bei Alter, an Hinterbliebene, bei Arbeitsunfällen und Berufskrankheiten, bei Arbeitslosigkeit sowie Sterbegeld, Vorruhestands- und Familienleistungen.

In verfahrensrechtlicher Hinsicht wird die VO (EG) 883/2004 von der Verordnung zur Festlegung der Modalitäten für die Durchführung der Verordnung (EG) Nr. 883/2004 über die Koordinierung der Systeme der sozialen Sicherheit (EG) 987/2009[781] ergänzt. Zu beachten ist ferner die Verordnung (EU) Nr. 465/2012 zur Änderung der Verordnungen (EG) Nr. 883/2004 und (EG) Nr. 987/2009[782].

Die genannten Verordnungen sind auf Entsendungen im Rahmen von Leiharbeitsverhältnissen anwendbar.[783]

II. Grundsatz des Beschäftigungsortes

Eingangs ist festzuhalten, dass gem. Art. 11 Abs. 1 VO (EG) 883/2004 Personen, die von der Verordnung erfasst werden, jeweils nur den Vorschriften eines Mitgliedstaats über soziale Sicherheit unterliegen sollen. Eine Kumulierung anwendbarer Sozialrechtsvorschriften, die sich aus der Anwendung der jeweiligen mitgliedstaatlichen Kollisionsregelungen erge-

---

[780] ABl. EU 2004 Nr. L 166, S. 1.
[781] ABl. EU 2009 Nr. L 284, S. 1.
[782] ABl. EU 2009 Nr. L 149, S. 4.
[783] EuGH, Urteil vom 26.01.2006, C-J/05 (*Herbosch Kiere*), Slg. 2006, I-1079; EuGH, Urteil vom 10.02.2000, C-J02/97 (*Fitzwilliam*), Slg. 2000, I-883, Rn. 32; EuGH, Urteil vom 17.12.1970, C-J003/70 (*Manpower*), Slg. 1970, 1251, Rn. 17-21; Boemke/Lembke/*Boemke*, Einl. Rn. 27; Schüren/Hamann/*Riederer von Paar*, Einl. Rn. 714; *Sandmann/Marschall/Schneider*, AÜG, Art. 1 § 3 Rn. 70; Thüsing/*Thüsing*, AÜG, Einf. Rn. 68.

ben könnte, und die sie sich daraus ergebenden Schwierigkeiten, sollen durch diese Grundprämisse vermieden werden.[784]

Als grundsätzliche Regel wird in Art. 11 Abs. 3 VO (EG) 883/2004 das Beschäftigungsortsprinzip festgelegt. Demnach unterliegt eine Person, die in einem Mitgliedstaat eine Beschäftigung ausübt, den Rechtsvorschriften dieses Mitgliedstaates (*lex loci laboris*). Der in einem anderen Mitgliedstaat gelegene Wohnsitz des Beschäftigten oder Sitz des Arbeitgebers ist für die sozialrechtliche Anknüpfung irrelevant.[785] Ein aus Polen überlassener Leiharbeitnehmer, der seine tatsächliche Arbeitsleistung beim Entleiher in Deutschland ausübt, unterliege dem deutschen Sozialversicherungssystem.[786]

III. Entsendungstatbestand

Eine wichtige Ausnahme von dem Grundsatz des *lex loci laboris* findet sich für entsandte Arbeitnehmer in Art. 12 Abs. 1 VO (EG) 883/2004. Demnach unterliegt eine Person, die in einem Mitgliedstaat für Rechnung eines Arbeitgebers, der gewöhnlich dort tätig ist, eine Beschäftigung ausübt und die von diesem Arbeitgeber in einen anderen Mitgliedstaat entsandt wird, um dort eine Arbeit für dessen Rechnung auszuführen, weiterhin den Rechtsvorschriften des ersten Mitgliedstaats, sofern die voraussichtliche Dauer dieser Arbeit 24 Monate nicht überschreitet und diese Person nicht eine andere ablöst. Verbindliche Auslegungshinweise der Vorschrift sind Art. 14 VO (EG) 987/2009 zu entnehmen. Bei der Auslegung der Vorschrift ist der Beschluss Nr. A2 zur Auslegung des Artikels 12 der VO (EG) 883/2004[787] der Verwaltungskommission für die

---

784 EuGH, Urteil vom 16.02.1995, C-425/93 (*Calle Grenzshop Andresen*), Slg. 1995, 269, Rn. 9 m.w.N.; S/W/D/*Schreiber*, VO (EG) 883/2004, Vor Art. 11, Rn. 1 f., Art. 11 Rn. 6 ff.; Fuchs/*Steinmeyer*, Art. 11 VO (EG) 883/2004, Rn. 1; *Tiedemann*, NZS 2011, S. 41, 42; BeckOK-SozR/*Utz*, Art. 12 VO (EG) 883/2004, Rn. 2.
785 K/S/W/*Fuchs*, Europäisches Sozialrecht (Sammelkommentierung) Rn. 64; S/W/D/*Schreiber*, VO (EG) 883/2004, Vor Art. 11, Rn. 9, Art. 11 Rn. 11; Fuchs/*Steinmeyer*, Art. 11 VO (EG) 883/2004, Rn. 9 ff.; *Ulber*, AÜG, Einl. F Rn. 33.
786 Siehe hierzu ausf. 2. Kap. f. V. 1.
787 Beschluss Nr. A2 vom 12.06.2009 zur Auslegung des Artikels 12 der Verordnung (EG) Nr. 883/2004 des Europäischen Parlaments und des Rates hinsichtlich der auf entsandte Arbeitnehmer sowie auf Selbständige, die vorübergehend

Koordinierung der Systeme der sozialen Sicherheit[788] zu berücksichtigen. Dieser hat zwar keine Bindungswirkung für die Behörden der Mitgliedstaaten, kann aber als wichtiges Hilfsmittel zum Verständnis der Verordnung dienen.[789] Dies gilt insbesondere, da sowohl die Vorschriften der Verordnungen als auch der Kommissionsbeschluss weitestgehend die bisherige Rechtsprechung des EuGH zum Verständnis des Entsendungstatbestands widerspiegeln.[790]

Die Vorschrift soll sowohl der Förderung der Arbeitnehmerfreizügigkeit (Art. 45 AEUV) der entsandten Arbeitnehmer als auch der Dienstleistungsfreiheit (Art. 56 AEUV) der Arbeitgeber, die ihre Arbeitnehmer grenzüberschreitend entsenden, dienen.[791] Indem ein vorübergehend in einen anderen Mitgliedstaat entsandter Arbeitnehmer weiterhin in dem Sozialversicherungssystem des Entsendestaates verbleibt, wird einerseits verhindert, dass durch kurzzeitige Unterbrechungen des Versicherungsverlaufs oder eine eventuelle Doppelveranlagung dem Arbeitnehmer durch den grenzüberschreitenden Einsatz Nachteile erwachsen.[792] Andererseits soll ein erhöhter Verwaltungsaufwand auf Seiten des Arbeitgebers und des Arbeitnehmers vermieden werden.[793] Diese müssten sich ansonsten selbst bei einem kurzfristigen Auslandseinsatz mit dem Sozialversicherungssystem des Beschäftigungslandes auseinandersetzen und die nach den

---

eine Tätigkeit in einem anderen als dem zuständigen Mitgliedstaat ausüben, anzuwendenden Rechtsvorschriften, ABl. EU 2010 Nr. C 106, S. 5.

788 Art. 71 f. VO (EG) 883/2004; ausf. zur Rechtsnatur und den Aufgaben Fuchs/*Cornelissen*, Art. 72 VO (EG) 883/2004, Rn. 1 ff.; S/W/D/*Schreiber*, VO (EG) 883/2004, Art. 71 Rn. 3 ff.
789 EuGH, Urteil vom 14.05.1981, C-J009/80 (*Romano*), Slg. 1981, 1241, Rn. 20; Urteil vom 10.02.2000, C-J02/97 (*Fitzwilliam*), Slg. 2000, I-883, Rn. 32; vgl. *Behrend*, ZESAR 2012, S. 55, 57; Fuchs/*Cornelissen*, Art. 72 VO (EG) 883/2004, Rn. 29; S/W/D/*Schreiber*, VO (EG) 883/2004, Art. 71 Rn. 11 ff.
790 Siehe hierzu *Schüren/Wilde*, NZS 2011, S. 121, 122 ff.; *Tiedemann*, NZS 2011, S. 41, 43 ff.
791 Beschluss Nr. A2, Erwägungsgrund Nr. 1; EuGH, Urteil vom 17.12.1970, C-J003/70 (*Manpower*), Slg. 1970, 1251, Rn. 8 ff.; K/S/W/*Fuchs*, Europäisches Sozialrecht (Sammelkommentierung) Rn. 69; S/W/D/*Schreiber*, VO (EG) 883/2004, Art. 12 Rn. 1 f.; *Schüren/Wilde*, NZS 2011, S. 121; *Tiedemann*, NZS 2011, S. 41, 43.
792 Vgl. *Schüren/Wilde*, NZS 2011, S. 121; siehe hierzu auch *Görres*, S. 74 m.w.N.
793 Siehe hierzu Nachweise in Fn. 791.

Rechtsvorschriften des Beschäftigungsstaates notwendigen Schritte zur An- und Abmeldung vornehmen.[794]

1. Bestehendes Beschäftigungsverhältnis

Zur Anwendung der Entsenderegelung muss zwischen dem entsandten Arbeitnehmer und dem Arbeitgeber ein Beschäftigungsverhältnis bestehen. Des Weiteren ist dem Wortlaut der Vorschrift zu entnehmen, dass der Arbeitnehmer bereits vor der Entsendung dem Sozialversicherungssystem des Entsendestaates angehören muss. Diese Voraussetzungen sind gem. Art. 14 Abs. 1 VO (EG) 987/2009 auch bei einer Person erfüllt, die im Hinblick auf die Entsendung in einen anderen Mitgliedstaat eingestellt wird, vorausgesetzt, die betreffende Person unterliegt unmittelbar vor Beginn ihrer Beschäftigung bereits den Rechtsvorschriften des Mitgliedstaats, in dem das einstellende Unternehmen seinen Sitz hat. Eine bis zur Entsendung vorliegende Beschäftigung oder sich an sie anschließende Beschäftigung bei dem Arbeitgeber, der den Arbeitnehmer entsendet, wird nicht verlangt. Der Arbeitnehmer muss aber bereits zuvor im Entsendestaat sozialversichert gewesen sein. Der Kommissionsbeschluss A2 bestimmt in Nr. 1, dass die Voraussetzung „unmittelbar vor Beginn der Beschäftigung" erfüllt ist, wenn die betreffende Person vor Beginn der Beschäftigung seit einem Monat den Sozialrechtsvorschriften des Mitgliedstaates unterliegt. Bei einem kürzeren Zeitraum sei eine Einzelfallentscheidung unter Berücksichtigung aller übrigen Faktoren vorzunehmen.

Eine Entsendung setzt einen grenzüberschreitenden Wechsel des Beschäftigungsortes innerhalb von zwei Mitgliedstaaten voraus, der vom Arbeitgeber veranlasst wird.[795] Eine Entsendung liegt bei der Einstellung von Arbeitnehmern, die in dem Beschäftigungsstaat wohnen (sog. Ortskräfte), nicht vor.[796]

---

794   EuGH, Urteil vom 17.12.1970, C-J003/70 (*Manpower*), Slg. 1970, 1251, Rn. 11 ff.; K/S/W/*Fuchs*, Europäisches Sozialrecht (Sammelkommentierung) Rn. 69; *Görres*, S. 74 m.w.N.; S/W/D/*Schreiber*, VO (EG) 883/2004, Art. 12 Rn. 2; *Schüren/Wilde*, NZS 2011, S. 121; *Tiedemann*, NZS 2011, S. 41, 43.
795   *Behrend*, ZESAR 2012, S. 55, 57; *Buschermöhle*, DStR 2010, S. 1845, 1846; *Maiß*, S. 146 f.; *Tiedemann*, NZS 2011, S. 41, 43 m.w.N.; BeckOK-SozR/*Utz*, Art. 12 VO (EG) 883/2004, Rn. 9.
796   *Maiß*, S. 147 m.w.N.; *Tiedemann*, NZS 2011, S. 41, 43 m.w.N.; S/W/D/ *Schreiber*, VO (EG) 883/2004, Art. 12 Rn. 9; Fuchs/*Steinmeyer*, Art. 12

2. Fortbestand des Beschäftigungsverhältnisses

Der entsandte Arbeitnehmer soll in einem anderen Mitgliedstaat nach dem Willen des Arbeitgebers eine Arbeit für dessen Rechnung ausführen. Die Arbeit muss also für den Arbeitgeber ausgeführt werden und während der Dauer der Entsendung muss zwischen dem Arbeitnehmer und dem Arbeitgeber eine arbeitsrechtliche Bindung fortbestehen.[797]

Die Arbeitnehmerüberlassung kennzeichnet sich durch ein Dreipersonenverhältnis, in dem der Leiharbeitnehmer seine Arbeitsleistung unmittelbar ausschließlich zugunsten des Entleihers ausführt. Hierzu gehört, dass der Entleiher den Leiharbeitnehmer in seinen Betrieb eingliedert und das zur Organisation der Arbeit notwendige Weisungsrecht ausübt. Dies könnte einer Anwendung der Vorschrift, wonach der Arbeitnehmer während der Entsendezeit eine Beschäftigung für den Arbeitgeber ausüben muss, entgegenstehen. Der EuGH sieht die grenzüberschreitende Arbeitnehmerüberlassung grundsätzlich von der Kollisionsvorschrift des Art. 12 Abs. 1 VO (EG) 883/2004 erfasst.[798] Nach Meinung des EuGH kommt es für die Feststellung, ob eine ausreichende arbeitsrechtliche Bindung besteht, darauf an, ob sich aus den gesamten Umständen des Beschäftigungsverhältnisses ergibt, dass der Arbeitnehmer diesem Unternehmen untersteht.[799] Die Verwaltungskommission für die Koordinierung der Systeme der sozialen Sicherheit bestimmt, dass zur Beantwortung der Frage, ob der Arbeitnehmer weiterhin dem Arbeitgeber untersteht, ein Bündel von Merkmalen zu berücksichtigen ist. Insbesondere gehören hierzu die Verantwortung für die Anwerbung, Arbeitsvertrag, Entlohnung (unbeschadet etwaiger Vereinbarungen zwischen dem Arbeitgeber im Entsende- und dem Unternehmen im Beschäftigungsstaat über die Entlohnung der Arbeitnehmer), Entlassung sowie die Entscheidungsgewalt über die Art der Arbeit.[800]

VO (EG) 883/2004, Rn. 7; BeckOK-SozR/*Utz*, Art. 12 VO (EG) 883/2004, Rn. 9.
797 Beschluss Nr. A2, Abs. 1 UAbs. 2.
798 EuGH, Urteil vom 17.12.1970, C-J003/70 (*Manpower*), Slg. 1970, 1251; EuGH, Urteil vom 10.02.2000, C-J02/97 (*Fitzwilliam*), Slg. 2000, I-883; EuGH, Urteil vom 26.01.2006, C-J/05 (*Herbosch Kiere*), Slg. 2006, I-1079.
799 EuGH, Urteil vom 17.12.1970, C-J003/70 (*Manpower*), Slg. 1970, 1251, Rn. 18 f.; EuGH, Urteil vom 10.02.2000, C-J02/97 (*Fitzwilliam*), Slg. 2000, I-883, Rn. 24.
800 Beschluss Nr. A2, Abs. 1 UAbs. 3.

2. Kap.: Grenzüberschreitende Arbeitnehmerüberlassung aus Polen nach Deutschland

Bei Anwendung dieser Kriterien auf die grenzüberschreitende Arbeitnehmerüberlassung wird deutlich, dass der Leiharbeitnehmer auch im Falle der Entsendung dem Verleihunternehmen untersteht. In einer noch zur vorherigen Rechtslage ergangenen Entscheidung ergibt sich die fortbestehende arbeitsrechtliche Bindung bei der Arbeitnehmerüberlassung nach Auffassung des EuGH vor allem daraus, dass die Verleihfirma für die Entlohnung und Beendigung der Beschäftigung verantwortlich und der Arbeitnehmer während der gesamten Beschäftigungsdauer von dieser abhängig sei. Schuldner des Leiharbeitnehmers sei allein das verleihende Unternehmen im Entsendestaat. Letztlich verrichte der Leiharbeitnehmer unmittelbar beim Entleiher eine Arbeit, die i.S.d. Vorschrift des Art. 12 Abs. 1 VO (EG) 883/2004 eine Arbeit für die Verleihfirma darstelle.[801]

3. Gewöhnliches Tätigsein des entsendenden Arbeitgebers im Entsendestaat

Der EuGH forderte bei grenzüberschreitender Arbeitnehmerüberlassung für die Anwendung der vorherigen Entsenderegelung zusätzlich, dass das entsendende Verleihunternehmen seine Geschäftstätigkeit gewöhnlich im Staat seiner Betriebsstätte ausüben müsse.[802] Diese Voraussetzung ist nun explizit in Art. 12 Abs. 1 VO (EG) 883/2004 geregelt und beansprucht in allen Entsendungsfällen Geltung. Der Arbeitgeber des entsandten Arbeitnehmers muss im Entsendestaat gewöhnlich tätig sein. Hierzu bestimmt Art. 14 Abs. 2 VO (EG) 987/2009, dass sich das Erfordernis des „gewöhnlichen Tätigseins" unter Berücksichtigung aller Kriterien, die die Tätigkeit des betreffenden Unternehmens kennzeichnen, auf einen Arbeitgeber bezieht, der gewöhnlich andere nennenswerte Tätigkeiten als reine Verwaltungstätigkeiten auf dem Hoheitsgebiet des Mitgliedstaats, in dem das Unternehmen niedergelassen ist, ausübt. Die maßgeblichen Beurteilungskriterien müssen auf die Besonderheiten eines jeden Arbeitgebers abge-

---

801 Zur Vorgängervorschrift ausdrücklich EuGH, Urteil vom 17.12.1970, C-J003/70 (*Manpower*), Slg. 1970, 1251, Rn. 17 ff.; S/W/D/*Schreiber*, VO (EG) 883/2004, Art. 12 Rn. 11 wonach eine hinreichende arbeitsrechtliche Bindung nur dann bestehe, wenn „das allgemeine Wesiungsrecht weiterhin bei dem Verleihunternehmen verbleibt.".
802 EuGH, Urteil vom 17.12.1970, C-J003/70 (*Manpower*), Slg. 1970, 1251, Rn. 14 ff.; EuGH, Urteil vom 10.02.2000, C-J02/97 (*Fitzwilliam*), Slg. 2000, I-379, Rn. 23.

stimmt werden. Werden im Entsendestaat von dem Unternehmen keine nennenswerten bzw. nur reine Verwaltungstätigkeiten ausgeübt, kann der kollisionsrechtliche Ausnahmetatbestand der Entsendung keine Anwendung finden, sodass es bei der Anknüpfung an den Beschäftigungsort des Arbeitnehmers gem. Art. 11 Abs. 3 lit. a VO (EG) 883/2004 bleibt.[803]

Zur Feststellung, ob ein Arbeitgeber gewöhnlich eine nennenswerte Tätigkeit im Mitgliedstaat, in dem er niedergelassen ist, verrichtet, muss der zuständige Träger nach dem aktuellen Kommissionsbeschluss in einer Gesamtschau sämtliche Tätigkeiten des Arbeitgebers würdigen.[804] Zu berücksichtigen sind unter anderem der Ort, an dem das Unternehmen seinen Sitz und seine Verwaltung hat, die Zahl der im Mitgliedstaat seiner Betriebsstätte bzw. in dem anderen Staat in der Verwaltung Beschäftigten, der Ort, an dem die entsandten Arbeitnehmer eingestellt werden, der Ort, an dem der Großteil der Verträge mit den Kunden geschlossen wird, das Recht, dem die Verträge unterliegen, die das Unternehmen mit seinen Arbeitnehmern bzw. mit seinen Kunden schließt, der während eines hinreichend charakteristischen Zeitraums im jeweiligen Mitgliedstaat erzielte Umsatz sowie die Zahl der im entsendenden Staat geschlossenen Verträge.

Die Aufstellung hat keinen abschließenden Charakter, da die Auswahl der Kriterien vom jeweiligen Einzelfall abhängig ist und die Art der Tätigkeit, die das Unternehmen im Staat der Niederlassung ausübt, zu berücksichtigen ist.[805] In einer in Bezug auf ein Zeitarbeitsunternehmen erlassenen Entscheidung hat der EuGH überdies festgehalten, dass die Art der Arbeiten, die einerseits die Arbeitnehmer, die zu Unternehmen in dem Mitgliedstaat, in dem das Zeitarbeitsunternehmen seine Betriebsstätte hat, entsandt werden, und andererseits die Arbeitnehmer verrichten, die in das Gebiet eines anderen Mitgliedstaats entsandt werden, nicht zu berücksichtigen ist. Es sei unerheblich, wenn bei einer grenzüberschreitenden Entsendung andere Arbeiten geleistet würden, als sie normalerweise in diesem Betrieb erbracht würden.[806]

---

803 Zur Vorgängervorschrift EuGH, Urteil vom 09.11.2000, C-J04/98 (*Plum*), Slg. 2000, 9379.
804 Beschluss Nr. A2, Abs. 1 UAbs. 5.
805 Beschluss Nr. A2, Abs. 1 UAbs. 5.
806 EuGH, Urteil vom 05.12.1967, 19/67 (*Van der Vecht*), Slg. 1967, 462; EuGH, Urteil vom 10.02.2000, C-J02/97 (*Fitzwilliam*), Slg. 2000, I-883, Rn. 44; K/S/W/*Fuchs*, Europäisches Sozialrecht (Sammelkommentierung) Rn. 69; S/W/D/*Schreiber*, VO (EG) 883/2004, Art. 12 Rn. 8; *Tiedemann*, NZS 2011, S. 41, 45.

2. Kap.: Grenzüberschreitende Arbeitnehmerüberlassung aus Polen nach Deutschland

Die Zeitarbeitsagentur kann ihre Leiharbeitnehmer bei der grenzüberschreitenden Entsendung an Entleiher in Branchen und zur Ausübung von Tätigkeiten überlassen, die sich von denen im Entsendestaat unterscheiden. Allerdings muss das Zeitarbeitsunternehmen in dem Entsendestaat nennenswerte Tätigkeiten, die über die reine Verwaltungstätigkeit hinausgehen, ausüben. Auf die Situation einer Zeitarbeitsfirma übertragen, bedeutet dies, dass sie die Überlassungstätigkeit auch auf dem Gebiet des Entsendestaates ausüben muss. Ein reines „Auslandsverleihunternehmen"[807] wird nicht von der Vorschrift des Art. 12 Abs. 1 VO (EG) 883/2004 erfasst, sodass es bei der Anwendung des Sozialversicherungsrechts des Beschäftigungsstaates nach Art. 11 Abs. 3 VO (EG) 883/2004 bleibt.[808]

Hiervon gingen – noch zur vorherigen Rechtslage – der polnische Sozialversicherungsträger und das polnische Oberste Gericht aus. Bei Zeitarbeitsunternehmen, die als reine „Auslandverleihunternehmen" tätig sind und auf dem Gebiet Polens ausschließlich Verwaltungstätigkeiten ausüben, sahen sie die Voraussetzung des Entsendetatbestandes mangels einer nennenswerten Tätigkeit als nicht gegeben an. Der von einem solchen Verleihunternehmen grenzüberschreitend überlassene, polnische Leiharbeitnehmer unterlag während der Entsendungsdauer nicht dem polnischen Sozialversicherungssystem, sondern den Rechtsvorschriften des Beschäftigungsstaates.[809] Der polnische Sozialversicherungsträger wendet die genannten Grundsätze zur Feststellung, ob der antragstellende Unternehmer eine nennenswerte Tätigkeit in Polen ausübt, an.[810] Darüber hinaus wird

---

807 *Bayreuther*, DB 2011, S. 706, 708.
808 So auch *Bayreuther*, DB 2011, S. 706, 708; Fuchs/*Steinmeyer*, Art. 12 VO (EG) 883/2004, Rn. 12; *Ulber*, AÜG, Einl. F Rn. 33.
809 OG, Urteil vom 05.05.2010, II UK 319/09; vom 05.05.2010, II UK 394/09; vom 05.05.2010, II UK 395/09; vom 11.05.2010, II UK 389/09; vom 13.05.2010, II UK 360/09; vom 11.04.2012, I UK 359/11; vom 11.04.2012, I UK 445/11; vom 24.04.2012, I UK 19/12; vom 14.05.2012, I UK 23/12; vom 08.08.2012, I UK 173/12; vom 24.09.2012, I UK 241/12.
810 Angaben auf der Homepage des polnischen Sozialversicherungsträgers zur Sozialversicherung von entsandten Arbeitnehmern auf http://www.zus.pl/default.asp?id=105&p=3&idk=, zuletzt abgerufen am 14.02.2014, als auch in der Informationsbroschüre zur Entsendung, abrufbar unter: http://www.zus.pl/pliki/poradniki/W%20kt%C3%B3rym%20kraju%20mo%C5%BCesz%20by%C4%87%20ubezpieczony.pdf, zuletzt abgerufen am 14.02.2014.

auf den praktischen Leitfaden[811] „Die Bestimmung des anwendbaren Rechts für Erwerbstätige in der Europäischen Union (EU), im Europäischen Wirtschaftsraum (EWR) und in der Schweiz", der von der Verwaltungskommission für die Koordinierung der Systeme der sozialen Sicherheit herausgegeben wird, verwiesen. In diesem werden in weiten Teilen die in dem Verwaltungskommissionsbeschluss A2 genannten Kriterien aufgefasst und ergänzt. Vorgeschlagen wird, bei der Beurteilung des jährlichen Umsatzes eines Unternehmens im Entsendestaat ein Verhältnis von 25 % des Gesamtumsatzes als ausreichenden Anhaltspunkt anzusehen.[812] Der Praktische Leitfaden hat – wie der Kommissionsbeschluss A2 – keine Bindungswirkung, kann aber bei der Auslegung hilfsweise herangezogen werden.[813]

4. Entsendungsdauer

Für die Fortgeltung des Sozialversicherungsrechts des Entsendestaates ist maßgeblich, dass die voraussichtliche Dauer der Arbeit im Beschäftigungsstaat den Zeitraum von 24 Monaten nicht überschreitet. Hierzu wird in dem aktuellen Verwaltungskommissionsbeschluss Nr. A2 bestimmt, dass eine zeitweise Unterbrechung der Tätigkeiten des Arbeitnehmers bei dem Unternehmen des Beschäftigungsstaates – unabhängig von ihrer Begründung (Urlaub, Krankheit, Fortbildung im entsendenden Unternehmen usw.) – nicht als Unterbrechung der Entsendezeit i.S.v. Art. 12 VO (EG) 883/2004 gilt.[814] Solche Unterbrechungen werden somit in die Entsendezeit einberechnet und führen nicht zu einer Verlängerung über die 24 Monate hinaus. Dauert die Entsendung voraussichtlich länger als 24 Monate, kann die Ausnahmevorschrift des Art. 12 Abs. 1 VO (EG) 883/2004 nicht eingreifen. Vom ersten Tag der Beschäftigung an findet das Sozialversicherungsrecht des Beschäftigungsstaates Anwendung.[815]

---

811 Abrufbar unter: ec.europa.eu/social/BlobServlet?docId=4944&langId=de, zuletzt abgerufen am 14.02.2014.
812 Praktischer Leitfaden, Teil I Nr. 3.
813 So auch *Buschermöhle*, DStR 2010, S. 1845, 1846.
814 Beschluss Nr. A2, Abs. 3b.
815 Thüsing/*Thüsing*, AÜG, Einf. Rn. 70.

5. Keine „Kettenentsendung"

Außer einer zeitlichen Beschränkung wird bestimmt, dass der entsandte Arbeitnehmer, um weiterhin den Rechtsvorschriften des Entsendestaates zu unterliegen, nicht eine andere entsandte Person ablösen darf. Die Entsendevorschriften, die als Erleichterung für Arbeitgeber und -nehmer bei vorübergehenden grenzüberschreitenden Einsätzen dienen sollen, dürfen nicht in Anspruch genommen werden, um für Unternehmen durch wiederholte Entsendung verschiedener Arbeitnehmer auf ein und dieselbe Position und für dieselben Zwecke Mitarbeiter bereitzustellen.[816] Um dem Missbrauch der Entsendevorschrift im Wege einer „Kettenentsendung" vorzubeugen, aber gleichzeitig den an zweiter Stelle entsandten Arbeitnehmer nicht der Möglichkeit eines Verbleibs im Sozialversicherungssystem des Entsendestaats zu berauben, ist dieses Kriterium eng auszulegen.[817] Eine Entsendung i.S.d. Art. 12 VO (EG) 883/2004 liegt nicht vor, wenn der Arbeitnehmer einen anderen entsandten Arbeitnehmer ablösen soll, dessen Entsendezeit abgelaufen ist, mithin der Ablauf der zulässigen Entsendungsdauer den Grund für die Ablösung darstellt. Eine Ablösung aus anderen Gründen, bspw. einer Erkrankung des entsandten Arbeitnehmers, sollte, solange durch die Entsendung nicht die zulässige Höchstdauer der Entsendung des abgelösten Arbeitnehmers überschritten wird, zulässig sein.[818]

6. Wiederholte Entsendung

Dem Verwaltungskommissionsbeschluss ist zu entnehmen, dass nach Ablauf einer Entsendung eines Arbeitnehmers eine weitere Entsendung für denselben Arbeitnehmer, dieselben Unternehmen und denselben Mitgliedstaats erst nach Ablauf von mindestens zwei Monaten nach Ende des vo-

---

816 Praktischer Leitfaden, Teil I Nr. 2.
817 Vgl. BeckOK-SozR/*Utz*, Art. 12 VO (EG) 883/2004, Rn. 17; siehe auch S/W/D/*Schreiber*, VO (EG) 883/2004, Art. 12 Rn. 18; Fuchs/*Steinmeyer*, Art. 12 VO (EG) 883/2004, Rn. 14; a.A. *Tiedemann*, NZS 2011, S. 41, 45.
818 *Bayreuther*, DB 2011, S. 706, 708; *Behrend*, ZESAR 2012, S. 55, 57; *Buschermöhle*, DStR 2010, S. 1845, 1846; *Schüren/Wilde*, NZS 2011, S. 121, 123 f.; Fuchs/*Steinmeyer*, Art. 12 VO (EG) 883/2004, Rn. 14; BeckOK-SozR/*Utz*, Art. 12 VO (EG) 883/2004, Rn. 17; a.A. wohl S/W/D/*Schreiber*, VO (EG) 883/2004, Art. 12 Rn. 18; *Tiedemann*, NZS 2011, S. 41, 45.

rangehenden Entsendezeitraums zugelassen werden kann. Nur unter besonderen Gegebenheiten könnte von diesem Grundsatz abgewichen werden.[819] Andernfalls würde die Gefahr bestehen, dass die Entsendung zu einer dauerhaften Besetzung von Arbeitsplätzen im Beschäftigungsstaat führt und der Tätigkeitsschwerpunkt des Arbeitnehmers sich durchgehend in diesem Mitgliedstaat befindet. Ein Verbleib im Sozialversicherungssystem des Entsendestaates, der lediglich bei vorübergehenden Entsendungen als eine Ausnahme von der Grundregel – Geltung des Beschäftigungsortsstatuts – vorgesehen ist, wäre nicht mehr durch die mit der Vorschrift verfolgten Ziele gerechtfertigt. Diese Gefahr wird von der Kommission hingegen nicht bei einem folgenden Einsatz desselben Arbeitnehmers in einem dritten Mitgliedstaat angenommen.[820] In dem Kommissionsbeschluss wird hierzu bestimmt, dass unmittelbar aufeinanderfolgende Entsendungen in verschiedene Mitgliedstaaten in jedem Fall zu einer neuen Entsendung i.S.v. Art. 12 Abs. 1 VO (EG) 883/2004 führen.[821] Sind die weiteren Vorrausetzungen für die Annahme einer Entsendung gegeben, ist eine unmittelbar auf den ersten grenzüberschreitenden Einsatz folgende Entsendung unter Fortgeltung des Sozialrechtsstatuts des Entsendestaates zulässig.

7. Verfahren bei Entsendungen

Der Arbeitgeber der zu entsendenden Person ist gem. Art. 15 Abs. 1 S. 1 VO (EG) 987/2009 verpflichtet, den zuständigen Träger des Mitgliedstaats, dessen Rechtsvorschriften die Person unterliegt, über den Tatbestand der Entsendung zu unterrichten. Die Unterrichtung sollte grundsätzlich („wann immer dies möglich ist") im Voraus bzw. vor Beginn der Tätigkeit durch die betroffene Person im Entsendestaat vorgenommen werden. Der Träger wird seinerseits verpflichtet, sowohl der betreffenden Person als auch dem zuständigen Träger des Beschäftigungsstaates unverzüglich Informationen über die im Entsendestaat geltenden Rechtsvorschriften zugänglich zu machen (Art. 15 Abs. 1 S. 2 VO (EG) 987/2009). Derselbe Träger hat gem. Art. 19 Abs. 1 S. 1 VO (EG) 987/2009 die betreffende

---

819 Beschluss Nr. A2, Abs. 3c.
820 Siehe auch K/S/W/*Fuchs*, Europäisches Sozialrecht (Sammelkommentierung), Rn. 70; Fuchs/*Steinmeyer*, Art. 12 VO (EG) 883/2004, Rn. 16.
821 Beschluss Nr. A2, Abs. 3a UAbs. 2.

Person sowie gegebenenfalls deren Arbeitgeber ordnungsgemäß über die Pflichten, die sich aus den Rechtsvorschriften des Entsendestaates ergeben, zu unterrichten. Ergänzend bestimmt der Kommissionsbeschluss, dass der Träger den betreffenden Arbeitgeber und -nehmer gerade über die Bedingungen des Art. 12 Abs. 1 VO (EG) 883/2004, nach denen der entsandte Arbeitnehmer weiterhin den Rechtsvorschriften des Entsendestaates unterliegt, zu unterrichten hat. Der Arbeitgeber ist darüber zu informieren, dass während der gesamten Zeit der Entsendung Kontrollen durchgeführt werden können, um zu prüfen, ob die Voraussetzungen der Entsendung weiterhin erfüllt werden. Die Kontrollen können sich auf die Entrichtung der Beiträge und die Aufrechterhaltung der arbeitsrechtlichen Bindung erstrecken.[822] Bei der Einhaltung der geltenden Formvorschriften gewährt der Träger den Parteien des Beschäftigungsverhältnisses die erforderliche Unterstützung, Art. 19 Abs. 1 S. 2 VO (EG) 987/2009. Im Laufe der Entsendung haben der Arbeitnehmer und dessen -geber den zuständigen Träger über jede Änderung zu informieren, insbesondere wenn die beantragte Entsendung nicht erfolgt ist, sie mehr als nur vorübergehend unterbrochen oder der Arbeitnehmer zu einem anderen Unternehmer im Entsendestaat versetzt wird.[823]

Liegen die Voraussetzungen einer Entsendung i.S.v. Art. 12 Abs. 1 VO (EG) 883/2004 vor, kann dies mit der A1-Bescheinigung dokumentiert werden.[824] Der zuständige Träger im Entsendestaat bescheinigt auf Antrag der betreffenden Person oder ihres Arbeitgebers, dass und gegebenenfalls wie lange und unter welchen Umständen die Rechtsvorschriften des Entsendestaates anzuwenden sind, Art. 19 Abs. 2 VO (EG) 987/2009. Bei der Ausstellung der Entsendebescheinigung wird der zuständige Träger durch den Grundsatz der vertrauensvollen Zusammenarbeit aus Art. 4 Abs. 3 EUV[825] verpflichtet, den Sachverhalt, der für die Bestimmung der im Bereich der sozialen Sicherheit anwendbaren Rechtsvorschriften maßgebend ist, ordnungsgemäß zu beurteilen und die Richtigkeit der in der

---

822 Beschluss Nr. A2, Abs. 5a.
823 Beschluss Nr. A2, Abs. 5b.
824 Siehe hierzu *Schüren/Wilde*, NZS 2011, S. 121 ff.; S/W/D/*Schreiber*, VO (EG) 883/2004, Art. 12 Rn. 27 ff.; Fuchs/*Steinmeyer*, Art. 12 VO (EG) 883/2004, Rn. 17 ff.; *Wank*, EuZW 2007, S. 300 ff.
825 Vertrag über die Europäische Union, Konsolidierte Fassung aufgrund des am 01.12.2009 in Kraft getretenen Vertrages von Lissabon, ABl. EG 2008 Nr. C 115, S. 13.

Entsendebescheinigung aufgeführten Angaben zu gewährleisten.[826] Hervorzuheben ist, dass eine Entsendebescheinigung Rückwirkung entfalten und somit nachträglich – während oder sogar nach Ablauf der Entsendung – ausgestellt werden kann.[827] Für die Ausstellung der A1-Bescheinigung ist in Polen die Sozialversicherungsanstalt (*Zakład Ubezpieczeń Społecznych (ZUS)*) zuständig.

8. Bindungswirkung der A1-Bescheinigung

Die Entsendebescheinigung, die vom Sozialversicherungsträger des Entsendestaates ausgestellt wird und das Vorliegen einer Entsendung gem. Art. 12 VO (EG) 883/2004 bescheinigt, hat eine bedeutende Bindungswirkung. Hierzu bestimmt Art. 5 Abs. 1 VO (EG) 987/2009, dass vom Träger eines Mitgliedstaats ausgestellte Dokumente, in denen der Status einer Person für die Zwecke der Anwendung der Grund- und der Durchführungsverordnung bescheinigt wird, sowie Belege, auf deren Grundlage die Dokumente ausgestellt wurden, für die Träger der anderen Mitgliedstaaten so lange verbindlich sind, wie sie nicht von dem Mitgliedstaat, in dem sie ausgestellt wurden, widerrufen oder für ungültig erklärt werden.[828] Mit der Entsendebescheinigung wird für den Sozialversicherungsträger des Beschäftigungsstaates somit verbindlich festgelegt, dass der entsandte Arbeitnehmer weiterhin in dem Sozialversicherungssystem des Entsendestaates versichert bleibt.[829] Es besteht eine unwiderlegliche Vermutung, dass die Entsendevoraussetzungen des Art. 12 VO (EG) 883/2004 erfüllt sind.[830] Gleichzeitig ist, solange die Entsendebescheinigung existiert, we-

---

826 EuGH, Urteil vom 10.02.2000, C-J02/97 (*Fitzwilliam*), Slg. 2000, I-883, Rn. 51; EuGH, Urteil vom 30.03.2000, C-178/97 (*Barry Banks*), Slg. 2000, I-2005, Rn. 38; EuGH, Urteil vom 26.01.2006, C-J/05 (*Herbosch Kiere*), Slg. 2006, I-1079, Rn. 22.
827 EuGH, Urteil vom 30.03.2000, C-178/97 (*Barry Banks*), Slg. 2000, I-2005, Rn. 53 ff.
828 Die Vorschrift des Art. 5 VO (EG) 987/2009 spiegelt die Rspr. des EuGH zur vorherigen Rechtslage wider, siehe hierzu EuGH, Urteil vom 10.02.2000, C-J02/97 (*Fitzwilliam*), Slg. 2000, I-883, Rn. 46 ff.; EuGH, Urteil vom 30.03.2000, C-178/97 (*Barry Banks*), Slg. 2000, --2005, Rn. 32 ff.; EuGH, Urteil vom 26.01.2006, C-J/05 (*Herbosch Kiere*), Slg. 2006, I-1079, Rn. 18 ff.
829 *Behrend*, ZESAR 2012, S. 55, 59; *Schüren/Wilde*, NZS 2011, S. 121, 122.
830 EuGH, Urteil vom 10.02.2000, C-J02/97 (*Fitzwilliam*), Slg. 2000, I-883, Rn. 53; EuGH, Urteil vom 30.03.2000, C-178/97 (*Barry Banks*), Slg. 2000, I-2005,

gen des Grundsatzes, dass Arbeitnehmer nur einem System der sozialen Sicherheit unterliegen, eine Versicherungspflicht im Beschäftigungsstaat ausgeschlossen.[831]

Die Bindungswirkung erstreckt sich nicht nur – wie aus dem Wortlaut des Art. 5 Abs. 1 VO (EG) 987/2009 vermuten werden könnte – auf den Träger des Systems der sozialen Sicherheit. Auch die nationalen Gerichte werden durch die Feststellungen der Entsendebescheinigung gebunden.[832] Ein Gericht des Beschäftigungsstaates sei nach Aussage des EuGH nicht befugt, die Gültigkeit einer Entsendebescheinigung im Hinblick auf die Bestätigung der Tatsachen, auf deren Grundlage eine solche Bescheinigung ausgestellt wurde, insbesondere das Bestehen einer arbeitsrechtlichen Bindung zwischen dem entsendenden Unternehmen und dem Arbeitnehmer, zu überprüfen.[833] Andernfalls würde das auf die vertrauensvolle Zusammenarbeit zwischen den zuständigen Trägern der Mitgliedstaaten gegründete System gefährdet.[834] Die Bindungswirkung der Entsendebescheinigung gilt auch auf dem Gebiet des Strafrechts.[835] Solange eine durch den ausländischen Sozialversicherungsträger erteilte Bescheinigung nicht zurückgenommen wird, ist die Durchführung eines Strafverfahrens wegen Vorenthaltens von Sozialversicherungsbeiträgen (§ 266a Abs. 1 StGB) in Deutschland ebenso gehindert wie eine Strafverfolgung in Zusammenhang mit Erklärungen gegenüber den Behörden des Entsendestaates zur Erlangung der Bescheinigung.[836]

Rn. 40; EuGH, Urteil vom 26.01.2006, C-J/05 (*Herbosch Kiere*), Slg. 2006, I-1079, Rn. 24; *Schüren/Wilde*, NZS 2011, S. 121, 122; KassKomm/*Seewald*, Vorbemerkung zu §§ 4-6 Rn. 21 spricht von einer „postiven Vermutung der Rechtmäßigkeit".

831 So auch EuGH, Urteil vom 10.02.2000, C-J02/97 (*Fitzwilliam*), Slg. 2000, I-883, Rn. 55; EuGH, Urteil vom 30.03.2000, C-178/97 (*Barry Banks*), Slg. 2000, I-2005, Rn. 42; EuGH, Urteil vom 26.01.2006, C-J/05 (*Herbosch Kiere*), Slg. 2006, I-1079, Rn. 26.

832 *Behrend*, ZESAR 2012, S. 55, 59; S/W/D/*Schreiber*, VO (EG) 883/2004, Art. 12 Rn. 28.

833 EuGH, Urteil vom 26.01.2006, C-J/05 (*Herbosch Kiere*), Slg. 2006, I-1079, Rn. 32 f.

834 EuGH, Urteil vom 26.01.2006, C-J/05 (*Herbosch Kiere*), Slg. 2006, I-1079, Rn. 30.

835 Siehe zur Reichweite der Bindungswirkung auch 2. Kap. G. II. 1. b).

836 Zur vorher geltenden E 101-Bescheinigung BGH, Urteil vom 24.10.2006, BGHSt 51,124, NJW 2007, S. 233; kritisch dazu *Wank*, EuZW 2007, S. 300, 304.

Den Verordnungen und den einschlägigen EuGH-Urteilen sind keine eindeutigen Aussagen zu entnehmen, ob im Falle des Missbrauchs der Entsendebescheinigung eine Ausnahme von der Bindungswirkung besteht. Der BGH geht davon aus, dass die Entsendebescheinigung auch in Fällen des Missbrauchs ihre Verbindlichkeit nicht einbüße. Zur Begründung wird ausgeführt, dass eine auf den Missbrauchsverdacht gestützte Ermittlungs- und Eingriffsbefugnis keine trennscharfen Konturen aufweise und lediglich Anlass zu Konflikten zwischen den Versicherungsträgern der Mitgliedstaaten geben würde.[837] Dem kann grundsätzlich gefolgt werden. Die Bindungswirkung ist aber zu verneinen, wenn die Entsendebescheinigung gefälscht ist.[838] Um eine Überprüfung der Echtheit ausländischer Entsendebescheinigungen zu erleichtern werden diese gem. § 150 Abs. 3 SGB VI bei der zentralen Datenstelle der Träger der Rentenversicherung (DSRV) in Würzburg erfasst.[839]

9. Korrektur der A1-Bescheinigung

Die umfassende Bindungswirkung der Entsendebescheinigung führt dazu, dass selbst eine „fehlerhafte" Bescheinigung durch die Behörden und Gerichte des Beschäftigungsstaates grundsätzlich anerkannt werden muss.[840] Die VO (EG) 987/2009 sieht in Art. 5 jedoch ein Verfahren vor, welches den Behörden des Beschäftigungsstaates die Möglichkeit eröffnet, auf eine Aufhebung der Entsendebescheinigung hinzuwirken. Bei Zweifeln an der Gültigkeit eines Dokuments oder der Richtigkeit des Sachverhalts, der den im Dokument enthaltenen Angaben zugrunde liegt, soll sich der Träger des Mitgliedstaats, der das Dokument erhält, gem. Art. 5 Abs. 2 VO (EG)

---

837 BGH, Urteil vom 24.10.2006, BGHSt 51,124, NJW 2007, S. 233, Rn. 27; siehe hierzu auch *Zimmermann*, ZIS 2007, S. 407, 410 f.
838 LSG Bayern, Urteil vom 27.02.2007, L 5 KR 188/04, BeckRS 2009, 64048; so auch *Ignor/Rixen*, wistra 2001, S. 201; *Schüren/Wilde*, NZS 2011, S. 121, 122; Fuchs/*Steinmeyer*, Art. 12 VO (EG) 883/2004, Rn. 20; *Wank*, EuZW 2007, S. 300, 304, der eine Ausnahme von der Bindungswirkung auch für weitere Missbrauchsfälle befürwortet; siehe auch KassKomm/*Seewald*, Vorbemerkung zu §§ 4-6 Rn. 22 f. m.w.N., der die Bindungswirkung bei offensichtlicher Unrichtigkeit entfallen lassen will.
839 Siehe hierzu *Meeßen/Wilman*, NZS 2010, S. 25, 26 m.w.N.; KassKomm/*Polster*, § 150 SGB VI Rn. 8 a ff; Fuchs/*Steinmeyer*, Art. 12 VO (EG) 883/2004, Rn. 20.
840 Siehe hierzu auch *Behrend*, ZESAR 2012, S. 55, 60; *Schüren/Wilde*, NZS 2011, S. 121, 122.

987/2009 an den ausstellenden Träger wenden und diesen um die notwendige Klarstellung oder den Widerruf dieses Dokuments ersuchen. Der Träger, der das Dokument ausgestellt hat, überprüft im Anschluss die Gründe für die Ausstellung und widerruft es gegebenenfalls. Bei Zweifeln an den Angaben der betreffenden Personen, der Gültigkeit eines Dokuments oder der Belege oder der Richtigkeit des Sachverhalts, der den darin enthaltenen Angaben zugrunde liegt, hat der Träger des Aufenthalts- oder Wohnortes, soweit dies möglich ist, auf Verlangen des zuständigen Trägers die nötige Überprüfung dieser Angaben oder dieses Dokuments vorzunehmen (Art. 5 Abs. 3 VO (EG) 987/2009).

Erzielen die betreffenden Träger auf diesem Wege keine Einigung, können die zuständigen Behörden frühestens einen Monat nach dem Zeitpunkt, an dem der Träger des Beschäftigungsstaates sein Ersuchen vorgebracht hat, die Verwaltungskommission anrufen. Diese ist berufen, sich binnen sechs Monaten nach ihrer Befassung um eine Annäherung der unterschiedlichen Standpunkte zu bemühen (Art. 5 Abs. 4 VO (EG) 987/2009). Hierzu ist ein gesondertes Dialog- und Vermittlungsverfahren durchzuführen, dessen Grundsätze die Verwaltungskommission in ihrem Beschluss Nr. A1[841] näher bestimmt. Die Verordnung regelt nicht den Fall, dass die Kommission mit ihrem Bemühen, zwischen den Standpunkten der zuständigen Träger in Bezug auf das anwendbare Recht zu vermitteln, scheitert. In dem Zusammenhang ist auf die Rechtsprechung des EuGH zur Rechtslage unter Geltung der Vorgängerverordnungen[842] zurückzugreifen.[843] Es steht dem Mitgliedstaat, in den die betreffenden Arbeitnehmer entsandt sind, im Falles eines Scheiterns der Vermittlungsbemühungen – unbeschadet einer möglichen Klage in dem Mitgliedstaat der ausstellenden Behörde – frei, ein Vertragsverletzungsverfahren gem. Art. 258 AEUV einzuleiten, sodass der Gerichtshof die Frage des auf diese Arbeitnehmer anwendbaren Rechts und damit die Richtigkeit der An-

---

841 Beschluss Nr. A1 vom 12.06.2009 über die Einrichtung eines Dialog- und Vermittlungsverfahrens zu Fragen der Gültigkeit von Dokumenten, der Bestimmung der anzuwendenden Rechtsvorschriften und der Leistungserbringung gem. der Verordnung (EG) Nr. 883/2004 des Europäischen Parlaments und des Rates, ABl. EU 2010 Nr. C 106, S. 1.
842 Verordnung (EWG) 1408/71 vom 14.06.1971, ABl. EG 1971 Nr. L 149, S. 2; Verordnung (EWG) 574/72 vom 21.03.1972, ABl. EG 1972 Nr. L 74, S. 1.
843 EuGH, Urteil vom 10.02.2000, C-J02/97 (*Fitzwilliam*), Slg. 2000, I-883, Rn. 58; EuGH, Urteil vom 30.03.2000, C-178/97 (*Barry Banks*), Slg. 2000, I-2005, Rn. 45; EuGH, Urteil vom 26.01.2006, C-J/05 (*Herbosch Kiere*), Slg. 2006, I-1079, Rn. 29.

gaben der Entsendebescheinigung prüfen kann. Die Bedeutung der Bindungswirkung der Entsendebescheinigung wird vor dem Hintergrund des langwierigen Verfahrens, das zu einer Aufhebung der Bescheinigung führen kann und in dem Fall erst die Möglichkeit eröffnet, die betreffenden Arbeitnehmer in das Sozialversicherungssystem des Beschäftigungsstaates einzubinden, besonders deutlich.[844]

IV. Ausnahmevereinbarung nach Art. 16 VO (EG) 883/2004

Die Verordnung sieht in Art. 16 VO (EG) 883/2004 die Möglichkeit vor, dass von den Kollisionsvorschriften der Art. 11 bis 15 durch Vereinbarung abgewichen werden kann. Demnach können zwei oder mehr Mitgliedstaaten, die zuständigen Behörden dieser Mitgliedstaaten oder die von diesen Behörden bezeichneten Einrichtungen im gemeinsamen Einvernehmen Ausnahmen von den Art. 11 bis 15 im Interesse bestimmter Personen oder Personengruppen vorsehen. Im Hinblick auf den Entsendetatbestand des Art. 12 VO (EG) 883/2004 kommen solche Ausnahmevereinbarungen in Betracht, wenn die Arbeit des entsandten Arbeitnehmers länger als 24 Monate dauern soll.[845] In der Praxis sind Vereinbarungen für eine Verlängerung des zulässigen Entsendezeitraums auf bis zu fünf Jahren nicht ungewöhnlich.[846]

Der Arbeitgeber oder die betreffende Person müssen bei der zuständigen Stelle des Mitgliedstaats, dessen Rechtsvorschriften der Arbeitnehmer zu unterliegen wünscht, einen Antrag auf eine Ausnahmevereinbarung stellen, Art. 18 VO (EG) 987/2009. Dieser ist grundsätzlich im Voraus zu stellen.[847] Die für einen Antrag nach Art. 16 VO (EG) 883/2004 zuständige Stelle in Polen ist die Zweigstelle der ZUS in Kielce, die in Deutschland die Deutsche Verbindungsstelle Krankenversicherung-Ausland (DVKA) des GKV-Spitzenverbandes in Bonn. Die genannten Behörden

---

844 Kritisch auch Fuchs/*Steinmeyer*, Art. 12 VO (EG) 883/2004, Rn. 20.
845 Praktischer Leitfaden, Teil I Nr. 12; siehe zu weiteren Anwendungsfällen Fuchs/*Steinmeyer*, Art. 16 VO (EG) 883/2004, Rn. 2.
846 Siehe hierzu *Buschermöhle*, DStR 2010, S. 1845, 1848; *Görres*, S. 74 m.w.N.; Schüren/Hamann/*Riederer von Paar,* Einl. Rn. 713 m.w.N.; S/W/D/*Schreiber*, VO (EG) 883/2004, Art. 16 Rn. 10; Fuchs/*Steinmeyer*, Art. 16 VO (EG) 883/2004, Rn. 3; *von Seel*, MDR 2011, S. 5, 8.
847 Praktischer Leitfaden, Teil I Nr. 12.

treffen über den Antrag gemeinsam eine Ermessensentscheidung.[848] Stimmen sie einem Antrag zu, wird für den Arbeitnehmer durch die polnische Behörde eine A1-Bescheinigung ausgestellt.[849]

V. Sozialversicherungsrecht bei Überlassung aus Polen nach Deutschland

1. Anwendung des Beschäftigungsortsprinzips

Nach dem Beschäftigungsortsprinzip des Art. 11 Abs. 3 lit. a VO (EG) 883/2004 würde bei einer grenzüberschreitenden Arbeitnehmerüberlassung aus Polen nach Deutschland der Leiharbeitnehmer prinzipiell dem deutschen Sozialversicherungsstatut unterliegen.

a) Beitragspflicht und -haftung

Die Versicherungspflicht des Leiharbeitnehmers im deutschen Sozialversicherungsrecht knüpft grundsätzlich an das Beschäftigungsverhältnis zum Verleiher an.[850] Die Beiträge zur Kranken-, Pflege-, Renten- und Arbeitslosenversicherung werden für einen kraft Gesetzes Versicherten als Gesamtsozialversicherungsbeitrag (§ 28d SGB IV) gezahlt. Bei der legalen Arbeitnehmerüberlassung trifft die Pflicht zur Abführung des Gesamtsozialversicherungsbeitrags den Verleiher, der Arbeitgeber des Leiharbeitnehmers ist, § 28e Abs. 1 S. 1 SGB IV.[851] Der Gesamtsozialversicherungsbeitrag umfasst grundsätzlich sowohl die Arbeitnehmer- als auch die Arbeitgeberanteile.[852] Darüber hinaus trifft den Verleiher gem. §§ 150

---

848 *Buschermöhle*, DStR 2010, S. 1845, 1848; *von Seel*, MDR 2011, S. 5, 8; siehe zur Rechtsnatur der Vereinbarung S/W/D/*Schreiber*, VO (EG) 883/2004, Art. 16 Rn. 7 f.; Fuchs/*Steinmeyer*, Art. 16 VO (EG) 883/2004, Rn. 6.
849 *Buschermöhle*, DStR 2010, S. 1845, 1848; siehe auch die Informationen der polnischen Sozialversicherungsanstalt, http://www.zus.pl/default.asp?p=7&id=105, zuletzt abgerufen am 14.02.2014.
850 Siehe hierzu ausf. Schüren/Hamann/*Schüren,* Einl. Rn. 732 ff.; ErfK/*Wank*, Einl. AÜG Rn. 37.
851 Den Verleiher treffen als Arbeitgeber der Leiharbeitnehmer im Zusammenhang mit der Sozialversicherung auch weitere Pflichten, wie z.B. die Melde- und Aufzeichnungspflichten aus den §§ 28a, 28f SGB IV.
852 BeckOK-SozR/*Mette*, § 28d SGB IV Rn. 4; K/S/W/*Roßbach*, § 28d SGB IV Rn. 3, § 28e SGB IV Rn. 2; KassKomm/*Wehrhahn*, § 28d SGB IV Rn. 3; im In-

Abs. 1, 2 Abs. 1 Nr. 1 SGB VII auch die Beitragspflicht zur gesetzlichen Unfallversicherung seiner Leiharbeitnehmer.

Um die Beitragszahlung im Falle der entgeltlichen Arbeitnehmerüberlassung sicherzustellen, sieht § 28e Abs. 2 SGB IV zusätzlich eine subsidiäre Haftung des Entleihers für den Gesamtsozialversicherungsbeitrag des Leiharbeitnehmers vor. Der Entleiher haftet gem. § 28e Abs. 2 S. 1 SGB IV für die Erfüllung der Beitragspflicht des Verleihers wie ein selbstschuldnerischer Bürge (§§ 771, 773 BGB). Dem Entleiher steht bei einer Inanspruchnahme durch die Einzugsstelle nicht die Einrede der Vorausklage zu, was bedeutet, dass er die Zahlung nicht mit dem Hinweis auf eine vorrangige Zwangsvollstreckung beim Verleiher verweigern kann. Dem Entleiher wird in § 28e Abs. 2 S. 2 SGB IV ein besonderes Leistungsverweigerungsrecht zugestanden, wonach er die Zahlung solange verweigern kann, wie die Einzugsstelle den Arbeitgeber nicht gemahnt hat und die Mahnfrist nicht abgelaufen ist. Das gilt wiederum nicht, wenn über das Vermögen des Verleihers bereits ein Insolvenzverfahren eröffnet worden ist, weil dann die Nichterfüllung der Zahlungspflicht durch den Verleiher schon hinreichend feststeht.[853] Die Tatsache, dass bei der grenzüberschreitenden Überlassung der Verleiher seinen Sitz im Ausland hat und die Eintreibung der Beiträge erschwert sein könnte, kann auf das Leistungsverweigerungsrecht nach S. 2 hingegen keine Auswirkungen haben.

Die Entleiherhaftung erstreckt sich auf die Rückstände des Verleihers bei der Abführung der Gesamtsozialversicherungsbeiträge für die überlassenen Leiharbeitnehmer. Erfasst werden nur die Beiträge für die Zeiträume, in denen der Arbeitnehmer an den jeweiligen Entleiher tatsächlich überlassen worden ist.[854] Die Haftung umfasst gem. § 28e Abs. 4 SGB IV Säumniszuschläge und Zinsen. Bei der Ermittlung des Haftungsumfangs ist besonders zu berücksichtigen, dass der Gesamtsozialversicherungsbeitrag sich nach dem Entstehungsprinzip[855] bestimmt. Die Vergütung der

---

nenverhältnis steht dem Arbeitgeber gegen den Arbeitnehmer ein Ausgleichsanspruch nach Maßgabe des § 28g SGB IV zu.

853 BSG vom 07.03.2007, B 12 KR 11/06 R, SGb 2007, S. 285; Schüren/Hamann/Schüren, Einl. Rn. 780; UGBH/*Urban-Crell/Bissels*, AÜG, Einl. Rn. 102, denen in dem Zusammenhang darin zuzustimmen ist, dass der Entleiher das Insolvenzrisiko des Verleihers trägt; KassKomm/*Wehrhahn*, § 28e SGB IV Rn. 20a.

854 BeckOK-SozR/*Mette*, § 28e SGB IV Rn. 10; K/S/W/*Roßbach*, § 28e SGB IV Rn. 8; KassKomm/*Wehrhahn*, § 28e SGB IV Rn. 19.

855 BSG in ständiger Rechtsprechung, Urteil vom 26.11.1985, DB 1986, S. 867; BSG, Urteil vom 30.08.1994, NZA 1995, S. 701; BSG, Urteil vom 14.07.2004, NZS 2005, S. 538; siehe hierzu auch *Marx*, NZS, 2002, S. 126 ff. m.w.N.

Leiharbeitnehmer richtet sich nach der gesetzlichen Konzeption vornehmlich nach dem Gleichbehandlungsgrundsatz. Nach deutschem Arbeitnehmerüberlassungsrecht sind hiervon in begrenztem Umfang Abweichungen möglich. Bei grenzüberschreitenden Sachverhalten ist es aufgrund der Haftungsgefahr aus § 28e Abs. 2 SGB IV für den Entleiher bedeutend, wie die Leiharbeitsverhältnisse mit ausländischen Arbeitskräften ausgestaltet sein sollten und ob der Verleiher sich daran hält.[856] Die Subsidiärhaftung nach § 28e Abs. 2 SGB IV ist verschuldensunabhängig, sodass eine Exkulpation des Entleihers mit einem Verweis auf die schuldlose Unkenntnis bezüglich der Beitragsrückstände des Verleihers ausgeschlossen ist.[857] Die genannten Grundsätze der Subsidiärhaftung des Entleihers sind gem. § 150 Abs. 3 SGB VII entsprechend auf die gesetzliche Unfallversicherung des Leiharbeitnehmers anzuwenden.

Eine Verletzung der Beitragspflicht durch den Verleiher kann zu einer strafrechtlichen Haftung aus § 266a StGB führen. Der Entleiher wird von dieser Vorschrift grundsätzlich nicht erfasst.[858]

b) Leistungen aus der Sozialversicherung

Dem polnischen Leiharbeitnehmer, der in Deutschland sozialversichert ist, stehen grundsätzlich die Versicherungsleistungen nach Maßgabe der deutschen Vorschriften in der Weise zu, wie sie einem inländischen Arbeitnehmer zu gewähren sind. Allerdings sind die Bestimmungen der Art. 17 ff. VO (EG) 883/2004 zu beachten, die für die einzelnen Versicherungsarten kollisionsrechtliche Sonderbestimmungen enthalten.

Ein besonderes Augenmerk soll auf die Regelungen der Unfallversicherung gerichtet werden. Leiharbeitnehmer unterliegen erfahrungsgemäß einem erhöhten Risiko eines Arbeitsunfalls.[859] Begründen lässt sich dies

---

856 Auf die Haftungsgefahr hinweisend auch *Bayreuther*, DB 2011, S. 706, 708.
857 BeckOK-SozR/*Mette*, § 28e SGB IV Rn. 10; K/S/W/*Roßbach*, § 28e SGB IV Rn. 8; UGBH/*Urban-Crell/Bissels*, AÜG, Einl. Rn. 102.
858 Siehe hierzu Lackner/Kühl/*Kühl*, § 266a StGB Rn. 3; Kindhäuser/Neumann/Paeffgen/*Tag*, § 266a StGB Rn. 22; siehe zur strafrechtlichen Haftung im Falle der illegalen Arbeitnehmerüberlassung 2. Kap. G. II. 1. a) ff).
859 Schüren/Hamann/*Schüren*, Einl. Rn. 748; Jerczynski/Zimmermann, NZS 2007, S. 243, 243, jeweils m.w.N.; vor diesem Hintergrund ist auch das Verbot zur Übertragung von gefährlichen Arbeiten auf Leiharbeitnehmer im polnischen Recht (Art. 8 Nr. 1 LeiharbeitG) zu sehen.

damit, dass Leiharbeitnehmern durch die ständigen Arbeitsplatzwechsel die Kenntnis der tätigkeitsspezifischen Gefahren als auch die Erfahrung bei der Arbeit fehlen, die reguläre Arbeitnehmer durch eine längere Beschäftigungsdauer im Entleiherbetrieb erwerben.[860] Im Falle der grenzüberschreitenden Überlassung kommt hinzu, dass zwischen den Beschäftigten oftmals mangelnde Sprachkenntnisse zu Kommunikationsschwierigkeiten beitragen.[861]

Ist der polnische Leiharbeitnehmer im deutschen Sozialversicherungssystem versichert, kann er im Falle eines Arbeitsunfalls i.S.d. § 8 SGB VII Ansprüche nach Maßgabe der §§ 26 ff. SGB VII gegen den für den Verleiher zuständigen Unfallversicherungsträger (Berufsgenossenschaft) geltend machen.[862] Gleichzeitig finden grundsätzlich auf zivilrechtliche Ansprüche eines Leiharbeitnehmers[863] gegen den Verleiher oder andere Arbeitnehmer, die im Zusammenhang mit der Unfallverursachung stehen, die Haftungsbeschränkungen aus den §§ 104, 105 SGB VII Anwendung. Der Verleiher und seine Arbeitnehmer haften gegenüber dem geschädigten Leiharbeitnehmer prinzipiell nur, wenn sie den Versicherungsfall vorsätzlich herbeigeführt haben.[864] Dem weitgehenden Ausschluss privatrechtlicher Schadensersatzansprüche nach Maßgabe der §§ 104 ff. SGB VII liegen im Wesentlichen zwei Grundüberlegungen zugrunde. Zum einen sollen Streitigkeiten um Ersatzansprüche zwischen dem Unternehmen und versicherten Beschäftigten bzw. zwischen Beschäftigten untereinander vermieden und der Betriebsfrieden gewahrt werden. Zum anderen erfolgt hierdurch eine Kompensation für die Tatsache, dass die gesetzliche Unfallversicherung allein durch den Arbeitgeber finanziert wird.[865] Diese Erwägungen sind auch gültig, wenn eine Haftung des ausländischen Verleihers, der der deutschen Beitragspflicht unterliegt, oder seiner Arbeitnehmer im Raum steht. Aus der Anwendung des Art. 85

---

860 Vgl. auch Schüren/Hamann/*Schüren,* Einl. Rn. 748; *Jerczynski/Zimmermann,* NZS 2007, S. 243, 243.
861 Vgl. *Jerczynski/Zimmermann,* NZS 2007, S. 243.
862 Der Leistungsinhalt kann dabei nach den Regeln der Art. 36 ff. VO (EG) 883/2004 modifiziert werden.
863 Das Statut für die zivilrechtlichen Haftungsgrundlagen wird durch das Internationale Privatrecht (insbesondere Rom I-VO, Rom II-VO) bestimmt.
864 Vgl. allgemein *Jerczynski/Zimmermann,* NZS 2007, S. 243, 243.
865 *Jerczynski/Zimmermann,* NZS 2007, S. 243, 243; KassKomm/*Ricke,* § 104 SGB VII Rn. 2; ErfK/*Rolfs,* § 104 SGB VII Rn. 1; BeckOK-SozR/*Stelljes,* § 104 SGB VII Rn. 2 f.; K/S/W/*von Koppenfels-Spies,* § 104 SGB VII Rn. 2, jeweils m.w.N.

Abs. 2 VO (EG) 883/2004 ergeben sich in der Konstellation keine Besonderheiten.[866] Der polnische Verleiher und seine Arbeitnehmer kommen ebenfalls in den Genuss der Haftungsprivilegierungen nach §§ 104 ff. SGB VII.

Die Arbeitnehmerüberlassung kennzeichnet sich mit *Schüren* dadurch, dass der Leiharbeitnehmer bei der Ausübung seiner Tätigkeiten in den Betrieb des Entleihers eingegliedert wird.[867] Er wird hauptsächlich den Gefahren im Entleiherbetrieb und durch die dort tätigen Personen ausgesetzt. Daher finden im Hinblick auf den deutschen Entleiher und die anderen in seinem Betrieb tätigen Arbeitnehmer die Haftungsprivilegierungen aus §§ 104, 105 SGB VII Anwendung.[868] Gleichermaßen wird der polnische Leiharbeitnehmer, der einen Personenschaden des Entleihers oder der in dessen Betrieb tätigen Kollegen verursacht, von der Haftungsbeschränkung erfasst.[869]

Hat der nach den §§ 104, 105 SGB VII privilegierte Schädiger den Versicherungsfall vorsätzlich oder grob fahrlässig herbeigeführt, steht dem deutschen Unfallversicherungsträger ein originärer – nicht aus dem Recht des Geschädigten abgeleiteter – Regressanspruch nach § 110 SGB VII gegen den Schädiger zu.[870]

2. Vorliegen einer Entsendung

Auf die legale Arbeitnehmerüberlassung aus Polen nach Deutschland findet aber in der Regel der Entsendetatbestand in Art. 12 Abs. 1 VO (EG) 883/2004 Anwendung. Sind die Entsendevoraussetzungen erfüllt, unterliegt der polnische Leiharbeitnehmer weiterhin dem polnischen Sozialversicherungssystem.

---

866 Die Vorschrift findet bereits ihrem Wortlaut nach mangels einer Verschiedenheit des Staates des schädigenden Ereignisses und des Staates der leistenden Sozialversicherung keine Anwendung.
867 Vgl. Schüren/Hamann/*Schüren,* Einl. Rn. 756.
868 *Jerczynski/Zimmermann,* NZS 2007, S. 243, 243 f.; *Krasney,* NZS 2004, S. 7, 9; KassKomm/*Ricke,* § 104 SGB VII Rn. 9; Schüren/Hamann/*Schüren,* Einl. Rn. 756, jeweils m.w.N.
869 *Jerczynski/Zimmermann,* NZS 2007, S. 243, 244; *Krasney,* NZS 2004, S. 7, 9; Schüren/Hamann/*Schüren,* Einl. Rn. 756 f., jeweils m.w.N.
870 Siehe hierzu ausf. KassKomm/*Ricke,* § 110 SGB VII Rn. 2 ff.; ErfK/*Rolfs,* § 110 SGB VII Rn. 1 ff.; BeckOK-SozR/*Stelljes,* § 110 SGB VII Rn. 1 ff.; K/S/W/*von Koppenfels-Spies,* § 110 SGB VII Rn. 1 ff.

F. Internationales Sozialversicherungsrecht

a) Grundlagen des polnischen Sozialversicherungssystems

aa) Aufbau des polnischen Sozialversicherungssystems

Grundlegende Bedeutung für das polnische System der Sozialversicherung hat das Gesetz über das System der Sozialversicherung (SozVersichG). Dieses regelt unter anderem die allgemeine Versicherungspflicht, die Grundsätze der Tätigkeit der Sozialversicherungsanstalt und des Sozialversicherungsfonds. Zu den Sozialversicherungen i.S.d. SozVersichG gehören demnach: die Altersrenten-, die Erwerbsminderungsrenten-, die Krankengeld- und die Unfallversicherung.[871] Das SozVersichG wird durch Gesetze, die die einzelnen Versicherungsarten[872] besonders regeln, ergänzt. Der zentrale Sozialversicherungsträger ist die ZUS mit Sitz in Warschau. Die Sozialversicherungsanstalt verfügt über den Sozialversicherungsfonds, welcher der Verwirklichung von Aufgaben im Bereich der Sozialversicherung dient, Art. 51 SozVersichG.[873] „Die Auszahlung der Sozialversicherungsleistungen wird durch den Staat (der gem. Art. 53 SozVersichG den Fonds durch Zuwendungen aus dem staatlichen Haushalt mitfinanziert, d. Verf.) garantiert (...)".[874]

Zum System der sozialen Sicherung gehören noch weitere Versicherungszweige, die eigenständige Regelungen erfahren haben. Eine Besonderheit des polnischen Systems stellt die Trennung von Krankengeld-, die zu den Sozialversicherungen i.S.d. SozVersichG gehört, und der Krankenversicherung dar.[875] Maßnahmen zur Vorbeugung oder zur Milderung der

---

871 Siehe hierzu auch die Darstellung bei *Florek*, Rn. 496 ff.; *Małyszek*, Rn. 619 ff.
872 Gesetz über Alters- und Invalidenrenten aus dem Sozialversicherungsfonds (Ustawa o emeryturach i rentach z Funduszu Ubezpieczeń Społecznych), Dz. U. 2004, Nr. 39, Pos. 354, vereinheitlichter Text, weiter: RentenG; Gesetz über Geldleistungen aus der Sozialversicherung für den Fall einer Krankheit oder Mutterschaft (Ustawa o świadczeniach pieniężnych z ubezpieczenia społecznego w razie choroby i macierzyństwa), Dz. U. 2005, Nr. 31, Pos. 267, vereinheitlichter Text, m. spät. Änd., weiter: KrankengeldVersG; Gesetz über die Sozialversicherung aufgrund von Arbeitsunfällen oder Berufskrankheiten (Ustawa o ubezpieczeniu społecznym z tytułu wypadków przy pracy i chorób zawodowych), Dz. U. 2002, Nr. 199, Pos. 1673, weiter: UnfallG.
873 *Florek*, Rn. 499; *Małyszek*, Rn. 621.
874 *„Wypłacalność świadczeń z ubezpieczeń społecznych jest gwarantowana przez państwo (...).", Florek*, Rn. 499.
875 Mit dem Gesetz über die aus öffentlichen Mitteln finanzierten Gesundheitsvorsorgeleistungen (Ustawa o świadczeniach opieki zdrowotnej finansowanych ze środków publicznych, Dz. U. 2008, Nr. 164, Pos. 1027, vereinheitlichter Text,

Folgen von Arbeitslosigkeit werden durch den staatlichen, zweckgebundenen Arbeitsfonds (*Fundusz Pracy*) finanziert, Art. 103 ff. BeInstG. Die Grundsätze, der Umfang und das Verfahren zum Schutz von Ansprüchen eines Arbeitnehmers bei Zahlungsunfähigkeit des Arbeitgebers werden durch das Gesetz zum Schutz von Ansprüchen eines Arbeitnehmers für den Fall der Zahlungsunfähigkeit des Arbeitgebers[876] geregelt. Seit dem 01.01.2010 besteht auf Grundlage des Gesetzes über Überbrückungsaltersrenten[877] ein staatlicher, zweckgebundener Fonds für Überbrückungsaltersrenten (*Fundusz Emerytur Pomostowych*). Die Einziehung der Beiträge für die genannten, nicht dem SozVersichG unterfallenden Versicherungen, gehört ebenfalls zu den Aufgaben der Sozialversicherungsanstalt. Diese leitet sie an die zuständigen Stellen weiter.[878]

bb) Beitragspflicht in Bezug auf einen Leiharbeitnehmer

Im Sozialrecht sind in Polen keine Sonderregelungen für die Arbeitnehmerüberlassung normiert. Die Versicherungspflicht in der Rentenversicherung (insoweit gelten für die Alters-[879] und Erwerbsminderungsrente[880] dieselben Voraussetzungen) knüpft an den Status eines Arbeitnehmers an, Art. 6 Abs. 1 Nr. 1 SozVersichG. Ein Leiharbeitnehmer ist als obligatorisch Versicherter anzusehen. Der Verleiher ist als Arbeitgeber des Leiharbeitnehmers gem. Art. 4 Nr. 2a SozVersichG Beitragszahler. Das So-

---

m. spät. Änd., weiter: KrankenVersichG) wurde eine zentrale Krankenkasse, der Nationale Gesundheitsfonds (*Narodowy Fundusz Zdrowia (NFZ)*), mit 16 Woiwodschaftszweigstellen gegründet.

876 Ustawa o ochronie roszczeń pracowniczych w razie niewypłacalności pracodawcy, Dz. U. 2006, Nr. 158, Pos. 1121, vereinheitlichter Text, m. spät. Änd., weiter: ZahlUnfähigkeitG.

877 Ustawa o emeryturach pomostowych, Dz. U. 2008, Nr. 237, Nr. 1656, vereinheitlichter Text, m. spät. Änd., weiter: ÜberbrückungsG.

878 Siehe hierzu Art. 87 ff. KrankenVersichG; Art. 107 Abs. 2 BeInstG; Art. 30 ZahlUnfähigkeitG; Art. 29 ff. ÜberbrückungsG.

879 Die Beiträge zur Altersrentenversicherung in Höhe von 19,52 % der Bemessungsgrundlage (Art. 22 Abs. 1 Nr. 1 SozVersichG) werden in gleicher Höhe von jeweils 9,76 % aus den Mitteln des Versicherten und des Beitragszahlers gezahlt.

880 Die Beiträge zur Erwerbsminderungsrentenversicherung betragen 8 %, wovon der Versicherte aus eigenen Mitteln 1,5 % der Bemessungsgrundlage und der Beitragszahler 6,5 % der Bemessungsgrundlage finanziert, Art. 16 Abs. 1b SozVersichG.

zialversicherungsverhältnis entsteht automatisch mit dem Beginn des Arbeitsverhältnisses, Art. 13 Nr. 1 SozVersichG. Die Krankengeldversicherung dient dazu, die versicherte Person für den Fall einer Krankheit, die die Arbeitsunfähigkeit der Person nach sich zieht, oder einer Mutterschaft durch Unterstützungen aus der Versicherung finanziell abzusichern. Die Krankengeldversicherung ist für Leiharbeitnehmer gem. Art. 11 Abs. 2 SozVersichG verpflichtend.[881] Die Versicherungspflicht in der Unfall- knüpft an den Versicherungsstatus in der Rentenversicherung an, Art. 12 Abs. 1 SozVersichG.[882]

Die Bemessungsgrundlage für die Berechnung der Sozialversicherungsbeiträge bilden gem. Art. 18 Abs. 1 i.V.m. Art. 4 Nr. 9, Art. 20 Abs. 1 SozVersichG die monatlichen Einnahmen des Arbeitnehmers i.S.d. EStG PL. Nach dem im Steuerrecht geltenden Zuflussprinzip gehören hierzu das im Kalenderjahr vereinnahmte oder zur Verfügung des Steuerpflichtigen gelangte Geld und Geldwerte sowie der Wert vereinnahmter Sachleistungen und anderer unentgeltlicher Leistungen (Art. 11 Abs. 1 EStG PL).[883] Durch die Inbezugnahme der Legaldefinition des Einkommensteuergesetzes sind der Berechnung der Sozialversicherungsbeiträge nur die Einnahmen zugrunde zu legen, die der Arbeitnehmer ausgezahlt oder zur Verfügung gestellt bekommen hat. Bestehende Ansprüche des Arbeitnehmers gegen seinen Arbeitgeber, die dieser noch nicht erfüllt hat, sind bei der Berechnung der Sozialversicherungsbeiträge nicht zu berücksichtigen. Erst wenn dem Arbeitnehmer von dem Arbeitgeber Leistungen zufließen, können diese die Grundlage der Berechnung des Sozialversicherungsbeitrags bilden und einen Anspruch des Sozialversicherungsträgers begründen.[884] Im polnischen Sozialversicherungsrecht gilt somit ebenfalls das Zuflussprinzip.

---

881 Der Beitrag beträgt 2,45 % der Bemessungsgrundlage (Art. 22 Abs. 1 Nr. 3 SozVersichG) und ist in voller Höhe durch den Versicherten zu finanzieren (Art. 16 Abs. 2 SozVersichG).
882 Die Unfallversicherung ist die einzige Versicherung, die nicht nach einem einheitlichen Beitragssatz erhoben wird, Art. 15 Abs. 2 SozVersichG, sondern die Beitragshöhe nach den Art. 27 ff. UnfallG für jeden Beitragszahler einzeln bestimmt wird, Art. 22 Abs. 2 SozVersichG. Einfluss hat unter anderem das bei ihm für die Beschäftigten bestehende Gefährdungsniveau. Die Beiträge für eine Zeitarbeitsagentur betragen 0,93 % der Bemessungsgrundlage.
883 Siehe hierzu 2. Kap. E. I.
884 OG, Beschluss vom 10.09.2009, OSNP 2010, Nr. 5-6, Pos. 71, S. 224, 227 ff.; *Jędrasik-Jankowska*, PiZS 2011, Nr. 8, S. 22, 25; *Wantoch-Rekowski*, Art. 18 Rn. 4.

2. Kap.: Grenzüberschreitende Arbeitnehmerüberlassung aus Polen nach Deutschland

Leiharbeitnehmer sind gem. Art. 66 Abs. 1 Nr. 1a KrankenVersichG in der gesetzlichen Krankenkasse pflichtversichert. Der Beitrag in Höhe von 9 %[885] der Bemessungsgrundlage ist vollständig aus den Mitteln des Versicherten zu zahlen.[886] Die für die finanzielle Ausstattung des Arbeitsfonds dienenden Beiträge in Höhe von 2,45 %[887] der Bemessungsgrundlage[888] sind vollständig durch den Beitragszahler – die Zeitarbeitsagentur – zu zahlen. Zur Befriedigung von Ansprüchen eines Arbeitnehmers (z.B. Gehaltsansprüche, Schadensersatzansprüche oder Abfindungen[889]) wurde der zweckgebundene Fonds garantierter Arbeitnehmerleistungen (*Fundusz Gwarantowanych Świadczeń Pracowniczych (FGŚP)*) geschaffen. Jeder Unternehmer i.S.d. Art. 4 GewerbeG – also auch die Zeitarbeitsagentur – ist verpflichtet, Beiträge für seine Arbeitnehmer, wozu die Leiharbeitnehmer zählen, zu entrichten, Art. 9, 10 ZahlUnfähigkeitG.[890] Im Falle der Befriedigung der Ansprüche des Arbeitnehmers gegen den zahlungsunfähigen Arbeitgeber gehen diese im Wege der *cessio legis* auf den Fonds über, Art. 23 ZahlUnfähigkeitG. Beiträge für den Fonds für Überbrückungsaltersrenten[891] sind gem. Art. 35 Abs. 1 ÜberbrückungsG nur für Arbeitnehmer zu leisten, die nach dem 31.12.1948 geboren sind und Ar-

---

[885] Art. 79, 84 KrankenVersichG; hierbei werden 7,5 % von der Einkommenssteuer abgezogen (Art. 95 Abs. 1 Nr. 1 KrankenVersichG), sodass 1,5 % aus den Mitteln des Versicherten zu entrichten sind.

[886] Die Grundlage für die Berechnung des obligatorischen Krankenkassenbeitrags bilden die (Brutto-)Einnahmen, die auch bei der Berechnung der Sozialversicherungsbeiträge zugrunde gelegt werden, wobei diese um den Betrag der Sozialversicherungsbeiträge, die von dem Arbeitnehmer für die Renten- und Krankengeldversicherung zu tragen sind (13,71 %), gekürzt werden, Art. 81 Abs. 1, 6 KrankenVersichG.

[887] Die Höhe des Beitrags für den Arbeitsfonds wird durch das Haushaltsgesetz bestimmt, Art. 104 Abs. 2 BeInstG. Siehe hierzu Art. 29 des Haushaltsgesetzes für das Jahr 2014 vom 24.01.2014, Dz. U. 2014, Pos. 162.

[888] Die Bemessungsgrundlage bilden ebenfalls die Einnahmen i.S.d. EinkommenssteuerG, Art. 104 Abs. 1 BeInstG.

[889] Siehe hierzu Art. 12 ZahlUnfähigkeitG.

[890] Der Beitragszahler ist verpflichtet (Art. 25 ZahlUnfähigkeitG), einen Beitrag in Höhe von 0,1 % der Bemessungsgrundlage aus seinen Mitteln abzuführen. Die Bemessungsgrundlage richtet sich gem. Art. 29 Abs. 1 ZahlUnfähigkeitG nach der Grundlage bei der Berechnung der Sozialversicherungsbeiträge und orientiert sich mithin ebenfalls an den Einnahmen i.S.d. EinkommenssteuerG.

[891] Arbeitgeber sind verpflichtet, zur Finanzierung des Fonds für Überbrückungsaltersrenten aus eigenen Mitteln Zahlungen in Höhe von 1,5 % der Bemessungsgrundlage zu leisten. Die Bemessungsgrundlage bildet die Bemessungsgrundlage der Beiträge in die Rentenversicherung, Art. 36 Abs. 2 ÜberbrückungsG.

beiten unter besonderen Bedingungen oder von besonderem Charakter i.S.d. Art. 3 Abs. 1, 3 ÜberbrückungsG[892] ausüben. Angesichts des Verbots, Leiharbeitnehmern besonders gefährliche Arbeiten zu übertragen (Art. 8 Nr. 1 LeiharbeitG), wird eine Beitragspflicht der Zeitarbeitsagentur zu dem Fonds für Überbrückungsaltersrenten nur ausnahmsweise bestehen.

Für eine Zeitarbeitsagentur ergeben sich nach dem Gesagten[893] Lohnnebenkosten in einer Gesamthöhe von 19,74 %[894] des Bruttoverdienstes des Leiharbeitnehmers. Der Leiharbeitnehmer wird mit einem Beitrag in Höhe von 13,71 %[895] des Bruttoverdienstes mit Sozialabgaben belastet. Zusätzlich trägt er vollumfänglich die Kosten für die Krankenversicherung.

b) Verfahren bei Entsendung

Vor einer Überlassung nach Deutschland sollte sich der polnische Verleiher bei der ZUS um die Ausstellung der A1-Bescheinigung bemühen. Tut er dies nicht, hat dies keine Auswirkungen auf das Sozialversicherungsstatut. Die Entsendebescheinigung soll lediglich bescheinigen, dass der Arbeitnehmer weiterhin dem System der ausstellenden Behörde angehört. Es ist jedoch ratsam, eine solche Bescheinigung für die Leiharbeitnehmer zu beantragen, um mögliche Konflikte mit den deutschen Sozialversicherungsträgern über das anwendbare Recht zu verhindern.[896] Die Bindungswirkung der polnischen A1-Bescheinigung verpflichtet die deutschen Behörden und Gerichte, den Verbleib des Leiharbeitnehmers im polnischen Sozialversicherungssystem anzuerkennen. Die A1-Bescheinigung entfaltet Rückwirkung, sodass sie auch bereits nach Beschäftigungsbeginn des Leiharbeitnehmers in Deutschland beantragt werden kann.

---

892 Siehe hierzu Anl. 1 zu dem ÜberbrückungsG, in der eine Auflistung der Tätigkeiten enthalten ist.
893 Dies gilt unter Ausschluss von Leistungen an den Fonds für Überbrückungsaltersrenten.
894 Dieser Betrag setzt sich zusammen aus 9,76 % für die Altersrente, 6,5 % für die Erwerbsminderungsrente, 0,93 % für die Unfallversicherung, 2,45 % für die Arbeitslosenversicherung, 0,1 % für den Fonds garantierter Arbeitnehmerleistungen.
895 Dieser Betrag setzt sich zusammen aus 9,76 % für die Altersrente, 1,5 % für die Erwerbsminderungsrente, 2,45 % für die Unfallversicherung.
896 Siehe zu weiteren Auswirkungen der A1-Bescheinigung 2. Kap. G. II. 1. b).

c) Beitragshaftung

Verbleibt der grenzüberschreitend überlassene Leiharbeitnehmer im polnischen Sozialversicherungssystem versichert, hat dies zur Folge, dass alleine der polnische Verleiher für die Abführung der Sozialversicherungsbeiträge in Polen haftet. Er ist verpflichtet, die Beiträge sowohl für die Sozial- als auch für die Krankenversicherung, den Arbeitsfonds, den Fonds für garantierte Arbeitnehmerleistungen und für Überbrückungsaltersrenten an die Sozialversicherungsanstalt zu entrichten. Eine (subsidiäre) Haftung des Entleihers ist im polnischen Recht nicht vorgesehen.

Es ist abermals darauf hinzuweisen, dass im polnischen Sozialversicherungsrecht das Zuflussprinzip gilt.[897] Zahlt der Arbeitgeber dem Arbeitnehmer nicht den vereinbarten Lohn, führt dies erst gar nicht zur Entstehung eines Gesamtsozialversicherungsbeitrags, der auch die Beiträge für die ausstehenden Forderungen erfasst. Zahlt der Verleiher fällige Beiträge nicht oder nicht rechtzeitig, kann die Sozialversicherungsanstalt – unbeschadet der Verzugszinsen nach Maßgabe der Art. 23 Abs. 1 SozVersichG i.V.m. Art. 53 ff. der Abgabenordnung[898] – dem Beitragszahler eine zusätzliche Gebühr in Höhe von 100 % der nicht bezahlten Beiträge auferlegen, Art. 24 Abs. 1a SozVersichG. Verstöße unter anderem gegen die Zahlungs-, die Meldepflicht des Arbeitnehmers oder die Dokumentationspflicht der zur Beitragsberechnung relevanten Daten können gem. Art. 98 SozVersichG als Ordnungswidrigkeit geahndet und mit einem Bußgeld bis zu 5000 PLN sanktioniert werden. Ferner kann der Beitragszahler bei Verstößen gegen das SozVersichG einer Strafbarkeit gem. Art. 218 § 1, Art. 219 polnStGB[899] unterliegen.[900] Die für die Sozialversicherungen vorgesehenen Maßnahmen sind gem. Art. 32 SozVersichG auch auf die Beiträge für die Krankenversicherung, den Arbeitsfonds, den Fonds für garantierte Arbeitnehmerleistungen und Überbrückungsaltersrenten anzuwenden.

Eine Bürgenhaftung des deutschen Entleihers aus § 28e Abs. 2 S. 1 SGB IV findet auf die Zahlungspflicht von Sozialversicherungsbeiträgen

---

897 Siehe hierzu 2. Kap. f. V. 2. a) bb).
898 Ustawa – Ordynacja podatkowa, Dz. U. 1997, Nr. 137, Pos. 926, vereinheitlichter Text, m. spät. Änd., weiter: AbgabenO.
899 Polnisches Strafgesetzbuch vom 06.06.1997 (Kodeks karny), Dz. U. 1997 Nr. 88 Pos. 553 m. spät. Änd., weiter: polnStGB.
900 Eine Sanktion nach Art. 98 SozVersichG tritt hinter Art. 219 polnStGB zurück, Wąsek/*Radecki*, KK, Art. 219 Rn. 17.

nach polnischem Recht keine Anwendung. Diese besteht zur Sicherung der Beitragsansprüche nach deutschem Recht allein gegenüber inländischen Sozialversicherungsträgern.[901] Weder der polnische Verleiher noch der deutsche Entleiher müssen eine strafrechtliche Haftung aus § 266a StGB fürchten, denn die Vorschrift ist insoweit „sozialrechtsakzessorisch" ausgestaltet.[902] Die strafrechtlich sanktionierte Beitragsvorenthaltung nach § 266a StGB setzt eine bestehende Beitragspflicht nach dem deutschen Sozialversicherungsrecht voraus.[903] Dies gilt auch für den Fall, in dem die Entsendevoraussetzungen nicht gegeben sind, der polnische Verleiher für seine Leiharbeitnehmer jedoch Entsendebescheinigungen vorlegen kann. Die Bindungswirkung der A1-Bescheinigung besteht auch dann, wenn die Bescheinigung zu Unrecht ausgestellt wurde.[904]

d) Konsequenzen auf der Leistungsebene

Ist der polnische Leiharbeitnehmer im polnischen Sozialversicherungssystem versichert, hat er seine Leistungsansprüche gegen den polnischen Träger zu richten. Die Voraussetzungen und der Umfang der Leistungsansprüche bestimmen sich grundsätzlich nach Maßgabe der polnischen Vorschriften, wobei die sich aus den Art. 17 ff. VO (EG) 883/2004 ergebenden Besonderheiten zu beachten sind.[905]

Im Zusammenhang mit dem polnischen Versicherungsschutz soll im Folgenden erneut auf die Situation eingegangen werden, in der ein polnischer Leiharbeitnehmer an einem Arbeitsunfall im deutschen Entleiherbetrieb beteiligt ist.[906] Im Falle einer Entsendung i.S.d. Art. 12 Abs. 1 VO (EG) 883/2004 besteht für den polnischen Leiharbeitnehmer

---

901 Boemke/Lembke/*Boemke*, Einl. Rn. 29; Schüren/Hamann/*Riederer von Paar*, Einl. Rn. 718, 784; *Sandmann/Marschall/Schneider*, AÜG, Art. 1 § 3 Rn. 72; Thüsing/*Thüsing*, AÜG, Einf. Rn. 69.
902 BGH vom 24.10.2006, NJW 2007, S. 233, Rn. 9 m.w.N.; *Ignor/Rixen*, wistra 2001, S. 201, 202; Lackner/Kühl/*Kühl*, § 266a StGB Rn. 6.
903 BGH vom 24.10.2006, NJW 2007, S. 233, Rn. 9 m.w.N.; *Ignor/Rixen*, wistra 2001, S. 201, 202; kritisch *Hauck*, NStZ 2007, S. 221, 222, der durch eine gemeinschaftsrechtskonforme Auslegung der Vorschrift den Verstoß gegen eine mitgliedstaatliche Beitragspflicht als Anknüpfungspunkt für eine Strafbarkeit genügen lassen will.
904 Siehe hierzu 2. Kap. f. III. 8.
905 Siehe hierzu auch überblicksweise *Behrend*, ZESAR 2012, S. 55, 61.
906 Siehe hierzu bei deutschem Versicherungsstatut 2. Kap. f. V. 1. b).

kein Versicherungsschutz in der deutschen Unfallversicherung. Für den Ausgleich von Personenschäden des Leiharbeitnehmers, die er in Deutschland erleidet, ist der polnische Sozialversicherungsträger nach Maßgabe der polnischen Vorschriften zuständig. Die im deutschen Recht bestehenden Haftungsbeschränkungen nach den §§ 104 ff. SGB VII finden auf zivilrechtliche Haftungsansprüche des Leiharbeitnehmers gegen die Schädiger weder in Bezug auf den Verleiher, Entleiher noch deren Arbeitnehmer Anwendung.[907] Hierzu bestimmt Art. 85 Abs. 2 VO (EG) 883/2004, dass für Haftungsprivilegierungen die Rechtsvorschriften des Mitgliedstaates maßgeblich sind, nach denen für den Arbeitsunfall Leistungen zu erbringen sind. Entscheidend ist somit, ob nach den Regeln des Sozialversicherungsstatuts – den polnischen Vorschriften – eine Haftungsprivilegierung vorgesehen und wie diese ausgestaltet ist.[908] Für die Frage der Haftungsbefreiung macht es keinen Unterschied, ob das zivilrechtliche Haftungs- und das Sozialversicherungsrecht für Arbeitsunfälle dem Recht verschiedener Mitgliedstaaten zu entnehmen sind oder in der Hinsicht ein Gleichlauf besteht.[909] Der polnische Leiharbeitnehmer kommt, wenn er im deutschen Entleiherbetrieb einen Arbeitnehmer schädigt, spiegelbildlich nicht in den Genuss einer Haftungsbefreiung nach den §§ 104 ff. SGB VII.[910]

aa) Unfallversicherungsschutz in Polen

Der infolge eines Arbeitsunfalls i.S.v. Art. 3 UnfallG geschädigte, polnische Leiharbeitnehmer hat nach Maßgabe der Art. 11 ff. UnfallG Leis-

---

907 *Jerczynski/Zimmermann*, NZS 2007, S. 243, 246 ff.; MüKo-BGB/*Junker*, Art. 4 VO (EG) 864/2007 Rn. 170 f.; Schüren/Hamann/*Schüren,* Einl. Rn. 759 ff., Thüsing/*Thüsing*, AÜG, Einf. Rn. 77; UGBH/*Urban-Crell/Bissels*, AÜG, Einl. Rn. 85, jeweils m.w.N.
908 Nachweise zu Regelungen im europäischen Ausland finden sich bei *Bokeloh*, DRV 2012, S. 253, 258; jurisPK-SGB I/*Pabst*, Art. 85 VO EG 883/2004 Rn. 36; *Reinhard* in: FS 20 Jahre Hochschule, „Internationale Aspekte …", S. 187, 196.
909 BGH, NJW 2009, S. 916, 917, Rn. 11 m.w.N.; *Reinhard* in: FS 20 Jahre Hochschule, „Internationale Aspekte …", S. 187, 194; ErfK/*Rolfs*, § 104 SGB VII Rn. 4; auf die Unterscheidung zwischen Haftungsstatut und Sozialleistungsstatut hinweisend *Bokeloh*, DRV 2012, S. 253, 254 ff.; jurisPK-SGB I/*Pabst*, Art. 85 VO EG 883/2004 Rn. 27, 35.
910 *Jerczynski/Zimmermann*, NZS 2007, S. 243, 248; Schüren/Hamann/*Schüren,* Einl. Rn. 762; Thüsing/*Thüsing*, AÜG, Einf. Rn. 77; UGBH/*Urban-Crell/Bissels*, AÜG, Einl. Rn. 85.

tungsansprüche gegen die ZUS. Dem Versicherten steht im Falle eines bleibenden oder anhaltenden Personenschadens in erster Linie eine einmalige Entschädigungszahlung[911] zu, Art. 11 Abs. 1, 12 Abs. 1 UnfallG, deren Höhe sich an gesetzlich bestimmten Pauschalbeträgen orientiert.[912] Dem Anspruchsberechtigten wird hierdurch eine „schnelle und einfache Durchsetzung seiner Ansprüche"[913] gegen einen solventen Leistungsschuldner – die ZUS – ermöglicht.

Für Entschädigungsansprüche eines Arbeitnehmers verweist der Gesetzgeber in Art. 237^1 § 1 ArbGB[914] auf die Sozialversicherungsleistungen nach dem UnfallG. Demgegenüber stellt er in Art. 237^1 § 2 ArbGB[915] klar, dass ein Arbeitnehmer, der einen Arbeitsunfall erlitten hat, für Sachschäden an persönlichen Gegenständen oder zur Arbeitsausübung notwendigen Sachen, einen Entschädigungsanspruch gegen den Arbeitgeber geltend machen kann. Aus den Regelungen kann aber nicht geschlussfolgert werden, dass damit mögliche Ansprüche gegen den schädigenden Arbeitgeber im Übrigen vollständig ausgeschlossen sind.[916] Grundsätzlich erfolgt der Schadensausgleich für Personenschäden wegen eines Arbeitsunfalls durch den Sozialversicherungsträger. Der Umfang der Leistungsansprüche richtet sich nach gesetzlich vorgegebenen Pauschalbeträgen, wodurch eine vollständige Kompensation der erlittenen Schäden im Einzelfall nicht ge-

---

911 Ferner sind Ausgleichszahlungen infolge einer Erwerbsminderung, Rehabilitations-, Übergangs-, Krankengeld, Pflegezulagen und die Zahlung einer Rente möglich, siehe hierzu ausf. *Rzepecki/Serafinska*, BPUVZ 2003, S. 395 ff.

912 Für die nach den Art. 12, 14 UnfallG vorgesehenen Leistungen wird die Höhe der Pauschalbeträge durch den zuständigen Minister festgelegt, Art. 14 Abs. 9 UnfallG. Die aktuellen Beträge (bis zum 31.03.2015) wurden im Rahmen der Bekanntmachung des Ministers für Arbeit und Sozialpolitik vom 26.02.2014 (Polnisches Amtsblatt (*Monitor Polski*) vom 07.03.2014, Pos. 187) bestimmt.

913 „(...) szybki i prosty tryb realizacji świadczeń (...)", *Pisarczyk*, Studia Iuridica 2007, Nr. 47, S. 203, 212.

914 Art. 237^1 § 1 ArbGB lautet: Einem Arbeitnehmer, der einen Arbeitsunfall erlitten hat oder an einer in dem in Art. 237 § 1 Nummer 3 genannten Verzeichnis aufgeführten Berufskrankheit erkrankt ist, stehen Sozialversicherungsleistungen zu, die in besonderen Vorschriften festgelegt sind.

915 Art. 237^1 § 2 ArbGB lautet: Einem Arbeitnehmer, der einen Arbeitsunfall erlitten hat, gewährt der Arbeitgeber eine Entschädigung für den bei dem Arbeitsunfall auftretenden Verlust oder für die Beschädigung von persönlichen Sachen oder von Sachen, die zur Arbeitsausübung notwendig sind, mit Ausnahme des Verlusts oder der Beschädigung von Autos und von Geldwerten.

916 *Pisarczyk*, Studia Iuridica 2007, Nr. 47, S. 203, 211; *Sanetra*, PiZS 2003, Nr. 6, S. 1, 4; a.A. *Gersdorf*, PiZS 2003, Nr. 6, S. 6, 14.

währleistet ist.[917] Weder in den Vorschriften des ArbGB noch des UnfallG findet sich ein Ausschluss oder eine Beschränkung der Möglichkeit einer weitergehenden zivilrechtlichen Geltendmachung von Ansprüchen.[918] Es entspricht der ständigen Rechtsprechung des Obersten Gerichts seit 1990[919] und der überwiegenden Meinung in der Literatur[920], dass für den Arbeitnehmer die Möglichkeit besteht, einen ergänzenden (Schadensersatz-)Anspruch (*odszkodowanie uzupełniające*) unmittelbar gegen den Arbeitgeber geltend zu machen, wenn der infolge des Unfalls entstandene Schaden die Leistungen der Sozialversicherung übersteigt. Die Anspruchsgrundlage richtet sich in dem Fall nach den zivilrechtlichen Vorschriften (Art. 415 ff., 444, 445 ZGB). Es ist nicht ausreichend, dass sich der Arbeitnehmer lediglich auf das Vorliegen eines Arbeitsunfalls, welcher im Rahmen des Verfahrens beim Sozialversicherungsträger festgestellt wurde, beruft. Der Anspruchsteller trägt die Darlegungs- und Beweislast nach den allgemeinen Regeln, d.h., dass er alle anspruchsbegründenden Tatsachen (bspw. Verschulden, Schadenshöhe) beweisen muss.[921] Der Anspruch gegen den Arbeitgeber hat jedoch nur „ergänzenden Charakter". Daraus wird geschlussfolgert, dass die Geltendmachung von zivilrechtlichen Ansprüchen unmittelbar gegen den Arbeitgeber erst möglich ist, nachdem über die Leistungsansprüche aus der Unfallversicherung ent-

---

917 Vgl. *Pisarczyk*, Studia Iuridica 2007, Nr. 47, S. 203, 211 f.
918 Die bis zum 01.01.1990 geltenden Vorschriften sahen ausdrücklich vor, dass die Leistungen der Sozialversicherungsträger als Befriedigung jeglicher Ansprüche aus einem Unfall galten und damit weitergehende (zivilrechtliche) Ansprüche gegen den Schädiger ausgeschlossen waren. Mit der Umwandlung der Staatsordnung 1990 wurden diese Vorschriften außer Kraft gesetzt. Eine Genese der rechtlichen Rahmenbedingungen findet sich bei *Basiewicz*, Radca Prawny 2013, Nr. 135, S. 19 f. m.w.N.
919 OG, Urteil vom 14.1.12.1990, III PZP 20/90, OSNC 1991, Nr. 7, Pos. 79; OG, Urteil vom 29.07.1998, II UKN 155/98, OSNAP 1999, Nr. 15, Pos. 495; OG, Urteil vom 05.07.2005, I PK 293/04, Prawo Pracy 2005, Nr. 11; OG, Urteil vom 02.10.2008, I PK 57/08, OSNP 2010, Nr. 7-8, Pos. 85; OG, Urteil vom 14.01.2011, I PK 145/10, OSNP 2012, Nr. 5-6, Pos. 66.
920 *Basiewicz*, Radca Prawny 2013, Nr. 135, S. 19 ff.; *Pisarczyk*, Studia Iuridica 2007, Nr. 47, S. 203, 211; *Ostaszewski*, PiZS 2013, Nr. 6, S. 2 ff.; *Sanetra*, PiZS 2003, Nr. 6, S. 1, 4; *Witoszko*, PiZS 2008, Nr. 11, S. 19 ff.; a.A. *Gersdorf*, PiZS 2003, Nr. 6, S. 6, 14; einen Überblick über den Meinungsstand gibt *Maniewska*, PiZS 2011, Nr. 12, S. 20 ff.
921 OG, Urteil vom 05.07.2005, I PK 293/04, Prawo Pracy 2005, Nr. 11.

schieden worden ist.[922] Bei der Bestimmung des Schadensumfangs im Rahmen der Art. 444, 445 ZGB sind die durch den Sozialversicherungsträger gewährten Leistungen grundsätzlich zu berücksichtigen, wobei eine automatische Vorteilsanrechnung nicht in Betracht kommt.[923] Dies ist Ausfluss des zivilrechtlichen Bereicherungsverbots, wonach eine Überkompensation des Geschädigten zu vermeiden ist.[924]

Im Hinblick auf die Arbeitnehmerüberlassung finden diese Grundsätze ebenfalls Anwendung. Primär sind Ersatzansprüche des Leiharbeitnehmers, der einen Arbeitsunfall erlitten hat, gegen den Sozialversicherungsträger zu richten. Für Schäden, die über die Sozialversicherungsleistungen hinausgehen und nicht voll kompensiert werden, kann er einen Ergänzungsanspruch geltend machen. Als Anspruchsgegner kommt im Falle einer schuldhaften Schädigung zunächst der Arbeitgeber – die Zeitarbeitsagentur – in Betracht.[925] Arbeitsunfälle werden vornehmlich mit der Arbeit im Entleiherbetrieb im Zusammenhang stehen. Mangels einer gesetzlichen Überleitung der deliktischen Haftung auf den Verleiher, kann der Leiharbeitnehmer wegen deliktischer Ansprüche nach Art. 415-449 ZGB auch unmittelbar gegen den Entleiher vorgehen.[926]

Ein Regressanspruch des Sozialversicherungsträgers für die gewährten Leistungen besteht gem. Art. 58 UnfallG i.V.m. Art. 70 KrankengeldVersG, wenn der Schaden aus dem Arbeitsunfall auf eine vorsätzliche Straftat oder Ordnungswidrigkeit des Schädigers zurückzuführen ist.

---

922 OG, Urteil vom 29.07.1998, II UKN 155/98, OSNAP 1999, Nr. 15, Pos. 495; OG, Urteil vom 02.10.2008, I PK 57/08, OSNP 2010, Nr. 7-8, Pos. 85; OG, Urteil vom 14.01.2011, I PK 145/10, OSNP 2012, Nr. 5-6, Pos. 66; a.A. *Basiewicz*, Radca Prawny 2013, Nr. 135, S. 19, 21 f.; kritisch mit Blick auf die Verjährung des zivilrechtlichen Anspruchs gem. Art. 442^1 § 1 ZGB *Ostaszewski*, PiZS 2013, Nr. 6, S. 2, 4 ff.
923 OG, Urteil vom 12.10.1999, II UKN 141/99, Lex Nr. 151535; OG, Urteil vom 11.01.2000, II UKN 258/99, Lex Nr. 151534; OG, Urteil vom 21.10.2003, I CK 410/02, Lex Nr. 82269.
924 Vgl. *Basiewicz*, Radca Prawny 2013, Nr. 135, S. 19, 22.
925 Urteil des Bezirksgerichts in Piotrków Trybunalski vom 04.06.2013, V Pa 20/12; *Sobczyk*, Zatrudnienie tymczasowe, S. 134.
926 Urteil des Berufungsgerichts in Posen vom 21.05.2013, III APa 6/13; hiervon ausgehend auch OG, Urteil vom 05.05.2011, II PK 280/10, Lex Nr. 1095825; *Sobczyk*, Zatrudnienie tymczasowe, S. 132 ff.; a.A. Urteil des Bezirksgerichts in Piotrków Trybunalski vom 04.06.2013, V Pa 20/12.

bb) Haftung des deutschen Entleihers und seiner Arbeitnehmer

Die polnische Unfallversicherung übernimmt bei einem Arbeitsunfall nur einen Teil des Schadens. Darüber hinausgehende Schäden können durch den Geschädigten nach den Grundsätzen des durch die höchstrichterliche Rechtsprechung entwickelten Instituts des Ergänzungsanspruches gegen den Verantwortlichen geltend gemacht werden. Die Besonderheit besteht darin, dass diese zivilrechtlichen Ansprüche erst nach der Regulierung durch die Unfallversicherung durchgesetzt werden können und die erhaltenen Leistungen im Rahmen des Schadensumfangs zu berücksichtigen sind. Diese Grundsätze können auch auf den deutschen Entleiher, der einen polnischen Leiharbeitnehmer schädigt, angewandt werden. Die zivilrechtliche Haftung eines Entleihers wird durch die Besonderheiten des Ergänzungsanspruches nach polnischem Recht lediglich modifiziert. Die Anwendbarkeit dieses Instituts auf den Entleiher wird nach nationalem Recht nicht davon abhängig gemacht, ob der Entleiher selbst einer Beitragshaftung in der Unfallversicherung unterliegt.[927] Vor diesem Hintergrund bedeutet der Einsatz polnischer Leiharbeitnehmer für den deutschen Entleiher eine erhebliche Erhöhung des Haftungsrisikos.

Ein deutscher Arbeitskollege im Entleiherbetrieb haftet dem polnischen Leiharbeitnehmer – mangels einer Haftungsprivilegierung nach dem Vorbild der §§ 104 ff. SGB VII – ebenfalls ohne Begrenzung.[928] Abgemildert wird dieses Haftungsrisiko durch einen Freistellungsanspruch gegenüber dem Entleiher.[929]

3. Sozialversicherungsstatut bei illegaler Arbeitnehmerüberlassung

Bei illegaler Arbeitnehmerüberlassung nach Deutschland muss bei den sozialversicherungsrechtlichen Folgen zwischen einer Überlassung ohne und mit einer Entsendebescheinigung unterschieden werden.[930]

---

[927] Der im deutschen Recht postulierte Gedanke eines Ausgleichs für die alleinige Beitragshaftung durch den Arbeitgeber (siehe hierzu 2. Kap. f. V. 1. b)) findet insofern mit Blick auf den Entleiher keine Anwendung.

[928] Der Verweis in Art. 85 Abs. 2 VO (EG) 883/2004 geht in dem Fall ins Leere.

[929] Vgl. *Jerczynski/Zimmermann*, NZS 2007, S. 243, 247; Schüren/Hamann/Schüren, Einl. Rn. 765 f.

[930] Siehe hierzu ausf. 2. Kap. G. II. 1.

Wird ein polnischer Leiharbeitnehmer durch einen Verleiher, der nicht die nach § 1 AÜG erforderliche Überlassungserlaubnis besitzt, an einen Entleiher in Deutschland illegal überlassen, ordnet § 9 Nr. 1 AÜG die Nichtigkeit sowohl des Leiharbeits- als auch des Überlassungsvertrages an. Stattdessen wird zwischen dem Entleiher und dem Leiharbeitnehmer ein Arbeitsverhältnis fingiert.[931] Anzuknüpfen ist an das Beschäftigungsverhältnis mit dem deutschen Entleiher, welches grundsätzlich rückwirkend entsteht.[932] Sofern für den Leiharbeitnehmer nach dem Beschäftigungsortsprinzip aus Art. 11 Abs. 3 lit. a VO (EG) 883/2004 bereits das deutsche Recht maßgeblich war, ergeben sich für das Sozialversicherungsstatut keine Folgen. War der polnische Leiharbeitnehmer bis dahin aufgrund des Vorliegens einer Entsendung im Rahmen des (nichtigen) Leiharbeitsvertrages mit dem Verleiher in Polen sozialversichert, unterliegt er nun der Versicherungspflicht in Deutschland. Eine Entsendung i.S.v. Art. 12 Abs. 1 VO (EG) 883/2004 liegt nicht vor.

Demgegenüber verbleibt es selbst bei der illegalen Arbeitnehmerüberlassung bei dem Sozialversicherungsstatut des Heimatstaates, wenn der Verleiher für den Leiharbeitnehmer eine Entsendebescheinigung vorlegen kann. Diese stellt die Anwendbarkeit der Vorschriften über das System der sozialen Sicherheit des Mitgliedstaates, dessen Behörde diese ausgestellt hat, insoweit verbindlich fest.[933]

VI. Zwischenergebnis

Bei einem Arbeitseinsatz des polnischen Leiharbeitnehmers in Deutschland findet nach dem Beschäftigungsortsprinzip aus Art. 11 Abs. 3a VO (EG) 883/2004 das deutsche Sozialversicherungsrecht Anwendung. Für den Gesamtsozialversicherungsbeitrag und für die Beiträge zur gesetzlichen Unfallversicherung haftet gem. § 28e Abs. 1 SGB IV bzw. §§ 150 Abs. 1 SGB VII in erster Linie der Verleiher. Für den Entleiher besteht eine subsidiäre Haftung nach Maßgabe des § 28e Abs. 2 SGB IV bzw. § 150 Abs. 3 SGB VII. Im Falle eines Arbeitsunfalls stehen dem Leiharbeitnehmer Ansprüche gegen die für den Verleiher zuständige Berufsgenossenschaft zu. Auf Ansprüche zwischen einem Leiharbeitnehmer und dem

---

931 Siehe hierzu 2. Kap. G. II. 1. a) bb).
932 Siehe zu den Folgen ausf. 2. Kap. G. II. a) a) dd).
933 Siehe hierzu ausf. 2. Kap. G. II. 1. b).

Verleiher, dem Entleiher oder deren Arbeitnehmern finden die Haftungsbeschränkungen aus den §§ 104, 105 SGB VII Anwendung.

Bei grenzüberschreitender Überlassung werden häufig die Voraussetzungen einer Entsendung i.S.v. Art. 12 Abs. 1 VO (EG) 883/2004 erfüllt sein. Der Leiharbeitnehmer verbleibt dann für die Dauer des Einsatzes in Deutschland in der polnischen Sozialversicherung. Die Beitragsentstehung richtet sich nach dem Zuflussprinzip. Für die Abführung der Sozialversicherungsbeiträge haftet allein der Verleiher, dessen Abgabenlast 19,74 % des Bruttoverdienstes des Leiharbeitnehmers beträgt. Anlässlich eines Arbeitsunfalls steht dem Leiharbeitnehmer vorrangig gem. Art. 11 Abs. 1, 12 Abs. 1 UnfallG ein Anspruch gegen die Sozialversicherungsanstalt auf einmalige Entschädigungszahlung zu. Für Schäden, die über Leistungen aus der Sozialversicherung hinausgehen, kann er ergänzend sowohl den Verleiher als auch den (deutschen) Entleiher und dessen Stammarbeitnehmer in Anspruch nehmen. Eine Haftungsprivilegierung – ählich dem deutschen Sozialversicherungsrecht – ist dem polnischen Recht fremd. Die polnische Sozialversicherungsanstalt (ZUS) kann das Vorliegen der Entsendevoraussetzungen durch eine A1-Bescheinigung bestätigen. Die Bescheinigung entfaltet für alle deutschen Behörden und Gerichte – auch im Falle der illegalen Überlassung – hinsichtlich des anwendbaren Sozialversicherungsrechts bindende Wirkung, Art. 5 Abs. 1 VO (EG) 987/2009.

G. Rechtsfolgen illegaler grenzüberschreitender Arbeitnehmerüberlassung

Aufbauend auf den bisher gewonnen Erkenntnissen ist zu erörtern, welche Rechtsfolgen sich für die Beteiligten ergeben, wenn die Arbeitnehmerüberlassung illegal betrieben wird. Die Untersuchung der Folgen aus dem deutschen Recht und aus dem polnischen Recht hat getrennt zu erfolgen. In diesem Zusammenhang soll analysiert werden, welche Auswirkungen eine für einen polnischen Leiharbeitnehmer ausgestellte Entsendebescheinigung haben kann. Bevor auf die Rechtsfolgen eingegangen wird, sind in einem ersten Schritt die Merkmale einer illegalen grenzüberschreitenden Arbeitnehmerüberlassung zu erläutern.

I. Illegale grenzüberschreitende Arbeitnehmerüberlassung

1. Merkmale illegaler Arbeitnehmerüberlassung

Die gewerbsmäßige Arbeitnehmerüberlassung in Deutschland steht unter dem Erlaubnisvorbehalt des § 1 AÜG. Sie ist grundsätzlich verboten und kann nur legal ausgeübt werden, sofern der Verleiher eine Überlassungserlaubnis hat.[934] Wird die Überlassungstätigkeit ohne die erforderliche Erlaubnis ausgeübt, wird gemeinhin von illegaler Arbeitnehmerüberlassung gesprochen.[935] Es können zwei grundlegende Erscheinungsformen unterschieden werden.[936]

Die offene illegale Arbeitnehmerüberlassung kennzeichnet sich dadurch, dass der Verleiher – ohne eine Erlaubnis zu haben – offen Arbeitnehmer an einen Entleiher überlässt.[937] Die Beteiligten unternehmen nicht den Versuch, durch vertragliche Gestaltungen das Vorliegen eines anderen Rechtsverhältnisses herbeizuführen und die Arbeitnehmerüberlassung zu verbergen.[938]

Bei der verdeckten illegalen Arbeitnehmerüberlassung versuchen der Verleiher und Entleiher „unter dem Deckmantel eines Werk- oder Dienstvertrages" illegal Arbeitnehmerüberlassung zu betreiben.[939] Durch den Abschluss von „sogenannten Scheinwerk- oder Scheindienstverträgen"[940]

---

[934] Teilweise auch „präventives Verbot mit Erlaubnisvorbehalt" genannt; siehe hierzu Boemke/Lembke/*Lembke*, § 9 Rn. 8; Schüren/Hamann/*Hamann*, § 1 Rn. 4; Schüren/Hamann/*Schüren*, § 2 Rn. 5, § 3 Rn. 24 ff.; siehe zur unterschiedlichen Nomenklatur auch *Sandmann/Marschall/Schneider*, AÜG, Art. 1 § 1 Rn. 49 m.w.N.

[935] Der Begriff der „illegalen" Arbeitnehmerüberlassung findet sich zwar nicht im Gesetzestext des AÜG wieder, ist aber allgemein anerkannt; siehe hierzu bspw. Schüren/Hamann/*Schüren*, Einl. Rn. 5, § 10 Rn. 20 ff.; *Ulber*, AÜG, Einl. C Rn. 86 ff.; ErfK/*Wank*, Einl. AÜG Rn. 38 ff.; *Zimmermann*, S. 4 f. m.w.N.; zum Begriff der illegalen Arbeitnehmerüberlassung in Polen vgl. Fn. 85.

[936] Sandmann/Marschall/*Schneider*, Hdb Zeitarbeit, Kap. 17, Rn. 660; Schüren/Hamann/*Schüren*, § 10 Rn. 20 ff.; *Zimmermann*, S. 5.

[937] Sandmann/Marschall/*Schneider*, Hdb Zeitarbeit, Kap. 17, Rn. 660; Schüren/Hamann/*Schüren*, § 10 Rn. 20, 22 ff.

[938] *Ulber*, AÜG, Einl. C Rn. 86; *Zimmermann*, S. 5.

[939] Schüren/Hamann/*Schüren*, § 10 Rn. 21, 25 ff.; siehe hierzu auch *Zimmermann*, S. 5.

[940] Schüren/Hamann/*Schüren*, § 10 Rn. 21.

sollen die strengen Regelungen des AÜG umgangen werden.[941] Hierzu gehören bspw. der Gleichbehandlungsgrundsatz aus §§ 3 Abs. 1 Nr. 3, 9 Nr. 2 AÜG oder das weitgehende Überlassungsverbot in Betriebe des Baugewerbes gem. § 1b AÜG.[942] Ein Verleiher, der eine Überlassungserlaubnis hat, kann einen Scheinwerk- bzw. Scheindienstvertrag abschließen, um die Bedingungen des AÜG zu umgehen. Liegt in einem solchen Fall tatsächlich Arbeitnehmerüberlassung vor, sind zwar die AÜG-Vorschriften anzuwenden; die Überlassung ist aber – aufgrund der vorliegenden Erlaubnis – nicht illegal.[943] Dadurch können die weitreichenden Konsequenzen, die für die illegale Arbeitnehmerüberlassung vorgesehen sind, teilweise verhindert werden.[944] Es ist wahrscheinlich, dass die Beschäftigungsbedingungen sich in dem Fall nicht nach den gesetzlichen Vorgaben des AÜG richten werden, sodass der Leiharbeitnehmer regelmäßig Ansprüche gegen den Verleiher geltend machen kann.[945] Ein Verleiher, der bewusst Scheinverträge zur Umgehung der Vorschriften des AÜG abschließt, setzt sich dem Vorwurf der Unzuverlässigkeit i.S.d. § 3 Abs. 1 Nr. 1 AÜG aus, sodass ein systematisches Vorgehen letztlich zu einem Verlust der Erlaubnis führen kann. Ohne die erforderliche Erlaubnis lebt bei fortlaufender Überlassungstätigkeit der Vorwurf der illegalen Arbeitnehmerüberlassung wieder auf.

2. Merkmale illegaler grenzüberschreitender Arbeitnehmerüberlassung

Ein polnischer Verleiher, der Leiharbeitnehmer nach Deutschland überlässt, bedarf einer Erlaubnis gem. § 1 AÜG.[946] Verleiht er den Arbeitnehmer ohne die nach deutschem Recht erforderliche Erlaubnis, liegt grenz-

---

941 Schüren/Hamann/*Schüren*, § 10 Rn. 21, 25 ff.; *Ulber*, AÜG, Einl. C Rn. 87; UGBH/*Urban-Crell/Hurst*, AÜG, § 10 Rn. 4; ErfK/*Wank*, Einl. AÜG Rn. 38.
942 Siehe hierzu ferner Schüren/Hamann/*Schüren*, Einl. Rn. 5.
943 Schüren/Hamann/*Schüren*, § 10 Rn. 25; *derselbe*, NZA 2013, S. 176, 177; *Timmermann*, BB 2012, S. 1729.
944 *Schüren*, NZA 2013, S. 176, 177 f., weist auf diesen Missstand hin und schlägt eine Gesetzesänderung vor, wonach die Sperrwirkung der Überlassungserlaubnis hinsichtlich der Rechtsfolgen im Falle des illegalen Verleihs auf die offen betriebene Überlassung zu beschränken ist; siehe auch *Timmermann*, BB 2012, S. 1729.
945 Hierzu auch Schüren/Hamann/*Schüren*, § 10 Rn. 25; *derselbe*, NZA 2013, S. 176, 177.
946 Siehe hierzu bereits ausf. 2. Kap. B.

überschreitende illegale Arbeitnehmerüberlassung vor. Die im deutschen Recht für den illegalen Verleih vorgesehenen Rechtsfolgen sind grundsätzlich auf die am grenzüberschreitenden Arbeitnehmerverleih Beteiligten anzuwenden.

Auch nach polnischem Recht unterliegt der Verleiher einem gewerberechtlichen Zulassungsvorbehalt. Betreibt er Leiharbeit, ohne die nach polnischem Recht erforderliche Eintragung in das Register der Beschäftigungsagenturen zu besitzen, ist seine Tätigkeit als illegal anzusehen. Die Rechtsfolgen für die illegale Beschäftigung, die auf der Missachtung der polnischen Vorschriften beruht, sind dem polnischen Recht zu entnehmen. Der deutsche Gesetzgeber ist nicht dazu berufen, Rechtsfolgen für Verstöße gegen ausländische gewerberechtliche Vorschriften zu normieren.

II. Rechtsfolgen der illegalen grenzüberschreitenden Arbeitnehmerüberlassung

1. Rechtsfolgen der illegalen Arbeitnehmerüberlassung im deutschen Recht

Bei der Darstellung der Rechtsfolgen der illegalen Überlassung nach Deutschland sollen nachfolgend zwei Sachverhalte voneinander unterschieden werden. Zunächst sollen die Rechtsfolgen allgemein für den Fall einer illegalen grenzüberschreitenden Arbeitnehmerüberlassung aus Polen nach Deutschland dargestellt werden. In einem zweiten Schritt ist hierauf aufbauend der in der Praxis weitaus relevantere Fall zu untersuchen, in dem die nach Deutschland überlassenen Leiharbeitnehmer eine Entsendebescheinigung (A1) haben, die ihren Verbleib in dem polnischen Sozialversicherungssystem bindend feststellt.

a) Illegale Arbeitnehmerüberlassung – ohne Entsendebescheinigung

Für den Fall der illegalen Arbeitnehmerüberlassung sind im deutschen Recht diverse Rechtsfolgen vorgesehen, die sich auf verschiedene Bereiche der Beschäftigung beziehen.

aa) Gewerberechtliche Folgen

Die zuständige Erlaubnisbehörde wird durch § 6 AÜG ermächtigt, einem illegal tätigen Verleiher die weitere Ausübung der Arbeitnehmerüberlassung zu untersagen. Der Erlass einer Untersagungsverfügung steht nicht im Ermessen der Behörde, sie ist zu einem Einschreiten gegen den illegalen Verleiher verpflichtet.[947] Hintergrund für die gebundene Entscheidung ist, dass nur durch ein Einschreiten der Erlaubnisbehörde weitere Ordnungswidrigkeiten nach § 16 Abs. 1 Nr. 1 AÜG durch den Verleiher verhindert werden können.[948] Die Untersagungsverfügung bildet die Grundlage für eine anschließende Verwaltungsvollstreckung nach den Vorschriften des VwVG (Bund)[949].[950] Nach einer vorherigen Androhung (§ 13 VwVG) können gegen den der Untersagungsverfügung zuwiderhandelnden, also weiterhin illegal Arbeitnehmerüberlassung betreibenden, Verleiher Zwangsmittel nach § 9 VwVG eingesetzt werden. In erster Linie kommt die Verhängung eines Zwangsgeldes in Betracht.[951] Das Zwangsgeld ist ein Beugemittel, wodurch der Adressat veranlasst werden soll, der Grundverfügung, welche auf das Unterlassen der illegalen Überlassungstätigkeit gerichtet ist, Folge zu leisten. Es werden keine Strafzwecke verfolgt, sodass das Zwangsmittel gem. § 13 Abs. 6 S. 1 VwVG neben einer Strafe oder Geldbuße angedroht, so oft wiederholt und jeweils erhöht oder gewechselt werden kann, bis die Verpflichtung erfüllt ist.[952] Wird der mit

---

947 Thüsing/*Kämmerer*, AÜG, § 6 Rn. 2; Schüren/Hamann/*Schüren*, § 6 Rn. 9; *Ulber*, AÜG, § 6 Rn. 9; ErfK/*Wank*, § 6 AÜG Rn. 3; a.A. Sandmann/Marschall/*Schneider*, AÜG, Art. 1 § 6 Rn. 3.
948 *Noack*, BB 1973, S. 1313, 1314; Schüren/Hamann/*Schüren*, § 6 Rn. 9; *Ulber*, AÜG, § 6 Rn. 9; ErfK/*Wank*, § 6 AÜG Rn. 3.
949 Verwaltungs-Vollstreckungsgesetz vom 27.04.1953, BGBl. I S. 157 m. spät. Änd.
950 Boemke/Lembke/*Boemke*, § 6 Rn. 9; Thüsing/*Kämmerer*, AÜG, § 6 Rn. 5; Schüren/Hamann/*Schüren*, § 6 Rn. 2; *Ulber*, AÜG, § 6 Rn. 3; ErfK/*Wank*, § 6 AÜG Rn. 1.
951 Das Zwangsmittel der Ersatzvornahme kommt bei einer Grundverfügung, die auf ein Unterlassen gerichtet ist, von vornherein nicht in Betracht. Der unmittelbare Zwang kommt dagegen aufgrund der zu beachtenden Verhältnismäßigkeit erst in Betracht, wenn andere mildere Mittel erfolglos sind; siehe hierzu Boemke/Lembke/*Boemke*, § 6 Rn. 10 ff.; Thüsing/*Kämmerer*, AÜG, § 6 Rn. 5; Schüren/Hamann/*Schüren*, § 6 Rn. 16 ff.; *Ulber*, AÜG, § 6 Rn. 14 ff.
952 Siehe hierzu BeckOK-VwVfG/*Deutsch/Burr*, VwVG, § 11 Rn. 2 m.w.N.; Thüsing/*Kämmerer*, AÜG, § 6 Rn. 5; Schüren/Hamann/*Schüren*, § 6 Rn. 32 f.;

dem Zwangsmittel verbundene Zweck erreicht und der illegale Verleiher unterlässt die Überlassung, ist die weitere Vollstreckung gem. § 15 Abs. 3 VwVG einzustellen.[953] Parallel verhängte Strafen oder Bußgelder bleiben hiervon unberührt. Sowohl für den Erlass als auch die Durchsetzung der Untersagungsverfügung gegenüber den illegalen Verleihern ist gem. §§ 6, 17 AÜG, § 7 VwVG die BA zuständig.[954] Die Vollstreckung erfolgt gem. § 4 lit. b VwVG durch die Vollstreckungsbehörden der Bundesfinanzverwaltung, die Hauptzollämter.[955] Durch § 6 AÜG wird die Erlaubnisbehörde ausschließlich dazu ermächtigt, eine Untersagungsverfügung gegen den Verleiher, nicht hingegen gegen den Entleiher, zu erlassen. Gegenüber illegalen Entleihern kann die Behörde somit nicht im Wege des Verwaltungszwanges vorgehen. Es bleiben die Möglichkeiten, im Wege des Straf- und Bußgeldverfahrens gegen den Entleiher vorzugehen.[956]

bb) Vertragsrechtliche Folgen

Im Vordergrund stehen bei illegaler Arbeitnehmerüberlassung die Rechtsfolgen aus den §§ 9, 10 AÜG, durch die erheblich in die Vertragsbeziehungen zwischen den drei Beteiligten eingegriffen wird. Nach § 9 Nr. 1 AÜG sind Verträge zwischen Verleihern und Entleihern – Überlassungsverträge – sowie zwischen Verleihern und Leiharbeitnehmern – Leiharbeitsverträge – unwirksam, wenn der Verleiher die nach § 1 erforderliche Überlassungserlaubnis nicht hat. Ist der Leiharbeitsvertrag zwischen dem Verleiher und Leiharbeitnehmer wegen der fehlenden Erlaubnis unwirk-

---

Engelhardt/App/Schlatmann/*Troidl*, VwVG, § 11 Rn. 1 m.w.N.; *Ulber*, AÜG, § 6 Rn. 15.
953 Siehe hierzu Boemke/Lembke/*Boemke*, § 6 Rn. 20; BeckOK-VwVfG/ *Deutsch/Burr*, VwVG, § 15 Rn. 11 ff..; Schüren/Hamann/*Schüren*, § 6 Rn. 39; Engelhardt/App/Schlatmann/*Troidl*, VwVG, § 15 Rn. 6 ff.; *Ulber*, AÜG, § 6 Rn. 21 m.w.N.
954 Boemke/Lembke/*Boemke*, § 6 Rn. 13; Thüsing/*Kämmerer*, AÜG, § 6 Rn. 6; Sandmann/Marschall/*Schneider*, AÜG, Art. 1 § 6 Rn. 14; Schüren/Hamann/ *Schüren*, § 6 Rn. 22; *Ulber*, AÜG, § 6 Rn. 1; ErfK/*Wank*, § 6 AÜG Rn. 1.
955 Boemke/Lembke/*Boemke*, § 6 Rn. 13; Thüsing/*Kämmerer*, AÜG, § 6 Rn. 6; Sandmann/Marschall/*Schneider*, AÜG, Art. 1 § 6 Rn. 14; Schüren/Hamann/ *Schüren*, § 6 Rn. 23; *Ulber*, AÜG, § 6 Rn. 21.
956 Boemke/Lembke/*Boemke*, § 6 Rn. 6; Thüsing/*Kämmerer*, AÜG, § 6 Rn. 3; Sandmann/Marschall/*Schneider*, AÜG, Art. 1 § 6 Rn. 4a; Schüren/Hamann/ *Schüren*, § 6 Rn. 8; *Ulber*, AÜG, § 6 Rn. 8; ErfK/*Wank*, § 6 AÜG Rn. 3.

sam, wird gem. § 10 Abs. 1 AÜG ein Arbeitsverhältnis zwischen dem Entleiher und Leiharbeitnehmer fingiert. Die §§ 9, 10 AÜG finden aufgrund ihrer international zwingenden Wirkung auch auf Verträge Anwendung, die einem ausländischen Vertragsstatut unterliegen.[957]

(1) Unwirksamkeit des Leiharbeitsvertrages

Der zwischen dem Leiharbeitnehmer und Verleiher geschlossene Leiharbeitsvertrag ist gem. § 9 Nr. 1 Var. 2 AÜG unwirksam, wenn der Verleiher keine überlassungsrechtliche Erlaubnis nach § 1 AÜG hat. Die Unwirksamkeit erstreckt sich auch auf Leiharbeitsverträge, die ausländischem Recht unterliegen.[958] Hat der ausländische Verleiher keine Erlaubnis, ist der Leiharbeitsvertrag von vornherein unwirksam. Wird ihm eine erteilte Erlaubnis zu einem Zeitpunkt entzogen, in dem das Leiharbeitsverhältnis bereits besteht, tritt die Unwirksamkeitsfolge mit dem Zeitpunkt des Wegfalls der Erlaubnis *ex nunc* ein.[959] Eine nachträgliche Erlaubniserteilung lässt die Rechtsfolge des § 9 Nr. 1 AÜG für die Zukunft entfallen, kann aber eine bis zur Erlaubniserlangung bestehende Unwirksamkeit nicht rückwirkend heilen.[960]

Die Vorschrift des § 9 Nr. 1 AÜG kann in Bezug auf ausländische Leiharbeitsverträge nur für die Dauer des Leiharbeitnehmereinsatzes in Deutschland Geltung beanspruchen. Es besteht kein Bedürfnis, dass der deutsche Gesetzgeber bei Leiharbeitnehmern, die nur vorübergehend nach Deutschland überlassen werden, die absolute Unwirksamkeit des ausländischen Leiharbeitsvertrages anordnet. Die Vorschrift ist daher einschränkend so zu verstehen, dass der Leiharbeitsvertrag für die Überlassungsdauer nach Deutschland als unwirksam gilt. Wird der Leiharbeitnehmer anschließend durch den Verleiher weiterhin überlassen, lebt der Leiharbeitsvertrag aus der vorübergehenden Unwirksamkeit wieder auf.[961] Leiharbeitsverträge, die polnischem Recht unterliegen, können nur auf die

---

957 Siehe hierzu ausf. 2. Kap. D. II. 3. b) dd) (2) (b).
958 Siehe hierzu 2. Kap. D. II. 4. c) aa).
959 Thüsing/*Mengel*, AÜG, § 9 Rn. 12 f.; Schüren/Hamann/*Schüren*, § 9 Rn. 22; *Ulber*, AÜG, § 9 Rn. 31; UGBH/*Urban-Crell/Hurst*, AÜG, § 9 Rn. 8.
960 Thüsing/*Mengel*, AÜG, § 9 Rn. 13; Schüren/Hamann/*Schüren*, § 9 Rn. 24; *Ulber*, AÜG, § 9 Rn. 25; UGBH/*Urban-Crell/Hurst*, AÜG, § 9 Rn. 8.
961 Siehe hierzu ausf. 2. Kap. D. II. 4. c) aa).

G. Rechtsfolgen illegaler grenzüberschreitender Arbeitnehmerüberlassung

Dauer der Überlassung befristet abgeschlossen werden.⁹⁶² Zusammen mit der zwingenden Synchronisation mit dem Überlassungsverhältnis führt die Anordnung der Unwirksamkeit aus § 9 Nr. 1 AÜG dazu, dass der Leiharbeitsvertrag im Anschluss an die Entsendung grundsätzlich nicht wieder aufleben kann.⁹⁶³

Für das Rechtsverhältnis zwischen dem Verleiher und dem Leiharbeitnehmer bestimmt § 9 Nr. 1 AÜG zwar die Unwirksamkeit des Leiharbeitsvertrages, jedoch nicht die Folgen des unwirksamen Vertrages. Für die (innerstaatliche) illegale Arbeitnehmerüberlassung wird uneinheitlich beurteilt, ob Ansprüche aus dem in Vollzug gesetzten unwirksamen Leiharbeitsvertrag für die Vergangenheit nach den Grundsätzen über das faktische Arbeitsverhältnis oder nach den allgemeinen bereicherungsrechtlichen Vorschriften (§§ 812 ff. BGB) behandelt werden sollen.⁹⁶⁴

Die Antwort auf die Frage nach den Rechtsfolgen der Unwirksamkeit des ausländischen Arbeitsverhältnisses ist nicht im deutschen Recht zu suchen, sodass die angesprochene Problematik für die zu untersuchende Konstellation keine Rolle spielt. Gem. Art. 12 Abs. 1 lit. e Rom I-VO ist das Vertragsstatut berufen, die Rechtsfolgen der Nichtigkeit des Vertrages zu bestimmen. Der Grund für die Unwirksamkeit des Vertrages spielt keine Rolle.⁹⁶⁵ Das Vertragsstatut ist auf sämtliche Rechte und Ansprüche der Parteien aus einem Rückabwicklungsverhältnis anzuwenden.⁹⁶⁶ Bei der grenzüberschreitenden Arbeitnehmerüberlassung aus Polen nach Deutschland bestimmt sich das Rückabwicklungsverhältnis zwischen dem Leiharbeitnehmer und Verleiher nach dem polnischen Recht. Für die Rückabwicklung von Ansprüchen im Rahmen eines Arbeitsverhältnisses bestehen in Polen keine besonderen arbeitsrechtlichen Vorschriften. Die Abwick-

---

962 Siehe hierzu 2. Kap. B. II. 3. a) aa).
963 Siehe hierzu 2. Kap. D. II. 4. c) aa).
964 Für die Annahme eines faktischen Arbeitsverhältnisses HWK/*Gotthardt*, § 9 AÜG Rn. 9; Schüren/Hamann/*Schüren*, § 9 Rn. 28 m.w.N.; *Ulber*, AÜG, § 9 Rn. 34; ErfK/*Wank*, Einl. AÜG Rn. 38, § 9 AÜG Rn. 5; a.A. Boemke/Lembke/*Lembke*, § 9 Rn. 49 ff.; Sandmann/Marschall/Schneider, AÜG, Art. 1 § 9 Rn. 20; UGBH/*Urban-Crell/Hurst*, AÜG, § 9 Rn. 26; *Zimmermann*, S. 89 ff. m.w.N.
965 Ferrari/*Ferrari*, Art. 12 VO (EG) 593/2008 Rn. 26; MüKo-BGB/*Spellenberg*, Art. 12 VO (EG) 593/2008 Rn. 167 f.; BeckOK-BGB/*Spickhoff*, Art. 12 VO (EG) 593/2008 Rn. 15.
966 Ferrari/*Ferrari*, Art. 12 VO (EG) 593/2008 Rn. 27; MüKo-BGB/*Spellenberg*, Art. 12 VO (EG) 593/2008 Rn. 169 f.; BeckOK-BGB/*Spickhoff*, Art. 12 VO (EG) 593/2008 Rn. 15; Hk-BGB/*Staudinger*, Art. 12 Rom I Rn. 9.

lung richtet sich nach Maßgabe des Art. 300 ArbGB grundsätzlich nach den allgemeinen zivilrechtlichen Vorschriften (Art. 405 ff. ZGB).[967]

(2) Unwirksamkeit des Überlassungsvertrages

Im Falle der fehlenden Überlassungserlaubnis wird gem. § 9 Nr. 1 Var. 1 AÜG der Überlassungsvertrag zwischen Verleiher und Entleiher für unwirksam erklärt. Die Parteien begründen trotz des Abschlusses einer Überlassungsvereinbarung keine vertraglichen Rechte und Pflichten.[968] Leistungen, die in Erfüllung des unwirksamen Überlassungsvertrages durch den Verleiher oder Entleiher erbracht werden, sind zurückzugewähren.[969] Die Rückabwicklung eines Überlassungsvertrages zwischen einem polnischen Verleiher und einem deutschen Entleiher richtet sich gem. Art. 12 Abs. 1 lit. e Rom I-VO nach dem Vertragsstatut. Ohne eine abweichende Rechtswahl bestimmen sich die gegenseitigen Rückabwicklungsansprüche nach dem polnischen Bereicherungsrecht (Art. 405 ff. ZGB). Im Wege der Rechtswahl können der polnische Verleiher und deutsche Entleiher das zwischen ihnen bestehende Überlassungsverhältnis auch dem deutschen Recht unterwerfen.[970] Die gegenseitig gewährten Leistungen sind dann nach den Grundsätzen des Bereicherungsrechts nach §§ 812 ff. BGB rückabzuwickeln.[971] Die Annahme eines faktischen Arbeitnehmerüberlassungsverhältnisses – wie es teilweise für das unwirksame Leiharbeitsver-

---

967 Dem polnischen Arbeitsrecht ist das Institut des faktischen Arbeitsverhältnisses fremd, sodass die Rückabwicklung nach den allgemeinen Grundsätzen des Bereicherungsrechts erfolgt; siehe hierzu Baran/*Baran,* KP, Art. 300 Rn. 1; Florek/*Gonera,* KP, Art. 300 Rn. 12; *Świątkowski,* KP, Art. 300, Rn. 35 f. m.w.N.; *Wratny,* KP, Art. 300 Rn. 1.
968 Siehe hierzu Boemke/Lembke/*Boemke,* § 9 Rn. 49; HWK/*Gotthardt,* § 9 AÜG Rn. 6; Thüsing/*Kämmerer,* AÜG, § 9 Rn. 15; Schüren/Hamann/*Schüren,* § 9 Rn. 45;*Ulber,* AÜG, § 9 Rn. 16; UGBH/*Urban-Crell/Hurst,* AÜG, § 9 Rn. 14; zu möglichen Sekundäransprüchen Boemke/Lembke/*Boemke,* § 9 Rn. 53; Thüsing/*Kämmerer,* AÜG, § 9 Rn. 15; Schüren/Hamann/*Schüren,* § 9 Rn. 68;*Ulber,* AÜG, § 9 Rn. 21; UGBH/*Urban-Crell/Hurst,* AÜG, § 9 Rn. 15.
969 Vgl. Schüren/Hamann/*Schüren,* § 9 Rn. 45 m.w.N.
970 Siehe hierzu 2. Kap. D. III. 1.
971 Siehe hierzu ausf. Thüsing/*Mengel,* AÜG, § 9 Rn. 15 f.; Schüren/Hamann/ *Schüren,* § 9 Rn. 45 ff.; *Ulber,* AÜG, § 9 Rn. 16 ff.

hältnis vertreten wird – scheidet mangels einer dem Leiharbeitnehmer vergleichbaren Schutzbedürftigkeit der Parteien aus.[972]

(3) Fiktion eines Arbeitsvertrages mit dem inländischen Entleiher

Der Gesetzgeber nimmt mit der in § 10 Abs. 1 AÜG vorgesehenen Rechtsfolge, wonach für den Fall der Unwirksamkeit des Leiharbeitsvertrages nach § 9 Nr. 1 AÜG ein Arbeitsverhältnis zwischen dem Entleiher und dem Leiharbeitnehmer fingiert wird, einen massiven Eingriff in die Privatautonomie der Parteien vor. Gerechtfertigt wird dieser in erster Linie mit dem sozialen Schutz der Leiharbeitnehmer.[973] Durch die Anordnung aus § 2 Nr. 4 AEntG gilt die Vorschrift auch für die grenzüberschreitende Arbeitnehmerüberlassung, sodass zwischen dem polnischen Leiharbeitnehmer und dem deutschen Entleiher im Falle der illegalen Überlassung i.S.d. § 9 Nr. 1 AÜG ein inländisches Arbeitsverhältnis fingiert wird. Die Fiktion des Arbeitsverhältnisses gem. § 10 Abs. 1 S. 1 AÜG stellt „zwingendes Arbeitnehmerschutzrecht"[974] dar und tritt unabhängig vom (abweichenden) Willen der Parteien ein.[975] Nach herrschender Auffassung kann der Eintritt der Fiktion nicht durch einen Widerspruch des Leiharbeitnehmers verhindert werden.[976] In § 10 Abs. 1 S. 2-5 AÜG werden die wesentlichen Bedingungen für das Arbeitsverhältnis zwischen dem Entleiher und dem Leiharbeitnehmer bestimmt. Allerdings sind diese vertragsdispositiv, sodass der Entleiher und der Leiharbeitnehmer durch den Abschluss eines

---

972 HWK/*Gotthardt*, § 9 AÜG Rn. 6; Thüsing/*Mengel*, AÜG, § 9 Rn. 15; Schüren/Hamann/*Schüren*, § 9 Rn. 40 f., 45; *Ulber*, AÜG, § 9 Rn. 16; UGBH/*Urban-Crell/Hurst*, AÜG, § 9 Rn. 14; ErfK/*Wank*, § 9 AÜG Rn. 5.
973 HWK/*Gotthardt*, § 10 AÜG Rn. 2; Thüsing/*Mengel*, AÜG, § 10 Rn. 2; Schüren/Hamann/*Schüren*, § 10 Rn. 2; *Ulber*, AÜG, § 10 Rn. 1; UGBH/*Urban-Crell/Hurst*, AÜG, § 10 Rn. 2; ErfK/*Wank*, § 10 AÜG Rn. 1.
974 Schüren/Hamann/*Schüren*, § 10 Rn. 40.
975 HWK/*Gotthardt*, § 10 AÜG Rn. 3; Thüsing/*Mengel*, AÜG, § 10 Rn. 6; Schüren/Hamann/*Schüren*, § 10 Rn. 40; *Ulber*, AÜG, § 10 Rn. 1; UGBH/*Urban-Crell/Hurst*, AÜG, § 10 Rn. 7; ErfK/*Wank*, § 10 AÜG Rn. 2.
976 HWK/*Gotthardt*, § 10 AÜG Rn. 3; Thüsing/*Mengel*, AÜG, § 10 Rn. 6; Schüren/Hamann/*Schüren*, § 10 Rn. 41; UGBH/*Urban-Crell/Hurst*, AÜG, § 10 Rn. 7; ErfK/*Wank*, § 10 AÜG Rn. 2, 8, jeweils m.w.N.; a.A. LAG Hessen vom 06.03.2001, NZA-RR 2002, S. 73; *Ulber*, AÜG, § 10 Rn. 5 f.

neuen Arbeitsvertrages den Inhalt des fingierten Arbeitsverhältnisses abweichend von dem gesetzlichen Mindestrahmen gestalten können.[977]

Das fingierte Arbeitsverhältnis beginnt grundsätzlich in dem Zeitpunkt, der zwischen dem Entleiher und Verleiher für den Beginn der Tätigkeit des Leiharbeitnehmers vorgesehen war, § 10 Abs. 1 S. 1 HS. 1 AÜG. Tritt die Unwirksamkeit der Verträge gem. § 9 Nr. 1 AÜG erst nach dem Beginn der Tätigkeit des Leiharbeitnehmers beim Entleiher ein, beginnt das fingierte Arbeitsverhältnis mit dem Eintritt der Unwirksamkeit, § 10 Abs. 1 S. 1 HS. 2 AÜG.[978]

Für die Dauer des fingierten Arbeitsverhältnisses ist insbesondere die Vorschrift in § 10 Abs. 1 S. 2 AÜG zu beachten. Das fingierte Arbeitsverhältnis gilt als befristet, wenn die Tätigkeit des Leiharbeitnehmers bei dem Entleiher nur befristet vorgesehen war und für die Befristung des fingierten Arbeitsverhältnisses ein sachlich rechtfertigender Grund vorliegt. Dies setzt zunächst voraus, dass nach den unwirksamen Vertragsabsprachen der Einsatz des Leiharbeitnehmers beim Entleiher nur vorübergehend stattfinden sollte.[979] Als zweite Voraussetzung müsste ein Befristungsgrund nach § 14 Abs. 1 TzBfG bei Abschluss eines hypothetischen Arbeitsvertrages in dem Verhältnis zwischen dem Entleiher und dem Leiharbeitnehmer gegeben sein.[980] Liegt eine der genannten Voraussetzungen nicht vor, entsteht ein unbefristetes, fingiertes Arbeitsverhältnis.[981] Bei der grenzüberschreitenden Arbeitnehmerüberlassung aus Polen ist das Leitbild des polnischen Gesetzgebers zu berücksichtigen. Nach der polnischen Regelung der Arbeitnehmerüberlassung kann der Verleih nur in den von Art. 2 Abs. 3 LeiharbeitG genannten Fällen stattfinden und ist auf die Überlassungsdauer zu befristen.[982] Danach wären die Voraussetzungen des § 10 Abs. 1 S. 2 AÜG häufig erfüllt, sodass das fingierte Arbeitsverhältnis regelmäßig als befristet gelten würde. Dies setzt voraus, dass der polnische Verleiher sich

---

977 Thüsing/*Mengel*, AÜG, § 10 Rn. 31; Schüren/Hamann/*Schüren*, § 10 Rn. 42 f.; *Ulber*, AÜG, § 10 Rn. 12; UGBH/*Urban-Crell/Hurst*, AÜG, § 10 Rn. 9; ErfK/*Wank*, § 10 AÜG Rn. 9.
978 Siehe hierzu Thüsing/*Mengel*, AÜG, § 10 Rn. 9 ff.; Schüren/Hamann/*Schüren*, § 10 Rn. 45 ff.; *Ulber*, AÜG, § 10 Rn. 22 ff.; UGBH/*Urban-Crell/Hurst*, AÜG, § 10 Rn. 10 ff.; ErfK/*Wank*, § 10 AÜG Rn. 3 ff.
979 Siehe hierzu Thüsing/*Mengel*, AÜG, § 10 Rn. 35 ff.; Schüren/Hamann/*Schüren*, § 10 Rn. 55 ff.; *Ulber*, AÜG, § 10 Rn. 28 ff.
980 Siehe hierzu Thüsing/*Mengel*, AÜG, § 10 Rn. 41 ff.; Schüren/Hamann/*Schüren*, § 10 Rn. 55 ff.; *Ulber*, AÜG, § 10 Rn. 32 ff.
981 Schüren/Hamann/*Schüren*, § 10 Rn. 71 m.w.N.; ErfK/*Wank*, § 10 AÜG Rn. 17.
982 Siehe hierzu 2. Kap. B. I. 1.

G. Rechtsfolgen illegaler grenzüberschreitender Arbeitnehmerüberlassung

an die gesetzlichen Vorgaben des LeiharbeitG hält, aber keine Überlassungserlaubnis nach § 1 Abs. 1 AÜG hat. Ein solcher Fall der offenen illegalen Arbeitnehmerüberlassung ist in der Praxis schwer vorstellbar. Bei der verdeckten illegalen Arbeitnehmerüberlassung werden sich die Beteiligten nicht an den gesetzlichen Vorgaben für die Arbeitnehmerüberlassung orientieren, denn diese sollen schließlich im Wege von Scheinwerk- oder Scheindienstverträgen umgangen werden.

Der Inhalt und die Dauer des fingierten Arbeitsverhältnisses richten sich gem. § 10 Abs. 1 S. 4 AÜG nach den für den Betrieb des Entleihers geltenden Vorschriften und sonstigen Regelungen, sodass eine Gleichbehandlung des (Leih-)Arbeitnehmers mit Stammarbeitnehmern des Entleihers angeordnet wird.[983] Im Hinblick auf die Arbeitszeit ist in § 10 Abs. 1 S. 3 AÜG eine Ausnahme zum Schutz des Leiharbeitnehmers vorgesehen, wonach die vom Verleiher und Entleiher im (unwirksamen) Überlassungsvertrag vereinbarte Arbeitszeit für das fingierte Arbeitsverhältnis maßgeblich ist.[984] Grundsätzlich richtet sich die Vergütung des Leiharbeitnehmers im fingierten Arbeitsverhältnis nach den Verhältnissen im Entleiherbetrieb bzw. vergleichbarer Betriebe, § 10 Abs. 1 S. 4 AÜG.[985] Der Entleiher muss dem Leiharbeitnehmer nachträglich die (mögliche) Differenz zwischen dem, was der Verleiher ihm gezahlt hat, und dem, was er aufgrund des Gleichbehandlungsgrundsatzes erhalten soll, auszahlen.[986] Für den Fall, dass das mit dem Verleiher vereinbarte Arbeitsentgelt höher war, bestimmt sich der Anspruch gegen den Entleiher nach der (unwirksamen) Entgeltabrede mit dem Verleiher, § 10 Abs. 1 S. 5 AÜG.[987] Das fingierte Arbeitsverhältnis endet, sofern es wirksam befristet wurde, durch Zeitablauf. Darüber hinaus finden grundsätzlich die allgemeinen Kündigungsvorschriften Anwendung.[988]

---

[983] Siehe hierzu Thüsing/*Mengel*, AÜG, § 10 Rn. 16 ff.; Schüren/Hamann/*Schüren*, § 10 Rn. 72 ff.; *Ulber*, AÜG, § 10 Rn. 55 ff., jeweils m.w.N.

[984] Siehe hierzu Thüsing/*Mengel*, AÜG, § 10 Rn. 18 ff.; Schüren/Hamann/*Schüren*, § 10 Rn. 82 ff.; *Ulber*, AÜG, § 10 Rn. 58 ff., jeweils m.w.N.

[985] Siehe statt vieler Boemke/Lembke/*Lembke*, § 10 Rn. 69; Thüsing/*Mengel*, AÜG, § 10 Rn. 22; Schüren/Hamann/*Schüren,* § 10 Rn. 94.

[986] *Schüren* in: FS Düwell, „Funktionsmängel ...", S. 84, 87; MünchArbR/*Schüren*, § 318 Rn. 169; Schüren/Hamann/*Schüren,* Einl. Rn. 822; Thüsing/*Thüsing*, AÜG, Einf. Rn. 82.

[987] Siehe statt vieler Boemke/Lembke/*Lembke*, § 10 Rn. 69; Thüsing/*Mengel*, AÜG, § 10 Rn. 22; Schüren/Hamann/*Schüren,* § 10 Rn. 95.

[988] Siehe hierzu Schüren/Hamann/*Schüren,* § 10 Rn. 102 ff.; *Ulber*, AÜG, § 10 Rn. 58 ff., 37 ff., jeweils m.w.N.8

(4) Schadensersatzanspruch des Leiharbeitnehmers, § 10 Abs. 2 AÜG

Ist der Leiharbeitsvertrag nach § 9 Nr. 1 AÜG unwirksam, kann der Leiharbeitnehmer gem. § 10 Abs. 2 AÜG von dem Verleiher den Ersatz des Schadens verlangen, den er dadurch erleidet, dass er auf die Gültigkeit des Vertrages vertraut. Der Ersatzanspruch ist ausgeschlossen, wenn der Leiharbeitnehmer über den Grund für die Unwirksamkeit positive Kenntnis hatte. Der Schadensersatzanspruch umfasst den gesamten Vertrauensschaden und wird nicht durch das Erfüllungsinteresse begrenzt.[989] Er steht grundsätzlich auch einem ausländischen Leiharbeitnehmer gegen seinen Verleiher zu, wenn und soweit der zwischen ihnen geschlossene Vertrag aufgrund des § 9 Nr. 1 AÜG als unwirksam gilt.

(5) Gesamtschuldnerische Haftung des Verleihers, § 10 Abs. 3 AÜG

Wird bei der illegalen Arbeitnehmerüberlassung das vereinbarte Arbeitsentgelt oder Teile davon von dem Verleiher an den Leiharbeitnehmer gezahlt, wird durch § 10 Abs. 3 AÜG für die sonstigen Teile des Arbeitsentgelts, die gegenüber Dritten zu zahlen sind, eine gesamtschuldnerische Haftung des Verleihers und des Entleihers bestimmt.[990] In Bezug auf die Haftung für den Gesamtsozialversicherungsbeitrag und die Lohnsteuerhaftung ist diese Rechtsfolge bereits den spezielleren § 28e Abs. 2 SGB IV und § 42d Abs. 6 EStG zu entnehmen.[991]

cc) Einkommensteuerrechtliche Folgen

Bei der grenzüberschreitenden Arbeitnehmerüberlassung aus Polen nach Deutschland besteht die Einkommensteuerpflicht für Einkünfte, die der polnische Leiharbeitnehmer für seine Arbeitsleistung zugunsten des deutschen Entleihers erhält, in Deutschland.[992] Liegt ein Fall der illegalen Ar-

---

[989] Siehe hierzu HWK/*Gotthardt*, § 10 AÜG Rn. 18 ff.; Thüsing/*Mengel*, AÜG, § 10 Rn. 54 ff.; Schüren/Hamann/*Schüren*, § 10 Rn. 183 ff.; *Ulber*, AÜG, § 10 Rn. 74 ff.; ErfK/*Wank*, § 10 AÜG Rn. 22 ff.
[990] Siehe hierzu ausf. Schüren/Hamann/*Schüren*, § 10 Rn. 212 ff.; *Ulber*, AÜG, § 10 Rn. 89 ff.
[991] Siehe hierzu 2. Kap. G. II. 1. a) cc) und 2. Kap. G. II. 1. a) dd).
[992] Siehe hierzu 2. Kap. E. IV.

beitnehmerüberlassung vor, haftet der Entleiher gem. § 42d Abs. 6 S. 1, 5 EStG für mögliche Lohnsteuerrückstände gesamtschuldnerisch neben dem Verleiher (§ 42 Abs. 1 EStG) und dem Leiharbeitnehmer.[993] Der Haftung kann sich der Entleiher lediglich entziehen, wenn er über das Vorliegen einer Arbeitnehmerüberlassung ohne Verschulden irrte, § 42d Abs. 6 S. 3 EStG. Die Haftung des Entleihers ist subsidiär und greift nur dann ein, wenn zuvor eine Vollstreckung in das Vermögen des Verleihers gescheitert ist oder von vornherein keinen Erfolg verspricht, § 42d Abs. 6 EStG. Insbesondere in den Fällen, in denen die illegale Arbeitnehmerüberlassung verdeckt betrieben wurde, um die Vergütungsregelungen für Leiharbeitnehmer (hierzu zählt insbesondere der Gleichbehandlungsgrundsatz) zu umgehen, entstehen Entgeltnachforderungen auf Seiten des Leiharbeitnehmers. Diese sind auch lohnsteuerrechtlich relevant. Die Lohnsteuerhaftung entsteht erst in dem Zeitpunkt, in dem der Leiharbeitnehmer seine Lohnforderungen durchgesetzt hat und ihm der Arbeitslohn zugeflossen ist (§ 38 Abs. 2 S. 2 EStG). Diese Haftungsgrundsätze gelten, wenn der Verleiher dem Leiharbeitnehmer die Vergütung ausgezahlt hat.

Zahlt hingegen der Entleiher die Vergütung des Leiharbeitnehmers, haftet dieser gem. § 42d Abs. 1 EStG und den Verleiher trifft die subsidiäre, gesamtschuldnerische Haftung gem. § 42d Abs. 7 i.V.m. Abs. 6 EStG.

dd) Sozialversicherungsrechtliche Folgen

Bei der illegalen Arbeitnehmerüberlassung wird gem. § 10 Abs. 1 AÜG zwischen dem Leiharbeitnehmer und dem Entleiher ein Arbeitsverhältnis fingiert. Der Entleiher gilt in arbeitsrechtlichen Fragen als Arbeitgeber des Leiharbeitnehmers.[994] Die Fiktion des Arbeitsverhältnisses gilt im Sozialversicherungsrecht fort.[995] Das (fingierte) Beschäftigungsverhältnis unterliegt nach dem Beschäftigungsortsprinzip gem. Art. 11 Abs. 3 VO (EG) 883/2004 dem deutschen Sozialversicherungsstatut. Der Entleiher haftet als (fingierter) Arbeitgeber gem. § 28e Abs. 1 S. 1 SGB IV für die Abführung des Gesamtsozialversicherungsbeitrags des Leiharbeitnehmers bzw. gem. § 150 Abs. 1 SGB VII für die Unfallversicherung. Ihn treffen auch alle sonstigen sozialversicherungsrechtlichen (Arbeitgeber-)Pflichten.

---

993 Siehe hierzu ausf. 2. Kap. E. V. 2.
994 Siehe hierzu 2. Kap. G. II. 1. a) bb) (3).
995 Vgl. hierzu nur Schüren/Hamann/*Schüren*, Einl. Rn. 721 m.w.N.

Zahlt ausschließlich der Entleiher das Arbeitsentgelt an den Leiharbeitnehmer, besteht nur ein sozialversicherungsrechtliches Beschäftigungsverhältnis i.S.d. §§ 7 Abs. 1, 14 Abs. 1 SGB IV zwischen dem Leiharbeitnehmer und dem Entleiher.[996] Eine subsidiäre Haftung des Verleihers für den Gesamtsozialversicherungsbeitrag besteht nicht.[997]

Zahlt der Verleiher das vereinbarte Arbeitsentgelt oder Teile dessen an den Leiharbeitnehmer, obwohl der Leiharbeitsvertrag aufgrund der fehlenden Überlassungserlaubnis gem. § 9 Nr. 1 AÜG unwirksam ist, so hat er gem. § 28e Abs. 2 S. 3 SGB IV den hierauf entfallenden Gesamtsozialversicherungsbeitrag an die Einzugsstelle zu zahlen. Hinsichtlich der Zahlungspflicht für die Beiträge, die aufgrund der Entgeltzahlungen des Verleihers fällig werden, gilt er neben dem Entleiher als Arbeitgeber, § 28e Abs. 2 S. 4 SGB IV. Im Hinblick auf diesen Teil des Gesamtsozialversicherungsbeitrags haften Verleiher und Entleiher als Gesamtschuldner (§§ 421 ff. BGB).[998] Die Einzugsstelle kann gem. § 421 BGB nach ihrem Belieben sowohl den Verleiher als auch den Entleiher für die Beitragszahlung in Anspruch nehmen, solange die Beitragsforderung nicht vollständig erfüllt worden ist.[999] Die gesamtschuldnerische Haftung gilt gem. § 150 Abs. 3 SGB VII entsprechend für den Bereich der Unfallversicherung. Die doppelte Arbeitgeberstellung und die damit einhergehende gesamtschuldnerische Haftung des Verleihers und des Entleihers für die Gesamtsozialversicherungsbeiträge wirken sich auch auf die strafrechtliche Haftung aus. Kommen weder der Verleiher noch der Entleiher ihrer Pflicht zur Abführung der geschuldeten Beiträge nach, können sich beide nach § 266a StGB strafbar machen.[1000]

Entspricht das von dem Verleiher an den Leiharbeitnehmer gezahlte Entgelt dem Gleichbehandlungsgrundsatz, an dem sich die Entgeltzahlungen des Entleihers im fingierten Arbeitsverhältnis gem. § 10 Abs. 1 S. 4

---

996 K/S/W/*Roßbach*, § 28e SGB IV Rn. 9; MünchArbR/*Schüren*, § 318 Rn. 168; Schüren/Hamann/*Schüren,* Einl. Rn. 824; KassKomm/*Wehrhahn*, § 28e SGB IV Rn. 22.
997 Anders bei den lohnsteuerrechtlichen Rechtsfolgen, wo auch eine Haftung des Verleihers vorgesehen ist; so auch Sandmann/Marschall/*Schneider*, Hdb Zeitarbeit, Kap. 17, Rn. 676; siehe hierzu 2. Kap. G. II. 1. a) cc).
998 Dieselbe Rechtsfolge ergibt sich im Hinblick auf den Gesamtsozialbersicherungsbeitrag aus § 10 Abs. 3 S. 2 AÜG.
999 Vgl. K/S/W/*Roßbach*, § 28e SGB IV Rn. 9; hierzu auch Zimmermann, S. 118.
1000 Siehe hierzu Lackner/Kühl/*Kühl*, § 266a StGB Rn. 3; MünchArbR/*Schüren*, § 318 Rn. 167; Schüren/Hamann/*Schüren,* Einl. Rn. 820; Kindhäuser/Neumann/Paeffgen/*Tag*, § 266a StGB Rn. 23.

G. Rechtsfolgen illegaler grenzüberschreitender Arbeitnehmerüberlassung

AÜG orientieren müssen, verbleibt es bei der gesamtschuldnerischen Beitragshaftung des Verleihers und des Entleihers. Die Tatsache, dass sich der Sitz des Verleihers im Ausland befindet, hat, sofern das deutsche Sozialversicherungsrecht Anwendung findet, keine Auswirkungen auf das Vorliegen der Gesamtschuld.[1001]

Kommt der Verleiher seiner Lohnzahlungspflicht aus dem unwirksamen Leiharbeitsverhältnis nach, kann dem Leiharbeitnehmer gegen den Entleiher nichtsdestotrotz ein weitergehender Lohnanspruch nach § 10 Abs. 1 S. 4 AÜG zustehen. Dies setzt voraus, dass die übliche Vergütung im Entleiherbetrieb, an der sich der Anspruch des Leiharbeitnehmers im fingierten Arbeitsverhältnis orientiert, höher ist als die Vergütung im unwirksamen Leiharbeitsverhältnis.[1002] Für die Vergütungsdifferenz ist ebenfalls der Sozialversicherungsbeitrag zu entrichten, wobei die Verpflichtung nach § 28e Abs. 1 S. 1 SGB IV ausschließlich den Entleiher betrifft.[1003] Die Beiträge entstehen rückwirkend auf den Zeitpunkt, zu dem das fingierte Arbeitsverhältnis[1004] und somit der erhöhte Vergütungsanspruch des Leiharbeitnehmers gegen den Entleiher entstanden ist, ohne dass es einer Auszahlung der Vergütungsdifferenz an den Leiharbeitnehmer bedürfte.[1005]

Hat der ausländische Verleiher für den ausländischen Leiharbeitnehmer Beiträge in das Sozialversicherungssystem des Heimatlandes eingezahlt, können diese Beträge mit *Schüren* nicht auf den im Inland fälligen Gesamtsozialversicherungsbeitrag angerechnet werden.[1006] Die gesamtschuldnerische Haftung bezieht sich dann auf den Beitrag für den gesamten Lohn. Hierdurch können die Nachzahlungsansprüche des deutschen Sozialversicherungsträgers, insbesondere bei größeren Projekten, im Laufe derer eine Vielzahl von Leiharbeitnehmern über einen längeren Zeitraum eingesetzt worden ist, beträchtliche Größen annehmen.[1007]

1001 BT-Drs. 11/3445, S. 35; KassKomm/*Wehrhahn*, § 28e SGB IV Rn. 23 m.w.N.; a.A. Zimmermann, S. 118 m.w.N.
1002 *Schüren* in: FS Düwell, „Funktionsmängel ...", S. 84, 87; MünchArbR/*Schüren*, § 318 Rn. 169; Schüren/Hamann/*Schüren,* Einl. Rn. 822; Thüsing/*Thüsing*, AÜG, Einf. Rn. 82.
1003 MünchArbR/*Schüren*, § 318 Rn. 169; Schüren/Hamann/*Schüren,* Einl. Rn. 822; Thüsing/*Thüsing*, AÜG, Einf. Rn. 82.
1004 Siehe hierzu 2. Kap. G. II. 1. a) bb) (3).
1005 Siehe zum Entstehungsprinzip im Sozialrecht Fn. 855; hierzu auch MünchArbR/ *Schüren*, § 318 Rn. 169.
1006 Vgl. *Schüren* in: FS Düwell, „Funktionsmängel ...", S. 84, 87.
1007 Vgl. *Schüren* in: FS Düwell, „Funktionsmängel ...", S. 84, 87.

Der ausländische Leiharbeitnehmer, der mit Blick auf das fingierte Beschäftigungsverhältnis zum deutschen Entleiher im deutschen Sozialversicherungssystem versichert ist, kann seine Ansprüche nach den allgemeinen Regeln geltend machen.[1008]

ee) Ordnungswidrigkeitenrechtliche Folgen

Zur Sicherung der Ordnung des Arbeitsmarktes ergänzt der Gesetzgeber die möglichen Sanktionsmaßnahmen im Fall der illegalen Arbeitnehmerüberlassung um die Ordnungswidrigkeitentatbestände in § 16 Abs. 1 Nr. 1 und Nr. 1b AÜG.[1009] Hierbei handelt es sich um Verwaltungsunrecht.[1010] Auf die Tatbestände des § 16 Abs. 1 AÜG finden die Vorschriften des OWiG Anwendung, § 2 OWiG.[1011] In § 16 AÜG wird den Behörden eine Möglichkeit gegeben, durch die Verhängung eines Bußgeldes auf die Einhaltung der Vorschriften des AÜG hinzuwirken.[1012] Unberührt bleiben die Möglichkeiten, im Wege des Verwaltungszwanges oder durch einen Widerruf der Erlaubnis gesetzeswidriges Verhalten zu sanktionieren.[1013] Aufgrund des Verhältnismäßigkeitsgrundsatzes hat die Behörde als milderes Mittel stets zunächst die Verhängung eines Bußgeldes in Betracht zu ziehen.[1014]

Nach § 16 Abs. 1 Nr. 1 AÜG handelt ein Verleiher ordnungswidrig, wenn er – vorsätzlich oder fahrlässig – einem Dritten einen Leiharbeitnehmer überlässt, ohne dabei die erforderliche Überlassungserlaubnis zu besitzen. Jede einzelne Überlassung erfüllt den Tatbestand, bei der gleich-

---

1008 Die Haftungsprivilegierung aus den §§ 104 ff. SGB VII findet zugunsten des Arbeitgebers und des (ausländischen) Arbeitnehmers Anwendung; *Jerczynski/Zimmermann*, NZS 2007, S. 243, 249.
1009 Siehe hierzu ausf. Boemke/Lembke/*Boemke*, § 16 Rn. 16 ff.; Schüren/Hamann/*Stracke*, § 16 Rn. 29 ff.; ErfK/*Wank*, § 16 AÜG Rn. 5.
1010 Boemke/Lembke/*Boemke*, § 16 Rn. 7; Thüsing/*Kudlich*, AÜG, § 16 Rn. 2; Schüren/Hamann/*Stracke*, § 16 Rn. 16; *Ulber*, AÜG, § 16 Rn. 1; ErfK/*Wank*, § 16 AÜG Rn. 1.
1011 Siehe hierzu HWK/*Kalb*, § 16 AÜG Rn. 3; Schüren/Hamann/*Stracke*, § 16 Rn. 20; *Ulber*, AÜG, § 16 Rn. 1; ErfK/*Wank*, § 16 AÜG Rn. 2.
1012 Boemke/Lembke/*Boemke*, § 16 Rn. 7; Schüren/Hamann/*Stracke*, § 16 Rn. 18; ErfK/*Wank*, § 16 AÜG Rn. 1.
1013 Siehe hierzu 2. Kap. B. II. 4.
1014 BT-Drs. 6/2303, S. 15; HWK/*Kalb*, § 16 AÜG Rn. 2; Thüsing/*Kudlich*, AÜG, § 16 Rn. 2; Schüren/Hamann/*Stracke*, § 16 Rn. 18; *Ulber*, AÜG, § 16 Rn. 1; UGBH/*Urban-Crell*, AÜG, § 16, Rn. 2; ErfK/*Wank*, § 16 AÜG Rn. 1.

G. Rechtsfolgen illegaler grenzüberschreitender Arbeitnehmerüberlassung

zeitigen Überlassung mehrerer Leiharbeitnehmer an den Entleiher liegt Tateinheit gem. § 19 OWiG vor. Werden Leiharbeitnehmer an verschiedene Entleiher oder mehrfach an denselben überlassen, ist von Tatmehrheit (§ 20 OWiG) auszugehen.[1015] Die Tatbestandsverwirklichung erfolgt durch die tatsächliche Überlassung; der Abschluss eines Überlassungsvertrages ist dem vorgelagert, reicht aber nicht aus.[1016] Für das Vorliegen der Ordnungswidrigkeit ist unerheblich, ob der Verleiher ansonsten seinen Arbeitgeberpflichten ordnungsgemäß nachkommt. Eine Benachteiligung der Leiharbeitnehmer stellt keine Voraussetzung für eine Geldbuße nach § 16 Abs. 1 Nr. 1 AÜG dar.[1017] Bei der grenzüberschreitenden Arbeitnehmerüberlassung nach Deutschland unterliegt der ausländische Verleiher – unabhängig von dem eventuellen Vorliegen einer ausländischen Überlassungserlaubnis – der Erlaubnispflicht nach § 1 AÜG.[1018] Überlässt daher ein ausländischer Verleiher an einen inländischen Entleiher Leiharbeitnehmer, ohne eine nach deutschem Recht erforderliche Erlaubnis zu besitzen, unterliegt dies dem Bußgeldtatbestand des § 16 Abs. 1 Nr. 1 AÜG.[1019] Bei der Überlassung von polnischen Leiharbeitnehmern kommt eine – im Falle ihres Vorliegens gem. § 21 OWiG vorrangige – Strafbarkeit des Verleihers aus § 15 AÜG nicht in Betracht.[1020]

Neben dem illegalen Verleiher handelt der Entleiher, der im Rahmen der illegalen Arbeitnehmerüberlassung – vorsätzlich oder fahrlässig – einen Leiharbeitnehmer tätig werden lässt, gem. § 16 Abs. 1 Nr. 1a AÜG ordnungswidrig. Diesem Bußgeldtatbestand liegt der Gedanke zugrunde, dass der Anreiz zur illegalen Arbeitnehmerüberlassung hauptsächlich von den Entleihern ausgeht, die aufgrund der wirtschaftlichen Vorteile bereit

---

1015 OLG Düsseldorf, Beschluss vom 07.04.2006, IV - 2 Ss (OWi) 170/04, NStZ 2007, S. 291; Boemke/Lembke/*Boemke*, § 16 Rn. 18; Thüsing/*Kudlich*, AÜG, § 16 Rn.11; *Sandmann/Marschall/Schneider*, AÜG, Art. 1 § 16 Rn. 27; *Ulber*, AÜG, § 16 Rn. 5; UGBH/*Urban-Crell*, AÜG, § 16, Rn. 13; ErfK/*Wank*, § 16 AÜG Rn. 5.
1016 OLG Düsseldorf, Beschluss vom 07.04.2006, IV - 2 Ss (OWi) 170/04, NStZ 2007, S. 291; Boemke/Lembke/*Boemke*, § 16 Rn. 19 m.w.N.; *Ulber*, AÜG, § 16 Rn. 5.
1017 Boemke/Lembke/*Boemke*, § 16 Rn. 18 m.w.N.; Schüren/Hamann/*Stracke*, § 16 Rn. 29; *Ulber*, AÜG, § 16 Rn. 5; ErfK/*Wank*, § 16 AÜG Rn. 5.
1018 Siehe hierzu 2. Kap. B.
1019 Schüren/Hamann/*Stracke*, § 16 Rn. 29; *Ulber*, AÜG, § 16 Rn. 3; UGBH/*Urban-Crell*, AÜG, § 16, Rn. 10; zum Geltungsbereich des OWiG, KarlsruherKomm/ *Bohnert*, Einl. Rn. 181.
1020 Siehe hierzu 2. Kap. G. II. 1. a) ff).

2. Kap.: Grenzüberschreitende Arbeitnehmerüberlassung aus Polen nach Deutschland

sind, die illegal überlassenen Leiharbeitnehmer bei sich tätig werden zu lassen.[1021] Der tatbestandliche Vorsatz (§ 11 OWiG) bezieht sich auf das Vorliegen einer Überlassungssituation, einer bestehenden Erlaubnispflicht und der fehlenden Überlassungserlaubnis auf Seiten des Verleihers. Fehlt es daran, kann der Bußgeldtatbestand durch ein fahrlässiges Verhalten des Entleihers erfüllt werden. Hieraus erwächst jedoch nach allgemeiner Meinung keine Obliegenheit des Entleihers, sich von dem Verleiher die Überlassungserlaubnis oder eine Kopie derselben vorlegen zu lassen.[1022] Bestehen keine entgegenstehenden, besonderen Anhaltspunkte kann der Entleiher grundsätzlich auf die Erklärung des Verleihers nach § 12 Abs. 1 S. 2 AÜG, dass er die nach § 1 erforderliche Erlaubnis besitzt, vertrauen.[1023] Dieses Vertrauen muss auch der Erklärung eines ausländischen Verleihers entgegen gebracht werden. Aufgrund der zahlreichen Sanktionen, die den Entleiher im Falle der illegalen Überlassung – teilweise unabhängig vom Verschulden – treffen können, ist es ratsam, auf einer Vorlage der Überlassungserlaubnis durch den Verleiher zu bestehen.[1024] Im Hinblick auf die grenzüberschreitende Überlassung ist dieser Rat ungleich relevanter, als die Vollstreckung inländischer Forderungen durch die Behörden im Ausland erschwert ist und der Entleiher bevorzugt herangezogen werden wird.

Werden mehrere Leiharbeitnehmer von einem illegalen Verleiher an den Entleiher überlassen, besteht zwischen den einzelnen Überlassungen Tateinheit. Werden die Leiharbeitnehmer aufgrund unterschiedlicher Entschlüsse oder bei Verleih durch verschiedene Verleiher zur Arbeit zugelassen, ist von Tatmehrheit auszugehen.[1025]

Der illegal überlassene Leiharbeitnehmer begeht durch die Aufnahme der Tätigkeit im Entleiherbetrieb keine Ordnungswidrigkeit. Eine Straf-

---

1021 *Franzheim*, JR 1982, S. 89, 90; hierzu und zur Geschichte, *Sandmann/Marschall/Schneider*, AÜG, Art. 1 § 16 Rn. 28a; ferner auch Thüsing/*Kudlich*, AÜG, § 16 Rn. 13; Schüren/Hamann/*Stracke*, § 16 Rn. 30.
1022 Boemke/Lembke/*Boemke*, § 16 Rn. 21; HWK/*Kalb*, § 16 AÜG Rn. 10; Thüsing/*Kudlich*, AÜG, § 16 Rn. 15; *Sandmann/Marschall/Schneider*, AÜG, Art. 1 § 16 Rn. 28a; Schüren/Hamann/*Stracke*, § 16 Rn. 31; UGBH/*Urban-Crell*, AÜG, § 16, Rn. 11; ErfK/*Wank*, § 16 AÜG Rn. 6; a.A. *Ulber*, AÜG § 16 Rn. 5; *Urban-Crell/Schulz*, Rn. 881.
1023 Ebenda.
1024 So auch UGBH/*Urban-Crell*, AÜG, § 16, Rn. 11.
1025 Boemke/Lembke/*Boemke*, § 16 Rn. 22; Thüsing/*Kudlich*, AÜG, § 16 Rn.16; *Sandmann/Marschall/Schneider*, AÜG, Art. 1 § 16 Rn. 28a; UGBH/*Urban-Crell*, AÜG, § 16, Rn. 13.

barkeit als Beteiligter im Rahmen der § 16 Abs. 1 Nr. 1 oder Nr. 1a AÜG scheidet aus, weil er notwendiger Teilnehmer ist.[1026]

(1) Höhe der Geldbuße

Das Bußgeld für den illegalen Verleih (§ 16 Abs. 1 Nr. 1 AÜG) und den illegalen Entleih (§ 16 Abs. 1 Nr. 1a AÜG) kann ab mindestens 5 EUR (§ 17 Abs. 1 OWiG) bis zu 30.000 EUR betragen, § 16 Abs. 2 OWiG. Bei fahrlässigem Handeln beträgt der Höchstbetrag 15.000 EUR, § 17 Abs. 2 OWiG. Die Zumessung der Geldbuße richtet sich nach § 17 Abs. 3 OWiG primär nach der Bedeutung der Ordnungswidrigkeit und dem Vorwurf, der den Täter trifft. Es sind unter anderem der Grad und das Ausmaß der Beeinträchtigung der geschützten Rechtsgüter und die mit der Vorschrift intendierte Abschreckungswirkung zu berücksichtigen.[1027] Für die Beurteilung des individuellen Schuldvorwurfes sind unter anderem die Tatmotive, die Tätergesinnung, früher begangene einschlägige Gesetzesverstöße oder die Geständigkeit des Täters heranzuziehen.[1028] Ferner können gem. § 17 Abs. 3 S. 2 OWiG die wirtschaftlichen Verhältnisse des Täters für die Zumessung in Betracht gezogen werden. Lediglich bei geringfügigen Ordnungswidrigkeiten bleiben die wirtschaftlichen Verhältnisse unberücksichtigt.[1029] Ferner ist der wirtschaftliche Vorteil, den der Täter aus der Begehung der Ordnungswidrigkeit gezogen hat, zu berücksichtigen. Die Geldbuße soll den wirtschaftlichen Vorteil gem. § 17 Abs. 4 OWiG übersteigen und so der rechtswidrig erlangte Gewinn abgeschöpft werden.

1026 Boemke/Lembke/*Boemke*, § 16 Rn. 10a; HWK/*Kalb*, § 16 AÜG Rn. 4; Sandmann/Marschall/*Schneider*, AÜG, Art. 1 § 16 Rn. 4, 28, 28a; Schüren/Hamann/*Stracke*, § 16 Rn. 27; UGBH/*Urban-Crell*, AÜG, § 16, Rn. 3; ErfK/*Wank*, § 16 AÜG Rn. 2.
1027 Siehe hierzu ausf. *Bohnert*, § 17 OWiG Rn. 9 f.; Göhler/*Gürtler*, § 17 OWiG Rn. 16; KarlsruherKomm/*Mitsch*, § 17 OWiG Rn. 35 ff.
1028 Siehe hierzu ausf. *Bohnert*, § 17 OWiG Rn. 11; Göhler/*Gürtler*, § 17 OWiG Rn. 17 ff.; KarlsruherKomm/*Mitsch*, § 17 OWiG Rn. 51 ff.
1029 Die Frage, wann eine geringfügige Ordnungswidrigkeit gegeben ist, wird unterschiedlich beurteilt. Teilweise wird in Anlehnung an die Wertung des § 56 Abs. 1 S. 1 OWiG die Geringfügigkeit bei einer Summe von bis zu 35 EUR angenommen, hierzu Thüsing/*Kudlich*, AÜG, § 16 Rn. 52; KarlsruherKomm/ *Mitsch*, § 17 OWiG Rn. 90 m.w.N.; Schüren/Hamann/*Stracke*, § 16 Rn. 60; in Anlehnung an die neuere Rspr. wird teilweise auch von einer Summe von 250 EUR ausgegangen, *Bohnert*, § 17 OWiG Rn. 22; Göhler/*Gürtler*, § 17 OWiG Rn. 24, jeweils m.w.N.

Dem liegt der Gedanke zugrunde, dass dem Täter keinerlei rechtswidriger Vorteil verbleiben und sich das Begehen der Ordnungswidrigkeit für ihn wirtschaftlich nicht „lohnen" soll.[1030] Reicht das gesetzliche Höchstmaß nach § 16 Abs. 2 AÜG von 30.000 EUR für die Gewinnabschöpfung nicht aus, kann dieser Rahmen überschritten werden, § 17 Abs. 4 S 2 OWiG.[1031] Hierbei ist das verfassungsrechtliche Übermaßverbot zu beachten, sodass die Gewinnabschöpfung nicht dazu führen darf, dass der Täter rückwirkend für längere Zeiträume nahezu einkommenslos gestellt wird.[1032]

(2) Verfolgung der OWiG

Die Verfolgung der Ordnungswidrigkeiten im Zusammenhang mit illegaler Arbeitnehmerüberlassung fällt gem. § 16 Abs. 3 AÜG i.V.m. § 36 Abs. 1 Nr. 1 OWiG in den sachlichen Zuständigkeitsbereich der Behörden der Zollverwaltung, in der Regel der Hauptzollämter.[1033] Örtlich zuständig ist gem. § 37 OWiG die Behörde, in deren Bezirk die Ordnungswidrigkeit begangen oder entdeckt wurde oder der Betroffene zur Zeit der Einleitung des Bußgeldverfahrens seinen Wohnsitz hat. Ein ausländischer Verleiher wird regelmäßig keinen Wohnort in Deutschland haben, sodass gem. § 37 Abs. 3 OWiG der gewöhnliche Aufenthaltsort maßgeblich ist. Sind mehrere Behörden zuständig, findet § 39 OWiG Anwendung, wonach diejenige Behörde zuständig ist, die den Betroffenen zuerst vernommen hat.[1034] Bei der Verfolgung von Ordnungswidrigkeiten gilt das Opportunitätsprinzip, wonach die Behörde die Entscheidung, ob ein Bußgeldverfahren eingelei-

---

1030 Göhler/*Gürtler*, § 17 OWiG Rn. 37; KarlsruherKomm/*Mitsch*, § 17 OWiG Rn. 113 ff., jeweils m.w.N.
1031 Zur Berechnung des wirtschaftlichen Vorteils bei der illegalen Arbeitnehmerüberlassung siehe Boemke/Lembke/*Boemke*, § 16 Rn. 72; *Sandmann/Marschall/ Schneider*, AÜG, Art. 1 § 16 Rn. 36; Schüren/Hamann/*Stracke*, § 16 Rn. 29; *Ulber*, AÜG, § 16 Rn. 44; UGBH/*Urban-Crell*, AÜG, § 16, Rn. 35.
1032 BayObLG, Urteil vom 25.04.1995, DB 1995, S. 1084; Thüsing/*Kudlich*, AÜG, § 16 Rn. 56; *Sandmann/Marschall/Schneider*, AÜG, Art. 1 § 16 Rn. 36; Schüren/Hamann/*Stracke*, § 16 Rn. 61; UGBH/*Urban-Crell*, AÜG, § 16, Rn. 36.
1033 Boemke/Lembke/*Boemke*, § 16 Rn. 74; Thüsing/*Kudlich*, AÜG, § 16 Rn. 63; *Sandmann/Marschall/Schneider*, AÜG, Art. 1 § 16 Rn. 42; Schüren/Hamann/ *Stracke*, § 16 Rn. 95.
1034 Boemke/Lembke/*Boemke*, § 16 Rn. 76; Thüsing/*Kudlich*, AÜG, § 16 Rn. 65; *Sandmann/Marschall/Schneider*, AÜG, Art. 1 § 16 Rn. 43; Schüren/Hamann/ *Stracke*, § 16 Rn. 96.

tet wird, nach pflichtgemäßen Ermessen trifft, § 47 OWiG.[1035] Für die Vollstreckung der Bußgeldbescheide sind aufgrund der Anordnung aus § 16 Abs. 4 AÜG i.V.m. § 66 SGB X ebenfalls die Hauptzollämter zuständig.[1036]

(3) Vollstreckung der Ordnungswidrigkeiten

Die Vollstreckung eines Bußgeldbescheides gegen den inländischen Entleiher erfolgt nach den allgemeinen Vorschriften in den §§ 89 ff. OWiG. Im Hinblick auf den ausländischen Verleiher muss berücksichtigt werden, dass eine Vollstreckung im Inland nur begrenzt möglich ist. In Betracht kommt die Vollstreckung in Forderungen des ausländischen Verleihers, die er im Inland bspw. gegen den Entleiher hat.[1037] Darüber hinaus werden sich die für eine Vollstreckung in Betracht kommenden Vermögenswerte des Verleihers regelmäßig im Ausland befinden. Die deutschen Vollstreckungsbehörden können jedoch keine selbstständigen Vollstreckungsmaßnahmen aufgrund eines inländischen Bußgeldbescheides im Ausland durchführen.[1038] Solche Maßnahmen stellen hoheitliches Handeln dar, zu dem deutsche Behörden auf ausländischem Staatsgebiet nicht legitimiert sind.

Das ursprünglich zur Herstellung eines gemeinsamen Binnenmarktes zugrunde gelegte Prinzip der gegenseitigen Anerkennung hat mittlerweile Eingang im Rahmen der justiziellen Zusammenarbeit zwischen den Mitgliedstaaten der EU erhalten.[1039] Auf primärrechtlicher Ebene hat es seine Verankerung in Art. 82 Abs. 1 AEUV gefunden. Danach beruht die justizielle Zusammenarbeit in Strafsachen in der Union auf dem Grundsatz der gegenseitigen Anerkennung gerichtlicher Urteile und Entscheidungen, wozu auch die Angleichung der Rechtsvorschriften der einzelnen Mit-

---

1035 Boemke/Lembke/*Boemke*, § 16 Rn. 15; Thüsing/*Kudlich*, AÜG, § 16 Rn. 69; Schüren/Hamann/*Stracke*, § 16 Rn. 98; *Ulber*, AÜG, § 16 Rn. 50.
1036 Siehe hierzu und zu weiteren Vollstreckungsmöglichkeiten Boemke/Lembke/ *Boemke*, § 16 Rn. 78; Thüsing/*Kudlich*, AÜG, § 16 Rn. 79; *Sandmann/ Marschall/Schneider*, AÜG, Art. 1 § 16 Rn. 46; Schüren/Hamann/*Stracke*, § 16 Rn. 104.
1037 Boemke/Lembke/*Boemke*, § 16 Rn. 74; *Sandmann/Marschall/Schneider*, AÜG, Art. 1 § 16 Rn. 45.
1038 Ebenda.
1039 Siehe hierzu ausf. *Hecker*, § 12 Rn. 51 ff.; *Satzger*, § 10 Rn. 24 ff.

gliedstaaten zu zählen ist. Als Ausfluss dieses grundlegenden Gedankens ist der Rahmenbeschluss des Rates über die Anwendung des Grundsatzes der gegenseitigen Anerkennung von Geldstrafen und -bußen[1040] erlassen worden. Durch diesen soll die Vollstreckung von Entscheidungen über Geldstrafen oder -bußen, die von einer Gerichts- oder Verwaltungsbehörde in einem Mitgliedstaat getroffen werden, europaweit erleichtert werden.[1041] Hierzu gehören die Vereinfachung der formellen Anforderungen zur Stellung eines Ersuchens durch europaweite Standardisierung[1042], der teilweise Verzicht auf eine Prüfung einer beiderseitigen Strafbarkeit[1043] als auch die grundsätzliche Pflicht zur Rechtshilfe[1044] auf Seiten der ersuchten Stelle.[1045] Der Rahmenbeschluss wurde in Deutschland durch eine Neuregelung des Gesetzes über die internationale Rechtshilfe in Strafsachen (IRG) umgesetzt.[1046] In Polen führte die Umsetzung des Rahmenbeschlusses zu der Einfügung der Abschnitte 66a und 66b in das StVfG[1047].

Um eine Geldbuße nach § 16 Abs. 1 Nr. 1 AÜG gegen den polnischen Verleiher in Polen zu vollstrecken, ist ein Vollstreckungsersuchen durch das Bundesamt für Justiz nach den Vorschriften der §§ 87o f. IRG und den Art. 611 ff. StVfG an das für den Verleiher zuständige Amtsgericht in Polen zu richten. Bei einer Ordnungswidrigkeit aufgrund illegaler Arbeitnehmerüberlassung entfällt nicht die Prüfung der beiderseitigen Strafbarkeit (*e contrario* Art. 5 RB-Geld). Das polnische Recht sieht auch einen Ordnungswidrigkeitentatbestand (Art. 121 Abs. 1 BeInstG) für den Fall der illegalen Überlassung vor[1048], sodass dem Ersuchen auf Vollstreckung gegen den polnischen Verleiher grundsätzlich entsprochen werden muss.

1040 Rahmenbeschluss des Rates 2005/214/JI vom 24.02.2005, ABl. EU 2005 Nr. L 76, S.16, weiter: RB-Geld.
1041 Erwägungsgrund Nr. 2 zum RB-Geld.
1042 Art. 4 RB-Geld mit Anh.
1043 Art. 5 RB-Geld.
1044 Art. 6, 7 RB-Geld.
1045 Siehe hierzu auch *Trautmann*, NZV 2011, S. 57, 58.
1046 BT-Drs. 17/1228; siehe hierzu *Karitzky/Wannek*, NJW 2010, S. 3393; kritisch *Schünemann/Roger*, ZIS 2010, S. 515; darauf antwortend *Böse*, ZIS 2010, S. 607; mit weiterer Stellungnahme *Schünemann*, ZIS 2010, S. 735.
1047 Strafverfahrensgesetzbuch vom 06.06.1997 (Kodeks postępowania karnego), Dz. U. 1997, Nr. 89, Pos. 555, vereinheitlichter Text, m. spät. Änd., weiter: StVfG.
1048 Siehe hierzu 2. Kap. G. II. 2.

G. Rechtsfolgen illegaler grenzüberschreitender Arbeitnehmerüberlassung

ff) Strafrechtliche Folgen

In den §§ 15, 15a AÜG hat der Gesetzgeber Straftatbestände geschaffen, die sich sowohl an den Verleiher als auch den Entleiher richten. Wird illegale Arbeitnehmerüberlassung betrieben, greifen in erster Linie die § 16 Abs. 1 Nr. 1, 1a AÜG. Werden ausländische Arbeitnehmer überlassen, die für die Arbeit in Deutschland eine Genehmigung benötigen, ohne sie zu besitzen, kann dies sogar zu einer strafrechtlichen Haftung des Verleihers (§ 15 AÜG) und des Entleihers (§ 15a AÜG) führen. Voraussetzung für eine Strafbarkeit ist zunächst das Bestehen einer Erlaubnispflicht für den überlassenen Ausländer.[1049] Polnische Leiharbeitnehmer kommen in den Genuss der vollen Arbeitnehmerfreizügigkeit aus Art. 45 Abs. 1 AEUV und benötigen gem. Art. 2 Abs. 4 FreizügG/EU keine Erlaubnis, um in Deutschland zu arbeiten.[1050] Hieraus folgt, dass bei einer grenzüberschreitenden Arbeitnehmerüberlassung aus Polen nach Deutschland eine Strafbarkeit aus den §§ 15, 15a AÜG tatbestandlich ausgeschlossen ist.[1051]

In Betracht zu ziehen ist bei illegaler Arbeitnehmerüberlassung regelmäßig eine Strafbarkeit sowohl des Verleihers als auch des Entleihers wegen der Vorenthaltung von Beiträgen zur Sozialversicherung gem. § 266a StGB.[1052] Der Verleiher kann sich ferner gem. § 370 AO i.V.m. § 38 Abs. 3, § 41a EStG wegen Lohnsteuerhinterziehung strafbar machen.[1053] Mangels einer lohnsteuerrechtlichen Arbeitgeberstellung ist der Entleiher kein tauglicher Täter des § 370 AO. Obgleich kommt eine Strafbarkeit wegen Beihilfe zur Lohnsteuerhinterziehung des Verleihers in Be-

---

1049 Siehe hierzu Boemke/Lembke/*Boemke*, § 15 Rn. 8 ff.; Thüsing/*Kudlich*, AÜG, § 15 Rn. 12 ff.; Sandmann/Marschall/*Schneider*, AÜG, Art. 1 § 15 Rn. 7 ff.; Schüren/Hamann/*Stracke*, § 15 Rn. 26 ff.
1050 Siehe hierzu 2. Kap. C.
1051 *Bayreuther*, DB 2011, S. 706, 708; HWK/*Kalb*, § 15 AÜG Rn. 7; so auch Sandmann/Marschall/*Schneider*, AÜG, Art. 1 § 15 Rn. 9; Schüren/Hamann/*Stracke*, § 15 Rn. 28; *Ulber*, AÜG, § 15 Rn. 1.
1052 Siehe hierzu 2. Kap. f. V. 2.; Thüsing/*Kudlich*, AÜG, § 15 Rn. 36, § 15a Rn. 46; Lackner/Kühl/*Kühl*, § 266a StGB Rn. 3; Schüren/Hamann/*Stracke*, § 15 Rn. 71 ff., § 15a Rn. 51; Kindhäuser/Neumann/Paeffgen/*Tag*, § 266a StGB Rn. 23; *Urban-Crell/Schulz*, Rn. 889; *Zimmermann*, S. 164 ff.
1053 Thüsing/*Kudlich*, AÜG, Vorb. §§ 15 ff. Rn. 34a, § 15 Rn. 36, Schüren/Hamann/*Stracke*, § 15 Rn. 65 ff.

tracht.[1054] Darüber hinaus ist eine strafrechtliche Haftung des Verleihers und Entleihers aufgrund Betruges gem. § 263 StGB denkbar.[1055]

b) Illegale Arbeitnehmerüberlassung – Vorliegen einer Entsendebescheinigung

Bei der grenzüberschreitenden Überlassung polnischer Arbeitnehmer werden regelmäßig die Voraussetzungen einer Entsendung i.S.v. Art. 12 VO (EG) 883/2004 erfüllt und der polnische Verleiher wird für die betreffenden Leiharbeitnehmer Entsendebescheinigungen (A1) besitzen.[1056] Werden Leiharbeitnehmer, für die der Verleiher Entsendebescheinigungen vorlegen kann, illegal überlassen, hat dies Auswirkungen auf die rechtlichen Sanktionen, die das deutsche Recht vorsieht. Entscheidende Bedeutung kommt in dem Zusammenhang der Feststellung zu, wie weit sich die Bindungswirkung der Entsendebescheinigung erstreckt. Anschließend an die Darstellung der Rechtsfolgen der A1-Bescheinigung sollen mit Blick auf deren Ausstellung die rechtlichen Grundlagen der Abgrenzung zwischen Leiharbeit und anderen Formen des Fremdpersonaleinsatzes in Polen erörtert werden.

aa) Reichweite der Bindungswirkung der Entsendebescheinigung

Es ist zunächst festzuhalten, dass die Entsendebescheinigung ihre primäre Funktion auf dem Gebiet des (Internationalen) Sozialrechts hat. Durch sie soll das Vorliegen der Entsendevoraussetzungen aus Art. 12 VO (EG) 883/2004 durch die Behörden des Entsendestaates festgehalten werden. Sie hat keine konstitutive oder materiell-rechtliche Wirkung im Hinblick auf das Bestehen eines sozialversicherungsrechtlichen Beitragsan-

---

1054 *Franzheim*, JR 1982, S. 89, 90 f.; Schüren/Hamann/*Stracke*, § 15a Rn. 47 f. m.w.N.; *Zimmermann*, S. 172 m.w.N.; kritisch Thüsing/*Kudlich*, AÜG, Vorb. §§ 15 ff. Rn. 35, § 15a Rn. 46.
1055 *Franzheim*, JR 1982, S. 89, 91; Thüsing/*Kudlich*, AÜG, Vorb. §§ 15 ff. Rn. 34a m.w.N.; *Niebler/Biebl/Roß*, Rn. 660; Schüren/Hamann/*Stracke*, § 15 Rn. 68 ff., § 15a Rn. 49 f. m.w.N.; *Urban-Crell/Schulz,* Rn. 889; *Zimmermann*, S. 169 ff.; zu weiteren möglichen Straftaten Thüsing/*Kudlich*, AÜG, Vorb. §§ 15 ff. Rn. 36 f.
1056 Siehe hierzu ausf. 2. Kap. f. V.

spruchs.[1057] Aufgrund der Erfüllung des Entsendungstatbestandes verbleibt der Arbeitnehmer im Sozialversicherungssystem seines Heimatstaates, was durch die A1-Bescheinigung festgehalten wird. Für die zuständigen Behörden in anderen Mitgliedstaaten wird dadurch gleichzeitig eine unwiderlegliche Vermutung für das tatsächliche Vorliegen einer Entsendung geschaffen. Solange eine wirksame Entsendebescheinigung für einen Leiharbeitnehmer vorliegt, ist die Zuordnung zum Sozialversicherungssystem des Entsendestaates verbindlich festgeschrieben. Aus dem Grundsatz der vertrauensvollen Zusammenarbeit zwischen den Mitgliedstaaten folgt, dass sämtliche Behörden und Gerichte in den Mitgliedstaaten solange an die Entsendebescheinigung gebunden sind und keine eigenen Maßnahmen treffen dürfen, die der Aussage der A1-Bescheinigung zuwiderlaufen würden, wie die Entsendebescheinigung von der ausstellenden Behörde nicht zurückgenommen oder anderweitig für ungültig erklärt wird.[1058] Bei Zweifeln der inländischen Behörden müssen sich diese an die ausstellende Behörde wenden und diese um Aufklärung bitten.[1059]

Unstreitig bezieht sich die Bindungswirkung der Entsendebescheinigung auf die Feststellung der anwendbaren sozialrechtlichen Vorschriften durch den zuständigen Sozialversicherungsträger. Hierin wird teilweise die ausschließliche Aussage der Entsendebescheinigung gesehen.[1060] Gestützt werden könnte diese These auf eine Aussage des EuGH in einer zur Bindungswirkung ergangenen Entscheidung, wonach die Beweiskraft der Entsendebescheinigung sich auf die Feststellung des anwendbaren Rechts beschränke.[1061] Auf den ersten Blick scheint die Bemerkung des EuGH die Frage nach der Reichweite der Bindungswirkung eindeutig zu entscheiden. Eine solche Interpretation greift jedoch zu kurz. Die Aussage muss in dem Kontext, in dem sie steht, gelesen werden. Die Feststellungswirkung bezieht sich zum einen nicht auf die Tatsache, dass das Sozialversicherungssystem eines anderen Staates nicht anwendbar ist. Das ist notwendige Folge der Bescheinigung, aber nicht deren Inhalt.[1062] Zum anderen will der EuGH an der Stelle die Bestimmung des anwendbaren Rechts durch

---

1057 So auch *Zimmermann*, ZIS 2007, S. 407, 408, der im Ergebnis (S. 409) eine quasi-materielle Wirkung annimmt; siehe hierzu auch 2. Kap. f. III. 8.
1058 Siehe hierzu 2. Kap. f. III. 8.; lediglich gefälschten Entsendebescheinigungen kommt nach wohl h.M. keine Bindungswirkung zu.
1059 Siehe hierzu 2. Kap. f. III. 9.
1060 *Hauck*, NStZ 2007, S. 221, 222.
1061 EuGH, Urteil vom 10.02.2000, C-J02/97 (*Fitzwilliam*), Slg. 2000, I-883, Rn. 50.
1062 EuGH, Urteil vom 10.02.2000, C-J02/97 (*Fitzwilliam*), Slg. 2000, I-883, Rn. 49.

die bindende Entscheidung der ausstellenden Behörde deutlich von der durch die Bescheinigung unberührten und weiterhin bestehenden Freiheit der Mitgliedstaaten, die Organisation ihrer Systeme des sozialen Schutzes und die Voraussetzungen für einen Anschluss an das System zu regeln, abgrenzen. Letzteres verbleibt in der alleinigen Zuständigkeit der Mitgliedstaaten.[1063]

Die Bindungswirkung der Entsendebescheinigung erstreckt sich darüber hinaus auf die wesentlichen Entsendevoraussetzungen des Art. 12 VO (EG) 883/2004, wozu unter anderem das Bestehen einer arbeitsrechtlichen Bindung zwischen dem Leiharbeitnehmer und dem Verleiher zu zählen ist.[1064] Zur Begründung dieser umfassenden Bindungswirkung kann auf eine weitere Aussage aus dem EuGH-Urteil Bezug genommen werden. Der ausstellende Träger des Entsendestaates werde durch den Grundsatz der vertrauensvollen Zusammenarbeit verpflichtet, den Sachverhalt, der für die Bestimmung der im Bereich der sozialen Sicherheit anwendbaren Rechtsvorschriften maßgebend ist, ordnungsgemäß zu beurteilen und die Richtigkeit der in der Entsendebescheinigung aufgeführten Angaben zu gewährleisten.[1065] Die Behörden müssen den gesamten Sachverhalt ermitteln und rechtlich sorgfältig würdigen. Wenn sie zu dem Schluss kommen, dass die tatsächlichen Entsendevoraussetzungen vorliegen, stellen sie eine entsprechende Bescheinigung aus. Damit ist einer Entsendebescheinigung – neben der Aussage nach dem anwendbaren Recht der sozialen Sicherung – zu entnehmen, dass der tatsächliche Sachverhalt die Voraussetzungen des Art. 12 VO (EG) 883/2004 erfüllt. Bestehen Zweifel hinsichtlich der Richtigkeit der Angaben der Bescheinigung, kann die deutsche nur die ausstellende Behörde zu einer Überprüfung auffordern und eine eventuelle Rücknahme bewirken. Die durch die ausstellende Behörde festgestellten Tatsachen dürfen aber nicht eigenmächtig anders beurteilt werden. Bestätigt wird diese Annahme durch die Ausgestaltung der Formulare für Entsendebescheinigungen, in denen Angaben

---

[1063] EuGH, Urteil vom 10.02.2000, C-J02/97 (*Fitzwilliam*), Slg. 2000, I-883, Rn. 50.
[1064] BGH vom 24.10.2006, NJW 2007, S. 233, Rn. 30, wonach die Bindungswirkung der Entsendebescheinigung auch das Bestehen eines Arbeitsverhältnisses erfasst; *Ignor/Rixen*, wistra 2001, S. 201, 204; *Rixen*, SGb 2002, S. 93, 95 f.; S/W/D/*Schreiber*, VO (EG) 883/2004, Art. 12 Rn. 28; Schüren/Hamann/ *Schüren*, Einl. Rn. 831; *derselbe*, in: FS Düwell, „Funktionsmängel ...", S. 84, 91, 93; *Zimmermann*, 84 f.; *Zimmermann*, ZIS 2007, S. 407, 412.
[1065] EuGH, Urteil vom 10.02.2000, C-J02/97 (*Fitzwilliam*), Slg. 2000, I-883, Rn. 51.

G. Rechtsfolgen illegaler grenzüberschreitender Arbeitnehmerüberlassung

zu dem Arbeitgeber gemacht werden müssen.[1066] Sollte die Entsendebescheinigung ausschließlich zur Feststellung über die anwendbaren sozialrechtlichen Vorschriften dienen, wären diese Angaben überflüssig.[1067]

Zudem sind die Rechtsfolgen zu betrachten, welche bei einer Bindungswirkung beschränkt auf das anwendbare Sozialversicherungsrecht eintreten würden. Im Falle von illegaler Arbeitnehmerüberlassung würde aufgrund der §§ 9 Nr. 1, 10 Abs. 1 AÜG ein inländisches Arbeitsverhältnis mit dem Entleiher bestehen. Dem deutschen Recht ist der Gleichlauf von arbeitsrechtlicher und sozialversicherungsrechtlicher Zuordnung immanent.[1068] Aufgrund der bindenden Entsendebescheinigung unterliegt der ausländische Leiharbeitnehmer jedoch dem Sozialversicherungsrecht des Heimatstaates. Damit würde systemwidrig ein inländisches Arbeitsverhältnis ohne Beitragspflicht und Versicherungsschutz begründet.[1069] Gleichzeitig wäre – durch die Anordnungen in den §§ 9 Nr. 1, 10 Abs. 1 AÜG – eine Entsendungssituation i.S.d. Art. 12 VO (EG) 883/2004 nicht (mehr) gegeben.[1070]

Abschließend soll abermals auf die Ausführungen des EuGH zurückgegriffen werden, der die Bindungswirkung der Entsendebescheinigung annimmt, soweit diese bescheinigt, dass von einem Zeitarbeitsunternehmen entsandte Arbeitnehmer dem System der sozialen Sicherheit des Mitgliedstaats angeschlossen sind.[1071] Der in einer Entsendebescheinigung enthaltenen Erklärung liegt das Bestehen einer arbeitsrechtlichen Bindung zugrunde.[1072] Diese Grundlage würde durch eine Anwendung der Vorschriften in den §§ 9 Nr. 1, 10 Abs. 1 AÜG jedoch nicht anerkannt.

Die Möglichkeit, bei Vorliegen einer Entsendung, die nur bei einer fortbestehenden, arbeitsrechtlichen Bindung möglich ist, im System der sozialen Sicherung des Heimatstaates zu verbleiben, dient primär dem

---

1066 Vordruck abrufbar beispielsweise unter http://www.aok-business.de/aokplus/tools -service/formulare/entsendebescheinigung-a1-oder-e-101-und-e-102/ oder http:// www.dvka.de/oeffentlicheSeiten/pdf-Dateien/Antraege883/Antrag_101/Antrag_ 101.pdf, zuletzt abgerufen am 05.02.2014.
1067 So auch *Zimmermann*, ZIS 2007, S. 407, 412.
1068 Schüren/Hamann/*Schüren*, Einl. Rn. 831; *Zimmermann*, S. 85; so wohl auch *Zimmermann*, ZIS 2007, S. 407, 412.
1069 Schüren/Hamann/*Schüren*, Einl. Rn. 831.
1070 Siehe auch *Zimmermann*, ZIS 2007, S. 407, 412, der dieses Ergebnis als „gekünstelt" bezeichnet.
1071 EuGH, Urteil vom 10.02.2000, C-J02/97 (*Fitzwilliam*), Slg. 2000, I-883, Rn. 59.
1072 EuGH, Urteil vom 26.01.2006, C-J/05 (*Herbosch Kiere*), Slg. 2006, I-1079, Rn. 1.

Schutz der (Wander-)Arbeitnehmer. Die nach deutschem Recht für den illegalen Verleih vorgesehenen vertragsrechtlichen Folgen dienen zwar dem Schutz der Leiharbeitnehmer, weisen aber auch eine starke Sanktionswirkung auf. Deren Anwendung würde das europäische (Verordnungs-)Recht teilweise konterkarieren. Aufgrund des Vorrangs des europäischen Rechts müssen die Vorschriften unangewendet bleiben.

Nach alldem ist davon auszugehen, dass die Bindungswirkung der A1-Bescheinigung auch die von der Ausstellungsbehörde zu prüfenden Entsendevoraussetzungen erfasst. Hierzu gehört die arbeitsrechtliche Zuordnung ebenso wie die Feststellung bezüglich des Betriebssitzes des Arbeitgebers.

bb) Rechtsfolgen in Anbetracht der Bindungswirkung der Entsendebescheinigung

Besteht eine Entsendebescheinigung für einen ausländischen Leiharbeitnehmer, verbleibt er, auch im Falle der illegalen Arbeitnehmerüberlassung, in seinem Heimatstaat sozialversichert. Eine doppelte Versicherungspflicht ist ausgeschlossen, sodass ein polnischer Leiharbeitnehmer für den Fall der illegalen Überlassung nicht (zusätzlich) der deutschen Sozialversicherungspflicht unterliegt. Eine Haftung des deutschen Entleihers aus § 28e SGB IV bzw. § 150 SGB VII besteht nicht. Ebenso wenig kann der polnische Verleiher zur Haftung für den Sozialversicherungsbeitrag in Deutschland herangezogen werden. Mangels einer bestehenden Sozialversicherungspflicht in Deutschland scheidet eine Strafbarkeit der Beteiligten aus § 266a StGB aus.[1073]

Mit der A1-Bescheinigung wird außer der Angabe, welchem Sozialversicherungsstatut der Leiharbeitnehmer unterliegt, festgestellt, dass zwischen dem Verleiher und dem Leiharbeitnehmer ein Arbeitsverhältnis besteht. Diese Feststellung beansprucht auch im Falle der illegalen Arbeitnehmerüberlassung Geltung. Die in § 9 Nr. 1 AÜG vorgesehene Unwirksamkeitsfolge wird damit gesperrt. Hieraus folgt, dass die Fiktion eines Arbeitsverhältnisses mit den Entleiher nach § 10 Abs. 1 AÜG ausgeschlossen ist, weil die Nichtigkeitsfolge nach § 9 Nr. 1 AÜG eine tatbes-

---

1073 Siehe hierzu 2. Kap. f. V. 2.; BGH vom 24.10.2006, NJW 2007, S. 233; Schüren/Hamann/*Schüren*, Einl. Rn. 832; *derselbe*, in: FS Düwell, „Funktionsmängel …", S. 84, 91 f.; *Zimmermann*, ZIS 2007, S. 407.

G. Rechtsfolgen illegaler grenzüberschreitender Arbeitnehmerüberlassung

tandliche Voraussetzung hierfür darstellt.[1074] Ausgeschlossen sind ebenfalls die Ansprüche aus § 10 Abs. 2, 3 AÜG.

Der ausländische Verleiher kann bei illegalem Verleih durch eine Entsendebescheinigung sowohl den sozial- als auch den vertragsrechtlichen Sanktionen nach deutschem Recht aus dem Wege gehen. Unberührt bleiben die Möglichkeiten der Erlaubnisbehörde gegen die illegale Tätigkeit im Wege des Verwaltungsverfahrens bzw. des -vollstreckungsverfahrens vorzugehen.[1075] Die Entsendebescheinigung hat keine Auswirkungen auf die Lohnsteuerpflicht und -haftung des polnischen Leiharbeitnehmers nach dem deutschen Recht. Es verbleibt grundsätzlich bei der gesamtschuldnerischen Haftung der Beteiligten (§§ 1 Abs. 4, 38 Abs. 2, 42d Abs. 1, 6, 49 Abs. 1 Nr. 4a EStG).[1076] Die Bindungswirkung der A1-Bescheinigung wirkt sich ferner nicht auf die Ordnungswidrigkeitentatbestände in § 16 Abs. 1 Nr. 1 und Nr. 1a AÜG aus.[1077] Sowohl der ausländische Verleiher als auch der inländische Entleiher können bei illegaler Überlassung danach haften.[1078] Wirtschaftliche Vorteile, die die Beteiligten zur illegalen Überlassung veranlassen, können im Wege der Gewinnabschöpfung ausgeschlossen werden.[1079]

Wird die illegale Arbeitnehmerüberlassung genutzt, um die Beschäftigungsbedingungen abweichend von den gesetzlichen Vorgaben zuungunsten des Leiharbeitnehmers auszugestalten, stehen diesem regelmäßig Nachzahlungsansprüche gegen den Verleiher zu. Insbesondere vor dem Hintergrund, dass nach anwendbarem, polnischem Vertragsstatut der Gleichbehandlungsgrundsatz ohne Abweichungsmöglichkeiten gilt, wird der polnische Leiharbeitnehmer üblicherweise (Rest-)Lohnansprüche geltend machen können. Die Lohnsteueransprüche entstehen erst, wenn der Leiharbeitnehmer die Nachforderungsansprüche geltend gemacht hat und ihm das höhere Entgelt tatsächlich zur Verfügung gestellt wurde. Die Haftung des Verleihers und des Entleihers beschränkt sich daher auf die Steu-

---

1074 Vgl. *Schüren* in: FS Düwell, „Funktionsmängel ...", S. 84, 91, 93; siehe hierzu auch Boemke/Lembke/*Lembke*, § 10 Rn. 10, 17; Thüsing/*Mengel*, AÜG, § 10 Rn. 5; *Sandmann/Marschall/Schneider*, AÜG, Art. 1 § 10 Rn. 2; Schüren/Hamann/*Schüren*, § 10 Rn. 30.
1075 Siehe hierzu 2. Kap. G. II. 1. a) aa).
1076 Siehe hierzu 2. Kap. E. IV. und 2. Kap. G. II. 1. a) cc).
1077 *Schüren* in: FS Düwell, „Funktionsmängel ...", S. 84, 94.
1078 Siehe hierzu 2. Kap. G. II. 1. a) ee).
1079 Vgl. *Schüren* in: FS Düwell, „Funktionsmängel ...", S. 84, 94; siehe auch 2. Kap. G. II. 1. a) ee) (1).

ersumme, die sich aus den ausgezahlten Beträgen berechnet. Mit den höheren Entgeltzahlungen korrespondieren Nachforderungsansprüche der Sozialversicherungsträger. Der Sozialversicherungsbeitrag bestimmt sich in Polen – ebenso wie die Lohnsteueransprüche nach deutschem Recht – nach dem Zuflussprinzip, sodass dieser erst entsteht, wenn der polnische Leiharbeitnehmer seine Ansprüche gegen den Verleiher geltend gemacht hat.[1080] Bis zur Geltendmachung ist der Verleiher keiner Haftung aufgrund nicht abgeführter Sozialversicherungsbeiträge ausgesetzt.

cc) Zwischenergebnis

Ein Vergleich der rechtlichen Konsequenzen für den Fall der illegalen Überlassung ohne und mit einer bindenden A1-Bescheinigung macht deutlich, welche weitreichende Bedeutung diese für die Praxis hat. Die wesentlichen Sanktionen, die der deutsche Gesetzgeber für die illegale Arbeitnehmerüberlassung vorgesehen hat, werden durch eine A1-Bescheinigung „weitgehend ausgeschaltet".[1081] Vor allem die Beitragshaftung für den Gesamtsozialversicherungsbeitrag, der parallel zum Lohnanspruch entsteht, und die sich anschließende mögliche strafrechtliche Haftung aus § 266a StGB stellen nach deutschem Recht wirksame Mittel dar, um dem illegalen Verleih oder einer Nichteinhaltung des Gleichbehandlungsgrundsatzes entgegenzuwirken.[1082]

Die umfassende Sperrwirkung der Entsendebescheinigung macht es notwendig, dass die national zuständigen Behörden ihre Zusammenarbeit ausweiten und über das vorgesehene formelle Verfahren hinaus bei bestehenden Zweifeln an der Richtigkeit kooperieren.[1083] Für eine solche Zusammenarbeit fehlt zwar eine ausdrückliche Rechtsgrundlage. Aufbauend auf dem Gedanken der vertrauensvollen Zusammenarbeit, der die Grundlage der Bindungswirkung bildet, kann jedoch gefordert werden, dass die zuständigen Träger eine Kommunikationsbasis schaffen, die insbesondere bei offensichtlich gesetzeswidrigen Zuständen eine zeitnahe Aufhebung einer Entsendebescheinigung ermöglicht.

1080 Siehe hierzu 2. Kap. f. V. 2. a) bb).
1081 *Schüren* in: FS Düwell, „Funktionsmängel …", S. 84, 93.
1082 Siehe hierzu ausf. 2. Kap. G. II. 1. a).
1083 Siehe zu weitergehenden Erwägungen *Schüren* in: FS Düwell, „Funktionsmängel …", S. 84, 94 f.

dd) Abgrenzung der Arbeitnehmerüberlassung von anderen Formen des Fremdpersonaleinsatzes im polnischen Recht

Mit der umfassenden Bindungswirkung einer Entsendebescheinigung geht einher, dass bei grenzüberschreitendem Arbeitnehmereinsatz ein Anreiz zur Umgehung der Vorschriften zur Arbeitnehmerüberlassung geschaffen wird. In Betracht zu ziehen ist vor allem der Abschluss von sog. Scheinwerkverträgen, wobei für die entsandten Arbeitskräfte Entsendebescheinigungen eingeholt werden.[1084] Die Abgrenzung zwischen dem Fremdpersonaleinsatz im Wege der reinen Personalgestellung und anderen Formen der Fremdfirmenarbeit bereitet in der Praxis häufig Schwierigkeiten und ist in Deutschland Gegenstand einer umfangreichen wissenschaftlichen Diskussion gewesen.[1085] Die Antwort auf die Frage, ob die Beschäftigung der Arbeitskraft als Arbeitnehmerüberlassung zu qualifizieren ist oder die Arbeitsleistung im Rahmen eines Werk- oder Dienstvertrages erbracht wird, ist autonom für die jeweilige Rechtsordnung zu treffen. Mit Blick auf die Ausstellung der Entsendebescheinigung durch den polnischen Sozialversicherungsträger ist zu berücksichtigen, dass die Entscheidung auf Grundlage des polnischen Rechts getroffen wird. Im Folgenden soll daher eine Darstellung der Problematik im polnischen Recht unter Einbeziehung möglicher Rechtsfolgen erfolgen. Eingangs ist festzuhalten, dass eine eingehende Auseinandersetzung mit dieser Abgrenzungsfrage, wie sie im deutschen Recht stattfindet, bislang nicht erfolgt ist.

(1) Erscheinungsformen des Fremdpersonaleinsatzes

In der Praxis haben sich Formen des Rückgriffs auf die Arbeitskraft von Fremdpersonal entwickelt, die in der polnischen Arbeitsrechtswissenschaft mit den Begriffen des „Personal-Outsourcing"[1086] oder der „Außenbe-

---

1084 Vgl. *Schüren* in: Dinges, Zukunft Zeitarbeit, „Warum ist die Geschichte des Arbeitnehmerüberlassungsgesetzes so schwierig?", S. 77, 93; siehe auch *Schüren* in: FS Düwell, „Funktionsmängel ...", S. 84, 95.
1085 Siehe zur Abgrenzung im deutschen Recht bspw. BAG, Urteil vom 18.01.2012, NZA-RR 2012, S. 455; statt vieler Schüren/Hamann/*Hamann*, § 1, Rn. 107 ff.; *Reiserer*, DB 2013, S. 2026, 2027 ff.; ErfK/*Wank*, § 1 AÜG Rn. 8 ff., jeweils m.w.N.
1086 Im Polnischen „Outsourcing pracowniczy".

2. Kap.: Grenzüberschreitende Arbeitnehmerüberlassung aus Polen nach Deutschland

schäftigung"[1087] bezeichnet werden. Diese sind nicht als Synonyme für die Leiharbeit zu verstehen, sondern müssen von dieser abgegrenzt werden.[1088] Nach *Mędrala* und *Sobczyk* wird hiermit eine Beschäftigungssituation bezeichnet, bei der „ein Arbeitgeber eigene Arbeitnehmer, die ihm untergeordnet sind, zur Ausführung von Diensten zugunsten eines anderen Rechtsträgers einsetzt".[1089] Entscheidend ist, dass ein Unternehmer auf diesem Wege Zugriff auf die Arbeitskraft von fremdem Personal erhält. Durch diese sehr allgemeine Beschreibung wird eine Vielzahl von Beschäftigungsverhältnissen erfasst, deren rechtliche Ausgestaltung sich stark voneinander unterscheiden kann. Diese Ausprägung des Fremdpersonaleinsatzes hat – außer im Bankensektor – keine eigenständige Regelung erfahren[1090], wird aber grundsätzlich als zulässig erachtet.[1091] Mit dem Begriff des Personal-Outsourcing wird nicht eine bestimmte Vertragsart oder Beschäftigungsform erfasst, sondern er ist vielmehr ein Sammelbegriff für eine in der Praxis anzutreffende Vorgehensweise zur Bereitstellung von Fremdpersonal, die auf den bestehenden rechtlichen Regelungen aufbaut. In Bezug auf die Zulässigkeit des Personal-Outsourcing ist daher deutlich hervorzuheben, dass es für die Entscheidung, ob das Vorgehen der Beteiligten sich im Rahmen der gesetzlichen Regelungen bewegt, letztlich auf die jeweilige vertragliche und tatsächli-

---

1087 Im Polnischen „Zatrudnienie zewnętrzne".
1088 Siehe hierzu 2. Kap. G. II. 1. b) dd) (3).
1089 „*(...) świadczenia na rzecz innego podmiotu usługi wykonywanej przez pracowników własnych i podporządkowanych wykonującemu usługę.*", *Mędrala,* „Outsourcing ..." in: Sobczyk, Z problematyki ..., S. 185 f.; *Sobczyk*, Zatrudnienie tymczasowe, S. 15; die unterschiedlichen Definitionsansätze unterscheiden sich in einzelnen Punkten, sodass eine präzisere Definition bisher noch nicht erarbeitet wurde; hierzu auch *Mędrala,* a.a.O.
1090 Vgl. *Mędrala,* „Outsourcing ..." in: Sobczyk, Z problematyki ..., S. 185, 186 m.w.N.
1091 *Jaroszewska-Ignatowska*, S. 29 ff.; *Krawczyk*, „Raport Rynek agencji zatrudnienia w 2011 roku", S. 28 ff., abrufbar unter: http://admin.polskieforum hr.pl/dir_upload/site/70c12353731d477c8cda0204c7564695/raport/Raport_ryne k_az_2011.pdf, zuletzt abgerufen am 17.02.2014; *Mędrala,* „Outsourcing ..." in: Sobczyk, Z problematyki ..., S. 185, 186; *Patulski*, M.P.Pr. 2008, Nr. 3, S. 124, 125 f.; *Raczkowski,* „Praca zewnętrzna jest alternatywą tymczasowej", GP vom 06.10.2008, abrufbar unter: http://praca.gazetaprawna.pl/wywiady/40239,praca_ zewnetrzna_jest_alternatywa_tymczasowej.html, zuletzt abgerufen am 19.02.2014.

che Ausgestaltung der Beschäftigungssituation der Arbeitskräfte ankommt.[1092]

(2) Rechtliche Grundlagen des Personal-Outsourcing

Den Ausgangspunkt des Personal-Outsourcing bildet ein Vertrag zwischen einem Dienstbesteller und einem Unternehmer, der als Arbeitgeber eigenes Personal zur Ausführung seiner Dienste einsetzt. Der zwischen dem Besteller und dem Unternehmer geschlossene Vertrag kann in Abhängigkeit zu den auszuführenden Tätigkeiten, den gegenseitigen Verpflichtungen und den Beschäftigungsbedingungen der Arbeitskräfte unterschiedlicher Rechtsnatur sein.[1093]

Zur Ausführung seiner vertraglichen Verpflichtungen gegenüber dem Dienstbesteller setzt der Unternehmer sein eigenes Personal ein. Er übernimmt gegenüber dem Besteller die Verantwortung für die Arbeit und die Verwaltung der eigenen Beschäftigten.[1094] Es gehört typischerweise zu den Aufgaben des Unternehmers, die Arbeit zu organisieren, die Arbeitskräfte zu kontrollieren, zu motivieren und sie mit den notwendigen Mitteln zur Ausführung der Arbeit auszustatten.[1095] Der Unternehmer übernimmt regelmäßig das mit der Beschäftigung und der Arbeitsausführung entstehende Risiko.[1096] Der genaue Umfang der Verpflichtungen des Unternehmers gegenüber dem Dienstbesteller hängt von den vertraglichen Abmachungen ab. Hierdurch werden letztlich die Beschäftigungsbedingungen der Arbeitskräfte determiniert.

Die Beschäftigung geeigneter Arbeitskräfte fällt vollständig in den Verantwortungsbereich des Unternehmers. Grundsätzlich gehen die Arbeitskräfte mit dem Unternehmer „reguläre" Arbeitsverhältnisse i. S. d. Art. 22 ArbGB ein, die während des Einsatzes beim Besteller fortbestehen.[1097] Der Unternehmer ist Arbeitgeber i. S. d. Art. 3 ArbGB und trägt die sich

---

1092 So auch *Raczkowski,* „Praca zewnętrzna ...", GP vom 06.10.2008.
1093 In Betracht kommen sowohl ein Werk- als auch ein Dienstleistungsvertrag, ein Auftrag oder ein typengemischter, gesetzlich nicht normierter Vertrag.
1094 Vgl. *Krawczyk,* Nachweis in Fn. 1091, S. 28; siehe auch *Mędrala,* „Outsourcing ..." in: Sobczyk, Z problematyki ..., S. 185, 186 f.; *Pisarczyk,* Różne ..., S. 123 f.
1095 Vgl. *Mędrala,* „Outsourcing ..." in: Sobczyk, Z problematyki ..., S. 185.
1096 *Krawczyk,* Nachweis in Fn. 1091, S. 29; *Mędrala,* „Outsourcing ..." in: Sobczyk, Z problematyki ..., S. 185, 187; *Pisarczyk,* Różne ..., S. 123 f.
1097 *Jaroszewska-Ignatowska,* S. 30; *Pisarczyk,* Różne ..., S. 124.

aus einem Arbeitsverhältnis nach Art. 22 ArbGB ergebenden Arbeitgeberpflichten. Zwischen dem Unternehmer und der jeweiligen Arbeitskraft muss aber nicht zwangsläufig ein Arbeitsverhältnis vorliegen. Es besteht die Möglichkeit, dass der Unternehmer seinen Personalbedarf seinerseits durch den Einsatz von Leiharbeitnehmern deckt.[1098]

Gegenüber einem herkömmlichen Werk- oder Dienstvertrag, den der Unternehmer mithilfe seines Personals ausführt, besteht die Besonderheit des Personal-Outsourcing darin, dass der Besteller entscheidenden Einfluss auf die Ausführung der Arbeit durch das Personal des Unternehmers nimmt. Zu der Frage nach der grundsätzlichen Zulässigkeit einer Einflussnahme auf das Arbeitsverhältnis zwischen dem Unternehmer und seinen Arbeitnehmern und der daran anschließenden Frage nach dem Umfang des Einflusses, den ein Besteller ausüben kann, hat das Oberste Gericht mehrmals Stellung bezogen. Grundsätzlich kann ein Arbeitgeber im Rahmen eines Arbeitsverhältnisses seinem Arbeitnehmer die Ausübung einer im Arbeitsvertrag bestimmten Art der Arbeit zugunsten eines anderen Rechtsträgers auftragen. Dies führt nicht dazu, dass dieser zu einem Arbeitnehmer dieses Rechtsträgers wird und von diesem Lohnzahlung fordern kann.[1099] Selbst die Arbeitsausübung an einem durch den Arbeitgeber bestimmten Ort, der sich in dem Betrieb eines anderen Rechtsträgers befindet, unter der Leitung dieses anderen Rechtsträgers führt nicht zu der Entstehung eines Arbeitsverhältnisses zwischen dem Arbeitnehmer und dem Rechtsträger.[1100] Übernimmt dieser andere Rechtsträger die Auszahlung der Vergütung an die Arbeitnehmer, führt dies nicht ohne weiteres dazu, dass der Auszahlende zur Partei des Arbeitsvertrages wird.[1101]

Bezugnehmend auf die Rechtsprechung des Obersten Gerichts ist zunächst festzuhalten, dass der Unternehmer seine Arbeitnehmer zweifellos zur Ausführung von Arbeiten in dem Betrieb des Bestellers und mit den von diesem zur Verfügung gestellten technischen Hilfsmitteln einsetzen kann. Ferner ist anerkannt, dass ein Arbeitgeber sein arbeitsrechtliches Weisungsrecht gegenüber seinem Personal nicht unmittelbar selbst oder durch einen eigenen Arbeitnehmer ausüben muss. Er kann auch andere Personen einsetzen, bspw. selbstständige Manager oder bei einem anderen

---

1098 *Sobczyk*, Zatrudnienie ..., S. 80; zu unterscheiden ist dieser Einsatz eines Leiharbeitnehmers von einem Kettenverleih, der gem. Art. 14 II Nr. 3 LeiharbeitG ausdrücklich verboten ist; siehe hierzu auch 2. Kap. K. I.
1099 OG, Urteil vom 07.05.1998, I PKN 71/98, OSNP 1999, Nr. 8, Pos. 282.
1100 OG, Urteil vom 05.11.1999, I PKN 337/99, OSNP 2001, Nr. 6, Pos. 186.
1101 OG, Urteil vom 01.02.2000, I PKN 494/99, OSNP 2001, Nr. 12, Pos. 409.

Rechtsträger beschäftigte Arbeitnehmer, die das Weisungsrecht in seinem Namen ausüben.[1102] Ausschlaggebend für das Personal-Outsourcing ist, dass der Besteller die Arbeit koordinieren und den Arbeitnehmern unmittelbar Weisungen bezüglich der Ausführung der Arbeit machen kann. Es ist darauf zu achten, dass das Arbeitsverhältnis weiterhin zwischen dem Arbeitnehmer und dem Unternehmer bestehen muss. Der Arbeitgeber muss die Aufsicht über seine Arbeitnehmer ausüben und wesentliche Arbeitgeberrechte und -pflichten wahrnehmen bspw. die Erteilung von Urlaub, Zahlung der Vergütung oder die Ausübung des arbeitgeberrechtlichen Disziplinarrechts.[1103] Maßgeblich ist, dass die Gesamtschau aller Umstände der Beschäftigung ergibt, dass der Arbeitnehmer weiterhin seinem Arbeitgeber untergeordnet ist.[1104] Andernfalls könnte eine Umgehung der Vorschriften über ein Arbeitsverhältnis, insbesondere des Art. 22 ArbGB, angenommen werden, sodass die Arbeitnehmer das Bestehen eines Arbeitsverhältnisses zwischen ihnen und dem Besteller, bei dem sie ihre Arbeit tatsächlich ausüben, gerichtlich feststellen lassen könnten.[1105]

(3) Verhältnis zur Arbeitnehmerüberlassung

Mit der unter dem Begriff des Personal-Outsourcing zu verstehenden Praxis werden ähnliche Ziele verfolgt wie mit dem Rückgriff auf fremdes Personal im Wege der gesetzlich geregelten Arbeitnehmerüberlassung. Beide Instrumente dienen dazu, durch die Ausgliederung von Beschäftigungsverhältnissen die eigenen Prozesse zu optimieren[1106], eine größere Flexibilität zu erlangen und die Beschäftigungskosten zu senken.[1107] Der

---

1102 *Jaroszewska-Ignatowska*, S. 31; *Mędrala*, „Outsourcing ..." in: Sobczyk, Z problematyki ..., S. 185, 196; *Sobczyk*, Zatrudnienie tymczasowe, S. 80. In einer solchen Konstellation besteht die generelle Weisung des Arbeitgebers darin, die arbeitsbezogenen Weisungen eines von ihm ausgewählten Rechtsträgers auszuführen; zur Zulässigkeit dieses Vorgehens ausdrücklich OG, Urteil vom 05.11.1999, I PKN 337/99, OSNP 2001, Nr. 6, Pos. 186.
1103 Vgl. *Jaroszewska-Ignatowska*, S. 31 f.
1104 *Jaroszewska-Ignatowska*, S. 31 f.; *Krawczyk*, Nachweis in Fn. 1091, S. 30; *Mędrala*, „Outsourcing ..." in: Sobczyk, Z problematyki ..., S. 185, 195.
1105 *Mędrala*, „Outsourcing ..." in: Sobczyk, Z problematyki ..., S. 185, 194 ff.
1106 Vgl. *Mędrala*, „Outsourcing ..." in: Sobczyk, Z problematyki ..., S. 185, 188.
1107 *Mędrala*, „Outsourcing ..." in: Sobczyk, Z problematyki ..., S. 185, 188; *Pisarczyk*, Różne ..., S. 124.

Besteller bzw. Entleiher erlangt jeweils einen entscheidenden Einfluss auf den Arbeitsprozess der Arbeitnehmer eines anderen Rechtsträgers.

Als besonderes Merkmal der Leiharbeit gilt die dreigliedrige Beteiligtenkonstellation. Der Leiharbeitnehmer ist bei dem Verleiher angestellt, setzt seine Arbeitskraft jedoch ausschließlich zugunsten des Entleihers aus, der ihm die notwendigen Weisungen erteilt und die Ausführung der Arbeit überwacht. Der Verleiher übernimmt nicht die Verantwortung für das Ergebnis der Arbeit der Leiharbeitnehmer. Der Entleiher entscheidet alleine, wie er die Leiharbeitnehmer einsetzt, und trägt das wirtschaftliche Risiko der Leiharbeit. Das LeiharbeitG sieht für die Arbeitnehmerüberlassung gewisse Voraussetzungen und Begrenzungen vor, die einen Rückgriff auf die Arbeitskraft von Leiharbeitnehmern beschränken. Leiharbeit ist nur in den von der gesetzlichen Definition in Art. 2 Nr. 3 LeiharbeitG erfassten Fällen unter Einhaltung der gesetzlichen Überlassungshöchstdauer zulässig. Art. 8 LeiharbeitG enthält weitere Beschränkungen des Einsatzes von Leiharbeitnehmern.[1108] Die Beschäftigungsbedingungen der Leiharbeitnehmer müssen sich am Gleichbehandlungsgrundsatz[1109] orientieren und der Entleiher wird gesetzlich in die Realisierung des Leiharbeitsverhältnisses eingebunden.[1110]

Die sich aus dem LeiharbeitG ergebenden Beschränkungen für die Arbeitnehmerüberlassung machen einen Rückgriff auf das Personal-Outsourcing, auf das die Vorschriften des LeiharbeitG grundsätzlich nicht anwendbar sind, für die Beteiligten aus mehreren Gründen attraktiv. In Fällen, in denen die Arbeitnehmerüberlassung gesetzlich nicht erlaubt ist[1111], kann auf diesem Wege Fremdpersonal zur Verfügung gestellt werden. Es können sowohl die Beschränkungen an die Art der Leiharbeit, die Arbeitsstelle als auch die zeitliche Begrenzungen vermieden werden. Die Beschäftigungsbedingungen der Leiharbeitnehmer werden durch den dem LeiharbeitG immanenten Gleichbehandlungsgrundsatz auf einem Mindestniveau festgeschrieben.[1112] Demgegenüber muss das Outsourcing-Unternehmen sich nicht an den Bedingungen im Betrieb des Bestellers orientieren. Im Rahmen der Arbeitnehmerüberlassung wird der Entleiher

---

1108 Siehe zur Arbeitnehmerüberlassung in Polen 2. Kap. B. I. 1.
1109 Siehe hierzu 2. Kap. D. II. 4. b) bb) (1).
1110 Siehe hierzu Art. 2 Nr. 1, Art. 9 Abs. 2a, 2b, Art. 10, 15, 14, 17, 22 LeiharbeitG.
1111 Siehe hierzu Art. 2 Nr. 1, Art. 4, 8 LeiharbeitG.
1112 Eine Abweichung zuungunsten des Leiharbeitnehmers ist ausgeschlossen; siehe zum Gleichbehandlungsgrundsatz nach Art. 15 LeiharbeitG ausf. 2. Kap. D. II. 4. b) bb) (1).

von Gesetzes wegen neben dem Verleiher auf Arbeitgeberseite besonders berechtigt und verpflichtet und kann bei einer Pflichtverletzung haftbar gemacht werden.[1113] Bei Inanspruchnahme des Personal-Outsourcing kann er den unmittelbaren Arbeitsprozess mitgestalten, wird gleichzeitig aber in erheblich geringerem Umfang im Hinblick auf das fremde Personal verpflichtet.

(a) Umgehung des LeiharbeitG

Im Hinblick auf die Zulässigkeit und die Grenzen des Personal-Outsourcing wird auf die Rechtsprechung des Obersten Gerichts verwiesen.[1114] Hervorzuheben ist, dass die zitierte Rechtsprechung vor Einführung des LeiharbeitG und der damit einhergehenden, endgültigen Legalisierung der Arbeitnehmerüberlassung ergangen ist. Inwieweit an der Rechtsprechung aktuell – vor allem vor dem Hintergrund der umfassenden Regelungen des LeiharbeitG – noch festgehalten werden kann, ist unklar und wird unterschiedlich beurteilt.[1115] In Anbetracht der umfassenden Regelung der Arbeitnehmerüberlassung muss die Frage gestellt werden, ob der Gesetzgeber damit nicht der Praxis des Personal-Outsourcing Grenzen gesetzt hat, und ein solches Vorgehen daher als eine Umgehung der Vorschriften des LeiharbeitG anzusehen ist. Dies gilt insbesondere vor dem Hintergrund, dass in der Praxis in Situationen, in denen aufgrund der gesetzgeberischen Entscheidung Arbeitnehmerüberlassung unzulässig ist, auf das Personal-Outsourcing zurückgegriffen wird.

Das LeiharbeitG soll eine abschließende Regelung der Arbeitnehmerüberlassung darstellen, sodass die Überlassung von Arbeitskräften sich stets vollumfänglich nach den Vorschriften des LeiharbeitG richten muss.[1116] Daraus kann aber nicht geschlussfolgert werden, dass der Ge-

---

1113 Art. 27 LeiharbeitG.
1114 Siehe hierzu 2. Kap. G. II. 1. b) dd) (2).
1115 Bejahend *Jaroszewska-Ignatowska*, S. 30 f.; wohl auch *Patulski*, M.P.Pr. 2008, Nr. 3, S. 124, 125 f.; kritisch *Krawczyk*, Nachweis in Fn. 1091, S. 29 f.; *Mędrala*, „Outsourcing ..." in: Sobczyk, Z problematyki ..., S. 185, 187 ff.; *Raczkowski*, „Praca zewnętrzna ...", GP vom 06.10.2008.
1116 Siehe hierzu Fn. 74.

setzgeber gleichzeitig jegliche andere Methoden zur Flexibilisierung der Beschäftigung ausschließen wollte.[1117]

Bei der Arbeitnehmerüberlassung stehen die drei beteiligten Rechtsträger in einem besonderen Verhältnis zueinander. Dem Entleiher wird die volle Inanspruchnahme der Arbeitskraft des Leiharbeitnehmers unter seiner Leitung ermöglicht.[1118] Der Verleiher ist Arbeitgeber der Leiharbeitnehmer, doch er hat weder unmittelbaren Einfluss auf den Arbeitsprozess, noch trägt er das mit der Arbeit der Leiharbeitnehmer verbundene Risiko. Dieses trägt der Entleiher, der schließlich auf das Ergebnis der Arbeit des Leiharbeitnehmers einwirken kann.

Das Personal-Outsourcing unterscheidet sich von der Leiharbeit in wesentlichen Punkten. Beim Personal-Outsourcing besteht zwischen dem Outsourcing-Unternehmen und den Arbeitnehmern in der Regel ein „reguläres" Arbeitsverhältnis, das den allgemeinen arbeitsrechtlichen Vorschriften unterliegt. Der Unternehmer schließt mit dem Besteller einen Vertrag, in dem er sich zur Ausführung von Diensten unter Einsatz seines eigenen Personals verpflichtet. Für das Ergebnis der Arbeit übernimmt er regelmäßig die Verantwortung, wobei er dem Besteller die Möglichkeit gibt, die Arbeit seines Personals anzuweisen. Das Outsourcing-Unternehmen übt das arbeitsbezogene Weisungsrecht gegenüber ihrem Personal nicht unmittelbar selbst aus, sondern lässt den Besteller in ihrem Namen das Personal leiten. Es muss abermals darauf hingewiesen werden, dass der Begriff des Personal-Outsourcing nicht eine bestimmte Beschäftigungsform mit vereinheitlichter, vertraglicher Grundlage beschreibt, sondern eine sich in den Einzelheiten stark voneinander unterscheidende Praxis der Auslagerung von Arbeitsprozessen an Drittfirmen.

Die Grenzen zwischen der Arbeitnehmerüberlassung und der Ausführung von Arbeiten im Rahmen des grundsätzlich zulässigen Personal-Outsourcing können leicht verschwimmen, sodass der Vorwurf einer Umgehung der speziellen Vorschriften des LeiharbeitG aufkommen kann. Weder in der Rechtsprechung noch in der Literatur ist bislang ein einheitlicher Standpunkt, wann eine Umgehung anzunehmen wäre, ausgearbeitet worden.[1119] Angesichts dessen kann eine Entscheidung, ob statt einer Beschäftigung im Wege des Personal-Outsourcing tatsächlich eine (illegale)

1117 In diese Richtung wohl *Sobczyk*, Zatrudnienie tymczasowe, S. 15, der festhält, dass das LeiharbeitG diesbezüglich kein Verbot enthält.
1118 Art. 2 Nr. 1, Art. 14 Abs. 1 LeiharbeitG.
1119 Vgl. *Mędrala*, „Outsourcing ..." in: Sobczyk, Z problematyki ..., S. 185, 194.

Überlassung von Arbeitnehmern vorliegt, nur für den Einzelfall getroffen werden.[1120] Als maßgebliche Unterscheidungskriterien sind die tatsächlichen Beschäftigungsbedingungen der Arbeitskräfte, der Umfang der Einflussnahme des Bestellers auf den Arbeitsprozess, die Verteilung des Risikos und der Verantwortung zwischen dem Outsourcing-Unternehmen und dem Besteller zugrunde zu legen. Den vertraglichen Vereinbarungen zwischen den Parteien ist eine Indizwirkung beizumessen. Ausschlaggebend kann jedoch nur die tatsächliche Beschäftigungssituation sein.

(b) Mögliche Konsequenzen der Umgehung des LeiharbeitG

In einem weiteren Schritt ist zu überlegen, welche Konsequenzen auf die Beteiligten zukommen könnten, sofern die Beschäftigung im Wege des Personal-Outsourcing als eine Umgehung der Vorschriften der Arbeitnehmerüberlassung angesehen wird. Eine ausdrückliche, gesetzliche Regelung der Rechtsfolgen der illegalen Arbeitnehmerüberlassung bei Umgehung der Vorschriften des LeiharbeitG besteht nicht. In der Literatur werden zwei mögliche Rechtsfolgen vorgeschlagen.[1121] Zum einen könnten die durch das Outsourcing-Unternehmen eingestellten Arbeitskräfte letztlich als Arbeitnehmer des bestellenden Unternehmens angesehen werden. Zum anderen wird als Konsequenz in Betracht gezogen, dass der Vertrag der Arbeitskraft zur Außenbeschäftigung als ein Leiharbeitsvertrag anzusehen sei. Es wird aber gleichzeitig die Problematik erkannt, dass eine Umdeutung in einen Leiharbeitsvertrag nicht ohne weiteres mit den Vorschriften des LeiharbeitG, die sowohl ein besonderes Verfahren zum Abschluss als auch einen besonderen Inhalt eines Leiharbeitsvertrages vorschreiben, vereinbar ist.[1122] Solange der Gesetzgeber keine Regelung einführt, die die vertragsrechtlichen Rechtsfolgen der illegalen Arbeitnehmerüberlassung besonders bestimmt, überzeugt auf der Grundlage des

---

1120 So auch *Raczkowski*, „Praca zewnętrzna ...", GP vom 06.10.2008; *Mędrala*, „Outsourcing ..." in: Sobczyk, Z problematyki ..., S. 185, 194 geht davon aus, dass nur in vereinzelten, extremen Situationen („*W pewnych skrajnych sytuacjach...*") die Befürchtung der Annahme einer Umgehung der Vorschriften des LeiharbeitG bestehe.
1121 *Mędrala*, „Outsourcing ..." in: Sobczyk, Z problematyki ..., S. 185, 189; *Raczkowski*, „Praca zewnętrzna ...", GP vom 06.10.2008.
1122 *Mędrala*, „Outsourcing ..." in: Sobczyk, Z problematyki ..., S. 185, 189; *Raczkowski*, „Praca zewnętrzna ...", GP vom 06.10.2008.

geltenden Rechts die Annahme eines („regulären") Arbeitsverhältnisses mit dem (illegalen) Entleiher. Die Umdeutung in einen Leiharbeitsvertrag erscheint fernliegend. Mangels einer eindeutigen Rechtslage ist das Risiko für die Beteiligten, durch einen Rückgriff auf das Personal-Outsourcing dem Vorwurf der Umgehung des LeiharbeitG und den skizzierten Rechtsfolgen ausgesetzt zu sein, mit *Mędrala* als gering einzuschätzen.[1123]

2. Rechtsfolgen der illegalen Arbeitnehmerüberlassung im polnischen Recht

Betreibt ein polnischer Verleiher Leiharbeit ohne die gewerberechtlichen Zulassungsanforderungen in Polen zu erfüllen, unterliegt er den Rechtsfolgen, die das polnische Recht vorsieht.

Überlässt ein polnischer Verleiher Leiharbeitskräfte, ohne eine nach polnischem Recht erforderliche gewerberechtliche Zulassung zu besitzen, ist dieser Verleih rechtswidrig. Er erfüllt den Ordnungswidrigkeitentatbestand des Art. 121 Abs. 1 BeInstG und kann eine Geldbuße in einer Höhe von mindestens 3.000 PLN bis maximal 5.000 PLN auferlegt bekommen. Bei der Verhängung einer Geldbuße werden gem. Art. 24 § 3 des polnischen Ordnungswidrigkeitengesetzbuches[1124] das Einkommen des Täters, seine persönlichen und familiären Verhältnisse, seine Vermögensverhältnisse und Erwerbsmöglichkeiten berücksichtigt.[1125] Hat der Täter durch die Begehung der Ordnungswidrigkeit einen (beabsichtigten) wirtschaftlichen Vorteil erlangt, ist dieser bei der Bestimmung der Höhe der Geldbuße zu berücksichtigen.[1126] Übersteigt der wirtschaftliche Vorteil die gesetzlich bestimmte Obergrenze für eine Ordnungswidrigkeit, führt dies jedoch nicht zu einer Erhöhung der Höchstgrenze. Der wirtschaftliche Vorteil kann in einem solchen Fall nicht (vollständig) durch die Geldbuße abgeschöpft werden.[1127]

1123 *Mędrala*, „Outsourcing ..." in: Sobczyk, Z problematyki ..., S. 185, 194.
1124 Kodeks wykroczeń vom 20.05.1971, Dz. U. 1971, Nr. 12, Pos. 114, vereinheitlichter Text, m. spät. Änd., weiter: polnOWiG.
1125 *Bojarski*, Polskie prawo ..., Rn. 201; Grzegorczyk/*Grzegorczyk*, KW, Art. 24 Rn. 6.
1126 Art. 33 § 4 Nr. 2 polnOWiG.
1127 Das polnische Recht sieht keine Gewinnabschöpfung, wie sie bspw. im deutschen Recht in § 17 Abs. 4 OWiG normiert ist, vor.

Die Erfüllung des Tatbestandes der Ordnungswidrigkeit aus Art. 121 Abs. 1 BeInstG kann über die finanzielle Belastung hinaus Bedeutung erlangen. Einem Verleiher, der eine Ordnungswidrigkeit nach Art. 121 BeInstG begangen hat, ist die Eintragung in das Register der Zeitarbeitsagenturen nach den Art. 18l Nr. 1, 19 Nr. 1 BeInstG zu versagen.[1128] Ohne eine entsprechende Eintragung kann die Arbeitnehmerüberlassung zukünftig nicht legal ausgeübt werden.

Hervorzuheben ist, dass das polnische Recht keine vertragsrechtlichen Folgen vorsieht, die von einer ähnlichen Intensität wären wie die im deutschen Arbeitnehmerüberlassungsrecht vorgesehenen Sanktionen. Die zwischen den Beteiligten geschlossenen Verträge unterliegen insbesondere keiner Nichtigkeitsfolge.

Auffällig ist, dass keine Haftung des Entleihers für den illegalen Entleih von Arbeitskräften besteht. In Anbetracht dessen, dass die Arbeitskraft der Leiharbeitnehmer ausschließlich dem Entleiher zugutekommt und er in hohem Maße wirtschaftlich von der (illegalen) Überlassung profitiert, verwundert dies sehr.

3. Zwischenergebnis

Dem deutschen Recht sind für den Fall der illegalen Arbeitnehmerüberlassung zahlreiche Konsequenzen zu entnehmen. Neben der Möglichkeit der Erlaubnisbehörde, die illegale Tätigkeit im Wege des Verwaltungsverfahrens bzw. des -vollstreckungsverfahrens zu unterbinden, wird die Unwirksamkeit der Leiharbeits- und Überlassungsverträge angeordnet. Der deutsche Entleiher sieht sich nicht nur mit einem fingierten Arbeitsverhältnis mit dem Leiharbeitnehmer und den sich daraus ergebenden arbeitsrechtlichen Konsequenzen konfrontiert, sondern wird auch Nachzahlungsansprüchen des deutschen Sozialversicherungsträgers und des Finanzamtes ausgesetzt sein. Für die Sozialversicherungsbeiträge und die Lohnsteuer besteht daneben die Rückgriffsmöglichkeit auf den Verleiher. Das rechtswidrige Verhalten sowohl des Verleihers als auch des Entleihers kann darüber hinaus als Ordnungswidrigkeit und sogar als Straftat verfolgt werden. Kann der Verleiher für den polnischen Leiharbeitnehmer eine Entsendebescheinigung vorlegen, sind die sozial- und vertragsrechtlichen Sanktionen nach deutschem Recht gesperrt. Die in Polen gesetzlich vorge-

---

1128 Siehe hierzu auch 2. Kap. B. I. 3.

sehenen Sanktionen sind nicht annähernd so umfangreich wie die im deutschen Recht normierten Rechtsfolgen bei illegaler Arbeitnehmerüberlassung.

H. Internationales Strafrecht

Im Zusammenhang mit der Beschäftigung von Leiharbeitnehmern können die Handlungen der Beteiligten strafrechtliche Konsequenzen nach sich ziehen. Bei der grenzüberschreitenden Arbeitnehmerüberlassung aus Polen nach Deutschland muss beachtet werden, dass unter Umständen beide Staaten ihren Strafanspruch geltend machen wollen und können.

I. Strafbarkeit in Deutschland

Nach § 3 StGB gilt das deutsche Strafrecht für Taten, die im Inland begangen werden. Bei der Bestimmung des Tatortes findet gem. § 9 StGB das Ubiquitätsprinzip Anwendung. Danach gilt eine Tat sowohl dort als begangen, wo der Täter gehandelt hat oder im Falle des Unterlassens hätte handeln müssen, als auch an dem Ort, an dem der zum Tatbestand gehörende Erfolg eingetreten ist oder nach der Vorstellung des Täters eintreten sollte.[1129] Bei der grenzüberschreitenden Arbeitnehmerüberlassung aus Polen nach Deutschland findet die Arbeitsleistung des polnischen Leiharbeitnehmers im Entleiherbetrieb in Deutschland statt, sodass die Handlungen des Entleihers und Leiharbeitnehmers (auch) dem deutschen Strafrecht unterliegen. Es kommt aber ebenfalls eine Strafbarkeit des polnischen Verleihers im Inland in Betracht. Dies gilt vor allem in Anbetracht der möglichen Sanktionen bei illegaler grenzüberschreitender Arbeitnehmerüberlassung.[1130]

1129 Siehe hierzu ausf. Kindhäuser/Neumann/Paeffgen/*Böse*, § 9 Rn. 1 ff.; Lackner/Kühl/*Kühl*, § 9 StGB Rn. 1 ff.
1130 Siehe hierzu 2. Kap. G. II. 1. a) ff).

II. Strafbarkeit in Polen

Nach dem Territorialitätsprinzip findet – vorbehaltlich anderslautender zwischenstaatlicher Abkommen – auf Täter, die eine Straftat auf dem Gebiet der Republik Polen begehen, das polnische Strafgesetzbuch Anwendung (Art. 5 polnStGB). Eine verbotene Tat ist gem. Art. 6 § 2 polnStGB an dem Ort begangen, an welchem der Täter gehandelt oder eine Handlung unterlassen hat, zu der er verpflichtet war oder an dem der zum Tatbestand gehörende Erfolg eingetreten ist oder nach Vorstellung des Täters hätte eintreten müssen.[1131] Der in Polen ansässige Verleiher kann im Rahmen der Beschäftigung von polnischen Leiharbeitnehmern, die er nach Deutschland überlässt, gegen verschiedene Rechtsvorschriften verstoßen, für die das polnische Recht in den Art. 218 ff. polnStGB[1132] strafrechtliche Sanktionen bereit hält.[1133] Aufgrund einer Tatbegehung im Inland werden die Handlungen des polnischen Verleihers bei der grenzüberschreitenden Arbeitnehmerüberlassung regelmäßig nach polnischem Strafrecht sanktioniert werden können.[1134] In dem Zusammenhang ist auf die besondere Strafmaßnahme aus Art. 41 § 2 polnStGB hinzuweisen, wonach das Strafgericht ein Verbot des Betriebs des Gewerbes[1135] erlassen kann.[1136] Voraussetzung ist, dass eine Straftat im Zusammenhang mit dem Gewerbebe-

---

1131 Für die Bestimmung des Tatortes gilt in Polen ebenfalls das Ubiquitätsprinzip; siehe hierzu ausf. Bojarski/*Bojarski*, KK, Art. 6 Rn. 1 ff.; Giezek/*Łabuda*, KK, Art. 6, Rn. 8 ff.; Filar/*Wąsek/Kulik*, KK, Art. 6 Rn. 5 f.
1132 In Kapitel 28 des polnStGB (Art. 218 ff. StGB) sind Vorschriften enthalten, die eine strafrechtliche Haftung für Verstöße gegen die Rechte von Personen, die eine entgeltliche Arbeit ausüben, vorsehen.
1133 Die bei Verstößen des Verleihers gegen Arbeitnehmerrechte in Betracht kommende Ordnungswidrigkeitenhaftung nach Art. 281-283 ArbGB tritt im Wege der Gesetzeskonkurrenz zurück; siehe hierzu *Marciniak*, S. 168; Wąsek/*Radecki*, KK, Art. 218 Rn. 30; *Radecki*, M.P.Pr. 2005, Nr. 9, S. 236, 238 ff.; Filar/*Siwik*, KK, Art. 218 Rn. 7 f.
1134 Der Begehungsort wird sich überwiegend sowohl aus dem Handlungs- als auch dem Erfolgsort ergeben.
1135 Ein Rechtsträger, gegenüber dem ein Verbot gem. Art. 41 § 2 polnStGB erlassen wurde, kann nicht in ein Register für regulierte Tätigkeiten eingetragen werden, Art. 68 Nr. 1 GewerbeG (ebenso Art. 181 Nr. 3 BeInstG); siehe hierzu auch 2. Kap. B. I. 3.
1136 Bojarski/*Piórkowska-Flieger*, KK, Art. 219 Rn. 6; Art. 220 Rn. 6; Wąsek/ *Radecki*, KK, Art. 218 Rn. 33, Art. 219 Rn. 18; Filar/*Siwik*, KK, Art. 218 Rn. 9.

trieb begangen wird und die weitere Ausübung des Gewerbes wesentliche Rechtsgüter[1137] gefährden würde.[1138]

Die polnischen Rechtsvorschriften sehen die Möglichkeit vor, einen Entleiher strafrechtlich für die Verletzung von arbeitsrechtlichen Vorschriften zu belangen. Diesem stehen gegenüber dem Leiharbeitnehmer in einem bestimmten Umfang Arbeitgeberrechte und -pflichten zu, welche er während der Überlassungsdauer in eigenem Namen ausübt. Die grundlegenden Regelungen finden sich in Art. 9 Abs. 2a, Art. 9 Abs. 3 Nr. 2, Art. 10, 14, 15, 22 LeiharbeitG. Darüber hinaus ist eine Übernahme weitergehender Rechte und Pflichten im Rahmen des Überlassungsvertrages[1139] möglich.[1140] Vor diesem Hintergrund kann er sich bei einer bösartigen[1141] oder hartnäckigen[1142] Verletzung der Rechte des Leiharbeitneh-

---

1137 Zu den wesentlichen Rechtsgütern zählen unter anderem: das Leben, die Gesundheit, die Freiheit, sowie auch der Staat und die öffentliche Ordnung; Grześkowiak/Wiak/*Szeleszczuk*, KK, Art. 41 Rn. 13; a.A. Zawłocki/Królikowski/*Zalewski*, Art. 41 Rn. 27, der lediglich die Gefährdung von überindividuellen Rechtsgütern als Rechtfertigung eines Verbotes ansieht.

1138 Das gerichtliche Gewerbeverbot wird durch Art. 244 polnStGB abgesichert.

1139 Damit das Leiharbeitsverhältnis weiterhin zwischen dem Verleiher und Leiharbeitnehmer bestehen bleibt, ist die vertragliche Übertragung nicht unbeschränkt möglich. Der genaue Umfang ist jedoch bislang nicht geklärt. In der Literatur wird vereinzelt angenommen, dass zumindest die Haftung für Verstöße gegen das Arbeitsrecht und die Vergütungspflicht zwingend auf Seiten der Zeitarbeitsagentur liegen müssen; *Młyński*, PiZS 2010, Nr. 7, S. 16, 17; *Reda*, S. 74 f., 80; *Wiśniewski*, Róznorodne formy, S. 180.

1140 Damit eine solche Übertragung von Arbeitgeberrechten und -pflichten gegenüber dem Leiharbeitnehmer wirksam ist, muss dieser darüber vor Abschluss des Leiharbeitsvertrages in Kenntnis gesetzt werden (Rechtsgedanke des Art. 11 LeiharbeitG); vgl. *Młyński*, PiZS 2010, Nr. 7, S. 16, 17; *Wiśniewski*, Róznorodne formy, S. 181, geht sogar von dem Erfordernis einer Zustimmung des Leiharbeitnehmers aus; Schließt der Leiharbeitnehmer in Kenntnis des Inhalts des Überlassungsvertrages, in dem die Arbeitgeberrechte und -pflichten über den gesetzlichen Mindestrahmen hinaus übertragen wurden, den Leiharbeitsvertrag ab, kann dies als konkludente Zustimmung gewertet werden.

1141 Bösartigkeit stellt eine besondere, negative Motivation des Täters dar, die sich darin widerspiegelt, dass die (auch erstmalige) Rechtsverletzung ohne vernünftige Erklärung begangen wird, um den Arbeitnehmer zu ärgern, zu verletzen oder zu erniedrigen; *Daniluk*, M.P.Pr. 2010, Nr. 3, S. 117,119; *Liwo/Nowosiadły*, MoP 2011, Nr. 10, S. 525, 529; *Marciniak*, Odpowiedzialność karna, S. 161; Wąsek/*Radecki*, KK, Art. 218 Rn. 23 f.; Filar/*Siwik*, KK, Art. 218 Rn. 5; Das OG hat in seinem Urteil vom 22.06.1995, III KRN 44/95, Prokuratura i Prawo 1995, Nr. 11-12, S. 24, die Bösartigkeit bei einem zielgerichteten Handeln, um eine andere Person zu ärgern, angenommen.

mers gem. Art. 218 § 1a polnStGB strafbar machen.[1143] Zu einer zentralen Pflicht, die dem Entleiher durch das LeiharbeitG ausdrücklich auferlegt wird, gehört, für sichere und hygienische Arbeitsbedingungen des Leiharbeitnehmers zu sorgen (Art. 14 Abs. 2 Nr. 1, Art. 9 Abs. 2a, Art. 9 Abs. 3 Nr. 2 LeiharbeitG).[1144] Bei Verletzung dieser Pflicht kommt eine Strafbarkeit aus Art. 220 polnStGB in Betracht.

Im Falle der grenzüberschreitenden Arbeitnehmerüberlassung liegt für das tatbestandliche Verhalten des deutschen Entleihers sowohl der Handlungs- als auch Erfolgsort i.S.d. Art. 6 § 2 polnStGB in Deutschland. Ein Strafanspruch des polnischen Staates kann mangels einer Tatbegehung im Inland nicht durch das in Art. 5 polnStGB normierte Territorialitätsprinzip begründet werden.

Eine Strafbarkeit nach den polnischen Strafgesetzen ist auch möglich, wenn das strafwürdige Verhalten nicht im Inland stattgefunden hat. Bei Auslandstaten bestimmen die Art. 109 ff. polnStGB zusätzliche Voraussetzungen, die trotz einer Tatbegehung im Ausland eine Strafbarkeit nach polnischem Recht erlauben. Das polnische Strafgesetz findet gem. Art. 109 polnStGB auch auf einen polnischen Staatsbürger Anwendung, der eine Straftat im Ausland begangen hat. Des Weiteren sieht Art. 110 polnStGB vor, dass die polnischen Strafgesetze auf einen Ausländer an-

---

1142 Hartnäckigkeit erfordert objektiv ein sich über einen längeren Zeitraum wiederholendes, gesetzeswidriges Täterverhalten und subjektiv eine besondere psychische Einstellung des Täters, die sich in einer Unnachgiebigkeit und dem Willen, seinen eigenen Standpunkt durchzusetzen, ausdrückt; OG, Urteil vom 09.06.1976, VI KZP 13/75, OSNKW 1976 Nr. 7-8, Pos. 86; OG, Urteil vom 19.12.1979, V KRN 297/79, OSNPG 1980, Nr. 6, Pos. 79; *Daniluk*, M.P.Pr. 2010, Nr. 3, S. 117, 119; *Liwo/Nowosiadły*, MoP 2011, Nr. 10, S. 525, 529; *Marciniak*, Odpowiedzialność karna, S.161 ff.; Filar/*Siwik*, KK, Art. 218 Rn. 5; Wąsek/*Radecki*, KK, Art. 218 Rn. 25 f.
1143 Der Straftatbestand kann durch den Arbeitgeber oder eine Person, die in seinem Namen handelt, verwirklicht werden; Wąsek/*Radecki*, KK, Art. 218 Rn. 19 ff.; Romer/*Romer*, KP, Art. 283 Rn. 3; Filar/*Siwik*, KK, Art. 218 Rn. 6; Würde eine Person die dem Entleiher zustehenden Kompetenzen im Namen und aufgrund einer Ermächtigung des Verleihers ausüben, wäre sie ein taugliches Tatsubjekt. Erst recht muss dies gelten, wenn der Entleiher handelt und ihm die Rechte in Bezug auf den Leiharbeitnehmer übertragen werden.
1144 Durch Art. 27 LeiharbeitG werden Verstöße des Entleihers gegen arbeitsrechtliche Pflichten auf dem Gebiet des Arbeitsschutzes als Ordnungswidrigkeit geahndet. Für eine Sanktionierung des Entleihers reicht aus, dass er die ihm obliegenden Pflichten nicht erfüllt; es bedarf dabei keiner Rechtsgutsverletzung des Leiharbeitnehmers; *Kotowski/Kurzępa*, Teil II, Nr. 89 Rn. 6, 8.

zuwenden sind, der im Ausland eine verbotene Tat begangen hat, die sich gegen die Interessen der Republik Polen, eines polnischen Staatsbürgers, einer polnischen juristischen Person oder einer polnischen Organisationseinheit ohne Rechtspersönlichkeit richtet sowie auf einen Ausländer, der im Ausland eine terroristische Straftat begangen hat. In beiden genannten Fällen (Art. 109, 110 polnStGB) muss zwingend noch eine weitere Bedingung erfüllt sein, die der Gesetzgeber separat in Art. 111 polnStGB bestimmt.[1145] Nach Art. 111 § 1 polnStGB ist Voraussetzung der strafrechtlichen Verantwortung für eine im Ausland begangene Tat, dass eine solche auch nach dem am Tatort geltenden Gesetz als Straftat gilt. Die Prüfung der Strafbarkeit der Tat nach ausländischem Recht erfolgt in zwei Schritten.[1146] Zunächst ist erforderlich, dass die im polnischen Strafrecht pönalisierte Handlung auch im Ausland einen strafrechtlichen Haftungstatbestand erfüllt. Die Bedingung ist nicht erfüllt, wenn der ausländische Gesetzgeber die Handlung (lediglich) als Verwaltungsunrecht missbilligt.[1147] Des Weiteren muss über die tatbestandliche Vergleichbarkeit hinaus eine konkrete Möglichkeit der Sanktionierung im Ausland bestehen, was bedeutet, dass einer Strafbarkeit bspw. keine Schuld- oder Strafausschließungsgründe entgegenstehen dürfen.[1148]

Als ausländischer Täter könnte ein deutscher Entleiher bei einer Tat, die gegen die Rechte des polnischen Staatsbürgers gerichtet ist, nur dann bestraft werden, wenn die Tathandlung auch in Deutschland strafbar wäre. Unproblematisch ist dies bspw. in Fällen einer vorsätzlichen Körperverletzung[1149] oder einer Beleidigung[1150]. Ein gesetzeswidriges Verhalten des deutschen Entleihers gegenüber den polnischen Leiharbeitnehmern könnte nach den Maßstäben des polnischen Rechts auch einen Straftatbestand aus Art. 218 ff. polnStGB erfüllen. Dem deutschen Strafrecht sind allerdings Tatbestände, die die bloße Verletzung von Arbeitnehmerrechten als Straftat sanktionieren, fremd. Die Voraussetzung der doppelten Strafbarkeit

---

1145 Filar/*Hofmański*, KK, Art. 111 Rn. 2 f.; Giezek/*Łabuda*, KK, Art. 111 Rn. 1; Zawłocki/Królikowski/*Sakowicz*, KK, Art. 111 Rn. 2 ff.
1146 Filar/*Hofmański*, KK, Art. 111 Rn. 2; Zawłocki/Królikowski/*Sakowicz*, KK, Art. 111 Rn. 5 f. m.w.N.; a. A. Giezek/*Łabuda*, KK, Art. 111, Rn. 2.
1147 Filar/*Hofmański*, KK, Art. 111 Rn. 2; Giezek/*Łabuda*, KK, Art. 111 Rn. 2; Zawłocki/Królikowski/*Sakowicz*, KK, Art. 111 Rn. 5 ff.
1148 Filar/*Hofmański*, KK, Art. 111 Rn. 3; Zawłocki/Królikowski/*Sakowicz*, KK, Art. 111 Rn. 5 f. m.w.N.; a. A. Giezek/*Łabuda*, KK, Art. 111 Rn. 2.
1149 Strafbar nach Art. 156, 157 polnStGB und § 223 StGB.
1150 Strafbar nach Art. 216 polnStGB und § 185 StGB.

nach Art. 111 § 1 polnStGB ist nicht erfüllt und der deutsche Entleiher kann daher nicht aus den Art. 218 ff. polnStGB bestraft werden.

III. Zwischenergebnis

Bei Handlungen, die in Deutschland vorgenommen werden oder deren tatbestandlicher Erfolg in Deutschland eintritt, kommt eine Strafbarkeit der beteiligten Rechtsäger nach deutschem Strafrecht in Betracht. Eine Strafbarkeit kann sich grundsätzlich auch aus dem polnischen Strafrecht ergeben. Einer Strafbarkeit wegen Verletzung von Arbeitnehmerrechten aus den Art. 218 ff. polnStGB kann nur der polnische Verleiher – nicht hingegen der deutsche Entleiher – unterliegen.

I. Internationale Gerichtszuständigkeit

Bei grenzüberschreitenden Sachverhalten ist nicht nur entscheidend, welches materielle Recht für die Rechtsverhältnisse der Parteien maßgeblich ist. Für die Beteiligten ist in der Praxis von besonderer Relevanz, welche Gerichte für die Geltendmachung der einzelnen Ansprüche zuständig sind. Die „Durchschlagskraft" der materiellrechtlichen Regelungen hängt wesentlich davon ab, ob und inwieweit die Parteien ihre gegenseitigen Rechte und Pflichten effektiv auf gerichtlichem Wege durchsetzen können. Nach einer allgemeinen Ermittlung und Darstellung der (international) in Betracht kommenden Gerichtsstände soll eine Erörterung der Gerichtszuständigkeit bei grenzüberschreitender Arbeitnehmerüberlassung aus Polen nach Deutschland erfolgen.

I. Anwendbare Vorschriften zur Bestimmung der (internationalen) Gerichtszuständigkeit

Die internationale Gerichtszuständigkeit wird bei grenzüberschreitenden Zivil- und Handelssachen durch die in den Mitgliedstaaten der EU unmittelbar geltende Europäische Gerichtsstands- und Vollstreckungsverordnung (EuGVVO) geregelt. Vom Anwendungsbereich der EuGVVO wird auch das Arbeitsrecht erfasst.[1151] Ausdrücklich ausgenommen ist gem. Art. 1 Abs. 2 lit. c EuGVVO das Recht der sozialen Sicherheit. Eine besondere Gerichtsstandsregelung enthält § 15 AEntG.

II. Allgemeiner Gerichtsstand

Der allgemeine Gerichtsstand für eine Klage liegt, sofern der Beklagte seinen Wohnsitz im Hoheitsgebiet eines Mitgliedstaats hat, nach Art. 2 Abs. 1 EuGVVO im Wohnsitzstaat des Beklagten. Die internationale Zuständigkeit wird grundsätzlich den Gerichten des Wohnsitzstaates zugewiesen. Die örtliche Zuständigkeit richtet sich nach dem autonomen Prozessrecht des Mitgliedstaats.[1152] Bei der Bestimmung des Wohnsitzes ist zwischen natürlichen und juristischen Person zu unterscheiden. Bei natürlichen Personen ist zur Bestimmung des Wohnsitzes das *lex fori* des angerufenen Gerichts anzuwenden, Art. 59 Abs. 1 EuGVVO. Bei einer Gesellschaft oder einer juristischen Person, die nicht „wohnen" kann[1153], wird der Wohnsitz verordnungsautonom und damit einheitlich für alle Mitgliedstaaten bestimmt. Art. 60 Abs. 1 EuGVVO sieht vor, dass sich der Wohnsitz alternativ (a) am satzungsmäßigem Sitz, (b) am Sitz der Hauptverwaltung oder (c) am Sitz der Hauptniederlassung befindet.[1154] Für den Fall, dass die genannten Anknüpfungspunkte in verschiedenen Mitgliedstaaten liegen, steht dem Kläger ein Wahlrecht zu, in welchem Mitgliedstaat er seine Klage erheben will.[1155]

1151 EuGH, Urteil vom 13.11.1979, Rs. 25/79, Slg. 1979, S. 3423; *Riesenhuber*, § 7 Rn. 6; siehe auch Art. 18-21 EuGVVO.
1152 MüKo-ZPO/*Gottwald*, Art. 2 EuGVO Rn. 21; *Junker*, § 8 Rn. 6; *Nagel/Gottwald*, § 3 Rn. 28; Musielak/*Stadler*, Art. 2 VO EG 44/2001 Rn. 2.
1153 Vgl. *Junker*, § 8 Rn. 11.
1154 Für bestimmte Klagen aus dem Gesellschaftsverhältnis sieht Art. 22 Abs. 2 EuGVVO eine Ausnahme vor, wonach eine ausschließliche Zuständigkeit der Gerichte des Sitzstaates besteht.
1155 MüKo-ZPO/*Gottwald*, Art. 60 EuGVO Rn. 11; *Micklitz/Rott*, EuZW 2001, S. 325, 327; *Nagel/Gottwald*, § 3 Rn. 31.

III. Besondere Gerichtsstände

In Art. 5 EuGVVO sind besondere Gerichtsstände vorgesehen, die eine vom allgemeinen Gerichtsstand nach Art. 2 Abs. 1 EuGVVO abweichende Zuständigkeit des Gerichts begründen.[1156] Die Vorschrift bestimmt nicht nur die internationale Zuständigkeit, sondern – anders als Art. 2 EuGVVO – auch die örtliche Zuständigkeit innerhalb des Mitgliedstaats.[1157]

Im Zusammenhang mit der grenzüberschreitenden Arbeitnehmerüberlassung ist näher auf Art. 5 Nr. 1 EuGVVO einzugehen. Bilden ein Vertrag oder Ansprüche aus einem Vertrag den Gegenstand des Verfahrens kann eine Person – unabhängig von dem allgemeinen Gerichtsstand im Sitzstaat – auch in einem anderen Mitgliedstaat vor dem Gericht des Ortes, an dem die Verpflichtung erfüllt worden ist oder zu erfüllen wäre, verklagt werden. Für den Gerichtsstand des Erfüllungsortes ist die Bestimmung, wo sich der Erfüllungsort der vertraglichen Leistung befindet, entscheidend. Art. 5 Nr. 1b EuGVVO bestimmt, dass bei Verträgen über die Erbringung von Dienstleistungen der Ort, an dem die Dienstleistungen nach dem Vertrag erbracht worden sind oder hätten erbracht werden müssen, als Erfüllungsort gilt. Hiermit wird ein einheitlicher Erfüllungsort für alle Streitigkeiten aus einem Dienstleistungsvertrag festgelegt. Dieser richtet sich nach derjenigen Verpflichtung, die für das Vertragsverhältnis prägend ist (vertragscharakteristische Leistung). Einheitlicher Erfüllungsort bei Dienstleistungsverträgen ist daher der Ort der zu erbringenden Dienstleistung.[1158] Der Begriff der Dienstleitung ist gemeinschaftsrechtlich-autonom auszulegen.[1159] Die Überlassung von Leiharbeitnehmern ist als vertragscharakteristische Leistung des Arbeitnehmerüberlassungsvertrages unter Zugrundelegung des gemeinschaftsrechtlichen Verständnisses eine Dienstleistung.[1160] Der Erfüllungsort befindet sich bei der Arbeit-

---

1156 Auch konkurrierende oder fakultative Zuständigkeit genannt; siehe hierzu *Junker*, § 5 Rn. 9.
1157 *Junker*, § 9 Rn. 2 mit Verweis auf den Wortlaut der Vorschrift; siehe zu den einzelnen Gerichtsständen MüKo-ZPO/*Gottwald*, Art. 5 EuGVO Rn. 1, 53, 68, 90; Musielak/*Stadler*, Art. 5 VO EG 44/2001 Rn. 1, 21, 31; eine Ausnahme von der Bestimmung der örtlichen Zuständigkeit gilt für Art. 5 Nr. 6 EuGVVO.
1158 MüKo-ZPO/*Gottwald*, Art. 5 EuGVO Rn. 13; *Junker*, § 9 Rn. 24; Nagel/*Gottwald*, § 3 Rn. 51; Musielak/*Stadler*, Art. 5 VO EG 44/2001 Rn. 10.
1159 MüKo-ZPO/*Gottwald*, Art. 5 EuGVO Rn. 13; *Junker*, § 9 Rn. 23; Nagel/*Gottwald*, § 3 Rn. 50; Musielak/*Stadler*, Art. 5 VO EG 44/2001 Rn. 9.
1160 EuGH, Urteil vom 17.12.1981, Rs. 279/80, NJW 1982, S. 1203; siehe hierzu auch 2. Kap. D. III.

nehmerüberlassung an dem Betriebssitz des Entleihers. International zuständig ist bei der grenzüberschreitenden Arbeitnehmerüberlassung das Gericht an dem Ort des Betriebssitzes des Entleihers.

Wie aus dem Wortlaut des Art. 5 Nr. 1b EuGVVO („sofern nichts anderes vereinbart worden ist") hervorgeht, können die Vertragsparteien eine vom Gesetz abweichende Vereinbarung über den Erfüllungsort treffen, die gleichzeitig Auswirkungen auf den Ort des Gerichtsstandes hat. Die Wirksamkeit der Erfüllungsortvereinbarung richtet sich grundsätzlich nach dem Vertragsstatut.[1161] Entspricht die Erfüllungsortvereinbarung nicht der Vertragswirklichkeit und soll – ungeachtet des gewollten Leistungsortes – dadurch nur ein Gerichtsstand bestimmt werden (abstrakte Erfüllungsortvereinbarung), unterliegt die Vereinbarung den besonderen Formvorschriften für eine Gerichtsstandvereinbarung aus Art. 23 EuGVVO.[1162]

Ein besonderer Gerichtsstand ergibt sich aus Art. 5 Nr. 3 EuGVVO für Klagen aufgrund einer unerlaubten Handlung. Im Falle einer unerlaubten oder einer Handlung, die einer unerlaubten Handlung gleichgestellt ist, oder wenn Ansprüche aus einer solchen Handlung den Gegenstand des Verfahrens bilden, besteht eine Gerichtszuständigkeit an dem Ort, an dem das schädigende Ereignis eingetreten ist oder einzutreten droht. Der Begriff der unerlaubten Handlung ist verordnungsautonom auszulegen und bezieht sich auf alle Klagen, mit denen eine Schadenshaftung des Beklagten geltend gemacht wird und die nicht an einen Vertrag i.S.v. Art. 5 Nr. 1 EuGVVO anknüpfen.[1163] Der „Ort, an dem das schädigende Ereignis eintritt" ist ebenfalls autonom zu auszulegen. Hierunter sind nach der Rechtsprechung des EuGH sowohl der Handlungs- als auch der Erfolgsort zu verstehen. Der Beklagte kann nach Wahl des Klägers sowohl vor dem Gericht des Ortes, an dem der Schaden eingetreten ist, wie auch vor dem Gericht des Ortes des dem Schaden zugrundeliegenden ursächlichen Geschehens verklagt werden.[1164]

1161 MüKo-ZPO/*Gottwald*, Art. 5 EuGVO Rn. 27; *Junker*, § 9 Rn. 36; *Nagel/Gottwald*, § 3 Rn. 54; Musielak/*Stadler*, Art. 5 VO EG 44/2001 Rn. 15.
1162 EuGH, Urteil vom 20.02.1997, C-106/95, NJW 1997, S. 1431; BGH, Urteil vom 16. 6. 1997, II ZR 37-94, NJW-RR 1998, S. 755; MüKo-ZPO/*Gottwald*, Art. 5 EuGVO Rn. 28; *Junker*, § 9 Rn. 37; *Nagel/Gottwald*, § 3 Rn. 54; Musielak/*Stadler*, Art. 5 VO EG 44/2001 Rn. 15.
1163 EuGH, Urteil vom 27.09.1988, Rs. 189/87, NJW 1988, S. 3088; ausf. MüKo-ZPO/*Gottwald*, Art. 5 EuGVO Rn. 55 ff.; *Junker*, § 10 Rn. 5; *Nagel/Gottwald*, § 3 Rn. 66; Musielak/*Stadler*, Art. 5 VO EG 44/2001 Rn. 22.
1164 EuGH, Urteil vom 30. 11. 1976, Rs. 21/76, NJW 1977, S. 493; EuGH, Urteil vom 07.03.1995, C-68/93, NJW 1995, S. 1881; MüKo-ZPO/*Gottwald*, Art. 5

IV. Gerichtsstandsvereinbarungen und rügelose Einlassung

Die Parteien können für ein bestehendes oder künftiges Rechtsverhältnis eine Gerichtsstandsvereinbarung gem. Art. 23 EuGVVO treffen, in der sie abweichend von den allgemeinen Vorschriften die Zuständigkeit eines Gerichts in einem Mitgliedstaat privatautonom bestimmen. In der Vereinbarung kann sowohl die internationale und örtliche als auch nur die internationale Gerichtszuständigkeit bestimmt werden. Ist der Vereinbarung nichts anderes zu entnehmen, ist das vereinbarte Gericht (bzw. die Gerichte) des Mitgliedstaats ausschließlich zuständig, Art. 23 Abs. 1 S. 2 EuGVVO. Die Parteien können eine Gerichtsstandsvereinbarung in schriftlicher, mündlicher, schriftlich bestätigter, in einer den Gepflogenheiten der Parteien entsprechenden oder einer den Handelsbräuchen entsprechenden Form abschließen, Art. 23 Abs. 1 S. 3 EuGVVO. Entspricht die Vereinbarung keiner der genannten Formanforderungen, ist sie unwirksam. Die Parteien können die nach Art. 2 ff. EuGVVO zu bestimmenden Gerichtsstände im Voraus oder nachträglich durch Parteivereinbarung ausschließen. Dies gilt auch für den Deliktsgerichtsstand aus Art. 5 Nr. 3 EuGVVO. Für bestimmte Rechtsverhältnisse wird die rechtliche Wirkung einer Gerichtsstandsvereinbarung gem. Art. 23 Abs. 5 EuGVVO hingegen weitgehend beschränkt.[1165]

Die internationale Zuständigkeit eines an sich unzuständigen Gerichts wird letztlich auch – vorbehaltlich eines ausschließlichen Gerichtsstandes nach Art. 22 EuGVVO – durch eine rügelose Einlassung des Beklagten auf das Verfahren begründet, Art. 24 EuGVVO.[1166]

V. Besonderheiten bei individuellen Arbeitsverträgen

Für Streitigkeiten aus einem individuellen Arbeitsvertrag finden sich in den Art. 18-21 EuGVVO besondere Zuständigkeitsvorschriften, die einen Rückgriff auf die allgemeinen Regelungen in den Art. 2 ff. EuGVVO – vorbehaltlich des Verweises des Art. 18 EuGVVO auf Art. 4 und Art. 5

EuGVO Rn. 62 ff.; *Junker*, § 10 Rn. 8 ff.; *Nagel/Gottwald*, § 3 Rn. 68ff.; Musielak/*Stadler*, Art. 5 VO EG 44/2001 Rn. 24.
1165 Siehe zur Gerichtsstandsvereinbarung Junker, § 15 Rn 1 ff.
1166 Siehe hierzu *Junker*, § 17 Rn. 1 ff.; *Nagel/Gottwald*, § 3 Rn. 170 ff.

Abs. 5 EuGVVO – grundsätzlich sperren.[1167] Der Begriff des Arbeitsvertrages ist verordnungsautonom und unter Zugrundelegung des Verständnisses der Arbeitnehmerfreizügigkeit aus Art. 45 AEUV auszulegen. Für das Vorliegen eines Arbeitsvertrages muss es sich um eine Vereinbarung zwischen Arbeitgeber und -nehmer handeln, deren Inhalt sich auf eine abhängige, weisungsgebundene Tätigkeit, die für eine gewisse Dauer gegen Entgelt vom Arbeitnehmer ausgeübt wird, richtet.[1168] Mit dem Zusatz „individuell" werden Streitigkeiten zwischen den Tarifvertragsparteien und zwischen dem Arbeitgeber und dem Betriebsrat aus dem Anwendungsbereich ausgenommen.[1169] Der Leiharbeitsvertrag zwischen Verleiher und Leiharbeitnehmer wird – unabhängig davon, ob er befristet oder unbefristet ist – von der Vorschrift erfasst. Die Zuständigkeitsregeln gem. Art. 18 ff. EuGVVO greifen nur ein, wenn der Arbeitsvertrag oder Ansprüche aus einem Arbeitsvertrag den Gegenstand des Verfahrens bilden, Art. 18 Abs. 1 EuGVVO. Bei deliktischen Ansprüchen zwischen den Arbeitsvertragsparteien sind die allgemeinen Gerichtsstandsregelungen anzuwenden.[1170]

Bei der Bestimmung der gerichtlichen Zuständigkeit ist zu unterscheiden, ob es sich um eine Klage des Arbeitnehmers oder des Arbeitgebers handelt. Für einen Aktivprozess des Arbeitnehmers sieht Art. 19 EuGVVO zwei alternative Gerichtsstände vor. Bei einem Arbeitgeber, der seinen Wohnsitz im Hoheitsgebiet eines Mitgliedstaats hat, ist ein Gerichtsstand in dem Mitgliedstaat seines Wohnsitzes eröffnet, Art. 19 Nr. 1 EuGVVO. Die örtliche Zuständigkeit richtet sich nach dem Recht des Forumsstaates. Die Bestimmung des Wohnsitzes des Arbeitgebers erfolgt nach den Vorschriften in Art. 59, 60 EuGVVO.[1171] Zusätzlich sieht Art. 19 Nr. 2 lit. a EuGVVO die Möglichkeit vor, dass eine Klage des Arbeitnehmers in einem anderen Mitgliedstaat vor dem Gericht des Ortes erhoben werden kann, an dem er gewöhnlich seine Arbeit verrichtet oder zuletzt

---

1167 EuGH, Urteil vom 22. 5. 2008, C-462/06, NJW-RR 2008, S. 1658, Rn. 17 ff.; *Junker*, § 8 Rn. 2; *Riesenhuber*, § 7 Rn. 8; Musielak/*Stadler*, Art. 18 VO EG 44/2001 Rn. 1.
1168 EuGH, Urteil vom 15.01.1987, Rs. 266/85, NJW 1987, S. 1131, Rn. 16; MüKo-ZPO/*Gottwald*, Art. 18 EuGVO Rn. 2; *Junker*, § 13 Rn. 31; *Riesenhuber*, § 7 Rn. 7; Musielak/*Stadler*, Art. 18 VO EG 44/2001 Rn. 2.
1169 Vgl. *Junker*, § 13 Rn. 30; hierzu auch MüKo-ZPO/*Gottwald*, Art. 18 EuGVO Rn. 4; *Riesenhuber*, § 7 Rn. 7; Musielak/*Stadler*, Art. 18 VO EG 44/2001 Rn. 2.
1170 MüKo-ZPO/*Gottwald*, Art. 18 EuGVO Rn. 4; *Riesenhuber*, § 7 Rn. 8.
1171 Siehe hierzu auch 2. Kap. I. II.

gewöhnlich verrichtet hat. Verrichtet er seine Arbeit nicht gewöhnlich in ein und demselben Staat und ist die Bestimmung eines gewöhnlichen Arbeitsortes nicht möglich, eröffnet Art. 19 Nr. 2 lit. b EuGVVO einen Gerichtsstand an dem Ort, an dem sich die Niederlassung befindet bzw. befand, die den Arbeitnehmer eingestellt hat. Der Begriff des „gewöhnlichen Arbeitsortes" ist gemeinschaftsautonom auszulegen.[1172] Hierunter ist nach der Rechtsprechung des EuGH der Ort zu verstehen, an dem der tatsächliche Mittelpunkt der Berufstätigkeit des Arbeitnehmers liegt oder an dem der wesentliche Teil seiner Verpflichtungen gegenüber seinem Arbeitgeber tatsächlich erfüllt wird.[1173] Der Leiharbeitnehmer kann den Verleiher somit sowohl an dem nach Art. 59, 60 EuGVVO zu bestimmenden „Wohnsitz" des Verleihers als auch an dem Gericht des gewöhnlichen Arbeitsortes verklagen. Bei Leiharbeitsverträgen, die mit der Überlassungsdauer synchronisiert werden, wird der gewöhnliche Arbeitsort regelmäßig im Betrieb des Entleihers sein.[1174]

Eine Klage des Arbeitgebers kann gem. Art. 20 Abs. 1 EuGVVO grundsätzlich nur vor den Gerichten des Mitgliedstaats erhoben werden, in dessen Hoheitsgebiet der Arbeitnehmer seinen Wohnsitz (siehe hierzu Art. 59 EuGVVO) hat. Eine Ausnahme sieht Art. 20 Abs. 2 EuGVVO für Widerklagen des Arbeitgebers vor. Grundsätzlich ist für Klagen des Verleihers gegen den Leiharbeitnehmer das Gericht zuständig, an dem der Leiharbeitnehmer seinen Wohnsitz hat.

Die Regelungen in den Art. 18 ff. EuGVVO sind halbzwingend und können durch eine Gerichtsstandsvereinbarung nach Art. 23 Abs. 5 EuGVVO lediglich teilweise abbedungen werden.[1175] Die grundsätzliche Vertragsfreiheit der Parteien wird durch Art. 21 EuGVVO – zusätzlich zu den formellen Anforderungen des Art. 23 EuGVVO – in der Weise beschränkt, dass eine Vereinbarung nur entweder nach Entstehen der Streitigkeit getroffen werden kann oder ausschließlich dem Arbeitnehmer die Befugnis eingeräumt wird, andere als die in den Art. 18-20 EuGVVO an-

---

1172 MüKo-ZPO/*Gottwald*, Art. 19 EuGVO Rn. 2; *Nagel/Gottwald*, § 3 Rn. 127; *Riesenhuber*, § 7, Rn. 12; Musielak/*Stadler*, Art. 18 VO EG 44/2001 Rn. 2.
1173 EuGH, Urteil vom 27. 2. 2002, C-37/00, NJW 2002, S. 1635; EuGH, Urteil vom 09.01.1997, C-383/95, NJW 1997, S. 2668; MüKo-ZPO/*Gottwald*, Art. 19 EuGVO Rn. 2; *Nagel/Gottwald*, § 3 Rn. 127; Musielak/*Stadler*, Art. 18 VO EG 44/2001 Rn. 1.
1174 Vgl. auch *Bayreuther*, DB 2011, S. 706, 709.
1175 MüKo-ZPO/*Gottwald*, Art. 21 EuGVO Rn. 1; *Junker*, § 14 Rn. 38 ff., § 15 Rn. 30; *Nagel/Gottwald*, § 3 Rn. 127 f.; *Riesenhuber*, § 7 Rn. 18.

geführten Gerichte anzurufen. Bei Streitigkeiten aus dem Arbeitsverhältnis kann sich die Gerichtszuständigkeit auch durch eine rügelose Einlassung auf ein Verfahren gem. Art. 24 EuGVVO ergeben.[1176]

VI. Besonderer Gerichtsstand nach § 15 AEntG

Nach den allgemeinen Grundsätzen der Art. 18 ff. EuGVVO richtet sich der Gerichtsstand für Klagen des Arbeitnehmers wahlweise nach dem Wohnsitz des Arbeitgebers oder nach dem gewöhnlichem Arbeitsort, Art. 19 Nr. 1, 2 lit. a EuGVVO. Letzterer wird bei nur vorübergehenden Entsendungen im Entsendestaat als dem zeitlich oder inhaltlich für die Arbeitsleistung überwiegenden Ort verbleiben. Ausländische Arbeitnehmer müssten demnach ihre Ansprüche gegen ihre ausländischen Arbeitgeber im Entsendestaat geltend machen. Dies könnte die Durchsetzung der Ansprüche aus dem AEntG beeinträchtigen.[1177] Die ausländischen Gerichte müssen deutsches zwingendes Recht nur nach der Vorgabe des Art. 9 Abs. 3 Rom I-VO berücksichtigen. Die Wirksamkeit des AEntG, das gerade die Beschränkung von Wettbewerbsvorteilen der Unternehmen des Entsendestaates bezweckt, wäre davon abhängig, ob das ausländische Gericht ein Interesse an der Anwendung deutschen Eingriffsrechts aufweist.[1178]

Der § 15 AEntG, der Art. 6 EntsendeRL umsetzt, begründet eine zusätzliche, internationale Zuständigkeit für Arbeitnehmer in Entsendefällen.[1179] Ferner wird die Zulässigkeit des Rechtsweges zu den Arbeitsgerichten geregelt.[1180] Die Zuständigkeit der deutschen Arbeitsgerichte wird aber nur für Ansprüche aus dem Zeitraum der Entsendung eröffnet. Ferner kann sie nur auf die Erfüllung der Verpflichtungen nach den §§ 2, 8, oder 14 AEntG gerichtet sein. Vom Arbeitgeber über §§ 2, 8 AEntG hinaus zu

---

1176 MüKo-ZPO/*Gottwald*, Art. 21 EuGVO Rn. 1 m.w.N.; *Riesenhuber*, § 7 Rn. 19.
1177 *Bayreuther*, DB 2011, S. 706, 709.
1178 Hierauf verweist auch *Bayreuther*, DB 2011, S. 706, 709; siehe auch Thüsing/*Mohr*, AEntG, § 15 Rn. 2; ErfK/*Schlachter*, § 15 AEntG Rn. 1; die darin die Gewährleistung des Gleichlaufs von materiellem und Prozessrecht sehen; nach *Schlachter*, a.a.O. „gebietet der Normzweck einer effektiven und einheitlichen Durchsetzung des AEntG eine einheitliche Zuständigkeit".
1179 Siehe hierzu auch Art. 67 EuGVVO.
1180 *Bayreuther*, DB 2011, S. 706, 709; *Koberski/Asshoff/Eustrup/Winkler*, § 15 AEntG Rn. 5, 11; Thüsing/*Mohr*, AEntG, § 15 Rn. 2 f.; ErfK/*Schlachter*, § 15 AEntG Rn. 1; *Ulber*, AEntG, § 15 Rn. 1.

gewährende Arbeitsbedingungen können nicht auf der Grundlage von § 15 AEntG geltend gemacht werden. Die Vorschrift begründet keinen ausschließlichen Gerichtsstand, sodass der Arbeitnehmer ein Wahlrecht hat, ob er eine Klage vor einem deutschen Arbeitsgericht erhebt oder vor einem Gericht im Entsendestaat.[1181] Die Zuständigkeit der deutschen Gerichte nach § 15 AEntG kann nicht im Rahmen einer Gerichtsstandsvereinbarung abbedungen werden. Dies würde der Zielsetzung des § 15 AEntG, wonach dem Arbeitnehmer ein Forum zur Geltendmachung der Ansprüche aus dem AEntG geschaffen werden soll, zuwiderlaufen.[1182]

VII. Gerichtszuständigkeit bei grenzüberschreitender Arbeitnehmerüberlassung

Zur Bestimmung der internationalen gerichtlichen Zuständigkeit ist bei grenzüberschreitender Arbeitnehmerüberlassung zunächst danach zu differenzieren, aus welchem Rechtsverhältnis sich die geltend gemachten Ansprüche ergeben. Wesentlich ist die Unterscheidung zwischen Ansprüchen aus dem Leiharbeitsverhältnis und Ansprüchen aus dem Überlassungsverhältnis.

Will der polnische Leiharbeitnehmer Ansprüche aus dem Leiharbeitsverhältnis gegenüber seinem polnischen Verleiher geltend machen, ist die internationale Zuständigkeit der polnischen Gerichte gegeben. Dies folgt daraus, dass der Verleiher seinen „Wohnsitz" i.S.d. Art. 60 Abs. 1 EuGVVO in Polen hat. Zur Bestimmung der örtlichen Zuständigkeit des Gerichts sind grundsätzlich die Art. 27 ff., 461 polnZVfGB[1183] heranzuziehen. Das LeiharbeitG regelt in Art. 24 LeiharbeitG die örtliche Zuständigkeit abweichend von der allgemeinen Regel des Art. 461 ZVfGB.[1184]

1181 *Boemke/Lembke*, AÜG [2. Aufl., 2005] Anh. I, § 7 AEntG Rn. 24 f.; *Koberski/Asshoff/Eustrup/Winkler*, § 15 AEntG Rn. 9, 12; Thüsing/*Mohr*, AEntG, § 15 Rn. 1, 4; *Ulber*, AEntG, § 15 Rn. 2, 4 f.
1182 *Boemke/Lembke*, AÜG [2. Aufl., 2005] Anh. I, § 7 AEntG Rn. 24; Däubler/*Lakies*, Anh. 2 zu § 5 TVG, § 15 AEntG Rn. 4; ErfK/*Schlachter*, § 15 AEntG Rn. 3; *Ulber*, AEntG, § 15 Rn. 3.
1183 Zivilverfahrensgesetzbuch vom 17.11.1964 (Kodeks postępowania cywilnego), Dz. U. 1964, Nr. 43, Pos. 296, weiter: ZVfGB.
1184 Hiernach kann eine Klage aus dem Bereich des Arbeitsrechts entweder bei dem Gericht der allgemeinen Zuständigkeit des Beklagten oder bei dem Gericht, in dessen Bezirk die Arbeit ausgeübt wird, wurde oder werden sollte, oder bei dem Gericht, in dessen Bezirk sich der Betrieb befindet, erhoben werden (§ 1). Alter-

Über Ansprüche des Leiharbeitnehmers entscheidet das örtlich für den Sitz der Zeitarbeitsagentur zuständige Arbeitsgericht. Die Vorschrift des Art. 24 LeiharbeitG gilt als *lex specialis* und begründet einen ausschließlichen Gerichtsstand.[1185]

Wahlweise kann der Leiharbeitnehmer eine Klage gegen den Verleiher in dem Mitgliedstaat des gewöhnlichen Arbeitsortes anstrengen. Sofern ein gewöhnlicher Arbeitsort in einem Mitgliedstaat nicht ermittelt werden kann, ist hilfsweise auf den Ort der einstellenden Niederlassung abzustellen. Ein polnischer Leiharbeitnehmer, der auf der Grundlage eines an der Überlassungsdauer an den Entleiher synchronisierten Leiharbeitsvertrages bei dem Verleiher eingestellt wird, setzt seine Arbeitsleistung ausschließlich bei einem deutschen Entleiher ein. Falls die dem Leiharbeitnehmer übertragene Arbeit in Deutschland ausgeführt wird, befindet sich der gewöhnliche Arbeitsort – insofern besteht Einklang mit den Regelungen über das Vertragsstatut – in Deutschland. Hieraus folgt, dass für Klagen des Leiharbeitnehmers aus dem Leiharbeitsverhältnis nach seiner Wahl auch die deutschen Gerichte international zuständig sind. Die örtliche Zuständigkeit richtet sich in dem Fall nach den Vorschriften in §§ 12 ff. ZPO. Ergänzend sei darauf hingewiesen, dass die internationale Zuständigkeit der deutschen Arbeitsgerichte auch aus § 15 AEntG begründet werden kann. Allerdings findet die Vorschrift im Hinblick auf einen grenzüberschreitend aus Polen überlassenen Leiharbeitnehmer nur begrenzt Anwendung. Die internationale Zuständigkeit besteht hiernach nur für Klagen, die sich auf die Erfüllung der Verbindlichkeiten aus den §§ 2, 8, 14 AEntG aus dem Zeitraum der Entsendung richten. Über die in Bezug genommenen Mindestbedingungen hinausgehende Ansprüche können nicht auf Grundlage der Regelung in § 15 AEntG vor deutschen Gerichten eingeklagt werden. Hierfür gelten die Art. 18 ff. EuGVVO.

---

nativ kann das Gericht auf einvernehmlichen Antrag der Parteien die Sache zur Entscheidung an ein anderes Gericht gleichen Ranges, das die Sachen aus dem Bereich des Arbeitsrechts entscheidet, verweisen (§ 3).

1185 *Makowski*, Polska regulacja, S. 72; *Reda*, S. 128 f.; *Sobczyk*, Zatrudnienie tymczasowe, S. 109; der Autor äußert Zweifel daran, ob die Beschränkung der örtlichen Zuständigkeit gegenüber den allgemeinen Regeln mit Art. 10 LeiharbeitRL vereinbar ist. Er erhebt den Einwand, dass der Erfüllungsort, an dem die Arbeit beim Entleiher geleistet wird, der geeignetere Gerichtsstand wäre; *derselbe*, M.P.Pr. 2006, Nr. 1, S. 6, 11; *Spytek-Bandurska*/Szylko-Skoczny, S. 169, bezweifelt den prozessökonomischen Nutzen dieser Regelung.

Für Klagen eines polnischen Verleihers gegen einen polnischen Leiharbeitnehmer sind – vorbehaltlich der Sonderkonstellation einer Widerklage gem. Art. 20 Abs. 2 EuGVVO – die polnischen Arbeitsgerichte nach Art. 20 Abs. 1 EuGVVO international zuständig. Die örtliche Zuständigkeit für Ansprüche des Verleihers gegen den Leiharbeitnehmer richtet sich nach Art. 461 § 1 ZVfGB.

Ausgenommen sind Klagen aufgrund deliktischen Handelns. Die arbeitsrechtlichen Sonderregelungen aus Art. 18 ff. EuGVVO finden dann keine Anwendung und die internationale und örtliche Zuständigkeit wird durch Art. 2, 5 Nr. 3 EuGVVO bestimmt.

Für Klagen im Rahmen des Überlassungsverhältnisses gelten die allgemeinen Vorschriften nach Art. 2 ff. EuGVVO. Neben dem allgemeinen Gerichtsstand des Wohnsitzes der jeweils verklagten Partei – für den Verleiher Polen[1186] und für den Entleiher Deutschland – kann sich die internationale Zuständigkeit ferner aus Art. 5 EuGVVO ergeben. Nach Art. 5 Nr. 1 EuGVVO richtet sich die internationale und örtliche Zuständigkeit nach dem Ort, an dem die vertragscharakteristische Leistung zu erbringen ist. Es besteht ein einheitlicher Erfüllungsort in Deutschland am Betriebssitz des Entleihers, an den die Leiharbeitnehmer überlassen werden.

Die Ausführungen hinsichtlich der internationalen Zuständigkeit gelten – außer im Hinblick auf den Gerichtsstand nach § 15 AEntG – vorbehaltlich abweichender Parteivereinbarungen über den internationalen Gerichtsstand bzw. den Erfüllungsort. Ferner ist zu bedenken, dass die gerichtliche Zuständigkeit auch durch eine rügelose Einlassung des Beklagten begründet werden kann.

J. Staatliche Aufsicht und Kontrolle

Es obliegt den staatlichen Behörden die Einhaltung der (Beschäftigungs-)Bedingungen zu überwachen und bei Bedarf Maßnahmen zu deren Durchsetzung zu ergreifen. Zur Wahrnehmung ihrer Aufgaben werden den einzelnen Behörden durch den jeweiligen Gesetzgeber unterschiedlich weitereichende Prüfmöglichkeiten und -kompetenzen zugewiesen. Nach-

---

1186 In dem Überlassungsverhältnis ist für Klagen der beiden Beteiligten der Rechtsweg zu den Zivilgerichten eröffnet, Art. 2 § 1 ZVfGB. Die örtliche Zuständigkeit richtet sich bei einer natürlichen Person nach dem Wohnsitz des Beklagten, Art. 27 ZVfGB, bzw. bei einer juristische Person nach dem Ort des Sitzes.

folgend ist auf die Möglichkeiten und Befugnisse zur Kontrolle der Beschäftigung polnischer Leiharbeitnehmer in Deutschland durch einerseits deutsche und andererseits polnische Behörden einzugehen. Anschließend wird zu erörtern sein, wie sich die Kompetenzen der jeweiligen Prüforgane bei grenzüberschreitender Arbeitnehmerüberlassung ergänzen.

I. Prüfungsmöglichkeiten deutscher Behörden

Die Durchführung des Arbeitnehmerüberlassungsgesetzes wird gem. § 17 Abs. 1 AÜG der Bundesagentur für Arbeit zugewiesen. Ihr kommt die Rechtsstellung als Erlaubnisbehörde zu. Zu ihrer zentralen Aufgabe gehört die Prüfung, ob und unter welchen Voraussetzungen Verleihern eine Überlassungserlaubnis erteilt werden kann, ob Versagungsgründe vorliegen oder die Aufhebung einer bereits erteilten Erlaubnis vorzunehmen ist.[1187] In dem Zusammenhang hat sie die Einhaltung der wesentlichen Vorschriften zu kontrollieren, gegebenenfalls zu verfolgen und sogar als Ordnungswidrigkeit zu ahnden. Hierbei obliegt ihr die Prüfung, ob den Leiharbeitnehmern die gesetzlich vorgeschriebenen Beschäftigungsbedingungen nach § 10 Abs. 4, 5 AÜG gewährt werden.

Im Hinblick auf die Verpflichtung des Verleihers zur Gewährung der Arbeitsbedingungen nach § 10 Abs. 5 AÜG besteht gem. § 17 Abs. 2 AÜG eine (zusätzliche) Zuständigkeit der Zollbehörden. Die Zollbehörden sind ausdrücklich nur für die Prüfung, ob die Zahlungspflicht hinsichtlich der Lohnuntergrenze nach § 3a AÜG eingehalten wird, zuständig. Demgegenüber gehört die Prüfung, ob die Verleiherpflichten im Rahmen des Gleichbehandlungsgrundsatzes aus § 10 Abs. 4 AÜG eingehalten werden, zur ausschließlichen Zuständigkeit der BA.[1188] Den Zollbehörden obliegt darüber hinaus die Überprüfung der Einhaltung der Mindestbedingungen aus dem AEntG, die gem. § 8 Abs. 3 AEntG auf ein ausländisches Leiharbeitsverhältnis Anwendung finden können. Den Zollbehörden werden zur effektiven Kontrolle durch die § 17 AÜG, § 16 AEntG besondere, über die der Erlaubnisbehörde hinaus zustehende Prüfrechte und Kompetenzen

---

1187 BT-Drs. 17/5761, S. 6.
1188 BT-Drs. 17/5761, S. 8; HWK/*Kalb*, § 17 AÜG Rn. 5; *Sandmann/Marschall/Schneider*, AÜG, Art. 1 § 17 Rn. 5, 7.

nach dem SchwArbG[1189] zugewiesen.[1190] Die umfangreichen Rechte der Zollbehörden und die damit korrespondierenden Pflichten auf Seiten der kontrollierten Rechtsträger bestehen nur in dem Rahmen, der erforderlich ist, um die Einhaltung der jeweiligen Mindestbedingungen zu prüfen.[1191]

Bei der grenzüberschreitenden Arbeitnehmerüberlassung nach Deutschland gelten die Beschäftigungsbedingungen des AÜG entweder aufgrund deutschen Vertragsstatuts oder aufgrund der international zwingenden Wirkung nach § 2 Nr. 4 AEntG grundsätzlich auch für Arbeitsverhältnisse ausländischer Leiharbeitnehmer.[1192] Finden die Vorschriften des AÜG Anwendung, obliegt den deutschen Kontrollbehörden die Prüfung, ob die jeweiligen Bedingungen eingehalten werden. Die Einhaltung der Mindestbedingungen nach dem AEntG wird ausschließlich durch die deutschen Zollbehörden überwacht.

Besonders hervorgehoben werden soll, dass sich die Kontrollen und Sanktionen durch die deutschen Behörden stets auf die Einhaltung der deutschen Beschäftigungsbedingungen beziehen. Es ist nicht Aufgabe der deutschen Prüfbehörden und liegt außerhalb ihres Kompetenzbereiches, die Einhaltung ausländischer Vorschriften zu überprüfen. Dies gilt sowohl für die gewerberechtlichen Rahmenbedingungen als auch arbeits- und sozialrechtliche Vorschriften.

II. Prüfungsmöglichkeiten polnischer Behörden

Die Aufsicht und Kontrolle über die Einhaltung der gewerberechtlichen Bedingungen an den Betrieb einer Zeitarbeitsagentur in Polen obliegt in erster Linie gem. Art. 18o BeInstG dem örtlich zuständigen Marschall der Woiwodschaft.[1193] Dieser ist sowohl für die Eintragung und Löschung des anzeigepflichtigen Gewerbes in dem Register der Zeitarbeitsagenturen als auch für die laufende Überwachung der ausgeübten Tätigkeit zuständig. Im Hinblick auf die gewerberechtlichen Vorschriften aus dem BeInstG un-

---

1189 Gesetz zur Bekämpfung der Schwarzarbeit und illegalen Beschäftigung (Schwarzarbeitsbekämpfungsgesetz) vom 13.07.2004, BGBl. I, S. 1842.
1190 Zu den einzelnen Rechten und Pflichten ausf. *Koberski/Asshoff/Eustrup/Winkler*, § 17 AEntG Rn. 1 ff.; BeckOK-ArbR/*Kock/Milenk*, § 17a AÜG Rn. 1 ff.; *Sandmann/Marschall/Schneider*, AÜG, Art. 1 § 17a Rn. 1 ff.
1191 Vgl. BT-Drs. 17/5761, S. 8.
1192 Siehe hierzu ausf. 2. Kap. D. II. 3. b) dd) (2) (b).
1193 Siehe hierzu 2. Kap. B. I. 4.

terliegt die Zeitarbeitsagentur darüber hinaus der Aufsicht durch die Staatliche Arbeitsinspektion (Art. 10 Abs. Nr. 3 lit. d, e StArbInspG), welche durch den Gesetzgeber mit umfangreichen Kompetenzen zur Kontrolle und Ahndung möglicher Rechtsverstöße ausgestattet worden ist.[1194] Stellt die Arbeitsinspektion Verstöße gegen das BeInstG fest, hat sie die betreffenden Informationen an den zuständigen Marschall weiterzuleiten, Art. 37 Abs. 3 StArbInspG.

Eine weitaus entscheidendere Rolle kommt der Staatlichen Arbeitsinspektion hinsichtlich der Einhaltung von arbeitsrechtlichen Vorschriften sowohl durch die Zeitarbeitsagentur als auch den Entleiher zu. Sie übt gem. Art. 18^4 § 1 ArbGB, Art. 1 StArbInspG die Aufsicht und Kontrolle über die Einhaltung des Arbeitsrechts aus.[1195] Sie ist ferner für die Zusammenarbeit mit Behörden aus den Mitgliedsländern der Europäischen Union, die für die Aufsicht über die Arbeits- und Beschäftigungsbedingungen zuständig sind, verantwortlich (Art. 10 Nr. 14 StArbInspG). Darüber hinaus gehört zu den Aufgaben die Verfolgung von Verstößen gegen Arbeitnehmerrechte (Art. 10 Nr. 15 StArbInspG).

Der Arbeitsinspektor kann bei Verstößen gegen Arbeitsrechtsvorschriften Bußgelder verhängen und als öffentlicher Ankläger im Ordnungswidrigkeitenverfahren[1196] auftreten. In Bezug auf den Verleiher kommt bei Verstößen gegen Arbeitnehmerrechte die Verfolgung von Ordnungswidrigkeiten nach Art. 281-283 ArbGB in Betracht. Der Entleiher unterliegt in dem Umfang, in dem ihn arbeitsrechtliche Pflichten gegenüber dem Leiharbeitnehmer treffen[1197], ebenfalls der Aufsicht der Arbeitsinspektion. In Art. 28 LeiharbeitG wird ausdrücklich bestimmt, dass über die in Art. 27 LeiharbeitG genannten Ordnungswidrigkeiten das Gericht auf Antrag des Arbeitsinspektors entscheidet. Darüber hinaus kann ein Arbeitsinspektor eigenständig ein gerichtliches Verfahren zur Feststellung eines „regulären" Arbeitsverhältnisses zwischen den Beteiligten anstrengen.[1198]

1194 Bspw. Art. 37 Abs. 1 StArbInspG.
1195 Das StArbInspG enthält in seinem Art. 10 einen umfangreichen Aufgabenkatalog für die Staatliche Arbeitsinspektion, der über die Aufsicht und Kontrolle über die Einhaltung des Arbeitsrechts (Art. 10 Abs. 1 Nr. 1, 3) hinausgeht und unter anderem auch Aufgaben mit informatorischer, gutachterlicher oder beratender Funktion umfasst.
1196 Art. 17 § 2 des Ordnungswidrigkeitenverfahrensgesetz vom 24.08.2001 (Kodeks postępowania w sprawach o wykroczenia, Dz. U. 2001, Nr. 106, Pos. 1148, m. spät. Änd., weiter: OwiVerfG).
1197 Siehe hierzu Fn. 1139.
1198 Art. 10 Abs. 1 Nr. 11 StArbInspG, Art. 631 ZVfGB.

Er kann die Klage ohne Kenntnis der betroffenen Person oder sogar gegen ihren Willen erheben.[1199]

Grundsätzlich führen die Arbeitsinspektoren ihre Kontrollen[1200] ausschließlich innerhalb der territorialen Zuständigkeit ihres Bezirksinspektorats durch (Art. 22 StArbInspG). Der Hauptinspektor für Arbeit kann bestimmen, dass ein Arbeitsinspektor seine Tätigkeiten außerhalb des Staatsgebiets der Republik Polen ausübt, sofern das Arbeitsverhältnis polnischem Arbeitsrecht unterliegt.[1201] Die Überprüfung durch die polnischen Behörden richtet sich ausschließlich auf die Einhaltung der Vorschriften des polnischen Rechts. Dies gilt auch im Falle der grenzüberschreitenden Arbeitnehmerüberlassung. Eine Kontrolle kann daher grundsätzlich in Bezug auf entsandte Arbeitnehmer vorgenommen werden, sofern polnisches Recht auf die Rechtsbeziehungen zwischen den Beteiligten anzuwenden ist. Aufgrund fehlender Hoheitsgewalt können jedoch Sanktionen, die nach polnischem Recht vorgesehen sind, nicht gegenüber deutschen Rechtsträgern in Deutschland durchgesetzt werden.

III. Zusammenwirken der deutschen und polnischen Behörden

Im Falle der grenzüberschreitenden Arbeitnehmerüberlassung aus Polen nach Deutschland finden zumindest teilweise sowohl deutsche als auch polnische Vorschriften auf die Beteiligten und die zwischen ihnen bestehenden Rechtsverhältnisse Anwendung. Damit geht einher, dass die staatlichen Behörden beider Mitgliedstaaten berufen sind, die Einhaltung der jeweiligen nationalen Vorschriften zu kontrollieren und bei Bedarf Maßnahmen zur Durchsetzung zu treffen. Bei Zugrundelegung dieser nachvollziehbaren Aufteilung der Aufsichtsmöglichkeiten besteht bei einem grenzüberschreitenden Leiharbeitseinsatz theoretisch kein Verlust an staatlicher Kontrolle über das Beschäftigungsverhältnis und die Beteiligten. Es findet lediglich eine Anpassung und Verlagerung der Prüf- und Sanktionskompetenzen statt.

1199 OG, Urteil vom 29.12.1998, I PKN 494/98, OSNAPiUS 2000, Nr. 4, Pos. 149; formell wird der Arbeitsinspektor Partei des Verfahrens zur Feststellung des Arbeitsverhältnisses, materiell betroffen werden durch das Urteil jedoch nur der Beschäftigte und der Auftraggeber, vgl. *Małysz*, S. 133.
1200 Siehe zum Verfahren Art. 21 ff. StArbInspG.
1201 Art. 22 Abs. 2 StArbInspG.

In der praktischen Umsetzung führen mehrere Umstände dazu, dass die Effektivität der Kontrollmechanismen erheblich beeinträchtigt wird. Wie bereits erwähnt, sind die jeweiligen nationalen Behörden dafür zuständig, die Einhaltung des jeweils eigenen nationalen Rechts zu überprüfen. Bei einem grenzüberschreitenden Arbeitseinsatz stellt sich stets die – im Einzelfall nicht immer einfach zu beantwortende – Vorfrage nach dem anwendbaren Recht. Für die jeweilige nationale Behörde kommt erschwerend eine weitgehende Unkenntnis der jeweils anderen Rechtsordnung hinzu. Dies wirkt sich sowohl auf der kollisionsrechtlichen Ebene bei Bestimmung des anwendbaren Rechts als auch auf der Ebene der Anwendung des fremden Rechts aus. Darüber hinaus sind international zwingende Normen des deutschen Rechts zu beachten, wozu insbesondere die Vorschriften des AEntG zu zählen sind. Eine Antwort auf die Fragen, ob eine international zwingende Vorschrift gegeben und sie im konkreten Einzelfall anzuwenden ist, kann in einer Vielzahl von Fällen nicht ohne eingehendere Untersuchung getroffen werden und ist häufig umstritten. In Anbetracht der genannten Schwierigkeiten verwundert es nicht, wenn die Staatliche Arbeitsinspektion in Polen bei Leiharbeitsverhältnissen durch die pauschale Berufung auf den international zwingenden Charakter der Vorschriften des AEntG und des Art. 3 EntsendeRL von einer Überprüfung der arbeitsrechtlichen Situation der nach Deutschland entsandten Leiharbeitnehmer Abstand nimmt. Es wird davon ausgegangen, dass deutsches Recht anzuwenden sei, und daher den polnischen Behörden keine Kontrollbefugnisse zustünden. Solange diese Annahme tatsächlich zutrifft, sind die deutschen Behörden für die Aufsicht und Kontrolle der Beschäftigungsbedingungen zuständig. Die Annahme, dass aufgrund des AEntG das Leiharbeitsverhältnis eines polnischen Leiharbeitnehmers, der durch einen polnischen Verleiher an einen Entleiher in Deutschland überlassen wird, weitgehend dem deutschen Recht unterliegt, ist jedoch fehlerhaft.[1202] Ist polnisches Recht anwendbar, obliegt die Aufsichtspflicht über die Einhaltung der arbeitsrechtlichen Vorschriften nicht den deutschen, sondern den polnischen Behörden, die diese Pflicht nach obigem Verständnis nicht ausüben.

Um einem solchen Missstand entgegenzuwirken, hat der europäische Verordnungsgeber bereits in Art. 4 EntsendeRL die Einrichtung von sogenannten Verbindungsbüros und die Pflicht zur Zusammenarbeit im Informationsbereich zwischen den Behörden der Mitgliedstaaten vorgeschrie-

---

1202 Siehe hierzu ausf. 2. Kap. D. II. 4.

ben.¹²⁰³ In Deutschland nimmt die Bundesfinanzdirektion West in Köln, die zu dem Geschäftsbereich des Bundesministeriums für Finanzen zu zählen ist, die Aufgaben des Verbindungsbüros wahr. Neben einer allgemeinen Abteilung für die Rechts- und Fachaufsicht über die untergeordneten (Haupt-)Zollämter ist ihr der besondere Aufgabenbereich „Bekämpfung von Schwarzarbeit und illegaler Beschäftigung (Finanzkontrolle Schwarzarbeit)" zugewiesen, für den sie bundesweit zuständig ist. Im Rahmen dessen hat sie Anfragen von ausländischen Behörden oder Personen zu beantworten, die das länderübergreifende Zurverfügungstellen von Arbeitnehmern betreffen.¹²⁰⁴ Die bestehenden Unzulänglichkeiten deuten auf die Ausbaufähigkeit der Zusammenarbeit zwischen den deutschen und polnischen Behörden hin.

K. Besondere Ausgestaltungsformen

Die bisherigen Ausführungen haben sich überwiegend auf die Situation der unmittelbaren grenzüberschreitenden Arbeitnehmerüberlassung bezogen. Unmittelbar bedeutet in dem Kontext, dass die Überlassung die grenzüberschreitende Dienstleistung darstellt. Sie ist dadurch gekennzeichnet, dass sich der Verleiher und der Entleiher in zwei verschiedenen Staaten befinden und die Dienstleistung „aus einem Staat in einen anderen hinein" erbracht wird.¹²⁰⁵ Im Zuge der Dienstleistungserbringung überquert der Leiharbeitnehmer die Grenze und setzt idealtypisch seine Arbeitskraft in einem Betrieb des Entleihers, in dessen Strukturen und Arbeitsabläufe er eingegliedert wird, ein. Der Arbeitnehmerüberlassung liegt der Gedanke zugrunde, dass der Entleiher, welcher nicht Arbeitgeber des Leiharbeitnehmers ist, die Arbeitsleistung unmittelbar für sich in Anspruch nehmen kann. Ihm soll die Arbeitskraft des Leiharbeitnehmers vollständig zugutekommen.

Der Leiharbeitnehmer muss aber nicht zwangsläufig im Betrieb des Entleihers beschäftigt sein. Möglich ist auch, dass der Entleiher die ihm überlassenen Leiharbeitnehmer bei der Ausführung eines (Werk- oder

---

1203 § 20 Abs. AEntG dient der Umsetzung dieser Verpflichtung aus der EntsendeRL; siehe hierzu Thüsing/*Reufels*, AEntG, § 20 Rn. 5 f. m.w.N.
1204 In Polen wurde die Aufgabe eines Verbindungsbüros i.S.v. Art. 4 EntsendeRL der Staatlichen Arbeitsinspektion zugewiesen.
1205 Schüren/Hamann/*Riederer von Paar,* Einl. Rn. 641; *Zimmermann,* S. 5.

Dienst-)Vertrages, den er selbst mit einem Dritten geschlossen hat, einsetzt. Der Einsatz der Leiharbeitnehmer kann grundsätzlich im Betrieb des auftraggebenden Unternehmens, das auf die Arbeitskraft der ihm überlassenen Leiharbeitnehmer zurückgreifen möchte, stattfinden. In einem solchen Fall ist besonders darauf zu achten, dass der Entleiher die Arbeit des Leiharbeitnehmers „selbst organisiert und steuert".[1206] Der Leiharbeitnehmer muss dem Betrieb des Entleihers zugerechnet werden können.

Stellt der Entleiher unter dem Deckmantel eines Scheinwerk- oder Scheindienstvertrages dem Unternehmer Leiharbeitnehmer zur Verfügung bzw. überlässt ihm diese, liegt tatsächlich Arbeitnehmerüberlassung vor. In dem Fall lägen mit *Hamann* sogar zwei (nacheinander geschaltete) Überlassungen vor, was als Ketten- oder Zwischenverleih bezeichnet werden kann.[1207] Der (Erst-)Entleiher tritt gleichzeitig als (Zweit-)Verleiher im Hinblick auf dieselben Leiharbeitnehmer auf. Es stellt sich die Frage, ob ein solches Vorgehen zulässig ist. Unter Einbeziehung verschiedener Ausgestaltungsmöglichkeiten eines grenzüberschreitenden Kettenverleihs ist die Zulässigkeit nach polnischem bzw. deutschem Recht zu untersuchen. Abschließend soll auf die Besonderheiten des sog. „Huckepackverfahrens" eingegangen werden.

I. Grenzüberschreitender Kettenverleih

Die Arbeitnehmerüberlassung ist eine besondere Form des Fremdpersonaleinsatzes, die abweichend zu einem regulären Arbeitsverhältnis auf Seiten des Arbeitgebers zu einer einmaligen Aufteilung der Rechte und Pflichten zwischen dem Verleiher und dem Entleiher führt. Um den Anforderungen des Arbeitsmarktes an flexible Arbeitsformen zu genügen und gleichzeitig einen ausreichenden Arbeitnehmerschutz zu gewährleisten, sind besondere Vorschriften für die Arbeitnehmerüberlassung geschaffen worden. Für die Beurteilung, ob ein Kettenverleih bei einem

---

1206 Schüren/Hamann/*Hamann*, § 1 Rn. 57; zur Abgrenzung a.a.O. Rn. 107 ff.; *Ulber*, AÜG, Einl. C Rn. 22 ff.
1207 Vgl. Schüren/Hamann/*Hamann*, § 1 Rn. 57; siehe hierzu auch Boemke/Lembke/*Boemke*, § 1 Rn. 14; UGBH/*Germakowski/Bissels*, AÜG, § 1 Rn. 22; HK-ArbR/*Lorenz*, AÜG, § 1 Rn. 8; *Sandmann/Marschall/Schneider*, AÜG, Einl. Rn. 3; Schüren/Hamann/*Schüren*, Einl. Rn. 331; Thüsing/*Waas*, AÜG, § 1 Rn. 28; *Ulber*, AÜG, § 1 Rn. 24; *derselbe*, AÜG-Basis, § 1 Rn. 21.

grenzüberschreitendem Sachverhalt zulässig ist, müssen die Überlassungsvorschriften der beteiligten Rechtsordnungen betrachtet werden.

Bei der grenzüberschreitenden Überlassung sind zunächst zwei Konstellationen eines Kettenverleihs vorstellbar. Bei der ersten überlässt ein polnischer Verleiher Leiharbeitnehmer innerhalb Polens an einen (Erst-)Entleiher und dieser überlässt dieselben Leiharbeitnehmer an einen (Zweit-)Entleiher nach Deutschland. Eine etwas andere Situation liegt vor, wenn der polnische Verleiher die Leiharbeitnehmer grenzüberschreitend an einen (Erst-)Entleiher überlässt und dieser im Inland die Leiharbeitnehmer an einen (Zweit-)Entleiher verleiht.

1. Kettenverleih innerhalb von Polen

In der ersten Variante richtet sich die Zulässigkeit der Überlassung innerhalb Polens ausschließlich nach polnischem Recht, welches die Aufteilung der Arbeitgeberrechte und -pflichten regelt. Das polnische Recht bestimmt in Art. 14 Abs. 2 S. 3 LeiharbeitG ausdrücklich, dass der Entleiher den ihm überlassenen Leiharbeitnehmer nicht eine Arbeit zugunsten und unter der Leitung eines anderen Rechtsträgers übertragen darf. Der Gesetzgeber nutzt hierbei denselben Wortlaut wie in Art. 2 Abs. 2 LeiharbeitG, sodass der Weiterverleih des Leiharbeitnehmers durch den Entleiher erfasst werden soll.[1208] Damit verbietet der Gesetzgeber ausdrücklich, dass der Entleiher die Leiharbeitnehmer nochmals überlässt.[1209] Der (Erst-)Entleiher darf die Arbeitskraft der Leiharbeitnehmer nur unter seiner eigenen Leitung und zu seinen eigenen Gunsten in Anspruch nehmen. Eine Übertragung derjenigen Arbeitgeberrechte und -pflichten, die ihm durch die erste Überlassung zuteilwerden, ist ausgeschlossen. Dieses Verbot muss selbst dann gelten, wenn der (Erst-)Entleiher gleichzeitig als Verleiher auf dem Markt auftritt. Die Eintragung in das Register der Zeitarbeitsagenturen ermöglicht es ihm, grundsätzlich Arbeitnehmerüberlassung zu betreiben.

1208 Vgl. *Sobczyk*, Zatrudnienie tymczasowe, S. 80; im Ergebnis auch *Drzewiecka*, M.P.Pr. 2004, Nr. 2, S. 44, 46; *Makowski*, Polska regulacja, S. 57; *derselbe*, Praca tymczasowa, S. 110 f.; *Spytek-Bandurska*/Szylko-Skoczny, S. 178.

1209 Hierdurch ist aber nicht generell ausgeschlossen, dass der Entleiher als Outsourcing-Unternehmen die an ihn überlassenen Arbeitnehmer zur Ausführung der Arbeit bei einem anderen Rechtsträger und unter dessen unmittelbarer Leitung einsetzt; vgl. *Sobczyk*, Zatrudnienie tymczasowe, S. 80; siehe ausf. zum Personal-Outsourcing 2. Kap. G. II. 1. b) dd).

In Bezug auf Leiharbeitnehmer, die er selbst überlassen bekommt, wird diese Möglichkeit jedoch explizit durch Art. 14 Abs. 2 S. 3 LeiharbeitG ausgeschlossen. Der gesetzlichen Regelung ist zu entnehmen, dass ein Verleiher zur Überlassung eines Leiharbeitnehmers mit diesem unmittelbar ein Leiharbeitsverhältnis eingehen muss. Der (Erst-)Entleiher ist aber nicht Arbeitgeber der ihm überlassenen Leiharbeitnehmer.[1210] Würde er im Hinblick auf die zweite Überlassung als Arbeitgeber angesehen, widerspräche dies dem Gedanken aus Art. 4 LeiharbeitG, wonach der Arbeitgeber im Verhältnis zu den mit ihm im Arbeitsverhältnis stehenden Arbeitnehmern nicht gleichzeitig Entleiher sein darf.[1211] Nach polnischem Arbeitnehmerüberlassungsrecht ist der Kettenverleih ausgeschlossen.

Das Verbot des Art. 14 Abs. 2 S. 3 LeiharbeitG richtet sich explizit an den Entleiher, dem Gesetz sind aber keine Rechtsfolgen einer Zuwiderhandlung zu entnehmen. Wenn der (Erst-)Verleiher die Leiharbeitnehmer überlässt, obwohl er weiß, dass der Entleiher durch eine angestrebte Kettenüberlassung gegen das LeiharbeitG verstoßen wird, könnte ihm der Vorwurf einer Beteiligung an der rechtswidrigen Personalgestellung gemacht und im Rahmen der gewerberechtlichen Zulassung berücksichtigt werden. Die Sanktionierung des (Erst-)Verleihers durch die Kontrollbehörden erscheint auf diesem Wege äußerst zweifelhaft. Primär ist dem Entleiher der Vorwurf einer rechtswidrigen Handlung zu machen. Betreibt er selbst gewerbliche Arbeitnehmerüberlassung, kann der Verstoß gegen die Vorschriften des LeiharbeitG über Art. 71 GewerbeG sanktioniert werden, sodass ihm der Betrieb der Verleihfirma verboten wird.[1212] Überlässt der Entleiher die Leiharbeitnehmer, ohne die gewerberechtliche Zulassung zu besitzen, ist die Überlassung aus zwei Gründen rechtswidrig. Zum einen wegen des Verstoßes gegen das Verbot des Kettenverleihs aus Art. 14 Abs. 2 S. 3 LeiharbeitG und zum anderen wegen der fehlenden Erlaubnis. Letzteres kann als Ordnungswidrigkeit geahndet werden.[1213]

Unabhängig von den wenig überzeugenden gewerberechtlichen Sanktionsmöglichkeiten ist fraglich, wie die vertragliche Situation bei einem gesetzeswidrigen Kettenverleih zu beurteilen ist. Der (Erst-)Entleiher bzw. (Zweit-)Verleiher reicht die Leiharbeitnehmer durch. Das Leiharbeitsver-

---

1210 Siehe hierzu Art. 1, 2 Nr. 1, 2 LeiharbeitG.
1211 Das Gesetz verbietet in Bezug auf einen Arbeitnehmer die „Kumulierung" der Position eines Arbeitgebers und eines Entleihers; vgl. *Reda*, S. 33 f.
1212 Siehe hierzu 2. Kap. B. I. 4.
1213 Siehe hierzu 2. Kap. G. II. 2.

hältnis besteht ausschließlich zu dem (Erst-)Verleiher. Die wesentlichen Arbeitgeberrechte und -pflichten, die zur unmittelbaren Organisation der Arbeit des Leiharbeitnehmers notwendig sind, müssen letztlich den (Zweit-)Entleiher treffen. Der (Erst-)Entleiher ist in die Realisierung des Arbeitseinsatzes nicht eingebunden. Aus Gründen des Leiharbeitnehmerschutzes erscheint es angemessen, den (Zweit-)Entleiher als wahren Entleiher anzusehen und ihn in dem gesetzlichen Umfang zu berechtigen und zu verpflichten. Nichtsdestotrotz sollte der (Erst-)Entleiher insoweit verpflichtet werden, als dass er durch die Auswahl seines Vertragspartners und die Überwachung des Einsatzes der Leiharbeitnehmer sicherstellen muss, dass die gesetzlichen Arbeitnehmerschutzvorschriften eingehalten werden. Schlussendlich ist der polnische Gesetzgeber berufen, das Verbot des Kettenverleihs durch die eindeutige Bestimmung der Rechtsfolgen für eine Zuwiderhandlung effektiv auszugestalten.

2. Kettenverleih innerhalb von Deutschland

Bei einem Weiterverleih durch einen (Erst-)Entleiher mit Sitz in Deutschland findet – ohne eine abweichende Rechtswahl der Parteien – grundsätzlich das polnische Recht auf die grenzüberschreitende Überlassung Anwendung. Im Wege der Rechtswahl kann das deutsche Recht als Vertragsstatut bestimmt werden.[1214] Die Überlassung durch den (Zweit-)Verleiher an den (Zweit-)Entleiher unterliegt prinzipiell dem deutschen Recht. Unabhängig von den Einflüssen, die das Verbot des Kettenverleihs aus Art. 14 Abs. 2 S. 3 LeiharbeitG nach polnischem Recht auf die Möglichkeit der „Weitergabe" der Rechte und Pflichten eines Entleihers durch den (Zweit-)Verleiher ausüben kann, ist das deutsche Arbeitnehmerüberlassungsrecht zu betrachten.

Der deutsche Gesetzgeber hat keine eindeutige Aussage bezüglich der Zulässigkeit des Kettenverleihs getroffen und vor dem Hintergrund der bestehenden Vorschriften wird diese uneinheitlich beurteilt. Teilweise wird angenommen, dass bei einer Arbeitnehmerüberlassung grundsätzlich mehr als drei Personen beteiligt sein können, mithin es keine Rolle spielt, wie der Verleiher sich die Leiharbeitnehmer beschafft.[1215] Nach anderen

---

1214 Siehe hierzu 2. Kap. D. III. 1. und 2. Kap. D. II. 4. b).
1215 *Sandmann/Marschall/Schneider*, AÜG, Einl. Rn. 3, der jedoch im Ergebnis davon ausgeht, dass ein Kettenverleih nach dem AÜG nicht gestattet ist.

Stimmen in der Literatur lägen bei einem Kettenverleih zwei getrennt voneinander zu bewertende Überlassungen vor, und dieser sei zulässig, wenn der (Erst-)Entleiher im Besitz der Erlaubnis zur Arbeitnehmerüberlassung ist.[1216] Allein der Tatsache, dass der deutsche Gesetzgeber den Kettenverleih nicht ausdrücklich verboten hat, kann kein Hinweis auf die Zulässigkeit eines solchen Vorhabens entnommen werden. Es überzeugt nicht, wenn, ohne auf die Konsequenzen eines solchen Kettenverleihs einzugehen, dessen Zulässigkeit angenommen wird. Die Arbeitnehmerüberlassung stellt eine besonders geregelte Ausnahme von dem Grundsatz dar, dass die Arbeitspflicht des Arbeitnehmers mit dem Anspruch seines Arbeitgebers auf die Arbeitsleistung korrespondiert. Sowohl der Arbeitsanspruch als auch die wesentlichen Arbeitgeberrechte und -pflichten liegen ausnahmsweise bei einem Dritten (Entleiher), obwohl der Verleiher für die gesamte Dauer des Leiharbeitsverhältnisses Arbeitgeber bleibt. Diese die Arbeitnehmerüberlassung kennzeichnende Aufspaltung auf der Arbeitgeberseite besteht im Falle der Kettenüberlassung nicht. Der (Erst-)Entleiher wird durch die Überlassung nicht Arbeitgeber der Leiharbeitnehmer und kann nicht wie der (Erst-)Verleiher die grundsätzlich dem Arbeitgeber zustehenden Rechte und Pflichten auf einen anderen Rechtsträger übertragen.[1217] Die Übertragung des Weisungsrechts als alleiniges Kriterium für die Bejahung der Stellung eines Verleihers genügen zu lassen, kann vor dem Hintergrund der besonderen Aufteilung der Rechte und Pflichten im Rahmen der Arbeitnehmerüberlassung nicht überzeugen.[1218] Selbst wenn die Vorschrift in § 1 Abs. 2 AÜG nicht unmittelbar die Situation des Kettenverleihs regeln soll, kann der Regelung ein Hinweis darauf entnommen werden, dass die Stellung als Verleiher die Übernahme der üblichen Arbeitgeberpflichten oder des -risikos erfordert. Davon kann bei dem Zwischenverleiher nicht ausgegangen werden, denn er leitet den Leiharbeitnehmer weiter, was einer Arbeitsvermittlung nahe kommt.[1219]

1216 Boemke/Lembke/*Boemke*, § 1 Rn. 14; wohl auch UGBH/*Germakowski/Bissels*, AÜG, § 1 Rn. 22; Schüren/Hamann/*Hamann*, § 1 Rn. 57; Schüren/Hamann/ *Schüren*, Einl. Rn. 331; Thüsing/*Waas*, AÜG, § 1 Rn. 28.
1217 GA AÜG Nr.1.1.2.XI; *Sandmann/Marschall/Schneider*, AÜG, Einl. Rn. 3; *Ulber*, AÜG, § 1 Rn. 24; *derselbe*, AÜG-Basis, § 1 Rn. 21; wohl auch HK-ArbR/
Lorenz, AÜG, § 1 Rn. 8.
1218 So aber Boemke/Lembke/*Boemke*, § 1 Rn. 14; wohl auch Schüren/Hamann/ *Schüren*, Einl. Rn. 331.
1219 GA AÜG Nr.1.1.2.XI; *Sandmann/Marschall/Schneider*, AÜG, Einl. Rn. 3; *Ulber*, AÜG, § 1 Rn. 24; a.A. Schüren/Hamann/*Schüren*, Einl. Rn. 331.

Nach alldem ist davon auszugehen, dass der Kettenverleih nicht von dem AÜG erfasst wird. Bei illegalem (Zwischen-)Verleih sind die Rechtsfolgen den §§ 9, 10 AÜG zu entnehmen. Besitzt der (Zwischen-)Verleiher eine Überlassungserlaubnis kann der Kettenverleih die Unzuverlässigkeit i.S.d. § 3 Abs. 1 Nr. 1 AÜG begründen und durch die Versagung oder den Entzug der Erlaubnis gewerberechtlich geahndet werden.[1220]

3. Zusammenfassung

Der Kettenverleih ist sowohl nach polnischem als auch nach deutschem Arbeitnehmerüberlassungsrecht ausgeschlossen. Überlässt der (Erst-)Entleiher die Leiharbeitnehmer innerhalb Deutschlands ein weiteres Mal, kann dies gewerberechtliche Sanktionen aus beiden Rechtsordnungen nach sich ziehen. Ohne die erforderliche Erlaubnis liegt illegale Arbeitnehmerüberlassung vor, die insbesondere nach deutschem Recht zu einer umfassenden Haftung sowohl des Verleihers als auch des Entleihers führen kann.[1221]

II. „Huckepackverfahren"

Praktische Bedeutung hat im Zusammenhang mit der grenzüberschreitenden Arbeitnehmerüberlassung darüber hinaus der Fall, in dem die grenzüberschreitende Dienstleistung durch den Entleiher ausgeübt wird. Dem liegt folgender Sachverhalt zugrunde: Ein ausländischer Verleiher überlässt seine Leiharbeitnehmer innerhalb des Mitgliedstaates, in dem er seinen Sitz hat, an einen in dem Mitgliedstaat ansässigen Entleiher. Der Entleiher schließt mit einem Dritten, der in einem anderen Staat ansässig ist, einen Vertrag, bspw. Werk- oder Dienstvertrag. Zur Ausführung des Vertrages mit dem Dritten in dessen Betriebsstätte im Ausland kann der Entleiher sein Personal ebenso wie die ihm überlassenen Leiharbeitnehmer einsetzen.

Die Leiharbeitnehmer setzen ihre Arbeitskraft in dem Fall im Ausland ein; die Grenzüberschreitung findet aber nicht auf Veranlassung des Verleihers statt. Die Personalgestellung durch den Verleiher findet innerhalb

---

1220 GA AÜG Nr.1.1.2.XII.
1221 Siehe hierzu ausf. 2. Kap. G. II.

eines Mitgliedstaates statt und überquert keine Grenze. In einem solchen Fall wäre es unpräzise von grenzüberschreitender Überlassung zu sprechen. Nicht die Überlassung findet grenzüberschreitend statt, sondern die vom Entleiher einem Dritten angebotene Dienstleistung, zu dessen Ausführung er die Leiharbeitnehmer einsetzt, überquert die Grenze. Die Leiharbeitnehmer werden aufgrund eines Vertrages des Entleihers mit einem Dritten quasi „Huckepack" über die Grenze mitgenommen.

Die Ausführungen zu den kollisionsrechtlichen Fragestellungen der grenzüberschreitenden Arbeitnehmerüberlassung aus Polen nach Deutschland können nicht unbesehen auf das „Huckepackverfahren" übertragen werden. Die Arbeitnehmerüberlassung findet innerhalb Polens statt. Der Entleiher setzt den Leiharbeitnehmer lediglich nach seinen Bedürfnissen im Ausland ein. Der polnische Verleiher wird nicht unmittelbar auf dem deutschen Markt aktiv. Darin ist ein wesentlicher Unterschied zu der Situation der grenzüberschreitenden Überlassung zu sehen. Eine tiefergehende Auseinandersetzung mit den kollisionsrechtlichen Fragen, die sich bei einer Beschäftigung der Leiharbeitnehmer im Wege des „Huckepackverfahrens" ergeben, kann aufgrund der Komplexität der Problematik im Rahmen der vorliegenden Bearbeitung nicht geleistet werden.

Bereits die Frage, ob allein durch den Einsatz des ausländischen Leiharbeitnehmers in Deutschland ein ausreichender Bezug zur deutschen Rechtsordnung geschaffen wird, der es rechtfertigen würde, die Überlassungstätigkeit des ausländischen Verleihers der Erlaubnispflicht nach § 1 Abs. 1 AÜG zu unterwerfen, wird uneinheitlich beantwortet.[1222] Dieser Punkt bedürfte einer eingehenden Untersuchung, wobei nicht nur der Schutzzweck der nationalen Vorschriften zu berücksichtigen ist, sondern auch die Grenzen der Erstreckung der deutschen Vorschriften im unionrechtlichen Kontext zu beleuchten wären. Angemerkt werden soll ferner, dass auf die in Polen abgewickelten Vertragsverhältnisse international zwingende Vorschriften des deutschen Arbeitsrechts Anwendung finden können. Darüber hinaus wird der Einsatz der Leiharbeitnehmer durch den Entleiher im Ausland im Hinblick auf das Sozialversicherungsrecht und Lohnsteuerrecht kollisionsrechtlich zu problematisieren sein.

[1222] Die Erlaubnispflicht bejaht *Brors*, DB 2013, S. 2087 ff. m.w.N., die den Sinn und Zweck der Erlaubnispflicht, die Leiharbeitnehmer zu schützen, auch in dem Fall für einschlägig hält; a.A. Thüsing/*Thüsing*, AÜG, Einf. Rn. 47 m.w.N., hält die Erstreckung der Erlaubnispflicht für unangemessen und unpraktikabel; nicht eindeutig UGBH/*Urban-Crell/Bissels*, AÜG, Einl. Rn. 52 m.w.N.

Drittes Kapitel: Zusammenfassung der Ergebnisse und Ausblick

A. Grenzüberschreitende Arbeitnehmerüberlassung aus Polen nach Deutschland

Unabhängig von der Erfüllung der gewerberechtlichen Anforderungen an den Betrieb einer Zeitarbeitsagentur in Polen unterliegt ein Verleiher mit Sitz in Polen bei einem Tätigwerden auf dem deutschen Arbeitsmarkt, unter anderem durch die Überlassung von Leiharbeitnehmern nach Deutschland, der Erlaubnispflicht aus § 1 Abs. 1 AÜG. Ob der Personaleinsatz durch den polnischen Unternehmer die Merkmale der erlaubnispflichtigen Arbeitnehmerüberlassung ausfüllt, ist durch die Erlaubnisbehörde auf der Grundlage des deutschen Rechts zu beurteilen. Für polnische Verleiher ist die Agentur für Arbeit in Düsseldorf die zuständige Erlaubnisbehörde, die einer Entscheidung über Erteilung einer Überlassungserlaubnis neben der Erfüllung der deutschen Vorgaben teilweise die Einhaltung der polnischen Vorschriften zugrunde legen kann.

Polnische Leiharbeitnehmer kommen bei einem Arbeitseinsatz in Deutschland in den Genuss der uneingeschränkten Arbeitnehmerfreizügigkeit aus Art. 45 AEUV und brauchen zum Aufenthalt zwecks Beschäftigung weder ein Visum noch einen besonderen Aufenthaltstitel.

Bei der grenzüberschreitenden Überlassung eines polnischen Leiharbeitnehmers nach Deutschland befindet sich der gewöhnliche Verrichtungsort i.S.v. Art. 8 Abs. 2 Rom I-VO in Deutschland. Der Leiharbeitsvertrag zwischen einem polnischen Verleiher und einem polnischen Leiharbeitnehmer wird bei fehlender Rechtswahl gem. Art. 8 Abs. 4 Rom I-VO regelmäßig dem polnischen Recht unterliegen. Hinsichtlich der Arbeits- und Beschäftigungsbedingungen eines Leiharbeitnehmers gilt der in Art. 15 LeiharbeitG normierte Gleichbehandlungsgrundsatz, wonach der Leiharbeitnehmer während der Verrichtung von Arbeiten für den Entleiher nicht ungünstiger behandelt werden darf als die von diesem an gleicher oder ähnlicher Stelle beschäftigten Arbeitnehmer. Hervorzuheben ist, dass der Gesetzgeber keine (tarif-)vertraglichen Abweichungsmöglichkeiten vorgesehen hat; der Grundsatz des „equal treatment" gilt ausnahmslos.

Für den Fall, dass die Leiharbeitsvertragsparteien gem. Art. 8 Abs. 1 Rom I-VO das deutsche Recht als Vertragsstatut vereinbaren, finden

3. Kap.: Zusammenfassung der Ergebnisse und Ausblick

nichtsdestotrotz gem. Art. 8 Abs. 1 S. 2, Abs. 4 Rom I-VO zwingende Arbeitnehmerschutzvorschriften des polnischen Rechts – sofern sie für den Arbeitnehmer günstiger sind – Anwendung. Hierzu zählt der ausnahmslos geltende Gleichbehandlungsgrundsatz aus Art. 15 LeiharbeitG. Auf das dem polnischen Recht unterliegende Vertragsverhältnis sind grundsätzlich die international zwingenden Normen des deutschen Rechts (Art. 9 Rom I-VO), wozu unter anderem auch der deutsche Gleichbehandlungsgrundsatz aus §§ 3 Abs. 1 Nr. 3, 9 Nr. 2 AÜG aufgrund der in Bezugnahme in § 2 Nr. 4 AEntG zu zählen ist, anzuwenden. Im Falle des Aufeinandertreffens der deutschen und polnischen Regelung des *equal treatment* genießt letztere von beiden Anwendungsvorrang.

Findet der Gleichbehandlungsgrundsatz gem. §§ 3 Abs. 1 Nr. 3, 9 Nr. 2 AÜG auf das Leiharbeitsverhältnis zwischen einem ausländischen Leiharbeitnehmer und Verleiher Anwendung, steht ihnen die Möglichkeit der Abweichung im Wege des Tarifvertrages oder der tarifvertraglichen Inbezugnahme zu. Bei ausländischem Arbeitsvertragsstatut kann dies durch ausländische Tarifverträge erfolgen, sofern diese gleichwertig sind. Mit Blick auf Polen ist festzuhalten, dass aufgrund der Besonderheiten der Arbeitnehmerüberlassung (unter anderem befristete Arbeitsverhältnisse, Verrichtung der Leiharbeit ausschließlich beim Entleiher) und der allgemein schwachen gewerkschaftlichen Strukturen bisher keine kollektiven Interessenvertretungen für Leiharbeitnehmer bestehen und eine tarifvertragliche Abweichung i.S.d. §§ 3 Abs. 1 Nr. 3, 9 Nr. 2 AÜG durch einen polnischen Tarifvertrag an dem in Polen ausnahmslos geltenden Gleichbehandlungsgrundsatz scheitert.

Der Überlassungsvertrag zwischen einem polnischen Verleiher und einem deutschen Entleiher unterliegt – sofern die Parteien keine abweichende Rechtswahl getroffen haben – nach Art. 4 Abs. 1 lit. b) Rom I-VO dem polnischen Recht. Es müssen allerdings zusätzlich international zwingende Vorschriften des deutschen Rechts nach § 2 Nr. 4 AEntG beachtet werden.

Das Rechtsverhältnis zwischen Entleiher und Leiharbeitnehmer ist grundsätzlich selbstständig gem. Art. 8 Rom I-VO anzuknüpfen, sodass gem. Art. 8 Abs. 2 Rom I-VO das deutsche Recht Anwendung findet. Sofern und soweit die Rechtsposition des Leiharbeitnehmers oder Entleihers sich aus dem Leiharbeitsvertrag herleitet – wie bspw. das Weisungsrecht -, ist eine akzessorische Anknüpfung an das Leiharbeitsvertragsstatut vorzunehmen.

Deliktische Ansprüche, die im Zusammenhang mit der Leiharbeitsverrichtung stehen, werden in der Regel gem. Art. 4 Abs. 3 S. 2 Rom II-VO akzessorisch an das Statut des Rechtsverhältnisses angeknüpft.

Unabhängig von der Aufenthaltsdauer des polnischen Leiharbeitnehmers besteht hinsichtlich der Einkünfte aus der Leiharbeit, die in Deutschland ausgeübt wird, eine beschränkte Einkommenssteuerpflicht gem. §§ 1 Abs. 4, 49 Abs. 1 Nr. 4a EStG in Deutschland. Für die Lohnsteuerschuld in Deutschland können sowohl der polnische Verleiher gem. § 42d Abs. 1 EStG als auch der deutsche Entleiher § 42d Abs. 6 S. 4 EStG zur Haftung herangezogen werden.

Prinzipiell ist für die Bestimmung des anwendbaren Sozialversicherungsstatuts nach Art. 11 Abs. 3a VO (EG) 883/2004 der Beschäftigungsort maßgeblich. Ein polnischer Leiharbeitnehmer unterliegt beim Einsatz in Deutschland in erster Linie der deutschen Sozialversicherungspflicht. Regelmäßig werden im Falle der grenzüberschreitenden Überlassung die Voraussetzungen einer Entsendung nach Art. 12 Abs. 1 VO (EG) 883/2004 erfüllt sein, sodass der Leiharbeitnehmer für die Dauer des Auslandseinsatzes in Polen weiterversichert bleibt. Auf dem Gebiet des Sozialrechts bestehen in Polen für die Arbeitnehmerüberlassung keine Sonderregelungen. Das Vorliegen der Entsendevoraussetzungen kann durch eine A1-Bescheinigung des polnischen Sozialversicherungsträgers (ZUS) bestätigt werden, die für alle deutschen Behörden und Gerichte absolut bindende Wirkung (Art. 5 Abs. 1 VO (EG) 987/2009) entfaltet. Unter Zugrundelegung der allgemeinen Grundsätze betragen die vom Verleiher (als Arbeitgeber) zu tragenden Sozialabgaben in Polen 19,74 % des Bruttoverdienstes des Leiharbeitnehmers. Eine subsidiäre Haftung des deutschen Entleihers für die Sozialversicherungsbeiträge oder eine strafrechtliche Haftung des Verleihers nach § 266a StGB sind ausgeschlossen. Im Falle eines Arbeitsunfalls finden die §§ 104, 105 SGB VII keine Anwendung; der deutsche Entleiher kann durch den Leiharbeitnehmer – neben der Unfallversicherung – ergänzend in Anspruch genommen werden.

Für den Fall der illegalen grenzüberschreitenden Arbeitnehmerüberlassung sind für die Beteiligten Rechtsfolgen sowohl aus dem deutschen als auch polnischen Recht möglich. Dabei ist festzuhalten, dass im polnischen Recht bisher nur vereinzelt gesetzliche Sanktionen enthalten sind, wohingegen das deutsche Recht eine Vielzahl von negativen Konsequenzen auf verschiedenen Ebenen vorsieht. Wurde für den betroffenen Leiharbeitnehmer eine Entsendebescheinigung ausgestellt, werden die rechtlichen Konsequenzen, die das deutsche Recht im Fall der illegalen Arbeitnehmerüberlassung vorsieht, aufgrund der umfassenden Bindungswirkung größtenteils gesperrt. Im Zusammenhang mit der Ausstellung einer A1-Bescheinigung auf Grundlage des polnischen Rechts ist die Problematik der Umgehung der Leiharbeitsvorschriften im Wege des Outsourcings zu sehen. Bisher hat sich in Polen weder eine hinreichend präzise Abgrenzung zwischen den einzelnen Formen des Fremdpersonaleinsatzes gebildet, noch sind die Rechtsfolgen für den Fall der rechtswidrigen Umgehungspraxis klar.

Bei rechtswidrigen Handlungen der beteiligten Rechtsäger kommt grundsätzlich sowohl eine Strafbarkeit nach deutschem als auch nach polnischem Strafrecht in Betracht. Einer Strafbarkeit aus den Art. 218 ff. polnStGB wegen Verletzung von Arbeitnehmerrechten kann nur der polnische Verleiher – nicht hingegen der deutsche Entleiher – unterliegen.

Für Klagen des polnischen Leiharbeitnehmers gegen den Verleiher sind sowohl die polnischen als auch deutschen Gerichte international zuständig. Umgekehrt sind grundsätzlich nur die polnischen Gerichte zuständig. Bei Klagen aus dem Überlassungsverhältnis sind die deutschen, bei Klagen gegen den Verleiher zusätzlich auch die polnischen Gerichte zuständig.

Die Kontrolle der Beschäftigung von Leiharbeitnehmern obliegt in Deutschland der Bundesagentur für Arbeit und teilweise auch den Zollbehörden. In Polen sind hierfür der Marschall der Woiwodschaft und in einem umfassenden Rahmen die Staatliche Arbeitsinspektion zuständig. Zur Kontrolle und Durchsetzung der jeweils einzuhaltenden Beschäftigungsbedingungen ist die grenzüberschreitende Zusammenarbeit der jeweiligen staatlichen Behörden unerlässlich. Wesentliche Bedeutung kommt hierbei der Bundesfinanzdirektion West („Finanzkontrolle Schwarzarbeit") in Köln zu, die als Verbindungsbüro i.S.v. Art. 4 EntsendeRL die zentrale Anlaufstelle für ausländische Behörden bei Fragen rund um die Beschäftigung von entsandten Arbeitnehmern darstellt.

Ein Kettenverleih durch den (Erst-)Entleiher ist sowohl nach polnischem als auch nach deutschem Arbeitnehmerüberlassungsrecht unzulässig. Die Erkenntnisse aus der Untersuchung der grenzüberschreitenden Arbeitnehmerüberlassung aus Polen nach Deutschland können nicht ohne weiteres auf das „Huckepackverfahren" übertragen werden.

B. Ausblick

Der vorangegangenen Untersuchung ist zu entnehmen, dass sich das polnische Arbeitnehmerüberlassungsrecht in Teilen erheblich von der deutschen Regelung unterscheidet. Trotz einheitlicher unionsrechtlicher Vorgaben besteht für die nationalen Gesetzgeber weiterhin die Möglichkeit, bei der Ausgestaltung dieser besonderen Beschäftigungsform unterschiedliche Konzepte und Ziele zugrunde zu legen.

Die Untersuchung hat gezeigt, dass bei der grenzüberschreitenden Arbeitnehmerüberlassung aus Polen nach Deutschland rechtliche Überschneidungen in einer Vielzahl von Rechtsgebieten auftreten können. Unter Anwendung von Kollisionsvorschriften, die für die einzelnen Rechtsgebiete gesondert geregelt sind, sind die geltenden rechtlichen Beschäftigungsbedingungen zu ergründen. Daraus folgt, dass teilweise zwei Rechtsordnungen gleichzeitig und vollständig beachtet werden müssen, wie es bspw. in Fragen der gewerberechtlichen Zulässigkeit der Verleihertätigkeit der Fall ist. Es kann aber auch zu der alleinigen Anwendung der Rechtsvorschriften eines Staates kommen, bspw. dem Sozialversicherungsstatut. Eine besondere Herausforderung stellt für den Rechtsanwender die Situation dar, in der – wie bspw. bei den vertraglichen Rechtsverhältnissen – Vorschriften aus beiden Rechtsordnungen Geltung beanspruchen.

Aufbauend auf der Kenntnis der wesentlichen Vorschriften in beiden Ländern konnte eine umfassende Darstellung und Analyse der Arbeits- und Beschäftigungsbedingungen bei der grenzüberschreitenden Arbeitnehmerüberlassung aus Polen nach Deutschland vorgenommen werden. Die im Verlauf der Arbeit gewonnenen Ergebnisse und Lösungsansätze können – über die wissenschaftliche Aufbereitung der Thematik hinaus – der in der Praxis – sowohl auf Seiten der beteiligten Rechtsträger als auch auf Seiten der zuständigen Kontrollorgane – bestehenden Rechtsunsicherheit entgegenwirken.

Die gegenüber dem Einsatz von Leiharbeitnehmern aus den MOE-Staaten geäußerten Bedenken können durch die Erkenntnisse der vorliegenden Untersuchung hinsichtlich der Arbeitnehmerüberlassung aus Polen in weiten Teilen entkräftet werden. Sofern polnische Leiharbeitnehmer durch ihren inländischen Verleiher nach Deutschland überlassen werden, gilt für sie ausnahmslos der Gleichbehandlungsgrundsatz. Die Möglichkeit, im Wege eines polnischen Tarifvertrages oder durch eine vertragliche Inbezugnahme eines solchen zuungunsten der Arbeitnehmer abweichende Beschäftigungsbedingungen durchzusetzen, besteht von vornherein nicht.

Das Resultat kann aber ein anderes sein, wenn die Arbeitnehmerüberlassung nach Deutschland aus einem anderen Mitgliedstaat der EU, in dem von dem Grundsatz des *equal treatment* abgewichen werden kann, durchgeführt werden soll. Zur Bestimmung der geltenden Beschäftigungsbedin-

3. Kap.: Zusammenfassung der Ergebnisse und Ausblick

gungen muss das jeweilige ausländische Recht mit in die Untersuchung einbezogen werden. In einem solchen Fall kann sich die Frage nach den Abweichungsmöglichkeiten vom *equal treatment* im Wege von deutschen bzw. ausländischen Tarifverträgen stellen und bedürfte einer eingehenden Untersuchung. Nicht auszuschließen ist, dass sich die Beschäftigungsbedingungen ausländischer Leiharbeitnehmer nach Maßgabe eines ausländischen Tarifvertrages bestimmen. Ein befürchtetes „Lohndumping" ist gleichwohl nicht zu erwarten, da eine Abweichung vom Gleichbehandlungsgrundsatz nur bis zu den durch die § 3a AÜG, § 8 Abs. 3 AEntG festgelegten Mindestgrenzen möglich ist. Sofern die vorliegende Arbeit einen Beitrag zur Aufarbeitung der Thematik der grenzüberschreitenden Arbeitnehmerüberlassung leisten konnte, bedarf es für eine umfassende Analyse, in der weitere Fragestellungen erörtert werden, der Einbeziehung anderer Rechtsordnungen.

Der Rückgriff auf die Arbeitnehmerüberlassung stellt nur eine von zahlreichen Möglichkeiten des grenzüberschreitenden Einsatzes von Arbeitskräften dar. Die Analyse weiterer Beschäftigungsformen als auch die Abgrenzung zur Leiharbeit ist von besonderer praktischer Relevanz und konnte im Rahmen dieser Untersuchung lediglich in groben Zügen vorgenommen werden. Aufgrund des im Hinblick auf die Lohnbedingungen polnischer Leiharbeitnehmer ausnahmslos geltenden Gleichbehandlungsgrundsatzes ist zu erwarten, dass die Praxis auf der Suche nach kostengünstigeren Beschäftigungsmöglichkeiten in Zukunft andere rechtliche Formen des Fremdpersonaleinsatzes wählen wird. Insofern besteht auf dem Gebiet der grenzüberschreitenden Arbeitsformen weiterer Forschungsbedarf.

Literaturverzeichnis

Polnische und sonstige fremdsprachige Publikationen

Baran, Krzysztof: Kodeks pracy, Komentarz, Warschau 2012.

Baran, Krzysztof/Ćwiertniak, Bolesław/Dörre-Nowak, Dominika/Walczak, Krzysztof: Prawo Pracy, 2. Auflage, Warschau 2010.

Barzycka-Banaszczyk, Małgorzata: Prawo pracy, 5. Auflage, Warschau 2008.

Basiewicz, Wojciech: Dopuszczalność dochodzenia przez pracownika roszczeń od pracodawcy za szkody powstałe w związku z wypadkiem przy pracy, Radca Prawny 2013, Nr. 135, Dodatek naukowy, S. 19. ff.

Bojarski, Tadeusz: Kodeks karny, Komentarz, 3. Auflage, Warschau 2009 (zitiert: Bojarski/*Bearbeiter*).

–*:* Polskie prawo wykroczeń, Zarys wykładu, 4. Auflage, Warschau 2012.

Brucko-Stępkowski, Karol: Wybór prawa właściwego dla stosunku pracy, M.P.Pr. 2010, Część 1, Nr. 9, S. 459 ff.; Część 2, Nr. 10, S. 514 ff.

Chobot, Andrzej/Pachciarek, Konrad: Prawa i obowiązki agencji pracy tymczasowej i pracodawcy użytkownika wobec pracownika tymczasowego, PiZS 2005, Nr. 1, S. 23 ff.

Cudowski, Bogusław: Podstawowe problemy zbiorowych stosunków pracy z udziałem pracowników tymczasowych, M.P.Pr. 2005, Nr. 4, S. 93 ff.

Daniluk, Paweł: Znamiona cznyów zabronionych stypizowanych w art. 218 KK, M.P.Pr. 2010, Nr. 3, S. 117 ff.

Dörre-Nowak, Dominika/Koczur, Sebastian: Ustawa o zatrudnianiu pracowników tymczasowych – czy zmiany są konieczne?, M.P.Pr. 2005, Nr. 1, S. 350 ff.

Drzewiecka, Ewa: Agencje pracy tymczasowej – trójstronny charakter zatrudnienia, M.P.Pr. 2004, Nr. 2, S. 44 ff.

Filar, Marian: Kodeks karny, Komentarz, 2. Auflage, Warschau 2010 (zitiert: Filar/*Bearbeiter*).

Florek, Ludwik: Kodeks Pracy, Komentarz, 6. Auflage, Warschau 2011 (zitiert: Florek/*Bearbeiter*).

–*:* Prawo pracy, 12. Auflage, Warschau 2010.

–*:* Prawo pracy, Orzecznictwo, 2. Auflage, Warschau 2011.

–*:* Znaczenie układów zbiorowych pracy, PiZS 2013, Nr. 2, S. 2 ff.

Frączek, Monika/Łajeczko, Maria: Praca tymczasowa, Pytania i odpowiedzi, Służba Pracownicza, 2004, Nr. 5, S. 1 ff.; Nr. 6, S. 11 ff.; 2005, Nr. 2, S. 11 ff.; Nr. 6, S. 19 ff.

Garcímartin Alferéz, Francisco: The Rome I Regulation: Much ado about nothing?, EuLF 2008, I-61 ff.

Literaturverzeichnis

Gersdorf, Małgorzata: Odpowiedzialność cywilnoprawna pracodawcy za wypadki przy pracy, PiZS 2003, Nr. 6, S. 6 ff.

Giezek, Jacek: Kodeks karny, Część ogólna, Komentarz, 2. Auflage, Warschau 2012 (zitiert: Giezek/*Bearbeiter*).

Grzegorczyk, Tomasz: Kodeks wykroczeń, 2. Auflage, Warschau 2013.

Grześkowiak, Alicja/Wiak, Krzysztof: Kodeks karny, Komentarz, Warschau 2012.

Jaroszewska-Ignatowska, Iwona: Analiza regulacji prawnych w zakresie elastycznych form zatrudnienia i organizacji pracy w polskim porządku prawnym, Warschau 2010.

Jędrasik-Jankowska, Inetta: Konstrukcja uznania za pracownika w prawie ubezpieczenia społecznego, PiZS 2011, Nr. 8, S. 22 ff.

Jendrośka, Jan/Adamiak, Barbara: Zagadnienia rażącego naruszenia prawa w postępowaniu administracji, PiP 1986, Nr. 1, S. 66 ff.

Kibil, Michał: Zdaniem Państwowej Inspekcji Pracy – Praca tymczasowa, PiZS 2010, Nr. 7, S. 41 ff.

Kotowski, Wojciech/Kurzępa, Bolesław: Wykroczenia pozakodeksowe, Komentarz, 2. Auflage, Warschau 2008.

Lipski, Jan/Nowotnik, Małgorzata/Szafrański, Adam: Ustawa o swobodzie działalności gospodarczej, Warschau 2009.

Lisicki, Robert: Praca tymczasowa – umowa prawa cywilnego, PiZS 2013, Nr. 5, S. 44 f.

Liwo, Marian/Nowosiadły, Edyta: Odpowiedzialność za naruszenie praw pracowniczych zawartych w art. 218 KK, MoP 2011, Nr. 10, S. 525 ff.

Łajeczko, Maria: Ustawa o zatrudnianiu pracowników tymczasowych, Służba Pracownicza 2003, Nr. 12, S. 1 ff.

Łapiński, Karol: Umowa o pracę na czas określony w polskim i unijnym prawie pracy, Warschau 2011.

–*:* Umowa o pracę na czas określony z pracownikiem tymczasowym, Warschau 2009.

Major, Tomasz: Transgraniczne zatrudnianie pracowników, Warschau 2010.

Makowski, Dariusz: Bezpieczeństwo i higiena pracy w zatrudnieniu tymczasowym – wybrane problemy, PiZS 2006, Nr. 4, S. 24 ff.

–*:* Polska regulacja zatrudnienia tymczasowego w świetle prawa Unii Europejskiej, in: *Dobrowolska et al.* (Hrsg.), Zatrudnienie tymczasowe sposobem na dobrą pracę i efektywność firm, Rzeszów 2007 (zitiert: *Makowski*, Polska regulacja).

–*:* Praca tymczasowa jako nietypowa forma zatrudnienia, Warschau 2006 (zitiert: *Makowski*, Praca tymczasowa).

–*:* Zatrudnianie pracowników tymczasowych, PiZS 2003, Nr. 12, S. 25 ff.

Małysz, Franciszek: Państwowa Inspekcja Pracy, Warschau 2007.

Maniewska, Eliza: Jeszcze o odpowiedzialności cywilnoprawnej pracodawcy za wypadki przy pracy, PiZS 2011, Nr. 12, S. 20 ff.

Marciniak, Jarosław: Odpowiedzialność karna pracodawcy, Warschau 2010.

Marciniuk, Janusz: Podatek dochodowy od osób fizycznych, 11. Auflage, Warschau 2010.

Młyński, Rafał: Roszczenia przysługujące pracownikowi tymczasowemu zatrudnionemu na podstawie umowy o pracę, PiZS 2010, Nr. 7, S. 16 ff.

Musiała, Anna: Problematyka kwalifikacji umowy o zatrudnienie jako umowy o pracę bądź umowy cywilnoprawnej o świadczenie usług, M.P.Pr. 2015, Nr. 1, S. 6 ff.

Muszalski, Wojciech: Kodeks pracy, Komentarz, 8. Auflage, Warschau 2011.

Paluszkiewicz, Magdalena: Zatrudnienie tymczasowe w polskim prawie pracy, Warschau 2011.

–: Problem kwalifikacji prawnej pracy wykonywanej po upływie terminu określonego w ustawie o zatrudnianiu pracowników tymczasowych, M.P.Pr. 2015, Nr. 11, S. 572 ff.

Patulski, Andrzej: Nietypowe formy zatrdunienia, Elastyczność czy stabilizacja?, M.P.Pr. 2008, Część 1 Nr. 2 S. 64 ff.; Część 2 Nr. 3, S. 124 ff.

Pisarczyk, Łukasz: Employee Responsibility under the Polish Law, Odpowiedzialność pracownika w prawie polskim, PiZS 2014, Nr. 7, S. 8 ff.

–: Odpowiedzialność pracodawcy za szkodę spowodowaną wypadkiem przy pracy, Studia Iuridica 2007, Nr. 47, S. 203 ff.

–: Różne formy zatrudnienia, Warschau 2003.

–: Ryzyko pracodawcy, Warschau 2008.

Pudełko, Wojciech: Odszkodowanie za naruszenie zasady równego traktowania w zatrudnieniu, M.P.Pr. 2011, Nr. 10, S. 553 ff.

Ostaszewski, Wojciech: Charakter odpowiedzialności uzupełniającej pracodawcy a deliktowy reżim odpowiedzialności cywilnej, PiZS 2013, Nr. 6, S. 2 ff.

Radecki, Wojciech: Kryteria rozgraniczenia wykroczeń i przestępstw przeciwko prawom pracownika, M.P.Pr. 2005, Nr. 9, S. 236 ff.

Reda, Anna: Praca tymczasowa na podstawie umowy cywilnoprawnej, PiZS 2012, Nr. 9, S. 33 ff.

–: Pracodawca użytkownik jako podmiot prawa pracy, Posen 2011.

Romer, Maria Teresa: Kodeks Pracy, Komentarz, 5. Auflage, Warschau 2012.

Rotkiewicz, Marek: Zatrudnianie pracowników tymczasowych, Warschau 2010.

Sanetra, Walerian: O założeniach nowego systemu świadczeń z tytułu wypadków przy pracy i chorób zawodowych, PiZS 2003, Nr. 3, S. 1 ff.

Sobczyk, Arkadiusz: Interesy pracodawcy i pracownika w zatrudnieniu tymczasowym, M.P.Pr. 2005, Nr. 11, S. 303 ff.

–: Ustawa o zatrudnianiu pracowników tymczasowych – wady i zalety, Wykład I, Wykładnia przepisów ustawy o zatrudnianiu pracowników tymczasowych, M.P.Pr. 2006, Nr. 1, S. 6 ff.

–: Zatrudnianie pracowników tymczasowych, PiZS 2004, Nr. 4, S. 35 ff.

–: Zatrudnienie tymczasowe, Komentarz, 2. Auflage, Warschau 2009 (zitiert: *Sobczyk,* Zatrudnienie tymczasowe).

–: Z problematyki zatrudnienia tymczasowego, Warschau 2011.

Literaturverzeichnis

Spytek-Bandurska, Grażyna/Szylko-Skoczny, Małgorzata: Praca tymczasowa, Szanse i zagrożenia, Warschau 2008.

Suknarowska-Drzewiecka, Ewa: Umowa o pracę na czas określony, Warschau 2006.

Świątkowski, Andrzej: Kodeks Pracy, Komentarz, 4. Auflage, Warschau 2012.

Szydło, Marek: Swoboda działalności gospodarczej, Warschau 2005.

Szymanek, Tadeusz: Swoboda działalności gospodarczej, Warschau 2010.

Walczak, Krzysztof: Zakaz dyskryminacji w stosunku do osób wykonujących pracę na podstawie atypowych form zatrudnienia, M.P.Pr. 2012, Nr. 3, S. 119 ff.

Wantoch-Rekowski, Jacek: Ustawa o systemie ubezpieczeń społecznych, Komentarz, Thorn 2007.

Wąsek, Andrzej: Kodeks karny, Cześć szczególna, Komentarz do artykułów 117-221, Band I, 3. Auflage, Warschau 2006 (zitiert: Wąsek/*Bearbeiter*).

Wąż, Piotr: Delegowanie pracowników do innego państwa celem świadczenia usług, Warschau 2011.

Wiśniewski, Janusz: Prawne aspekty pracy tymczasowej, Thorn 2007 (zitiert: *Wiśniewski*, Prawne aspekty).

–*:* Różnorodne formy zatrudnienia, Thorn 2010 (zitiert: *Wiśniewski*, Różnorodne formy).

Witoszko, Wioletta: Odpowiedzialność pracodawcy w razie dochodzenia uzupełniających roszczeń cywilnoprawnych z tytułu wypadku przy pracy lub choroby zawodowej, PiZS 2008, Nr. 11, S. 19 ff.

Wratny, Jerzy: Kodeks Pracy, Komentarz, 5. Auflage, Warschau 2013.

Zawłocki, Robert/Królikowski, Michał: Kodeks karny, Część ogólna, Band 2, 2. Auflage, Warschau 2011 (zitiert: Zawłocki/Królikowski/*Bearbeiter*)

Zdyb, Marian: Działalność gospodarcza i publiczne prawo gospodarcze, Krakau 2001.

Deutsche Publikationen

Bader, Johann/Rollenfitsch, Michael: Beck'scher Online-Kommentar VwVfG, Stand: 01.10.2014 (zitiert: BeckOK-VwVfG/*Bearbeiter*).

Balawejder, Agnes/Gauggel, Sabine: Einführung von Arbeitnehmerräten in Polen, WIRO 2006, S. 359 ff.

Bamberger, Heinz Georg/Roth, Herbert: Beck'scher Online-Kommentar BGB, Stand: 01.11.2013 (zitiert: BeckOK-BGB/*Bearbeiter*).

Bayreuther, Frank: Ist die Lohnwucherrechtsprechung international-privatrechtlich zwingend?, NZA 2010, S. 1157 ff.

–*:* Vollständige Arbeitnehmerfreizügigkeit zu Gunsten der MOE-Staaten, DB 2011, S.706 ff.

Behrend, Nicola: Soziale Rechte entsandter Arbeitnehmer aus den EU-Mitgliedsstaaten, ZESAR 2012, S. 55 ff.

Bergmann, Jan: Die Osterweiterung der Europäischen Union, ZRP 2001, S. 18 ff.

Bieback, Karl-Jürgen/Dieterich, Thomas/Hanau, Peter/Kocher, Eva/Schäfer, Claus: Tarifgestütze Mindestlöhne, Baden-Baden 2007 (zitiert: Bieback/*Bearbeiter*, Tarifgestütze Mindestlöhne).

Birk, Rolf: Die Bedeutung der Privatautonomie im internationalen Arbeitsrecht, RdA 1989, S. 201 ff.

Boemke, Burkhard: EU-Osterweiterung und grenzüberschreitende Arbeitnehmerüberlassung, BB 2005, 265 ff.

Boemke, Burkhard/Lembke, Mark: Arbeitnehmerüberlassungsgesetz, 3. Auflage 2013, Frankfurt am Main.

Bohnert, Joachim: Kommentar zum Ordnungswidrigkeitengesetz, 3. Auflage, München 2010.

Bokeloh, Arno: Der Anspruchsübergang nach Art. 85 VO (EG) NR. 883/04, DRV 2012, S. 253 ff.

Böse, Martin: Der Rechtsstaat am Abgrund? – Zur Skandalierung des EU-Geldsanktionengesetzes, ZIS 2010, S. 607 ff.

Böhm, Wolfgang: 1.05.2011: Europa-Tag für die Zeitarbeit, NZA 2011, S. 1218 ff.

–*:* Umsetzung der EU-Leiharbeitsrichtlinie – mit Fragezeichen ?!, DB 2011, S. 473 ff.

Brors, Christiane: Arbeitnehmerüberlassung und Territorialitätsprinzip, – Praktische Fragen bei grenzüberschreitender Entsendung –, DB 2013, S. 2087 ff.

–*:* Zum Leben zu wenig, zum Sterben zu viel – Nachbesserungsbedarf bei geplanten Mindestlohnregelungen, AuR 2011, S. 85.

Buschermöhle, Ulrich: Grenzüberschreitende Beschäftigung in der EU – Koordinierung der Systeme der sozialen Sicherheit ab 01.05.2010, DStR 2010, S. 1845 ff.

Calliess, Christian/Ruffert, Matthias: EUV/AEUV – Das Verfassungsrecht der Europäischen Union mit Europäischer Grundrechtecharta, 4. Auflage, München 2011 (zitiert: Calliess/Ruffert/*Bearbeiter*).

Chwalisz, Patrizia: Die Transformation des polnischen Arbeitsrechts und die Gewerkschaften, Frankfurt am Main 2007.

Däubler, Wolfgang: Tarifvertragsgesetz mit Arbeitnehmer-Entsendegesetz, 3. Auflage, Baden-Baden 2012.

Deinert, Olaf: Neues internationales Arbeitsvertragsrecht, RdA 2009, S. 144 ff.

Dörner, Klemens/Luczak, Stefan/Wildschütz, Martin: Handbuch des Fachanwalts Arbeitsrecht, 7. Auflage, Köln 2008 (zitiert: Dörner/Luczak/Wildschütz/*Bearbeiter*).

Dinges, Andreas/Franken, Heide/Breucker, Georg/Calasan, Vera/Speidel, Christian [Hrsg.]: Zukunft Zeitarbeit, Perspektiven für Wirtschaft und Gesellschaft, Heidelberg 2012 (zitiert: *Bearbeiter* in: Dinges, Zukunft Zeitarbeit).

Emmert, Angela/Widhammer, Volker: Multinationale Arbeitsverhältnisse in Europa – Welches Arbeitsvertrags- und Sozialversicherungsrecht gilt?, ArbRAktuell 2010, S. 214 ff.

Literaturverzeichnis

Engelhardt, Hanns/App, Michael/Schlatmann, Arne: Verwaltungs-Vollstreckungsgesetz, Verwaltungszustellungsgesetz, Kommentar, 10. Auflage, München 2014 (zitiert: Engelhardt/App/Schlatmann/*Bearbeiter*).

Ferrari, Franco/Kieninger, Eva-Maria/Mankowski, Peter et al.: Internationales Vertragsrecht, 2. Auflage, München 2012 (zitiert: Ferrari/*Bearbeiter*).

Franzen, Martin: Die Lohnwucherrechtsprechung des BAG als Eingriffsnorm im Sinne von Art. 9 Rom I-VO bzw. § 2 Nr. 1 AEntG?, ZEASR 2011, S. 101 ff.

–*:* Grenzüberschreitende Arbeitnehmerüberlassung – Überlegungen aus Anlass der Herstellung vollständiger Arbeitnehmerfreizügigkeit zum 01.05.2011, EuZA 2011, S. 451 ff.

–*:* Internationales Arbeitsrecht, Arbeitsrecht-Blattei Systematische Darstellungen (AR-Blattei SD), 2006, Nr. 920.

Franzheim, Horst: Das strafrechtliche Instrumentarium zur Bekämpfung der illegalen Arbeitnehmerüberlassung, JR 1982, S. 89 ff.

Freitag, Robert: Die kollisionsrechtliche Behandlung ausländischer Eingriffsnormen nach Art. 9 Abs. 3 Rom I-VO, IPRax 2009, S. 109 ff.

Frik, Roman: Die Befristung von Leiharbeitsverträgen nach dem Teilzeit- und Befristungsgesetz, NZA 2005, S. 386 ff.

–*:* Die missbräuchliche Nutzung von befristeten Arbeitsverträgen und Zeitarbeitsverträgen im französischen Recht, Baden-Baden 2005.

Fuchs, Maximilian: Das Gleichbehandlungsgebot in der Leiharbeit nach der neuen Leiharbeitsrichtlinie, NZA 2009, S. 57 ff.

–*:* Europäisches Sozialrecht, 6. Auflage, Baden-Baden 2013 (zitiert: Fuchs/*Bearbeiter*).

Fuchs, Maximilian/Marhold, Franz: Europäisches Arbeitsrecht, 2. Auflage, Wien 2006.

Gamillscheg, Franz: Ein Gesetz über das internationale Arbeitsrecht, ZfA 1983, Nr. 4, S. 307 ff.

Göhler, Erich: Ordnungswidrigkeitengesetz, 16. Auflage, München 2012 (zitiert: Göhler/*Bearbeiter*).

Görres, Steffen: Grenzüberschreitende Arbeitnehmerentsendung in der EU, Die Umsetzung der europäischen Entsenderichtlinie in deutsches Recht, Wien 2003.

Grotherr, Siegfried/Herfort, Claus/Strunk, Günther: Internationales Steuerrecht, 3. Auflage, Achim 2010 (zitiert: Grotherr/Herfort/Strunk/*Bearbeiter*).

Grimm, Detlef/Brock, Martin: Praxis der Arbeitnehmerüberlassung, Bonn 2004.

Haase, Florian: Internationales und Europäisches Steuerrecht, 3. Auflage, Heidelberg 2011 (zitiert: *Haase*, Int. SteuerR).

–*:* Außensteuergesetz, Doppelbesteuerungsabkommen, Heidelberger Kommentar, 2. Auflage, Heidelberg 2012 (zitiert: Haase/*Bearbeiter*, AStG/DBA).

Hauck, Pierre: Nichtabführung von Sozialversicherungsbeiträgen – Bindungswirkung portugiesischer Entsendebescheinigung – Anmerkung, NStZ 2007, S. 221 ff.

Hänlein, Andreas: Übergangsregelungen beim EU-Beitritt der MOE-Staaten im Bereich der Arbeitnehmerfreizügigkeit und der sozialen Sicherheit, EuZW 2001, S. 165 ff.

Hecker, Bernd: Europäisches Strafrecht, 4. Auflage, Berlin 2012.

Henssler, Martin/Braun, Axel: Arbeitsrecht in Europa, 3. Auflage, Köln 2011.

Henssler, Martin/Willemsen, Heinz Josef/Kalb, Heinz-Jürgen: Arbeitsrecht, Kommentar, 5. Auflage, Köln 2012 (zitiert: HWK/*Bearbeiter*).

Heuchemer, Frank-Karl/Schielke, Christian: Herausforderungen für die Zeitarbeitsbranche, BB 2011, S. 758 ff.

Heuermann, Bernd/Brandis, Peter: Blümich, Kommentar zu EStG, KStG, GewStG und Nebengesetzen (Loseblatt), 130. Auflage, München 2015 (zitiert: Blümich/ *Bearbeiter*).

Huber, Bertold: Aufenthaltsgesetz, Kommentar, München 2010.

Iglicka, Krystyna: Analyse: Die polnisch-deutschen Migrationsbeziehungen: Gegenwart und Zukunft, Polen-Analysen, Nr. 78, S. 2 ff.

Ignor, Alexander/Rixen, Stephan: Europarechtliche Grenzen des § 266a AbS. 1 StGB – Zur Bindungswirkung der E-101-Bescheinigung, wistra 2001, S. 201 ff.

Jayme, Erik/Kohler, Christian: Europäisches Kollisionsrecht 2000: Interlokales Privatrecht oder universelles Gemeinschaftsrecht?, IPRax 2000, S. 454 ff.

Jerczynski, Marco/Zimmermann, André: Arbeitsunfälle bei der Beschäftigung ausländischer Leiharbeitnehmer – Unbekannte Risiken, NZS 2007, S. 243 ff.

Junker, Abbo: Die „zwingenden" Bestimmungen im neuen internationalen Arbeitsrecht, IPRax 1989, S. 69 ff.

–*:* Internationales Arbeitsrecht in der Praxis im Blickpunkt: Zwanzig Entscheidungen der Jahre 1994-2000, RIW 2001, S. 94 ff.

–*:* Internationales Zivilprozessrecht, München 2012.

Kasseler Kommentar: Sozialversicherungsrecht, Stand: 79. Ergänzungslieferung, München 2013 (zitiert: KassKomm/*Bearbeiter*).

Karitzky, Holger/Wannek, Felicitas: Die EU-weite Vollstreckung von Geldstrafen und Geldbußen, NJW 2010, S. 3393 ff.

Kienle, Thomas/Koch, Alexander: Grenzüberschreitende Arbeitnehmerüberlassung – Probleme und Folgen, DB 2001, S. 922 ff.

Kindhäuser, Urs/Neumann, Ulfrid/Paeffgen, Hans-Ulrich: Strafgesetzbuch, Kommentar, 3. Auflage, Baden-Baden 2010 (zitiert: Kindhäuser/Neumann/Paeffgen/ *Bearbeiter*).

Kirchhof, Paul: Einkommensteuergesetz, Kommentar, 14. Auflage, Köln 2015 (zitiert: Kirchhof/*Bearbeiter*).

Kittner, Michael/Zwanziger, Bertram/Deinert, Olaf: Arbeitsrecht – Handbuch für die Praxis, 6. Auflage, Frankfurt am Main 2011 (zitiert: Kittner/Zwanziger/Deinert/ *Bearbeiter*).

Literaturverzeichnis

Koberski, Wolfgang/Asshoff, Gregor/Winkler, Holger/Eustrup, Gabriele: Arbeitnehmer-Entsendegesetz, Mindestarbeitsbedingungengesetz, Kommentar, 3. Auflage, München 2011.

Krasney, Otto Ernst: Haftungsbeschränkung bei Verursachung von Arbeitsunfällen (Teil 1), NZS 2004, S. 7 ff.

Krawitz, Norbert/Hick, Christian: Grenzüberschreitende gewerbliche Arbeitnehmerüberlassungen im Abkommensfall nach der neueren BFH-Rechtsprechung, RIW 2003, S. 900 ff.

Kropholler, Jan: Internationales Privatrecht, 6. Auflage, Tübingen 2006.

Krebber, Sebastian: Die Bedeutung von Entsenderichtlinie und Arbeitnehmer-Entsendegesetz für das Arbeitskollisionsrecht, IPRax 2001, S. 22 ff.

Kreikebohm, Ralf/Spellbrink, Wolfgang/Waltermann, Raimund: Kommentar zum Sozialrecht, 2. Auflage, München 2011 (zitiert: K/S/W/*Bearbeiter*).

Lackner, Karl/Kühl, Kristian: Strafgesetzbuch, Kommentar, 27. Auflage, München 2011 (zitiert: Lackner/Kühl/*Bearbeiter*).

Lembke, Mark: Die geplanten Änderungen im Recht der Arbeitnehmerüberlassung, DB 2011, S. 414 ff.

Lorenz, Egon: Die Rechtswahlfreiheit im internationalen Schuldvertragsrecht, RIW 1987, S. 569 ff.

Löwisch, Manfred/Rieble, Volker: Tarifvertragsgesetz, 3. Auflage, München 2012.

Ludwig, Ingo/Herberger, Maximilian/Martinek, Michael/Rüßmann, Helmut/Weth, Stephan: juris PraxisKommentar BGB, Band 6: Internationales Privatrecht, Saarbrücken 2010 (zitiert: jurisPK-BGB/*Bearbeiter*).

Magnus, Ulrich: Anmerkungen zum sachlichen Anwendungsbereich der Rom I-Verordnung, in: *Baur et al. (Hrsg.)*, Festschrift für Gunther Kühne zum 70. Geburtstag, Frankfurt am Main 2009, S. 779 ff.

Maiß, Sebastian: Die Entsendung von Arbeitnehmern aus den MOE-Staaten auf Werkvertragsbasis nach der EU-Osterweiterung, Frankfurt am Main 2008.

–*:* Einsatz osteuropäischer Subunternehmer nach der EU-Osterweiterung, WIRO 2005, S. 353 ff.

Makowicz, Bartosz/Werner, Aleksander/Wierzbicki, Jarosław: Polnisches Steuerrecht, Warschau 2010.

Mallmann, Luitwin/Borchard, Axel: Grenzüberschreitende Zeitarbeit – ein rein juristisches Problem?, AuR 2011, S. 413 ff.

Małyszek, Sławomir: Polnisches Arbeits- und Sozialversicherungsrecht, Polskie prawo pracy i ubezpieczeń społecznych, Warschau 2009.

Mankowski, Peter: Wichtige Klärungen im Internationalen Arbeitsrecht, IPRax 1994, S. 88 ff.

Marx, Stefan: Das Entstehungsprinzip in der Sozialversicherung – eine Rechtfertigung des Abweichens von steuerrechtlichen Regelungen, NZS 2002, S. 126 ff.

Mauer, Reinhold/Sadtler, Susanne: Rom I und das internationale Arbeitsrecht, DB 2007, S. 1586 ff.

Meeßen, Iris/Wilman, Nikola: Tagung „Entsendung von Arbeitnehmern in der Europäischen Union – Probleme aus der sozialrechtlichen Praxis", NZS 2010, S. 25 ff.

Micklitz, Hans-W./Rott, Peter: Vergemeinschaftung des EuGVÜ in der Verordnung (EG) Nr. 44/2001, EuZW 2001, S. 325 ff.

Musielak, Hans-Joachim: Kommentar zur Zivilprozessordnung, 9. Auflage, München 2012 (zitiert: Musielak/*Bearbeiter*).

Müller, Carsten: International zwingende Normen des deutschen Arbeitsrechts, Tübingen 2005.

Müller-Glöge, Rudi/Preis, Ulrich/Schmidt, Ingrid: Erfurter Kommentar zum Arbeitsrecht, 13. Auflage, München 2013 (zitiert: ErfK/*Bearbeiter*).

Münchener Handbuch zum Arbeitsrecht: Band 1, Individualarbeitsrecht, 3. Auflage, 2009; Band 2, Kollektivarbeitsrecht/Sonderformen, 3. Auflage, 2009 (zitiert: MünchArbR/*Bearbeiter*).

Münchener Kommentar zum Bürgerlichen Gesetzbuch: Band 4, Schuldrecht Besonderer Teil II, 6. Auflage, 2012; Band 10, Internationales Privatrecht, 5. Auflage, 2010 (zitiert: MüKo-BGB/*Bearbeiter*).

Münchener Kommentar zur Zivilprozessordnung: Band 3, §§ 1025-1109, EGZPO, GVG, EGGVG, UKlaG, Internationales und Europäisches Zivilprozessrecht, 3. Auflage, 2008 (zitiert: MüKo-ZPO/*Bearbeiter*).

Nagel, Heinrich/Gottwald, Peter: Internationales Zivilprozessrecht, 6. Auflage, Köln 2007.

Noack, Klaus: Die Straf- und Ordnungswidrigkeitenbestimmungen des Arbeitnehmerüberlassungsgesetzes, BB 1973, S. 1313 ff.

Nowak, Carsten: EU-Osterweiterung, Personenfreizügigkeit und staatliche Schutzpflichten im Bereich der sozialen Sicherheit, EuZW 2003, S. 101 ff.

Niebler, Michael/Biebl, Josef/Roß, Corinna: Arbeitnehmerüberlassungsgesetz, Ein Leitfaden für die betriebliche Praxis, 2. Auflage, Berlin 2003.

Palandt, Otto: Bürgerliches Gesetzbuch, Kommentar, 73. Auflage, München 2014 (zitiert: Palandt/*Bearbeiter*).

Pallaske, Christoph: Die Migration von Polen nach Deutschland, Zu Geschichte und Gegenwart eines europäischen Migrationssystems, Baden-Baden 2001.

Prop, Fleur Johanna: Die gesetzliche Regelung der Arbeitnehmerüberlassung in den Niederlanden und Europa, Hamburg 2007.

Prütting, Hanns/Wegen, Gerhard/Weinreich, Gerd: BGB Kommentar, 9. Auflage, Köln 2014 (zitiert: PWW/*Bearbeiter*).

Rauscher, Thomas: Internationales Privatrecht, 3. Auflage, Heidelberg 2009.

Reinhard, Hans-Joachim: Internationales Aspekte der gesetzlichen Unfallversicherung, in: *Deutsche Gesetzliche Unfallversicherung (Hrsg.)*, Festschrift für 20 Jahre Hochschule der Gesetzlichen Unfallversicherung, Baden-Baden 2014, S. 187 ff.

Reinhart, Richard: Haftung bei Arbeitnehmerüberlassung für Lohnsteuer der Leiharbeitnehmer, BB 1986, S. 500 ff.

Literaturverzeichnis

Reiserer, Kerstin: „Lohndumping durch Werkverträge" – Missbrauch von Werkverträgen und Leiharbeit, DB 2013, S. 2026 ff.

Reithmann, Christoph/Martiny, Dieter: Internationales Vertragsrecht, Das internationale Privatrecht für Schuldverträge, 7. Auflage, Köln 2010 (zitiert: Reithmann/Martiny/*Bearbeiter*).

Rieble, Volker/Lessner, Jan: Arbeitnehmer-Entsendegesetz, Nettolohnhaftung und EG-Vertrag, ZfA 2002, S. 29 ff.

Riesenhuber, Karl: Europäisches Arbeitsrecht – Eine systematische Darstellung, Heidelberg 2009.

Rixen, Stephan: Neue Entwicklungen im koordinierenden Sozialrecht der EU – Zur Bindungswirkung der E-101-Bescheinigung bei Arbeitnehmer-Entsendungen, SGb 2002, S. 93 ff.

Rolfs, Christian/Giesen, Richard/Kreikebohm, Ralf/Udsching, Peter: Beck'scher Online-Kommentar Arbeitsrecht, Stand: 01.12.2013 (zitiert: BeckOK-ArbR/*Bearbeiter*).

–: Beck'scher Online-Kommentar Sozialrecht, Stand: 01.09.2013 (zitiert: BeckOK-SozR/*Bearbeiter*).

Rzepecki, Jan/Serafinska, Anna: Das neue System der Unfallversicherung in Polen, BPUVZ 2003, S. 395 ff.

Sandmann, Georg/Marschall, Dieter/Schneider, Tobias: Arbeitnehmerüberlassungsgesetz, Kommentar mit Handbuch Zeitarbeit, 60. Ergänzungslieferung, München 2013.

Sansone, Piero: Gleichstellung von Leiharbeitnehmern nach deutschem und Unionsrecht, Baden-Baden 2011.

Satzger, Helmut: Internationales und Europäisches Strafrecht, 5. Auflage, Baden-Baden 2011.

Schaub, Günter: Arbeitsrechts-Handbuch, 15. Auflage, München 2013.

Scheffer, Markus: Die Magnetwirkung der Sozialleistungssysteme und die EU-Osterweiterung, ZRP 2003, S. 55 ff.

Schiek, Dagmar: Europäisches Arbeitsrecht, 3. Auflage, Baden-Baden 2007.

Schlachter, Monika: Grenzüberschreitende Arbeitsverhältnisse, NZA 2000, S. 57 ff.

–: Sozialkassenverfahren – Vereinbarung italienischen Rechts, RdA 2004, S. 175 ff.

Schlegel, Rainer: Arbeitnehmerfreizügigkeit für EU-8 seit Mai 2011, AuR 2011, S. 384 ff.

Schlegel, Rainer/Voelzke Thomas: juris PraxisKommentar SGB I, Allgemeiner Teil mit VO (EG) 883/2004, 2. Auflage, Saarbrücken 2012 (zitiert: jurisPK-SGB I/*Bearbeiter*).

Schmidt, Ludwig: Einkommensteuergesetz, Kommentar, 33. Auflage, München 2014 (zitiert: Schmidt/*Bearbeiter*).

Schneider, Gero: Einfluss der Rom I-VO auf die Arbeitsvertragsgestaltung mit Auslandsbezug, NZA 2010, S. 1380 ff.

Schneider-Sievers, Astrid: Freizügigkeit für Arbeitnehmer und Unternehmen – der nationale Blickwinkel, RdA 2012, S. 277 ff.

Schnorr, Gerhard: Aspekte des internationalen Privatrechts der gewerbsmäßigen Arbeitnehmerüberlassung (Zeitarbeit), ZfA 1975, S. 143 ff.

Schönfeld, Jens/Ditz, Xaver: Doppelbesteuerungsabkommen, Kommentar, Köln 2013 (zitiert: Schönfeld/Ditz/*Bearbeiter*).

Schreiber, Frank/Wunder, Annett/Dern, Susanne: VO (EG) Nr. 883/2004, Europäsche Verordnung zur Koordinierung der Systeme der sozialen Sicherheit, Kommentar, München 2012 (zitiert: S/W/D/*Bearbeiter*).

Schulze, Reiner: Bürgerliches Gesetzbuch, Handkommentar, 7. Auflage, Baden-Baden 2012 (zitiert: Hk-BGB/*Bearbeiter*).

Schünemann, Bernd: Noch einmal: Zur Kritik der rechtsstaatlichen Bresthaftigkeit des EU-Geldsanktionengesetzes, des europatümpelnden strafrechtlichen Neopositivismus und seiner Apologie von Böse, ZIS 2010, S. 735 ff.

Schünemann, Bernd/Roger, Benjamin: Die Karawane zur Europäisierung des Strafrechts zieht weiter – Zur demokratischen und rechtsstaatlichen Bresthaftigkeit des EU-Geldsanktionengesetzes, ZIS 2010, S. 515 ff.

Schüren, Peter: Funktionsmängel des Arbeitnehmerüberlassungsgesetzes bei Scheinwerkverträgen aus dem Ausland – Eine Skizze, in: *Wolmerath et al. (Hrsg.)*, Recht – Politik – Geschichte, Festschrift für Franz Josef Düwell zum 65. Geburtstag, Baden-Baden 2011, S. 84 ff.

–: Leiharbeit in Deutschland, RdA 2007, S. 231 ff.

–: Scheinwerk- und Scheindienstverträge mit Arbeitnehmerüberlassungserlaubnis, Vorschlag zu einer Korrektur des AÜG, NZA 2013, S. 176 ff.

Schüren, Peter/Behrend, Britta: Arbeitnehmerüberlassung nach der Reform – Risiken der Neuen Freiheit, NZA 2003, 521 ff.

Schüren, Peter/Hamann, Wolfgang (Hrsg.): Arbeitnehmerüberlassungsgesetz, 4. Auflage, München 2010 (zitiert: Schüren/Hamann/*Bearbeiter*).

Schüren, Peter/Wank, Rolf: Die neue Leiharbeitsrichtlinic und ihre Umsetzung in deutsches Recht, RdA 2011, S. 1 ff.

Schüren, Peter/Wilde, Anna: Die neue Entsendebescheinigung A-1 und die Voraussetzungen ihrer Erteilung, NZS 2011, S. 121 ff.

Sellin, Jessica: Arbeitnehmermobilität und Entsenderecht, Berlin 2006.

Senge, Lothar (Hrsg.): Karlsruher Kommentar zum Gesetz über Ordnungswidrigkeiten, 3. Auflage, München 2006 (zitiert: KarlsruherKomm/*Bearbeiter*).

Stegemann, Karolina: Gewerkschaften und kollektives Arbeitsrecht in Polen, Wechselbeziehungen im geschichtlichen Kontext, Baden-Baden 2011.

Sznyter, Aleksandra: Polnische Zuwanderer in der Bundesrepublik Deutschland – Eine empirische Analyse der gegenwärtigen Lage, Wuppertal 2008.

Temming, Felipe: EU-Osterweiterung: Wie beschränkt ist die Dienstleistungsfreiheit?, RdA 2005, S. 186 ff.

Tettinger, Peter/Wank, Rolf/Ennuschat, Jörg: Gewerbeordnung, Kommentar, 8. Auflage, München 2011.

Literaturverzeichnis

Tiedemann, Michael: Bestimmung des anwendbaren Sozialversicherungsrechts bei Entsendung in der EU – Regelung nach Inkrafttreten der VO (EG) 883/04 und VO (EG) 987/09, NZS 2011, S. 41 ff.

Timm, Sylwia: Zur Freizügigkeit von polnischen Arbeitnehmern in Deutschland, Regelungen vor und nach dem Beitritt Polens in die Europäische Union, Berlin 2007.

Timmermann, Oliver: Die Beweisnot des Arbeitnehmers bei illegaler Arbeitnehmerüberlassung, BB 2012, S. 1729 ff.

Thüsing, Gregor: Arbeitnehmer-Entsendegesetz, München 2010 (zitiert: Thüsing/ *Bearbeiter*, AEntG).

–: Arbeitnehmerüberlassungsgesetz, 3. Auflage, München 2012 (zitiert: Thüsing/ *Bearbeiter*, AÜG).

–: Europäisches Arbeitsrecht, 2. Auflage, München 2011 (zitiert: *Thüsing*, Europ. ArbR).

–: Mindestlohn im Spannungsverhältnis staatlicher und privatautonomer Regelung, ZfA 2008, S. 590 ff.

–: Günstigkeitsvergleich und Ausweichklausel in Art. 30 EGBGB, Die Bestimmung des auf den Arbeitsvertrag anzuwendenden Rechts – zugleich Anmerkung zu LAG Baden-Württemberg, BB 2003, S. 898 ff.

–: Rechtsfragen grenzüberschreitender Arbeitsverhältnisse, NZA 2003, S. 1303 ff.

Thüsing, Gregor/Lembke, Mark: Zeitarbeit im Spannungsverhältnis von Dienstleistungsfreiheit und Tarifautonomie, ZfA 2007, S. 87 ff.

Trautmann, Sebastian: Das neue Europäische Geldsanktionengesetz – Vollstreckung ausländischer Geldsanktionen zur Ahndung von Verkehrsverstößen, NZV 2011, S. 57 ff.

Ulber, Jürgen: Arbeitnehmerentsendegesetz, Basiskommentar, Frankfurt am Main 2009.

–: Arbeitnehmerüberlassungsgesetz, Basiskommentar, Frankfurt am Main 2008 (zitiert: *Ulber*, AÜG-Basis).

–: Arbeitnehmerüberlassungsgesetz, Kommentar für die Praxis, 4. Auflage, Frankfurt am Main 2011 (zitiert: Ulber, AÜG).

Urban-Crell, Sandra/Germakowski, Gudrun/Bissels, Alexander/Hurst, Adrian: AÜG, Kommentar zum Arbeitnehmerüberlassungsgesetz, 2. Auflage, Köln 2013 (zitiert: UGBH/*Bearbeiter*, AÜG).

Urban-Crell, Sandra/Schulz, Christian: Arbeitnehmerüberlassung und Arbeitsvermittlung, München 2003.

Vogel, Klaus/Lehner, Moris: Doppelbesteuerungsabkommen, 6. Auflage, München 2015 (zitiert: Vogel/Lehner/*Bearbeiter*).

von Bar, Christian: Internationales Privatrecht, Band II, Besonderer Teil, München 1991.

von Bar, Christian/Mankowski, Peter: Internationales Privatrecht, Band I, Allgemeine Lehren, 2. Auflage, München 2003.

Von Hoffmann, Bernd/Thorn, Karsten: Internationales Privatrecht, 9. Auflage, München 2007.

Von Seel, Henning-Alexander: Grenzüberschreitende Arbeitnehmerentsendung – Ein Überblick über arbeits-, sozial- und steuerrechtliche Fragen, MDR 2011, S. 5 ff.

Von Staudinger, Julius (Begr.): Kommentar zum Bürgerlichen Gesetzbuch, Zweites Buch: Recht der Schuldverhältnisse, Teilband Dienstvertragsrecht 1, (§§ 611-613), 14. Auflage, Berlin 2011; Einführungsgesetz zum Bürgerlichen Gesetzbuche/IPR Einleitung zur Rom I-VO; Art 1-10 Rom I-VO (Internationales Vertragsrecht 1), 14. Auflage, Berlin 2011; IPR Art 11-29 Rom I-VO; Art 46 b, c EGBGB (Internationales Vertragsrecht 2), 14. Auflage, Berlin 2011 (zitiert: Staudinger/*Bearbeiter*).

Wank, Rolf: Die Bindungswirkung von Entsendebescheinigungen, EuZW 2007, S. 300 ff.

Wassermeyer, Franz/Kaeser, Christian/Schwenke, Michael: Doppelbesteuerung, Kommentar zu allen deutschen Doppelbesteuerungsabkommen (Loseblatt), Band 5, 128. Auflage, München 2014 (zitiert: Wassermeyer/*Bearbeiter*).

Wedde, Peter: Arbeitsrecht, Kompaktkommentar zum Individualarbeitsrecht mit kollektivrechtlichen Bezügen, 2. Auflage, Frankfurt am Main 2010.

Werding, Martin: Erweiterung der Europäischen Union und Auswirkungen auf den deutschen Arbeitsmarkt, NZA 2003, S. 194 ff.

Westermann, Harm Peter/Grunewald, Barbara/Maier-Reimer, Georg (Hrsg.): Erman, BGB – Handkommentar, 13. Auflage, Köln 2011 (zitiert: Erman/*Bearbeiter*).

Wiedemann, Herbert/Oetker, Hartmut: Tarifvertragsgesetz, 7. Auflage, München 2007 (zitiert: Wiedemann/*Bearbeiter*, TVG).

Winkler von Mohrenfels, Peter/Block, Alexander: Abschluss des Arbeitsvertrages und anwendbares Recht, EAS B 3000, 156. Aktualisierung, Heidelberg 2010.

Zimmermann, André: Folgen illegaler grenzüberschreitender Arbeitnehmerüberlassung aus Sicht des Entleihers, Essen 2008.

Zimmermann, Frank: Offene strafrechtliche Fragen im Zusammenhang mit der europäischen E-101-Bescheinigung für Wanderarbeiter – zugleich eine Besprechung von BGHSt 51, 124, ZIS 2007, S. 407 ff.

Anhang

Gesetzesauszug 1:

Gesetz über die Gewerbefreiheit vom 02.07.2004 (GewerbeG)
(Dz. U. 2004, Nr. 173, Pos. 1807, m. spät. Änd.)

Kapitel 1
Allgemeine Vorschriften

Art. 1.

Das Gesetz regelt die Aufnahme, den Betrieb und die Beendigung eines Gewerbes auf dem Staatsgebiet der Republik Polen sowie die Aufgaben der Behörden in diesem Bereich.

Art. 2.

Ein Gewerbe ist die auf Erwerb gerichtete Tätigkeit auf den Gebieten der Erzeugung, der Bauwirtschaft, des Handels, der Dienstleistungen sowie die Schürfung, Erkundung und Gewinnung von Bodenschätzen, als auch die in organisierter und fortgesetzter Art ausgeübte, berufliche Tätigkeit.
[...]

Art. 4.

1. Unternehmer im Sinne des Gesetzes ist eine natürliche Person, eine juristische Person und eine Organisationseinheit, die keine juristische Person ist und der ein anderes Gesetz die Rechtsfähigkeit verleiht – die in eigenem Name ein Gewerbe betreibt.

2. Als Unternehmer werden ebenfalls Gesellschafter einer zivilrechtlichen Gesellschaft im Rahmen der Ausführung von gewerblichen Tätigkeiten betrachtet.

Art. 5.

Die in dem Gesetz verwendeten Begriffe bedeuten:
[...]
Nr. 5) regulierte Tätigkeit – gewerbliche Tätigkeit, deren Ausübung die Erfüllung besonderer gesetzlich bestimmter Bedingungen erfordert,
[...]

Anhang

Kapitel 2
Grundsätze der Aufnahme und des Betriebes eines Gewerbes
Art. 14.
1. Ein Unternehmer kann den Betrieb eines Gewerbes an dem Tag aufnehmen, an dem er den Antrag auf Eintragung in die Zentrale Gewerberegister - Auskunft gestellt hat oder er die Eintragung in das Unternehmensregister im Landes-Gerichtsregister erwirkt hat.
2. Einer Eintragungspflicht in die Zentrale Gewerberegister-Auskunft unterliegen Unternehmer, die natürliche Personen sind.
3. Der Unternehmer hat das Recht im Antrag auf Eintragung in die Zentrale Gewerberegister-Auskunft einen späteren Zeitpunkt zur Aufnahme des Gewerbebetriebs als den Tag der Antragsstellung zu bestimmen.
4. Eine Kapitalgesellschaft, die sich in Gründung befindet, kann den Gewerbebetrieb schon vor der Eintragung in das Unternehmensregister aufnehmen.
5. Die Vorschrift des Abs. 1 findet in den Fällen keine Anwendung, in denen andere Gesetze die Aufnahme und den Betrieb eines Gewerbes von der Pflicht, eine Konzession oder eine Erlaubnis, von der in Art. 75 die Rede ist, zu erwirken, abhängig machen.
6. Auf Unternehmer, die eine natürliche Person sind und die ein Gewerbe aufnehmen, das einer Eintragungspflicht in das Register für regulierte Tätigkeiten unterliegt, findet die Vorschrift des Art. 65 Abs. 3 Anwendung.
7. Die Grundsätze der Eintragung in das Unternehmensregister werden in gesonderten Vorschriften geregelt.
[…]

Art. 64.
1. Wenn eine Vorschrift eines besonderen Gesetzes bestimmt, dass eine bestimmte Tätigkeit als regulierte Tätigkeit im Sinne dieses Gesetzes gilt, so kann ein Unternehmer diese Tätigkeit ausüben, wenn er die besonderen Bedingungen, die durch das vorgenannte besondere Gesetz bestimmt werden, erfüllt und in das Register für regulierte Tätigkeiten eingetragen wird, vorbehaltlich der Vorschrift des Art. 75.
2. Für die Eintragung in das Register für regulierte Tätigkeiten wird eine Verwaltungsgebühr erhoben, es sei denn die Vorschriften eines gesonderten Gesetzes bestimmen etwas anderes.

Anhang

Art. 65.
1. Die Behörde, die aufgrund der Vorschriften, die die jeweilige Gewerbetätigkeit regeln, das Register für regulierte Tätigkeiten führt, nimmt die Eintragung auf Antrag des Unternehmers vor, nachdem der Unternehmer eine Erklärung über die Erfüllung der Bedingungen an den Betrieb der regulierten Tätigkeit abgegeben hat.
2. Die Erklärung wird schriftlich gegenüber der Behörde, die das Register für die regulierte Tätigkeit führt, abgegeben.
3. Ein Unternehmer, der der Eintragungspflicht in die Zentrale Gewerberegister-Auskunft unterliegt, kann den Antrag zusammen mit der Erklärung auch bei der zuständigen Gemeindebehörde unter Hinweis auf die Behörde, die das Register für die regulierte Tätigkeit führt, stellen.
4. Der Inhalt der Erklärung, die Art und Weise der Registerführung und die Daten, die in das Register einzutragen sind, werden durch die Vorschriften, die die betreffende regulierte Tätigkeit regeln, bestimmt.
5. Die Behörde, die das Register für regulierte Tätigkeiten führt, stellt von Amts wegen eine Bescheinigung über die vorgenommene Registereintragung aus.

Art. 66.
1. Das Register der regulierten Tätigkeit ist öffentlich. Jedermann hat ein Recht auf Zugang zu den in darin enthaltenen Angaben, vermittelt durch die Behörde, die das Register führt.
2. Für einen in das Register eingetragenen Unternehmer werden Registerakten angelegt und geführt, diese beinhalten insbesondere Unterlagen, die Grundlage für eine Eintragung sind, und Entscheidungen über die Löschung einer Eintragung aus dem Register.
3. Ein Eintragung im Register kann nur in den gesetzlich vorgesehenen Fällen gelöscht werden.
4. Die Behörde, die das Register führt, korrigiert von Amts wegen die Eintragung im Register, wenn diese offensichtliche Fehler enthält oder offensichtlich mit dem tatsächlichen Sachverhalt nicht übereinstimmt.
5. Der Unternehmer ist verpflichtet eine Änderung der Angaben, die in das Register eingetragen sind, innerhalb von 14 Tagen ab dem Eintritt des Ereignisses, das zu einer Veränderung der Angaben geführt hat, anzuzeigen.

Art. 67.
1. Die Behörde, die das Register der regulierte Tätigkeit führt, ist verpflichtet eine Eintragung des Unternehmers in das Register innerhalb von

Anhang

sieben Tagen ab dem Tage, an dem sein Antrag auf Eintragung zusammen mit der Erklärung über die Erfüllung der für die Ausübung der regulierten Tätigkeit, für die das Register geführt wird, erforderlichen Bedingungen bei ihr eingegangen ist, vorzunehmen.

2. Wenn die Behörde, die das Register der regulierten Tätigkeit führt, die Eintragung, von der in Abs. 1 die Rede ist, nicht vornimmt und seit dem Eingang des Antrags bei der Behörde 14 Tagen vergangen sind, kann der Unternehmer den Betrieb aufnehmen. Dies gilt nicht für den Fall, in dem die Behörde den Unternehmer zur Vervollständigung des Antrags auf Eintragung nicht später als vor Ablauf von sieben Tagen nach Erhalt des Antrags aufgefordert hat. In diesem Fall läuft die Frist, von der in Satz 1 die Rede ist, entsprechend ab dem Tage, an dem die Vervollständigung des Antrags auf Eintragung eingegangen ist.

Art. 68.

Die Behörde, die das Register der regulierten Tätigkeit führt, versagt die Eintragung des Unternehmers in das Register durch Entscheidung in den Fällen, in denen:

1) ein rechtskräftiges Urteil ergangen ist, das dem Unternehmer den Betrieb eines Gewerbes, das der Eintragungspflicht unterliegt, untersagt;

2) der Unternehmer aus dem Register dieser regulierten Tätigkeit aus Gründen, von denen in Art. 71 Abs. 1 die Rede ist, innerhalb eines Zeitraums von 3 Jahren vor der Antragstellung, gelöscht wurde.

Art. 69.

Der Unternehmer ist verpflichtet, sämtliche Unterlagen, die zum Nachweis der Erfüllung der Bedingungen an den Betrieb einer regulierten Tätigkeit notwendig sind, aufzubewahren.

Art. 70.

Die Erfüllung der Bedingungen an den Betrieb einer regulierten Tätigkeit durch den Unternehmer unterliegt der Kontrolle, insbesondere durch die Behörde, die das Register der betreffenden Tätigkeit führt. Die Vorschrift des Art. 57 findet entsprechende Anwendung.

Art. 71.

1. Die Behörde, die das Register der regulierten Tätigkeit führt, erlässt durch Entscheidung ein Verbot des Betriebs eines eintragungspflichtigen Gewerbes durch den Unternehmer, wenn:

1) der Unternehmer eine Erklärung, von der in Art. 65 die Rede ist, abgegeben hat, die nicht mit dem tatsächlichen Sachverhalt übereinstimmt;
2) der Unternehmer nicht innerhalb einer ihm von der Behörde bestimmten Frist die Verletzung von Bedingungen an den Betrieb einer regulierten Tätigkeit beendet hat;
3) sie eine erhebliche Verletzung der Bedingungen an den Betrieb einer regulierten Tätigkeit durch den Unternehmer feststellt.
2. Die Entscheidung, von der in Abs. 1 die Rede ist, ist sofort vollziehbar.
3. Im Falle einer Entscheidung, von der in Abs. 1 die Rede ist, löscht die Behörde von Amts wegen die Eintragung des Unternehmers im Register der regulierten Tätigkeit.
4. Die Vorschrift des Abs. 3 findet entsprechende Anwendung, wenn ein Unternehmer eine gewerbliche Tätigkeit, die von der Eintragung erfasst ist, auch auf Grund von Eintragungen in anderen Registern der regulierten Tätigkeit in demselben Bereich der gewerblichen Tätigkeit ausübt.

Art. 72.

1. Ein Unternehmer, der aus dem Register der regulierten Tätigkeit gelöscht worden ist, kann eine erneute Eintragung in das Register für dieselbe Gewerbetätigkeit nicht vor Ablauf von 3 Jahren ab dem Tag der Entscheidung, von der in Art. 71 Abs. 1 die Rede ist, erhalten.
2. Die Vorschrift des Abs. 1 findet auf einen Unternehmer, der ohne in das Register für regulierte Tätigkeiten eingetragen zu sein eine Gewerbetätigkeit ausgeübt hat, Anwendung. Dies betrifft nicht die Situation, die in Art. 67 Abs. 2 bestimmt ist.

Art. 73.

Die Behörde, die das Register der regulierten Tätigkeit führt, löscht die Eintragung des Unternehmers auf seinen Antrag aus dem Register.

Art. 74.

In den Angelegenheiten, die nicht durch Art. 64-73 geregelt werden, finden die Vorschriften, die die Ausübung der gewerblichen Tätigkeit aufgrund einer Eintragung in das Register der regulierten Tätigkeit regeln, Anwendung.
[…]

Anhang

Gesetzesauszug 2:

Gesetz über die Beschäftigungsförderung und Institutionen des Arbeitsmarktes vom 20.04.2004 (BeInstG)
(Dz. U. 2004, Nr. 99, Pos. 1001, m. spät. Änd.)

Kapitel 1
Allgemeine Vorschriften
Art. 1.

1. Das Gesetz bestimmt die Aufgaben des Staates auf den Gebieten der Beschäftigungsförderung, der Milderung der Folgen von Arbeitslosigkeit und der beruflichen Aktivierung.

2. Die Aufgaben des Staates auf den Gebieten der Beschäftigungsförderung, der Milderung der Folgen von Arbeitslosigkeit und der beruflichen Aktivierung werden durch Institutionen des Arbeitsmarktes realisiert, die folgende Ziele verfolgen:
 1) produktive Vollbeschäftigung;
 2) Entwicklung der Humanressourcen;
 3) Erreichung einer hohen Arbeitsqualität;
 4) Stärkung der gesellschaftlichen Integration und Solidarität;
 5) Steigerung der Mobilität auf dem Arbeitsmarkt.
[…]

Art. 2.

1. Immer wenn im Gesetz die Rede ist, von:
[…]
 13) illegaler Beschäftigung oder anderer illegaler Erwerbstätigkeit – bedeutet dies:
  a) die Beschäftigung einer Person durch den Arbeitgeber ohne eine schriftliche Bestätigung der Art des abgeschlossenen Vertrages und dessen Bedingungen innerhalb des dafür vorgesehenen Zeitraums,
  b) die fehlende Anmeldung einer beschäftigten oder eine andere Erwerbstätigkeit ausübenden Person zur Sozialversicherung,
  c) die Aufnahme einer Beschäftigung, einer anderen Erwerbsarbeit oder Erwerbstätigkeit durch einen Arbeitslosen ohne hiervon das zuständige Kreisarbeitsamt zu benachrichtigen,
  d) *(aufgehoben)*,
  e) einem Ausländer, der keine Arbeitserlaubnis oder keine Aufenthalts- und Arbeitserlaubnis besitzt, die Ausübung von Arbeit in Fällen, in denen eine solche Erlaubnis erforderlich ist, übertragen, oder die Aus-

übung von Arbeit unter anderen Bedingungen oder auf einer anderen Stelle, als sie in der Arbeitserlaubnis bezeichnet sind, übertragen, vorbehaltlich der Art. 88f Abs. 1a und 1b,
f) *(aufgehoben);*
[...]

Kapitel 3
Institutionen des Arbeitsmarktes
Art. 6.

1. Institutionen des Arbeitsmarktes, die die im Gesetz genannten Aufgaben realisieren, sind:
1) öffentliche Arbeitsverwaltungen;
2) freiwillige Arbeitsgruppen;
3) Beschäftigungsagenturen;
4) Schulungseinrichtungen;
5) Institutionen des gesellschaftlichen Dialogs;
6) Institutionen der lokalen Partnerschaften.

2. Öffentliche Arbeitsverwaltungen schaffen zusammen mit den Kreis- und Woiwodschaftsarbeitsämtern, dem Amt des für das Arbeitsressort zuständigen Ministers und den Woiwodschaftsbehörden, die ihre gesetzlich bestimmten Aufgaben realisieren, Beschäftigungsorgane.

3. Freiwillige Arbeitsgruppen bilden eine staatliche Einheit, die auf Tätigkeiten zugunsten von Jugendlichen, insbesondere von sozialer Ausgrenzung bedrohten Jugendlichen, als auch Arbeitslosen bis zum 25. Lebensjahr spezialisiert ist.

4. Beschäftigungsagenturen sind Rechtsträger, die in das Register der Beschäftigungsagenturen eingetragen sind, und Dienstleistungen auf den Gebieten der Arbeitsvermittlung, der Arbeitsvermittlung zur Arbeit im Ausland bei ausländischen Arbeitgebern, der Berufsberatung, der Personalberatung und der Leiharbeit erbringen.

5. Schulungseinrichtungen sind öffentliche und nichtöffentliche Träger, die aufgrund von gesonderten Vorschriften im Bereich der außerschulischen Bildung tätig sind.

6. Institutionen des öffentlichen Dialogs am Arbeitsmarkt sind:
1) Gewerkschaften oder Organisationen der Gewerkschaften,
2) Arbeitgeberorganisationen,
3) Arbeitslosenorganisationen,
4) Nichtregierungsorganisationen

Anhang

- wenn zu ihren satzungsmäßigen Aufgaben auch die Realisierung von Aufgaben auf den Gebieten der Beschäftigungsförderung, der Milderung der Folgen von Arbeitslosigkeit und der beruflichen Aktivierung gehört.
7. Eine Institution der lokalen Partnerschaften ist eine Gruppe von Institutionen, die auf der Grundlage eines Vertrages Maßnahmen und Projekte zugunsten des Arbeitsmarktes durchführen.
8. *(aufgehoben)*
9. Öffentliche Arbeitsverwaltungen arbeiten mit dem Chef des nationalen Zentrums für kriminologische Informationen in dem Maße zusammen, das notwendig ist um seine gesetzlich bestimmten Aufgaben zu erfüllen.
[...]

Kapitel 6
Beschäftigungsagenturen
Art. 18.

1. Die Ausübung eines Gewerbes bestehend aus den Dienstleistungen:
 1) der Arbeitsvermittlung, welche insbesondere darin besteht:
  a) Personen beim Finden einer geeigneten Beschäftigung oder einer anderen Erwerbstätigkeit zu helfen als auch Arbeitgebern bei der Gewinnung von Arbeitnehmern, die die geforderten Berufsqualifikationen besitzen, zu helfen,
  b) Arbeitsangebote einzuholen und zu verbreiten,
  c) Arbeitgeber über Arbeitskandidaten im Zusammenhang mit einem veröffentlichen Arbeitsangebot zu informieren,
  d) Arbeitskandidaten und Arbeitgeber über die aktuelle Situation und voraussichtliche Veränderungen auf dem lokalen Arbeitsmarkt zu informieren,
  e) Kontakte zwischen Personen, die eine geeignete Beschäftigung oder eine andere Erwerbstätigkeit suchen, und Arbeitgebern zu initiieren und zu organisieren,
  f) Personen zur Arbeit ins Ausland bei ausländischen Arbeitgebern im Sinne von Art. 85 Abs. 2 zu entsenden,
 2) der Personalberatung, welche insbesondere darin besteht:
  a) Beschäftigungsanalysen bei Arbeitgebern durchzuführen, die Qualifikationen von Arbeitnehmern und ihre Fähigkeiten als auch andere Eigenschaften, die für die Ausübung einer bestimmten Arbeit unerlässlich sind, zu bestimmen,
  b) auf Quellen und Methoden, um Arbeitnehmer für bestimmte Arbeitsstellen zu finden, hinzuweisen,

c) Überprüfung der Kandidaten im Hinblick auf die erwarteten Qualifikationen und Fähigkeiten,
3) der Berufsberatung, welche insbesondere darin besteht:
a) bei der Auswahl eines geeigneten Berufes und eines Arbeitsplatzes zu helfen,
b) Informationen, die für berufliche Entscheidungen unerlässlich sind, insbesondere über Berufe, den Arbeitsmarkt sowie Schulungs- und Ausbildungsmöglichkeiten, zu erteilen,
c) Gruppenberufsberatungen, aktivierende Veranstaltungen zur Hilfe bei der aktiven Arbeitssuche , zu initiieren, zu organisieren und zu leiten,
d) Arbeitgebern bei der Auswahl der Arbeitskandidaten zu helfen, insbesondere durch Information und Beratung in diesem Bereich,
4) der Leiharbeit, die darin besteht, Leiharbeitnehmer zu beschäftigen und diese Arbeitnehmer als auch Personen, die keine Arbeitnehmer sind, zur Leiharbeit zugunsten des Entleihers und unter dessen Leitung nach den Grundsätzen, die im Gesetz über die Beschäftigung von Leiharbeitnehmern bestimmt werden, zuzuweisen
ist eine regulierte Tätigkeit im Sinne des Gesetzes vom 02. Juli 2004 über die Gewerbefreiheit (Dz. U. von 2007, Nr. 155, Pos. 1095, m. spät. Änd.), im weiteren als „Gesetz über die Gewerbefreiheit" genannt, und erfordert die Eintragung in das Register der Beschäftigungsagenturen, im Folgenden „Register" genannt.
2. Einer Eintragung ist das Register unterliegt auch die Ausübung der in Absatz 1 Punkt 1-3 angesprochenen Dienstleistungen durch Einheiten der kommunalen Selbstverwaltung, Hochschulen, Vereine, Stiftungen, gesellschaftliche und berufliche Organisationen sowie andere Organisationen, deren satzungsmäßiges Ziel die Erbringung dieser Dienstleistungen ist.

Art. 18a.
Eine Beschäftigungsagentur übt Tätigkeiten aus, die in der Erbringung von einer, mehrerer oder aller in Art. 18 Abs. 1 genannten Dienstleistungen bestehen.
Art. 18b.
Die Eintragung in das Register berechtigt nicht zur Arbeitsvermittlung im Rahmen des EURES-Netzwerkes.
[...]

Anhang

Art. 18d.
1. Das Register wird durch den Marschall der Woiwodschaft, der für den Betriebssitz des eine Eintragung beantragenden Rechtsträgers zuständig ist, geführt.
2. Das Register ist öffentlich und kann in Form eines elektronischen Dokuments geführt werden.

Art. 18e.
1. Der Marschall der Woiwodschaft nimmt die Eintragung in das Register aufgrund eines schriftlichen Antrags auf Eintragung in das Register, der durch den Rechtsträger, der beabsichtigt eine Beschäftigungsagentur zu betreiben, gestellt wurde und die nachfolgenden Angaben beinhaltet, vor:
   1) Bezeichnung des Rechtsträgers, der die Eintragung in das Register beantragt;
   2) Wohnadresse oder Adresse des Betriebssitzes des Rechtsträgers als auch die Adressen, von wo aus der Geschäftsbetrieb geführt werden wird, hierzu gehört der Name der Gemeinde, der Woiwodschaft und die Telefonnummer;
   3) Bezeichnung der Rechtsform;
   4) Steueridentifikationsnummer (NIP);
   5) Nummer des Unternehmensregistereintrags oder Nummer des Gewerberegistereintrags, sofern eine solche zugeteilt wurde, als auch den Namen und die Adresse des Registerbehörde;
   6) Adresse des elektronischen Postfachs.
2. Zusammen mit dem Antrag nach Abs. 1 hat der Rechtsträger
   1) eine Erklärung mit dem folgenden Inhalt abzugeben:
      „Ich erkläre, dass
      1) die im Antrag auf Eintragung in das Register enthaltenen Angaben vollständig und wahrheitsgemäß sind;
      2) mir die Voraussetzungen für den Betrieb einer Beschäftigungsagentur in den Bereichen der Arbeitsvermittlung, Personalberatung, Berufsberatung oder Leiharbeit – festgelegt in dem Gesetz vom 20. April 2004 über die Beschäftigungsförderung und Institutionen des Arbeitsmarktes – bekannt sind und ich diese erfülle.";
   2) zur Einsicht einen Bezahlungsnachweis für die Gebühr, von der in Art. 18k Abs. 1 die Rede ist, vorzulegen oder eine Kopie desselben einzureichen.
3. Die Erklärung sollte ebenfalls beinhalten:
   1) die Bezeichnung des Rechtsträgers, der die Beschäftigungsagentur leitet, und die Wohnadresse oder die Adresse des Betriebssitzes;

Anhang

2) Angabe des Ortes und des Datums, an dem die Erklärung abgegeben wurde;
3) Unterschrift der zur Vertretung des Rechtsträgers berechtigen Person, unter Angabe des Vor- und Nachnamens und ihrer Funktion.

Art. 18f.

1. Der Antrag auf Eintragung in das Register kann auch in elektronischer Form gestellt werden. Ein in elektronischer Form gestellter Antrag sollte im festgelegten elektronischen Format diejenigen Angaben enthalten, die im Antragsmuster, von dem in Art. 19k die Rede ist, enthalten sind, und sollte den Grundsätzen, die in den Vorschriften über elektronische Signaturen bestimmt sind, folgend mit einer sicheren elektronischen Signatur mit Zeitangabe versehen sein.
2. Die Vorschrift des Abs. 1 findet entsprechende Anwendung auf die Informationen, von denen in Art. 19e und 19f die Rede ist.

Art. 18g.

1. Der Eintragung in das Register unterliegen die Angaben, von denen in Art. 18 e Abs. 1 die Rede ist, und das Datum der Eintragung, mit Ausnahme der Wohnadresse, sofern diese von der Adresse des Betriebssitzes abweicht.
2. Als Eintragung in das Register gilt auch die Löschung oder Änderung der Eintragung.

Art. 18h.

1. Vor der Eintragung in das Register kann der Marschall der Woiwodschaft:
   1) eine Überprüfung der im Antrag oder in der Erklärung angegebenen Tatsachen, von denen in Art. 18e Abs. 1 die Rede ist, vornehmen,
   2) den Rechtsträger dazu auffordern, innerhalb einer festgelegten Frist
      a) Unterlagen, die die Angaben, von denen in Art. 18e Abs. 1 Nr. 1 und 3 die Rede ist, bestätigen,
      b) eine Bescheinigung oder Erklärung, die die Angaben, von denen in Art. 18e Abs. 1 Nr. 4 und 5 die Rede ist, bestätigt,
      c) Unterlagen, die die Erfüllung der Voraussetzungen, die in Art. 19 bestimmt werden, bescheinigen
- mit dem Ziel der Feststellung, ob der Rechtsträger die Voraussetzungen für den Betrieb einer Beschäftigungsagentur erfüllt, vorzulegen.
2. Die Erklärung, von der in Abs. 1 Nr. 2 lit. b die Rede ist, wird unter Androhung strafrechtlicher Haftung für Falschaussagen abgegeben. Der

Anhang

Erklärende ist verpflichtet seiner Erklärung eine Klausel mit dem folgenden Inhalt hinzuzufügen: „Ich bin mir der strafrechtlichen Haftung für Falschaussagen bewusst." Diese Klausel ersetzt die Rechtsbelehrung über die strafrechtliche Haftung für Falschaussagen durch die Behörde.

Art. 18i.

1. Der Marschall der Woiwodschaft stellt eine Bescheinigung über die Eintragung in das Register aus, die zur Ausübung von Dienstleistungen berechtigt, von denen in Art. 18 Abs. 1 die Rede ist, im Folgenden „Bescheinigung" genannt.

2. Die Bescheinigung sollte die folgenden Angaben beinhalten:
   1) den Namen des Rechtsträgers;
   2) die Adresse des Betriebssitzes des Rechtsträgers;
   3) Nummer des Registereintrags;
   4) Datum der Eintragung in das Register;
   5) für den Fall der Ausstellung der Bescheinigung aufgrund einer Änderung der Bezeichnung oder der Adresse des Betriebssitzes des Rechtsträgers das Datum der Ersteintragung in das Register.

Art. 18j.

1. Der Marschall der Woiwodschaft ändert den Registereintrag und gibt diese Änderungen berücksichtigende Bescheinigungen aus, wenn er Auskunft über die Änderung von Angaben, von denen in Art. 19e Nr. 1 Rede ist, hinsichtlich der Bezeichnung oder der Adresse des Betriebssitzes des Rechtsträgers, erhält.

2. Ein Wechsel des Wohnortes oder des Betriebssitzes des Rechtsträgers unterliegt der Eintragungspflicht in das von dem Marschall der Woiwodschaft, der nach dem Wechsel zuständig ist, geführte Register. Im Falle einer falschen Auskunft über den Wechsel, leitet der Marschall der Woiwodschaft umgehend die Registerunterlagen an den Marschall der Woiwodschaft weiter, der aufgrund des neuen Wohnortes oder Betriebssitzes zuständig ist.

Art. 18k.

1. Die Ausstellung einer Bescheinigung unterliegt einer Gebühr von 200 PLN, die als Einkommen der Selbstverwaltung der Woiwodschaft, die aufgrund des Betriebssitzes des Rechtsträgers zuständig ist, gilt.

2. Die Gebühr, von der in Abs. 1 die Rede ist, wird nicht zurück erstattet, wenn der Marschall der Woiwodschaft die Eintragung des Rechtsträgers in das Register aus Gründen, von denen in Art. 18l die Rede ist, versagt.

3. Die Ausstellung einer Bescheinigung ist von der in Abs. 1 genannten Gebühr in den Fällen, von denen in Art. 18j die Rede ist, befreit.

Art. 18l.

Der Marschall der Woiwodschaft versagt durch Entscheidung die Eintragung des Rechtsträgers in das Register in Fällen, in denen:

1) der Rechtsträger irgendeine Voraussetzung, von der in Art. 19 die Rede ist, nicht erfüllt;

2) der Rechtsträger aus dem Register aus Gründen, von denen in Art. 18m Nr. 3, 5-8 die Rede ist, innerhalb eines Zeitraums von 3 Jahren vor der Stellung des Antrags auf Eintragung, gelöscht wurde;

3) ein rechtkräftiges Urteil ergangen ist, das dem Unternehmer den Betrieb eines Gewerbes, das einer Eintragungspflicht unterliegt, untersagt;

4) der Rechtsträger von einer natürlichen Person gegründet wurde und geleitet wird, die zuvor Vorschriften dieses Gesetzes verletzt hat, was zu einer Löschung eines durch diese Person geleiteten Rechtsträgers aus dem Register aus Gründen, von denen in Art. 18m Nr. 3, 5-8 die Rede ist, innerhalb eines Zeitraums von 3 Jahren vor Stellung des Antrags auf Eintragung, geführt hat.

Art. 18m.

Der Marschall der Woiwodschaft löscht durch Entscheidung einen in das Register eingetragenen Rechtsträger im Falle:

1) eines schriftlichen Antrags des Rechtsträgers;

2) dass der Unternehmer sich im Zustand der Liquidation oder Insolvenz befindet;

3) dass eine Entscheidung getroffen wurde, von der in Art. 71 Abs. 1 des Gesetzes über die Gewerbefreiheit die Rede ist;

4) dass die Beschäftigungsagentur in den Bereichen der Arbeitsvermittlung, Personalberatung, Berufsberatung oder Leiharbeit innerhalb eines Zeitraums von 2 Jahren nicht betrieben wurde, was aufgrund der Auskünfte, von denen in Art. 19f die Rede ist, festgestellt wurde;

5) der Verletzung von Bedingungen an den Betrieb einer Beschäftigungsagentur, die in Art. 19 Nr. 2 und 3, Art. 19b-19d und Art. 85 Abs. 2-5 bestimmt werden;

6) dass eine Verletzung von Bedingungen an den Betrieb einer Beschäftigungsagentur, die in Art. 19 Nr. 1, Art. 19e, Art. 19g und Art. 19h bestimmt sind, durch den Rechtsträger innerhalb einer gesetzten Frist nicht behoben wird;

Anhang

7) der Abgabe einer Erklärung durch den Rechtsträger, von der in Art. 18e Abs. 2 Nr. 1 und Abs. 3 die Rede ist, oder von Angaben, von denen in Art. 19e Nr. 1 die Rede ist, die nicht mit dem tatsächlichen Sachverhalt übereinstimmen;

8) der Nichtübereinstimmung der Angaben im Register mit dem tatsächlichen Sachverhalt nach einer vorherigen Aufforderung des Rechtsträgers, innerhalb von 7 Tagen nach Erhalt dieser Aufforderung eine Erklärung in dieser Sache abzugeben;

9) dass einem Ausländer, der sich ohne eine gültige Aufenthaltserlaubnis auf dem Staatsgebiet der Republik Polen aufhält, die Ausübung von Arbeiten auf Grundlage der Vorschriften über die Beschäftigung von Leiharbeitnehmern übertragen wird.

Art. 18n.

1. Im Fall einer Entscheidung auf Löschung aus dem Register, wird die Eintragung vorgenommen, sobald die Entscheidung bestandskräftig wird.

2. Für einen in das Register eingetragenen Rechtsträger führt der Marschall der Woiwodschaft Registerunterlagen, die insbesondere die Dokumente enthalten, die die Grundlage einer Eintragung darstellen.

3. In einem Verwaltungsverfahren bezüglich der Eintragung in das Register der Beschäftigungsagenturen ist die nächsthöhere Behörde die kommunale Widerspruchkommission.

Art. 18o.

Der Marschall der Woiwodschaft übt die Aufsicht über die Einhaltung der Bedingungen an den Betrieb einer Beschäftigungsagentur, von denen in Art. 19, Art. 19e und Art. 19f die Rede ist, aus.

Art. 18p.

1. Der Marschall der Woiwodschaft leitet eine Sammelauskunft aus der Woiwodschaft in Form eines elektronischen Dokuments, die die Auskünfte betrifft, von denen in Art. 19f die Rede ist, an den für das Arbeitsressort zuständigen Minister bis zum 31. März weiter.

2. Die in Abs. 1 genannte Auskunft, sollte ebenfalls Angaben enthalten zur Anzahl:

1) der Rechtsträger, die im Register zum Ende des Berichtszeitraums eingetragen sind, unter Berücksichtigung der Rechtsträger, die einen Betrieb führen bestehend aus den Dienstleitungen: Arbeitsvermittlung, unter Einschluss derer, die Arbeitnehmer zur Arbeit ins Ausland bei aus-

ländischen Arbeitgebern entsenden, Personalberatung, Berufsberatung und Leiharbeit;
2) der Entscheidungen über die Löschung von Rechtsträgern aus dem Register, unter anderem aus dem Grund der Nichteinhaltung der Bedingungen an den Betrieb einer Beschäftigungsagentur;
3) der Entscheidungen über die Versagung einer Eintragung in das Register;
4) der durchgeführten Kontrollen, dabei die Anzahl der Fälle, in denen die Nichteinhaltung der Bedingungen an den Betrieb einer Beschäftigungsagentur festgestellt wurde;
5) der ausländischen Unternehmer, die eine Anzeige, von der in Art. 19i die Rede ist, gemacht haben, unter Angabe des Herkunftsstaates und der Art der erbrachten Dienstleistungen.

Art. 18r.
Der für das Arbeitsressort zuständige Minister verarbeitet die Daten über Beschäftigungsagenturen, die ihm in Form eines elektronischen Dokuments durch die Marschälle der Woiwodschaften zugeleitet werden.

Art. 19.
Ein Rechtsträger, der vorhat Dienstleistungen auszuführen oder der Dienstleistungen ausführt, von denen in Art. 18 die Rede ist, sollte die folgenden Voraussetzungen erfüllen:
1) keine Rückstände bei der Zahlung von Steuern, Beiträgen zur Sozialversicherung, Gesundheitsversicherung als auch Beiträgen für den Arbeitsfonds und den Fonds für garantierte Arbeitnehmerleistungen haben, sofern er zur Zahlung jener verpflichtet war;
2) nicht vorbestraft sein wegen Straftaten oder Ordnungswidrigkeiten, von denen in den Art. 121-121b die Rede ist;
3) ein Rechtsträger sein, der sich weder in Liquidation befindet noch dessen Insolvenz verkündet wurde.

Art. 19a. *(aufgehoben)*

Art. 19b.
Die Beschäftigungsagentur ist verpflichtet, personenbezogene Daten gemäß den Vorschriften zum Schutz persönlicher Daten zu verarbeiten.

Anhang

Art. 19c.
Die Beschäftigungsagentur darf Personen, für die sie eine Beschäftigung oder andere Erwerbstätigkeit sucht, nicht aufgrund des Geschlechts, Alters, einer Behinderung, der Rasse, der Religion, der ethnischen Herkunft, der Nationalität, der sexuellen Orientierung, der politischen Gesinnung und Konfession, als auch nicht wegen der Gewerkschaftszugehörigkeit diskriminieren.

Art. 19d.
Die Beschäftigungsagentur darf von Personen, für die sie eine Beschäftigung oder eine andere Erwerbstätigkeit sucht oder denen sie bei der Auswahl eines geeigneten Berufs oder Arbeitsplatzes hilft, keine anderen als die in Art. 85 Abs. 2 Nr. 7 genannten Beträge erheben.

Art. 19e.
Die Beschäftigungsagentur ist verpflichtet den Marschall der Woiwodschaft zu informieren:
1) über jede Änderung von Angaben, von denen in Art. 18e Abs. 1 Nr. 1 und 2 die Rede ist, innerhalb von 14 Tagen ab dem Tag der Änderung, wobei Art. 18e Abs. 3 entsprechend anzuwenden ist;
2) über die Einstellung des Betriebes;
3) über die Einstellung oder die Wiederaufnahme der Gewerbetätigkeit, von denen in den Vorschriften über die Gewerbefreiheit die Rede ist, innerhalb von 14 Tagen ab dem Tag der Einstellung oder Wiederaufnahme des Betriebs des Gewerbes.

Art. 19f.
Die Beschäftigungsagentur ist verpflichtet dem Marschall der Woiwodschaft Angaben über den Betrieb der Beschäftigungsagentur vorzustellen – bis zum 31. Januar jeden Jahres, für das vorangegangene Jahr – beinhalten müssen diese insbesondere die Anzahl:
1) der Personen, die aufgrund der Vermittlung durch die Beschäftigungsagentur eine Arbeit aufgenommen haben, geordnet nach elementaren Berufsgruppen gemäß der geltenden Klassifizierung der Berufe und Spezialisierungen für die Erfordernisse des Arbeitsmarktes, unter Angabe des Beschäftigungsstaates;
2) der Arbeitgeber und Personen, die die Personalberatung und Berufsberatung genutzt haben;
3) der Personen, die durch die Beschäftigungsagentur zur Leiharbeit überlassen wurden, geordnet nach elementaren Berufsgruppen gemäß der

geltenden Klassifizierung der Berufe und Spezialisierungen für die Erfordernisse des Arbeitsmarktes, unter Angabe des Beschäftigungslandes.

Art. 19 g.

Die Beschäftigungsagentur ist verpflichtet in Unterlagen, Anzeigen und Angeboten die Nummer des Registereintrags anzugeben, und ausgeschriebene Angebote zur Leiharbeit werden als „Angebote zur Leiharbeit" gekennzeichnet.

Art. 19h.

Die Beschäftigungsagentur ist verpflichtet mit den Beschäftigungsorganen bei der Realisierung der Arbeitsmarktpolitik zusammenzuarbeiten.

Art. 19i.

1. Ein ausländischer Unternehmer, von dem in Art. 18c Abs. 1 Nr. 4 die Rede ist, gibt vor Beginn seiner Tätigkeit auf den Gebieten der Arbeitsvermittlung, der Personalberatung, der Berufsberatung oder der Leiharbeit auf dem Staatsgebiet der Republik Polen dem Marschall der Woiwodschaft, der für den Ort der Dienstleistungserbringung zuständig ist, eine Mitteilung ab, die folgende Angaben beinhaltet:
   1) den Herkunftsstaat des Unternehmers;
   2) die Bezeichnung des Unternehmers und seinen Betriebssitz;
   3) einen ungefähren Ort und Zeitraum der Erbringung der Dienstleistungen als auch die Art der auf dem Staatsgebiet der Republik Polen auszuübenden Dienstleistung.

2. Eine Mitteilung nach Abs. 1 kann auch in elektronischer Form abgegeben werden.

3. Für den Fall, dass eine Angabe eines Ortes, an dem die Dienstleistungen überwiegend erbracht werden, nicht möglich ist, gibt der ausländische Unternehmer die Mitteilung nach Abs. 1 beim Marschall der Woiwodschaft Masowien ab.

Art. 19j.

In Angelegenheiten der Gewerbetätigkeit, von der in Art. 18 die Rede ist und die durch die Vorschriften dieses Kapitels nicht geregelt werden, insbesondere der Durchführung von Gewerbekontrollen beim Unternehmer, finden die Vorschriften des Gesetzes über die Gewerbefreiheit Anwendung.

Anhang

Art. 19k.
Der für das Arbeitsressort zuständige Minister wird in Form einer Rechtsverordnung das Muster für einen Antrag auf Eintragung in das Register, das Muster für die Bescheinigung wie auch den Umfang der Angaben über den Betrieb einer Beschäftigungsagentur, ferner auch Muster für Formulare für die anzugebenden Angaben, unter Beachtung der Schaffung von Bedingungen für die Entwicklung von Beschäftigungsagenturen, bestimmen.
[…]

Kapitel 16
Arbeit im Ausland bei ausländischen Arbeitgebern und Arbeit von Ausländern in der Republik Polen

Art. 84.
Die Arbeit im Ausland bei ausländischen Arbeitgebern richtet sich nach dem Verfahren und den Grundsätzen, die im Beschäftigungsland gelten als auch in völkerrechtlichen Verträgen bestimmt sind.

Art. 85.
1. Die Arbeit im Ausland erfolgt aufgrund unmittelbarer Vereinbarungen zwischen den Arbeitern und den ausländischen Arbeitgebern oder durch Vermittlung der öffentlichen Arbeitsverwaltungen, als auch von Beschäftigungsagenturen, die Dienstleistungen, von denen in Art. 18 Abs. 1 Nr. 1 die Rede ist, anbieten.
2. Die Entsendung ins Ausland zur Arbeit bei ausländischen Arbeitgebern aufgrund der Vermittlung durch eine Beschäftigungsagentur erfolgt auf der Grundlage eines schriftlichen Vertrages zwischen der Beschäftigungsagentur und den zu entsendenden Personen. Der Vertrag sollte insbesondere Bestimmungen enthalten über:
1) den ausländischen Arbeitgeber;
2) die Dauer der Beschäftigung oder einer anderen Erwerbstätigkeit;
3) die Art und die Bedingungen der Arbeit und der Entlohnung, als auch der entsandten Person zustehende Sozialleistungen;
4) die Bedingungen der Sozialversicherung sowie der Unfallversicherung und der Versicherung gegen Tropenkrankheiten;
5) die Rechte und Pflichten der zur Arbeit entsandten Personen und der Beschäftigungsagentur;
6) den Umfang der zivilrechtlichen Haftung bei Nichtausführung oder mangelhafter Ausführung des Vertrages zwischen der Beschäftigungsagentur und der zu entsendenden Person, unter anderem die Bezeichnung

der Partei, die die Kosten für die Hin- und Rückreise der entsandten Person für den Fall, dass der ausländische Arbeitgeber die Vertragsbedingungen nicht einhält, übernimmt, als auch die Vorgehensweise bei der Geltendmachung der damit verbundenen Ansprüche;

7) die Beträge, die der Beschäftigungsagentur wegen tatsächlich entstandener Kosten bei der Entsendung zur Arbeit ins Ausland zustehen, entstanden bei der:

    a) An- und Abreise der entsandten Person,

    b) Ausstellung eines Visums,

    c) medizinischen Untersuchung,

    d) Übersetzung von Unterlagen;

8) die Informationen über das Verfahren und die Bedingungen bei der Zulassung von Ausländern zum Arbeitsmarkt des Beschäftigungslandes;

9) andere Verpflichtungen der Vertragsparteien.

3. Die Beschäftigungsagentur ist verpflichtet mit dem ausländischen Arbeitgeber, an den sie Personen zur Arbeit im Ausland entsenden will, einen schriftlichen Vertrag zu schließen, der insbesondere bestimmt:

1) die Anzahl der Arbeitsplätze;

2) die Dauer der Beschäftigung oder einer anderen Erwerbstätigkeit;

3) die Art und Bedingungen der Arbeit, die Grundsätze der Entlohnung, als auch die den arbeitenden Personen zustehenden Sozialleistungen;

4) den Umfang der zivilrechtlichen Haftung bei Nichtausführung oder mangelhafter Ausführung des Vertrages zwischen dem Arbeitnehmer und dem Arbeitgeber, unter anderem die Bezeichnung der Partei, die die Kosten für die Hin- und Rückreise der entsandten Person für den Fall, dass der ausländische Arbeitgeber die Vertragsbedingungen nicht einhält, übernimmt, als auch die Vorgehensweise bei der Geltendmachung der damit verbundenen Ansprüche.

4. Die Beschäftigungsagentur ist verpflichtet die Person, die zur Arbeit ins Ausland entsendet werden soll, schriftlich über die ihr zustehenden Rechte, von denen in Art. 86 die Rede ist, zu informieren.

5. Die Beschäftigungsagentur ist zur Einhaltung von völkerrechtlichen Verträgen, Vereinbarungen und Programmen, die sich auf die Beschäftigung beziehen und die Republik Polen binden, als auch im Beschäftigungsland geltenden Beschäftigungsvorschriften und Vorschriften, die den Betrieb von Beschäftigungsagenturen regeln, verpflichtet.

Art. 86.

1. Dokumentierte Beschäftigungszeiten, die bei einem ausländischen Arbeitgeber im Ausland verbracht wurden, werden zu den Beschäftigungs-

Anhang

zeiten in der Republik Polen im Hinblick auf Arbeitnehmerrechte hinzugerechnet.

2. – 5. *(aufgehoben)*

6. Der für das Wirtschaftsressort zuständige Minister bestimmt, in Form einer Rechtsverordnung, die erforderlichen Unterlagen, das Verfahren und die Kriterien für die Aufteilung der Kontingente bei der Beschäftigung polnischer Arbeitnehmer im Ausland bei der Ausführung von Werkverträgen durch polnische Arbeitgeber, wenn solche in einem völkerrechtlichen Vertrag bestimmt wurden, unter Beachtung des tatsächlich bestehenden Bedarfs in diesem Bereich.

[...]

Kapitel 20
Haftung für Ordnungswidrigkeiten bei Verstößen gegen Vorschriften dieses Gesetzes

Art. 119.

1. *(aufgehoben)*

2. Ein Arbeitsloser, der eine Beschäftigung, eine andere Erwerbstätigkeit oder eine Gewerbetätigkeit ohne eine Benachrichtigung des zuständigen Kreisarbeitsamtes aufgenommen hat, unterliegt einer Geldstrafe von mindestens 500 PLN.

3. Der Täter unterliegt keiner Haftung, wenn vor dem Tag der Kontrolle die Pflicht, von der in Art. 74 die Rede ist, bereits erfüllt wurde.

Art. 120.

1. Wer einem Ausländer die illegale Arbeitsausübung überlässt, unterliegt einer Geldstrafe von mindestens 3000 PLN.

2. Ein Ausländer, der illegal Arbeiten ausübt, unterliegt einer Geldstrafe von mindestens 1000 PLN.

3. Wer einen Ausländer durch das Hervorrufen eines Irrtums , die Ausnutzung eines Irrtums, die dienstliche Abhängigkeit oder die Unfähigkeit, die vorgenommenen Handlungen angemessen zu bewerten, zur illegalen Arbeitsausübung bringt, unterliegt einer Geldstrafe bis zu 10000 PLN.

4. Wer von einem Ausländer einen Vermögensvorteil im Austausch für die Aufnahme von Handlungen, die auf den Erhalt einer Arbeitserlaubnis oder eines anderen Dokuments, das zur Arbeitsausübung berechtigt, gerichtet sind, unterliegt einer Geldstrafe von mindestens 3000 PLN.

5. Wer durch das Hervorrufen eines Irrtums , die Ausnutzung eines Irrtums, die Unfähigkeit, die vorgenommenen Handlungen angemessen zu

bewerten, eine Person dazu bringt, einem Ausländer die illegale Arbeitsausübung anzuvertrauen, unterliegt einer Geldstrafe bis zu 10000 PLN.
6. Wer die Pflicht, von der in Art. 88i die Rede ist, nicht erfüllt, unterliegt einer Geldstrafe von mindestens 100 PLN.

Art. 121.

1. Wer ohne eine erforderliche Eintragung in das Register der Beschäftigungsagenturen eine Beschäftigungsagentur betreibt, unterliegt einer Geldstrafe von mindestens 3000 PLN.
2. Wer bei Betrieb einer Beschäftigungsagentur von einer Person, für die er eine Beschäftigung oder andere Erwerbstätigkeit sucht oder der er bei der Wahl eines geeigneten Berufes oder Arbeitsplatzes hilft, zusätzliche Gebühren als die, von denen in Art. 85 Abs. 2 Nr. 7 die Rede ist, fordert, unterliegt einer Geldstrafe von mindestens 3000 PLN.
3. Derselben Strafe unterliegt, wer bei Betrieb einer Beschäftigungsagentur, die Grundsätze über das Verbot einer Diskriminierung aufgrund des Geschlechts, Alters, einer Behinderung, der Rasse, der Religion, der ethnischen Herkunft, der Nationalität, der sexuellen Orientierung, der politischen Gesinnung und Konfession, als auch wegen einer Gewerkschaftszugehörigkeit, nicht einhält.
4. *(aufgehoben)*
5. *(aufgehoben)*
6. Wer bei Betrieb einer Beschäftigungsagentur, die Dienstleistungen, von denen in Art. 18 Abs. 1 Nr. 1 lit. f die Rede ist, ausführt, mit einer Person, die zur Arbeit ins Ausland bei ausländischen Arbeitgebern entsandt wird, keinen Vertrag, von dem in Art. 85 Abs. 2 die Rede ist, schließt, unterliegt einer Geldstrafe von mindestens 4000 PLN.

Art. 121 a.

Wer von einer Person, die er an einen Rechtsträger zum Erwerb von praktischen Fähigkeiten entsendet, insbesondere für das Absolvieren eines Abschlusspraktikums, Praktikums oder eines Berufspraktikums, das nicht eine Beschäftigung oder andere Erwerbstätigkeit darstellt, zusätzliche Gebühren als die, von denen in Art. 85 Abs. 2 Nr. 7 die Rede ist, fordert, unterliegt einer Geldstrafe von mindestens 3000 PLN.

Art. 121 b.

Wer eine Person ins Ausland zu einem ausländischen Rechtsträger zum Sammeln von praktischen Fähigkeiten entsendet, insbesondere für das Ab-

Anhang

solvieren eines Abschlusspraktikums, Praktikums oder eines Berufspraktikums, das nicht eine Beschäftigung oder andere Erwerbstätigkeit darstellt, und mit dieser Person nicht einen Vertrag, von dem in Art. 85 Abs. 2 die Rede ist, abschließt, unterliegt einer Geldstrafe von mindestens 4000 PLN.

Art. 122.

1. Wer:
1) der Pflicht zur Zahlung der Beiträge für den Arbeitsfonds nicht nachkommt oder diese nicht in dem gesetzlich bestimmten Termin entrichtet,
2) die erforderlichen Angaben nicht oder falsche Angaben, die Einfluss auf die Berechnung des Beitrags für den Arbeitsfonds haben, angibt oder in diesem Bereich falsche Erklärungen abgibt oder sich weigert diese abzugeben
- unterliegt einer Geldstrafe von mindestens 3000 PLN.
2. Der Täter unterliegt keiner Haftung, wenn vor dem Tag der Kontrolle die ausstehenden Beiträge für den Arbeitsfonds in voller Höhe entrichtet wurden.

Art. 123.

Wer aufgrund des Geschlechts, Alters, einer Behinderung, der Rasse, der Religion, der Nationalität, der politischen Gesinnung, der ethnischen Herkunft, Konfession oder der sexuellen Orientierung die Beschäftigung eines Kandidaten auf einem freien Arbeitsplatz oder Ausbildungsplatz ablehnt, unterliegt einer Strafe von mindestens 3000 PLN.

Art. 124. *(aufgehoben)*

Art. 125.

1. Die Urteilsfindung wegen Taten, von denen in Art. 119-123 die Rede ist, erfolgt nach den Regeln der Vorschriften des Gesetzes vom 24. August 2001 – Ordnungswidrigkeitenverfahrensgesetz (Dz. U. 2013, Pos. 395)
2. Abgeurteilte und vollstreckte Geldstrafen, von denen in Art. 119-123 die Rede ist, leiten die Gerichte unmittelbar auf das Konto des Verfügungsberechtigen des Arbeitsfonds in der Weise und den Terminen, die in den Vorschriften über die Ausführung des Staatshaushalts bestimmt sind.[…]

Gesetzesauszug 3:

Polnisches Strafgesetzbuch vom 06.06.1997 (polnStGB)
(Dz. U. 1997, Nr. 88, Pos. 553, m. spät. Änd.)

[...]

Kapitel 28
Straftaten gegen die Rechte Erwerbstätiger
Art. 218

§ 1. [außer Kraft].
(durch Urteil des Verfassungsgerichts vom 18.11.2010, Sign. der Akten P 29/09 (Dz. U. Nr. 225, Pos. 1474))

§ 1a. Wer, bei der Ausübung von Tätigkeiten auf dem Gebiet des Arbeits- und Sozialversicherungsrechts, bösartig oder hartnäckig die Rechte eines Arbeitnehmers aus dem Arbeits- oder Sozialversicherungsverhältnis verletzt, wird mit einer Geldstrafe, Freiheitsbeschränkungsstrafe oder einer Freiheitsstrafe bis zu zwei Jahren bestraft.

§ 2. Die in § 1a genannte Person, die eine durch das das zuständige Organ angeordnete Wiedereinstellung zur Arbeit verweigert, wird mit einer Geldstrafe, Freiheitsbeschränkungsstrafe oder einer Freiheitsstrafe bis zu einem Jahr bestraft.

§ 3. Die in § 1a genannte Person, die einer Verpflichtung zur Auszahlung der Arbeitsvergütung oder einer anderen Leistung aus dem Arbeitsverhältnis durch ein Gerichtsurteil nicht nachkommt, wird mit einer Geldstrafe, Freiheitsbeschränkungsstrafe oder einer Freiheitsstrafe bis zu drei Jahren bestraft.

Art. 219

Wer die Rechtsvorschriften über die Sozialversicherungen verletzt, indem er erforderliche Daten, selbst im Einverständnis mit dem Betroffenen, nicht angibt oder falsche Daten, die Einfluss auf den Leistungsanspruch oder dessen Höhe haben, angibt, wird mit einer Geldstrafe, Freiheitsbeschränkungsstrafe oder einer Freiheitsstrafe bis zu zwei Jahren bestraft.

Art. 220

§ 1. Wer, als Verantwortlicher für die Arbeitssicherheit und -hygiene, seine sich hieraus ergebende Pflicht nicht erfüllt und dadurch den Arbeitnehmer unmittelbar einer Gefahr für das Lebens oder einer schwerwiegenden Gesundheitsschädigung aussetzt, wird mit Freiheitsstrafe bis zu drei Jahren bestraft.

§ 2. Handelt der Täter fahrlässig, wird er mit einer Geldstrafe, Freiheitsbeschränkungsstrafe oder einer Freiheitsstrafe bis zu einem Jahr bestraft.

§ 3. Der Täter wird nicht bestraft, wenn er freiwillig die drohende Gefahr abgewendet hat.

Art. 221

Wer entgegen der Verpflichtung das zuständige Organ nicht fristgerecht über einen Arbeitsunfall oder eine Berufskrankheit benachrichtigt oder die erforderliche Dokumentation nicht anfertigt oder nicht vorlegt, wird mit einer Geldstrafe bis zu 180 Tagessätzen oder einer Freiheitsbeschränkungsstrafe bestraft.

[...]

Anhang

Gesetzesauszug 4:

Gesetz über die Staatliche Arbeitsinspektion vom 13.04.2007
(StArbInspG)
(Dz. U. 2007, Nr. 89, Pos. 589, m. spät. Änd.)

Kapitel 1
Organisation der Staatlichen Arbeitsinspektion

Art. 1
Die Staatliche Arbeitsinspektion ist die Behörde, die zur Aufsichtsführung und Kontrolle über die Einhaltung des Arbeitsrechts, insbesondere der Vorschriften und Grundsätze bezüglich Arbeitssicherheit und -hygiene, als auch in dem gesetzlich bestimmten Umfang derjenigen Vorschriften , die sich auf die Rechtmäßigkeit der Beschäftigung oder einer anderen Erwerbstätigkeit beziehen, berufen ist.

Art. 2
Die Staatliche Arbeitsinspektion unterliegt dem Sejm. Die Aufsicht über die Staatliche Arbeitsinspektion wird in dem gesetzlich bestimmten Umfang durch den Rat für Arbeitsschutz ausgeübt.

Art.3
1. Organisationseinheiten der Staatlichen Arbeitsinspektion sind: das Hauptinspektorat für Arbeit, Bezirksinspektorate für Arbeit und das Prof.-Jan-Rosner-Bildungszentrum der Staatlichen Arbeitsinspektion in Breslau, im folgenden „Zentrum" genannt.
2. Die Staatliche Arbeitsinspektion leitet der Hauptinspektor für Arbeit mithilfe seiner Vertreter.

Art. 4
1. Der Hauptinspektor für Arbeit wird von dem Sejmmarschall nach Einholung der Stellungnahmen des Rates für Arbeitsschutz und des zuständigen Parlamentsausschusses berufen und abberufen.
2. Der Hauptinspektor für Arbeit übt seine Pflichten bis zur Berufung seines Nachfolgers aus.
3. Die Vertreter des Hauptinspektors für Arbeit werden von dem Sejmmarschall, auf Antrag des Hauptinspektors für Arbeit nach Einholung einer Stellungnahme des Rates für Arbeitsschutz, berufen und abberufen.

Anhang

Art. 5

1. Der Zuständigkeitsbereich eines Bezirksinspektorat für Arbeit umfasst das Gebiet einer oder mehrerer Woiwodschaften. In Bezirksinspektoraten für Arbeit können Abteilungen geschaffen werden.

2. Das Bezirksinspektorat für Arbeit leitet der Bezirksinspektor für Arbeit mithilfe seiner Vertreter.

3. Die Bezirksinspektoren für Arbeit und ihre Vertreter werden von dem Hauptinspektor für Arbeit berufen und abberufen.

[…]

Anhang

Gesetzesauszug 5:

Rechtsverordnung zu den allgemeinen Vorschriften über Arbeitssicherheit und -hygiene vom 26.09.1997 (ArbSiVO)
(Dz. U. 1997, Nr. 129, Pos. 844, m. spät. Änd.)

[...]

Kapitel 6
Besonders gefährliche Arbeiten
A. Allgemeine Vorschriften

§ 80 1. Unter besonders gefährlichen Arbeiten versteht man Arbeiten dieses Kapitels sowie Arbeiten, die in anderen Vorschriften, die die Arbeitssicherheit und -hygiene betreffen, oder in Nutzungsanleitungen für Geräte oder Anlagen als besonders gefährliche Arbeiten bestimmt wurden, als auch andere, unter erschwerten Bedingungen ausgeführte Arbeiten oder Arbeiten mit erhöhtem Gefährdungspotenzial, die vom Arbeitgeber als besonders gefährlich anerkannt wurden.

2. Der Arbeitgeber ist verpflichtet, ein Verzeichnis der am Arbeitsplatz anfallenden besonders gefährlichen Arbeiten zu erstellen und laufend zu aktualisieren.

§ 81 Der Arbeitgeber sollte detaillierte Anforderungen an die Arbeitssicherheit und -hygiene bei der Ausführung von besonders gefährlichen Arbeiten festlegen, insbesondere muss er sicherstellen:

1) unmittelbare Aufsicht über diese Arbeiten durch hierfür festgelegte Personen;
2) angemessene Sicherungsvorkehrungen;
3) Anweisung von Arbeitnehmern, die insbesondere umfasst:
   a) namentliche Verteilung der Arbeit,
   b) Reihenfolge der Ausführung von Aufgaben,
   c) Anforderungen an die Arbeitssicherheit und -hygiene bei einzelnen Tätigkeiten.

B. Bauarbeiten, Abbrucharbeiten, Renovierungsarbeiten und Montagearbeiten, die ohne Unterbrechung des Betriebs im Unternehmen oder Teilen von diesem ausgrführt werden

§ 82 Bauarbeiten, Abbrucharbeiten, Renovierungsarbeiten und Montagearbeiten, die ohne Unterbrechung des Betriebs im Unternehmen oder in Teilen von diesem an Stellen, an denen sich mit anderen Arbeiten beschäf-

tigte Arbeitnehmer aufhalten, oder an denen Maschinen und andere technische Geräte arbeiten, ausgeführt werden, sollten auf eine Weise organisiert werden, die die Arbeitnehmer nicht den Gefahren und Belastungen, die aus den geführten Arbeiten resultieren, aussetzt und gleichzeitig besondere Vorsichtsmaßnahmen Anwendung finden.
[...]

C. Arbeiten in Behältern, Kanälen, Brunnen, Abwasserkanälen, Innenräumen von technischen Anlagen und anderen geschlossenen Räumen

§ 85 Die Vorschriften des folgenden Teils betreffen Arbeiten in Behältern, Kanälen, Brunnen, Abwasserkanälen, Innenräumen von technischen Anlagen und anderen geschlossenen Räumen, deren Betreten durch Einstiegsschächte oder Öffnungen von ziemlich kleiner Größe erfolgt oder auf andere Weise erschwert wird, im Folgenden als „Behälter" bezeichnet.
[...]

D. Arbeiten unter Verwendung von gefährlichen Materialien

§ 91 Gefährliche Materialien im Sinne der Verordnung sind insbesondere chemische Substanzen und Präparate, die gemäß den Vorschriften über chemische Substanzen und Präparate als gefährlich klassifiziert werden, als auch Materialien, die schädliche biologische Arbeitsstoffe, die gemäß den Vorschriften über für die Gesundheit schädliche biologischen Arbeitsstoffe im Arbeitsumfeld und den Schutz von beruflich den Stoffen ausgesetzten Arbeitnehmern zur 3. oder 4. Gefährdungsstufe gezählt werden, beinhalten.
[...]

E. Höhenarbeit

§ 105 1. Als Höhenarbeit im Sinne der Verordnung gilt Arbeit, die auf einer Fläche ausgeführt wird, die sich auf einer Höhe von mindestens 1,0 m über dem Fußboden oder Erdboden befindet.

2. Als Höhenarbeit gilt nicht Arbeit auf einer Fläche, unabhängig von der Höhe, auf der sie sich befindet, wenn die Fläche:

   1) von allen Seiten bis zu einer Höhe von mindestens 1,5 m mit durchgehenden Wänden oder Wänden mit verglasten Fenstern umgeben ist;
   2) ausgestattet ist in andere ständige Konstruktionen oder Geräte, die Arbeitnehmer vor einem Sturz aus der Höhe schützen.

[...]